GmbH-Rechnungslegung

Technik und Erläuterung
bilanzieller Gestaltung
mit Bilanzpolitik und Publizitätsstrategien

Von Professor Jakob Wolf

VERLAG NEUE WIRTSCHAFTS-BRIEFE
HERNE/BERLIN

CIP-Kurztitelaufnahme der Deutschen Bibliothek

Wolf, Jakob:
GmbH-Rechnungslegung : Praxis-Handbuch zum Bilanzrichtlinien-Gesetz ; Technik u. Erl. bilanzieller Gestaltung mit Bilanzpolitik u. Publizitätsstrategien / von Jakob Wolf. — Herne ; Berlin : Verlag Neue Wirtschafts-Briefe, 1987.
     ISBN 3-482-42411-X

Verlag Neue Wirtschafts-Briefe GmbH & Co., Herne/Berlin
1987 — ISBN 3-482-**42411**-X
© Verlag Neue Wirtschafts-Briefe GmbH & Co., Herne/Berlin, 1987
Druck: Loibl, Neuburg/Donau

Vorwort

Die GmbHs kommen künftig nicht darum herum, eine eigenständige Handelsbilanz aufzustellen. Dies macht es erforderlich, die zahlreichen Umstellungsprobleme auf die neue Rechnungslegung zu bewältigen. Die Fachliteratur zur Aufstellung des Jahresabschlusses nach dem neuen Handelsrecht (Bilanzrichtlinien-Gesetz) ist äußerst umfangreich und nimmt ständig zu. Was hingegen fehlt, ist eine möglichst geschlossene Darstellung der bilanzpolitischen Gestaltungsmöglichkeiten in bezug auf die neue GmbH-Handelsbilanz. Da selbst die kleinste GmbH gezwungen ist, ihren handelsrechtlichen Jahresabschluß zu veröffentlichen, müssen dem für die Aufstellung des Jahresabschlusses Verantwortlichen die handelsbilanzpolitischen Zielsetzungen und das umfangreiche Instrumentarium der Handelsbilanzpolitik vertraut sein. Das vorliegende Buch soll diese Lücke in der Fachliteratur schließen. Es gibt einerseits eine kompakte Einführung in die neue handelsrechtliche Rechnungslegung und behandelt andererseits anhand von konkreten Bilanzierungsbeispielen die vielfältigen Möglichkeiten einer eigenständigen Handelsbilanzpolitik. Damit ist dieses Buch ein unentbehrlicher Leitfaden für die Praktiker des Rechnungswesens und für die beratenden Berufe.

Das Buch ist nach einem einführenden Teil in überschaubare Einzelkapitel gegliedert, die sich jeweils mit einem konkreten Problem der Bilanzierung und seine vielfältigen Gestaltungsmöglichkeiten durch die Handelsbilanzpolitik befassen. Die Beispiele zur Handelsbilanzpolitik sind sowohl in bezug auf die Gesellschaft mit beschränkter Haftung (GmbH) als auch auf die Aktiengesellschaften anwendbar.

Da die Aufstellung und die Gestaltung des handelsrechtlichen Jahresabschlusses für die Mehrzahl der Kapitalgesellschaften Neuland ist, werden zusätzliche Probleme auftreten. Der Verfasser ist für jede Anregung zur Ergänzung seines Buches dankbar.

Regensburg, Juni 1987   Jakob Wolf

Inhaltsverzeichnis

Seite

1. KAPITEL
Publizitätsprinzipien

1. Einführung

1.1 Grundsätzliches zum Bilanzrichtlinien-Gesetz (BiRiLiG)

Am 1. 1. 1986 ist das Bilanzrichtlinien-Gesetz (BiRiLiG) in Kraft getreten. Die Vorschriften sind zum erstenmal auf diejenigen Jahresabschlüsse anzuwenden, die nach dem 31. 12. 1986 aufgestellt werden. Ist das Geschäftsjahr einer GmbH mit dem Kalenderjahr identisch, so ist der erste handelsrechtliche Jahresabschluß nach dem neuen Recht der Jahresabschluß zum 31. 12. 1987. Das Bilanzrichtlinien-Gesetz hat 13 Artikel und ist wie folgt gegliedert:

Artikel 1: Änderung des Handelsgesetzbuches (HGB)

Artikel 2: Änderung des Aktiengesetzes (AktG)

Artikel 3: Änderung des Gesetzes betreffend die Gesellschaften mit beschränkter Haftung (GmbHG)

Artikel 4: Änderung des Gesetzes betreffend die Erwerbs- und Wirtschaftsgenossenschaften (Genossenschaftsgesetz — GenG)

Artikel 5: Änderung des Gesetzes über die Rechnungslegung von bestimmten Unternehmen und Konzernen (Publizitätsgesetz — PublG)

Artikel 6: Änderung der Wirtschaftsprüferordnung (WPO)

Artikel 7: Änderung des Gesetzes über das Kreditwesen (KWG)

Artikel 8: Änderung des Versicherungsaufsichtsgesetzes (VAG)

Artikel 9: Änderung des Gesetzes über die Auflösung und Löschung von Gesellschaften und Genossenschaften (Löschungsgesetz)

Artikel 10: Aufhebung und Änderung weiterer Gesetze und Verordnungen (dieser Artikel enthält 30 Absätze, in denen jeweils ein Gesetz oder eine Verordnung geändert oder aufgehoben werden)

Artikel 11: Übergangsvorschriften

Artikel 12: Berlin-Klausel

Artikel 13: Inkrafttreten

Das Bilanzrichtlinien-Gesetz setzt die 4. EG-Bilanzrichtlinie in unser nationales Recht um. Diese 4. EG-Bilanzrichtlinie will ein europäisches Bilanzrecht schaffen, das folgende beiden Zielsetzungen verwirklicht:

1. Die Koordinierung der nationalen einzelstaatlichen Vorschriften der Kapitalgesellschaften
   - über die Gliederung und den Inhalt des Jahresabschlusses
   - über den Inhalt des Lageberichts
   - über die Bewertungsmethoden und
   - über die Offenlegung des Jahresabschlusses
2. Die Sicherstellung, daß der Jahresabschluß der Kapitalgesellschaften innerhalb der europäischen Gemeinschaft ein den tatsächlichen Verhältnissen entsprechendes Bild der
   - Vermögenslage
   - Finanzlage und
   - Ertragslage

   der Gesellschaft vermittelt.

Mit der ersten Zielsetzung soll erreicht werden, daß die Interessen sowohl der Gesellschafter als auch Dritter gegenüber den Kapitalgesellschaften in möglichst umfassender Weise gewahrt werden. Dies ist vor allem wichtig, weil die wirtschaftliche Tätigkeit der Kapitalgesellschaften häufig über die Grenzen des nationalen Hoheitsgebiets hinausreicht. Außerdem sollen gleichwertige rechtliche Rahmenbedingungen für konkurrierende europäische Kapitalgesellschaften in bezug auf den Umfang der zu veröffentlichenden Angaben hergestellt werden.

Mit der zweiten Zielsetzung soll vor allem erreicht werden, daß die **Jahresabschlüsse der Kapitalgesellschaften** in den europäischen Mitgliedsstaaten **vergleichbar** sind. Um sicherzustellen, daß der Jahresabschluß ein den tatsächlichen Verhältnissen entsprechendes Bild einer Kapitalgesellschaft vermittelt, müssen für die Aufstellung der Bilanz und der Gewinn- und Verlustrechnung zwingend vorgeschriebene Gliederungsschemata sowie der Mindestinhalt des Anhangs und des Lageberichts festgelegt werden. Außerdem müssen auch die verschiedenen Bewertungsmethoden, soweit erforderlich, vereinheitlicht werden, um die Gleichwertigkeit der in den Jahresabschlüssen gemachten Angaben zu gewährleisten.

Das Bilanzrichtlinien-Gesetz ist ein sogenanntes Artikelgesetz. Ein Artikelgesetz ist dadurch charakterisiert, daß es ausschließlich andere Gesetze novelliert. Dies bedeutet, daß sich das Bilanzrichtlinien-Gesetz bereits erledigt hat, als es am 1. 1. 1986 in Kraft getreten ist. Für den Geschäftsführer einer GmbH findet sich künftig der größte Teil der handelsrechtlichen Rechnungslegungsvorschriften im dritten Buch des Handelsgesetzbuches (HGB). Das dritte Buch des HGB ist, soweit es die Rechnungslegungsvorschriften einer GmbH betrifft, zweigeteilt:

- Der erste Teil, der sog. Kaufmannsteil, der die §§ 238 bis 263 HGB umfaßt, regelt die Minimalanforderungen, die an Buchführung und Bilanzierung zu stellen sind. Für Einzelunternehmen und Personengesellschaften (OHG, KG u. dgl.) enthalten diese Paragraphen eine abschließende Regelung der gesamten handelsrechtlichen Rechnungslegung. Darüber hinaus gelten jedoch diese Paragraphen auch für alle anderen Rechtsformen.

- Der zweite Teil, der besondere Teil, der die §§ 264 bis 335 umfaßt, enthält die ergänzenden Rechnungslegungsvorschriften für die Kapitalgesellschaften (Aktiengesellschaften, Kommanditgesellschaften auf Aktien und Gesellschaften mit beschränkter Haftung).

Im einzelnen ist das **dritte Buch** des Handelsgesetzbuches wie folgt gegliedert:

Erster Abschnitt: Vorschriften für alle Kaufleute
1. Unterabschnitt: Buchführung. Inventar
2. Unterabschnitt: Jahresabschluß
    1. Titel: Allgemeine Vorschriften
    2. Titel: Ansatzvorschriften
    3. Titel: Bewertungsvorschriften
3. Unterabschnitt: Aufbewahrung und Vorlage
4. Unterabschnitt: Sollkaufleute, Landesrecht
Zweiter Abschnitt: Ergänzende Vorschriften für Kapitalgesellschaften
1. Unterabschnitt: Jahresabschluß der Kapitalgesellschaft und Lagebericht
    1. Titel: Allgemeine Vorschriften
    2. Titel: Bilanz
    3. Titel: Gewinn- und Verlustrechnung
    4. Titel: Bewertungsvorschriften
    5. Titel: Anhang
    6. Titel: Lagebericht
2. Unterabschnitt: Konzernabschluß und Konzernlagebericht
    1. Titel: Anwendungsbereich
    2. Titel: Konsolidierungskreis
    3. Titel: Inhalt und Form des Konzernabschlusses
    4. Titel: Vollkonsolidierung
    5. Titel: Bewertungsvorschriften
    6. Titel: Anteilmäßige Konsolidierung

7. Titel: Assoziierte Unternehmen
8. Titel: Konzernanhang
9. Titel: Konzernlagebericht
3. Unterabschnitt: Prüfung
4. Unterabschnitt: Offenlegung (Einreichung zu einem Register, Bekanntmachung im Bundesanzeiger), Veröffentlichung und Vervielfältigung. Prüfung durch das Registergericht
5. Unterabschnitt: Rechtsverordnungsermächtigung für Formblätter und andere Vorschriften
6. Unterabschnitt: Straf- und Bußgeldvorschriften, Zwangsgelder

Der Geschäftsführer einer GmbH muß bei der Aufstellung des neuen handelsrechtlichen Jahresabschlusses sowohl den ersten allgemeinen Teil (Kaufmannsteil) als auch den besonderen Teil des Handelsgesetzbuches, der nur für Kapitalgesellschaften gilt, beachten. Dies bedeutet für die Geschäftsführung einer Kapitalgesellschaft eine Erschwernis, da immer geprüft werden muß, ob Spezialvorschriften vorliegen, die etwas vom allgemeinen Teil (Kaufmannsteil) Abweichendes regeln. Darüber hinaus muß der Geschäftsführer einer GmbH, der den Jahresabschluß aufstellt, auch noch das GmbH-Gesetz beachten, das ebenfalls Vorschriften zur handelsrechtlichen Rechnungslegung enthält.

1.2 Definition des Jahresabschlusses

Während der Jahresabschluß einer GmbH im bislang geltenden Recht nur die Bilanz und die Gewinn- und Verlustrechnung umfaßte, also ein Duo darstellte, bildet er künftig ein Trio. Der Jahresabschluß der Kapitalgesellschaften besteht nach § 242 HGB i. V. mit § 264 HGB aus:

● der Bilanz

● der Gewinn- und Verlustrechnung und

● dem Anhang,

die eine Einheit bilden. Der Anhang ist integraler Bestandteil des Jahresabschlusses einer GmbH. Man folgt damit im deutschen Bilanzrecht für die Kapitalgesellschaften angloamerikanischer Bilanzierungspraxis, wonach Bilanz und Gewinn- und Verlustrechnung, die knapp gehalten sind, durch einen umfassenden Anhang erläutert werden.

Es ist davon auszugehen, daß der größte Teil der GmbHs, d. h. auch der kleinen GmbHs, künftig **zwei Bilanzen**, eine **Handelsbilanz** und eine **Steuerbilanz**, aufstellen wird.

1.3 Allgemeine Bilanzierungsgrundsätze

Nach § 243 Abs. 1 HGB ist der Jahresabschluß eines Unternehmens, unabhängig von der Rechtsform, nach den Grundsätzen ordnungsmäßiger Buchführung (GoB) aufzustellen. Diese für alle Kaufleute bestehende Verpflichtung wird durch zahlreiche Bilanzierungsgrundsätze im Kaufmannsteil des dritten Buches des HGB festgeschrieben, die selbstverständlich auch für die GmbH gelten. Im einzelnen sind es die folgenden Bilanzierungsgrundsätze, die nunmehr als Einzelgrundsätze im allgemeinen Teil des dritten Buches des HGB enthalten sind. Diese allgemeinen Bilanzierungsgrundsätze werden für die Kapitalgesellschaften im speziellen Teil noch ergänzt.

Die allgemeinen Bilanzierungsgrundsätze für den Jahresabschluß aller Kaufleute sind:

- Grundsatz der Klarheit und Übersichtlichkeit (§ 243 Abs. 2 HGB)
- Grundsatz der fristgerechten Aufstellung (§ 243 Abs. 3 HGB)
- Grundsatz der Vollständigkeit (§ 246 Abs. 1 HGB)
- Grundsatz des Verbots der Saldierung (§ 246 Abs. 2 HGB)
- Grundsatz der Bilanzidentität (§ 252 Abs. 1 Nr. 1 HGB)
- Grundsatz der Unternehmensfortführung (§ 252 Abs. 1 Nr. 2 HGB)
- Grundsatz der Stichtagsbezogenheit (§ 252 Abs. 1 Nr. 3 HGB)
- Grundsatz der Einzelbewertung (§ 252 Abs. 1 Nr. 3 HGB)
- Grundsatz der Periodenabgrenzung (§ 252 Abs. 1 Nr. 5 HGB)
- Grundsatz der Darstellungsstetigkeit (§ 252 Abs. 1 Nr. 6 HGB)
- Grundsatz der Vorsicht (§ 252 Abs. 1 Nr. 4 HGB) mit den Untergrundsätzen:
- Realisationsprinzip (§ 252 Abs. 1 Nr. 4 HGB)
- Imparitätsprinzip (§ 252 Abs. 1 Nr. 4 HGB)
- Grundsatz der Anschaffungskosten (§ 253 HGB)

Diese vorstehend aufgeführten Bilanzierungsgrundsätze, die im Kaufmannsteil des dritten Buches des HGB verankert sind, und somit für alle

Kaufleute gelten, sind auch schon in unserem bisherigen Bilanzrecht angewandt worden. Sie erfahren jedoch durch spezielle Vorschriften, die nur in
dem Teil für die Kapitalgesellschaften aufgeführt sind, für die GmbH zum
Teil eine geänderte bzw. erweiterte oder eingeschränkte Bedeutung.

Der Grundsatz der **Bilanzklarheit** (§ 243 Abs. 2 HGB) gewinnt gegenüber
dem bisherigen Recht für die GmbH eine erhöhte Bedeutung, da der
Geschäftsführung für die Darstellung des Jahresabschlusses ein größerer
Aktionsraum eingeräumt wird. So kann die Geschäftsführung einer
GmbH grundsätzlich zwischen verschiedenen Formen der Darstellung der
Bilanz (z.b. unterschiedliche Gliederungsschemata) und der Gewinn- und
Verlustrechnung (z. B. Wahl zwischen Gesamtkostenverfahren oder Um-
satzkostenverfahren) wählen. Den Grundsatz der Bilanzklarheit muß die
Geschäftsführung einer GmbH auch in bezug auf den Anhang beachten.

Der Grundsatz der **Vollständigkeit** (§ 246 Abs. 1 HGB) verlangt, daß die
Geschäftsführung einer GmbH künftig sämtliche Vermögensgegenstände,
Schulden und Rechnungsabgrenzungsposten in die Bilanz aufnehmen
muß. Dies gilt auch für die immateriellen Vermögensgegenstände, wie ent-
geltlich erworbene Patente, Lizenzen u. dgl., für die nach der bisherigen
Rechtslage ein Aktivierungswahlrecht bestand.

Der Grundsatz des **Verbots der Saldierung** (§ 246 Abs. 2 HGB) besagt,
daß Positionen der Aktivseite nicht mit Positionen der Passivseite der
Bilanz und Aufwendungen nicht mit Erträgen in der Gewinn- und Verlustrechnung verrechnet werden dürfen. Für die Geschäftsführung einer
GmbH ist darauf hinzuweisen, daß es keinen Verstoß gegen das Saldierungsverbot darstellt, wenn die Erhöhung des Bestandes an fertigen
Erzeugnissen mit einer Verminderung des Bestandes an unfertigen
Erzeugnissen aufgerechnet wird (vgl. Adler/Düring/Schmaltz, Tz 39 zu
§ 157 AktG).

Ebensowenig ist es ein Verstoß gegen das Saldierungsverbot, wenn erhaltene Anzahlungen auf Bestellungen mit den Vorräten saldiert werden.
Nach § 268 Abs. 5 HGB geschieht dies am besten in der Weise, daß die
erhaltenen Anzahlungen auf Vorräte offen, am besten in einer Vorspalte,
von der Position „Vorräte" abgesetzt werden. Soweit hinsichtlich solcher
erhaltener Anzahlungen auf Bestellungen hingegen noch keine aktivierten
Vorräte vorhanden sind, kommt nur ein Ausweis als Verbindlichkeiten in
Betracht.

Der Grundsatz der **Bilanzidentität** (§ 252 Abs. 1 Nr. 1 HGB) besagt, daß die Wertansätze in der Eröffnungsbilanz des Geschäftsjahres einer GmbH mit den Schlußbilanzwerten übereinstimmen müssen. Dieser Bilanzierungsgrundsatz, der immer schon einen GoB darstellt, hat gegenüber der bisherigen Bilanzierungspraxis keine Änderung erfahren.

Der Grundsatz der **Unternehmensfortführung** (§ 252 Abs. 1 Nr. 2 HGB) besagt, daß bei der Bewertung die Fortsetzung der Unternehmenstätigkeit unterstellt wird. Das neue Handelsrecht betont sehr stark diesen Grundsatz der Unternehmensfortführung (going concern-Prinzip), der allerdings bereits nach bisherigem Recht einen GoB darstellte. Der Grundsatz der Unternehmensfortführung darf nur in begründeten Ausnahmefällen durchbrochen werden. Solche Ausnahmefälle liegen jedoch nicht vor, wenn sie sich im normalen Geschäftsablauf einer GmbH ergeben. Ändert sich hingegen der wirtschaftliche Inhalt eines laufenden Unternehmens, kann eine Durchbrechung des going concern-Prinzips erforderlich werden. Dies ist z. B. bei einer Überschuldungsbilanz, Vergleichsbilanz, Sanierungsbilanz, bei einer Stillegung von Teilbetrieben, Produktionsstätten, der Aufgabe bestimmter Produktionsbereiche u. dgl. der Fall. In diesen Fällen kann, abweichend von dem Grundsatz der Fortführung des Unternehmens, eine Änderung in den Bewertungsverfahren notwendig werden.

Das in § 252 Abs. 1 Nr. 3 kodifizierte **Stichtagsprinzip** gilt sowohl für die Bilanzierung als auch für die Bewertung. Bei der Frage, ob ein Vermögensgegenstand in der Bilanz einer GmbH ausgewiesen und zu welchem Wert er anzusetzen ist, sind alle Umstände zu berücksichtigen, die am Bilanzstichtag objektiv gegeben sind. In bezug auf das Stichtagsprinzip gilt für die Handelsbilanz, genau wie für die Steuerbilanz, die sog. Wertaufhellungstheorie, die besagt, daß die bessere Erkenntnis über die Verhältnisse am Bilanzstichtag zu berücksichtigen sind, auch wenn derartige wertaufhellende Tatsachen erst nach dem Bilanzstichtag, aber vor Aufstellung der Bilanz bekannt geworden sind.

Der Grundsatz der **Einzelbewertung** (§ 252 Abs. 1 Nr. 3 HGB) war immer schon im HGB kodifiziert. Gegen diesen Grundsatz der Einzelbewertung wird z. B. verstoßen, wenn eine Abschreibung nach dem strengen Niederstwertprinzip bei dem Vorratsvermögen unter Hinweis auf eine überhöhte Rückstellung unterbleibt. Soweit eine Einzelbewertung aus praktischen

Gründen nicht möglich ist oder zu einem wirtschaftlich nicht vertretbaren Arbeitsaufwand führt, kann die Geschäftsführung einer GmbH sog. Bewertungsvereinfachungsverfahren anwenden, die eine gesetzlich zulässige Durchbrechung dieses Grundsatzes der Einzelbewertung darstellen. Solche Bewertungsvereinfachungsverfahren sind z. B. die Fifo- oder Lifo-Methode bei der Ermittlung der Anschaffungskosten von Vermögensgegenständen des Vorratsvermögens. Die Geschäftsführung einer GmbH hat bislang solche Bewertungsvereinfachungsverfahren in der Bilanzierungspraxis nicht angewandt, da weder das Fifo- noch das Lifo-Verfahren nach Steuerrecht zulässig sind (vgl. Abschn. 36 Abs. 2 EStR) und die Mehrzahl der GmbHs nur eine Bilanz aufgestellt hat, die Handels- und Steuerbilanz zugleich war. Die Anwendung solcher Bewertungsvereinfachungsverfahren wird jedoch künftig an Bedeutung gewinnen, wenn die Geschäftsführung einer GmbH eine eigenständige Handelsbilanz aufstellen und veröffentlichen wird.

Die Bildung eines Festwertes stellt eine weitere Durchbrechung des Grundsatzes der Einzelbewertung dar. Nach § 240 Abs. 3 HGB wird für die Bildung eines Festwertes gegenüber dem bisherigen Recht zusätzlich verlangt, daß der Gesamtwert von nachrangiger Bedeutung für das Unternehmen ist und ein regelmäßiger Ersatz vorgenommen wird. Dies bedeutet für die Geschäftsführung einer GmbH, daß die Anwendungsmöglichkeiten eines solchen Festwertes etwas eingeschränkt worden sind.

Der Grundsatz der **Periodenabgrenzung** (§ 252 Abs. 1 Nr. 5 HGB), besagt, daß Aufwendungen und Erträge einer GmbH in dem Geschäftsjahr zu berücksichtigen sind, auf das sich der Jahresabschluß bezieht, ohne Rücksicht auf den Zeitpunkt ihrer Verausgabung oder Vereinnahmung. Dieser Bilanzierungsgrundsatz, dessen Erfüllung auch von der 4. EG-Richtlinie gefordert wurde, bedeutet eine erhebliche Erweiterung gegenüber dem bisherigen Recht und verstärkt die dynamische Bilanzauffassung in bezug auf den handelsrechtlichen Jahresabschluß. So entfällt in der Handelsbilanz das Wahlrecht für Rückstellungen für ungewisse Verbindlichkeiten und für drohende Verluste aus schwebenden Geschäften. Außerdem erfahren die Aufwandsrückstellungen eine Ausweitung.

Der Grundsatz der **Darstellungsstetigkeit** (§ 252 Abs. 1 Nr. 6 HGB) war bislang kein allgemein anerkannter GoB. Die Gesetzesvorschrift lautet:

„Die auf den vorhergehenden Jahresabschluß angewandten Bewertungsmethoden sollen beibehalten werden." Für die Geschäftsführung einer GmbH ist es wichtig, festzuhalten, daß dieses „sollen" im Sinne von „müssen" interpretiert wird. In der Bilanzierungspraxis muß die Geschäftsführung einer GmbH den Grundsatz der Darstellungsstetigkeit u. a. beachten:

- Bei der Wahl der Bewertungsvereinfachungsverfahren im Rahmen der Inventur z. B.
  Lifo-Verfahren
  Fifo-Verfahren
  Hifo-Verfahren
  Durchschnittsmethode

- Bei der Bewertung der Herstellungskosten
  Teilkosten oder Vollkosten
  Umfang der einzubeziehenden Kostenarten
  Berücksichtigung unterschiedlicher Beschäftigungslagen

- Bei der Vornahme von planmäßigen Abschreibungen
  Abschreibungsmethode
  Nutzungsdauer

- Bei der Bewertung von Aufwandsrückstellungen

- Bei der Bewertung von Pensionsrückstellungen

- Bei der Pauschalbewertung von Forderungen

Von diesem Grundsatz der Darstellungsstetigkeit darf nur in begründeten Ausnahmefällen abgewichen werden (§ 252 Abs. 2 HGB). Für die Geschäftsführung einer GmbH ist es wichtig, zu wissen, wann solche Ausnahmefälle, die ein Abweichen von diesem Bilanzierungsgrundsatz rechtfertigen, in der Bilanzierungspraxis vorliegen können, z. B.:

- Durch den Übergang von der Bewertung zu Teilkosten auf die Bewertung zu Vollkosten wird ein den tatsächlichen Verhältnissen entsprechendes Bild der GmbH verbessert.

- In einer GmbH wird die Organisation der Kostenrechnung durch Einführung eines neuen Kostenrechnungssystems verbessert.

- Die Preisverhältnisse auf dem Beschaffungsmarkt haben sich so verändert, daß es geboten erscheint, z. B. von der bisher angewandten Fifo-

Methode auf die Lifo-Methode überzuwechseln, da starke Preiserhöhungen erfolgt sind.

● Veränderungen in den wirtschaftlichen Verhältnissen bei den Abnehmern verursachen höhere Forderungsausfälle, die es erforderlich machen, die Pauschalwertberichtigung anzupassen.

● Neue Erkenntnisse über die Nutzungsdauer von Anlagegütergruppen führen dazu, daß der Abschreibungsplan für bestimmte Anlagegüter geändert werden muß.

Der Grundsatz der Darstellungsstetigkeit bezieht sich auch auf den Anhang.

Für den Übergang zur neuen Rechnungslegung ist festzustellen, daß der Grundsatz der Darstellungsstetigkeit für den ersten Jahresabschluß nach dem neuen Recht nicht gilt. Von den bislang angewandten Bewertungsmethoden kann daher in dem neuen handelsrechtlichen Jahresabschluß abgewichen werden. Die Geschäftsführung der GmbH kann sich die Praktizierung des Grundsatzes der Darstellungsstetigkeit dadurch erleichtern, daß sie für die wesentlichen Bilanzpositionen, möglichst schriftlich, verbindliche Bewertungsgrundsätze festlegt.

Der Grundsatz der **Vorsicht** (§ 252 Abs. 1 Nr. 4 HGB), mit dem Realisationsprinzip und dem Imparitätsprinzip als Untergrundsätzen besagt, daß sich eine GmbH nicht reicher machen darf, als sie tatsächlich ist. Das Vorsichtsprinzip erfährt durch das neue Handelsrecht einige Einschränkungen.

So darf eine außerplanmäßige Abschreibung bei einer nur vorübergehenden Wertminderung künftig nicht mehr für alle Anlagegegenstände, sondern nur noch für Gegenstände des Finanzanlagevermögens (z.B. Beteiligung) vorgenommen werden (§ 279 Abs. 1 HGB).

Eine Festwertbildung ist nur noch in eingeschränktem Umfang zulässig. Ein Festwert darf nämlich nur noch gebildet werden, wenn der Gesamtwert der zusammengefaßten Vorrats- oder Anlagegüter für das Unternehmen von nachrangiger Bedeutung für die GmbH ist und ein regelmäßiger Ersatz erfolgt.

Das Beibehaltungswahlrecht für eine einmal vorgenommene außerplanmäßige Abschreibung auf Gegenstände des Anlage- und Umlaufvermögens entfällt (Wertaufholungsgebot). Dieses Wertaufholungsgebot wird jedoch wegen der praktischen Umkehrung des Maßgeblichkeitsprinzips der Handelsbilanz für die Steuerbilanz in bezug auf das nicht abnutzbare Anlagevermögen und auf die Umlaufgüter relativiert.

Das **Realisationsprinzip,** wonach noch nicht realisierte Gewinne nicht ausgewiesen werden dürfen, gilt unverändert, auch für die neue Handelsbilanz.

Ebenso ist das **Imparitätsprinzip,** wonach noch nicht realisierte Verluste ausgewiesen werden müssen, unverändert anzuwenden. In § 252 Abs. 1 Nr. 4 HGB, den das Imparitätsprinzip kodifiziert, wird ausdrücklich auf die auch im Steuerrecht geltende Wertaufhellungstheorie hingewiesen, wonach noch nicht realisierte Verluste, die der GmbH erst zwischen dem Bilanzstichtag und dem Tag der Aufstellung der Bilanz bekannt werden, berücksichtigt werden müssen. Selbstverständlich müssen dabei die wertbeeinflussenden Umstände bereits am Bilanzstichtag vorhanden gewesen sein.

Das **Anschaffungskostenprinzip** (§ 253 HGB), das gegenüber dem bisherigen Recht unverändert fortgilt, legt die Anschaffungs- oder Herstellungskosten von Vermögensgegenständen als Wertobergrenze fest. Die Begriffe Anschaffungskosten und Herstellungskosten werden zum ersten Mal gesetzlich definiert (§ 255 HGB).

1.4 Grundsatz des true-and-fair-view

Der Jahresabschluß einer GmbH hat künftig unter Beachtung der GoB ein den tatsächlichen Verhältnissen entsprechendes Bild der

● Vermögenslage

● Finanzlage und

● Ertragslage

des Unternehmens zu vermitteln (§ 264 Abs. 2 HGB).

Dieser gesetzlich fixierte Bilanzierungsgrundsatz wird als Grundsatz des „true-and-fair-view" bezeichnet. Es ist ein angloamerikanischer Bilanzierungsgrundsatz, den das deutsche Bilanzrecht in dieser Form bislang nicht kannte. Der Grundsatz des true-and-fair-view durchdringt alle anderen

Bestimmungen, die es bei der Aufstellung des handelsrechtlichen Jahresabschlusses einer GmbH zu beachten gilt, und ist ihnen übergeordnet. Er
stellt demnach nicht einen bloßen Grundsatz ordnungsmäßiger Buchführung und Bilanzierung wie die bereits aufgeführten Grundsätze dar, sondern ist eine übergeordnete Generalnorm, nach der sich alle anderen
Bilanzierungsregeln weitgehend zu richten haben. Die bisherige Generalklausel der handelsrechtlichen Rechnungslegung des § 149 Abs. 1 AktG
a. F., wonach der Jahresabschluß im Rahmen der Bewertungsvorschriften
einen möglichst sicheren Einblick in die Vermögens- und Ertragslage einer
GmbH zu vermitteln hat, wird durch diese neue Generalnorm abgelöst.
Durch die Einführung dieses Grundsatzes des true-and-fair-view soll ein
wahrer Jahresabschluß erreicht werden. Die Forderung nach einem wah-
ren Jahresabschluß kam bislang zwar auch in der Generalklausel des § 149
Abs. 1 AktG a. F. zum Ausdruck, es ergibt sich jedoch nunmehr ein
wesentlicher Unterschied. Nach dem Grundsatz des true-and-fair-view
wird nämlich der Gläubigerschutz um den Preis einer richtigen Darstellung der Vermögens-, Finanzierungs- und Ertragslage etwas in den Hinter-
grund gedrängt. Der Handelsbilanzgewinn soll den tatsächlichen wirtschaftlichen Verhältnissen entsprechend ausgewiesen werden. Bilanz,
Gewinn- und Verlustrechnung und Anhang sollen diesem Grundsatz des
true-and-fair-view entsprechen. Zwar hat der Gesetzgeber strikt darauf
geachtet, daß durch das Bilanzrichtlinien-Gesetz direkt keine Mehrsteuern
entstehen können, das Bilanzrichtlinien-Gesetz ist steuerneutral, es steht
aber zu befürchten, daß auf Grund der erheblich tieferen Offenlegung der
wirtschaftlichen Verhältnisse, insbesondere auf Grund der zahlreichen
Erläuterungen und Begründungen, die im Anhang gegeben werden müssen, entsprechend dem Grundsatz des true-and-fair-view für eine GmbH
indirekte steuerliche Wirkungen eintreten. Das Finanzamt gewinnt auf der
Grundlage der neuen Handelsbilanz einen besseren Einblick in die Vermö-
gens-, Finanz- und Ertragslage einer GmbH, was nicht ohne Rückwirkungen auf die Höhe der Besteuerung bleiben dürfte.
Die Darstellung der tatsächlichen Verhältnisse nach dem Grundsatz des
true-and-fair-view schließt ausdrücklich die Finanzlage einer GmbH mit
ein. Durch eine Reihe von Einzelbestimmungen soll die Finanzlage des
Unternehmens transparent gemacht werden:
- Die Forderungen und Verbindlichkeiten werden nach der Restlaufzeit
  gegliedert.

- Es wird eine vollständige Darstellung der Eigenkapitalposition unter Einschluß des Jahresergebnisses verlangt.

- Durch eine entsprechende Gliederung des Eigenkapitals in der Bilanz wird eine gesonderte Darstellung des von der GmbH erwirtschafteten und des in das Unternehmen eingestellten Kapitals ermöglicht.

- Es wird eine umfassende Darstellung der finanziellen Verpflichtungen (z. B. Verpflichtungen aus Leasing-Verträgen, begonnenen Investitionen u. dgl.) im Anhang gefordert.

Der Grundsatz des true-and-fair-view ist von der Geschäftsführung einer GmbH vor allem immer dann heranzuziehen, wenn Zweifel bei der Auslegung und Anwendung einzelner Vorschriften entstehen oder Lücken in der gesetzlichen Regelung zu schließen sind.

1.5 Grundsatz der Wesentlichkeit

Der Grundsatz der Wesentlichkeit (materiality principle) besagt, daß den Bilanzadressaten alle für die Beurteilung der Vermögens-, Finanz- und Ertragslage einer GmbH wesentlichen Informationen vermittelt werden müssen, zugleich aber unwesentliche Informationen (Tatbestände) vernachlässigt werden können. Der Grundsatz der Wesentlichkeit, der vor allem in den angelsächsischen Ländern eine große Rolle spielt, ist im Bilanzrichtlinien-Gesetz nicht definiert. Das Gesetz enthält jedoch eine Reihe von Paragraphen, in denen dieser Bilanzierungsgrundsatz zum Ausdruck kommt. Dabei ist vor allem im 3. Bestandteil des Jahresabschlusses, dem Anhang, immer wieder auf diesen Grundsatz der Wesentlichkeit zu achten.

Der Grundsatz der Wesentlichkeit muß erst im Laufe der Zeit in der Bilanzierungspraxis konkretisiert werden. Was als wesentlich bzw. unwesentlich anzusehen ist, wird häufig mit den Auswirkungen auf das auszuweisende Jahresergebnis in Verbindung gebracht. Dabei werden als Orientierungswerte 5 % bis 10 % des Jahresergebnisses als wesentlich genannt.

Beispiele für die Anwendung des Grundsatzes der Wesentlichkeit in der Bilanzierungspraxis sind folgende:

- § 285 Nr. 3 HGB verlangt, daß der Gesamtbetrag der finanziellen Verpflichtungen außerhalb der bilanzierten Verbindlichkeiten bzw. der Eventualverbindlichkeiten anzugeben ist, soweit dies „für die Beurtei-

lung der Finanzlage von Bedeutung ist". Was ist nach dem Grundsatz
der Wesentlichkeit für die Beurteilung der Finanzlage von Bedeutung?
Schließt eine GmbH einen Immobilien-Leasing-Vertrag über angenommen 20 bis 30 Jahre ab, so dürfte es nach dem Grundsatz der Wesentlichkeit erforderlich sein, die Verpflichtung aus diesem Leasing-Vertrag
im Anhang anzugeben.

- § 285 Nr. 5 HGB verlangt, daß bei Bildung eines Sonderpostens mit
  Rücklagenanteil, z. B. nach § 6 b EStG bei Veräußerung eines Gebäu-
  des, das Ausmaß erheblicher künftiger Belastungen aufgrund einer solchen Rücklagenbildung im Anhang angeführt wird. Durch die Übertragung des Veräußerungsgewinns aus einer solchen § 6 b Rücklage auf
  ein neu angeschafftes oder hergestelltes Gebäude, wird der Gewinn
  über verringerte Abschreibungsbeträge so stark gemindert, daß von
  einer erheblichen künftigen Belastung gesprochen werden muß, für die
  nach dem Grundsatz der Wesentlichkeit eine Berichtspflicht bestehen
  dürfte.

- § 265 Abs. 3 HGB verlangt, daß die Mitzugehörigkeit einer Bilanzposition entweder in der Bilanz bei dem Posten, unter dem der Ausweis
  erfolgt, vermerkt, oder im Anhang erläutert wird, wenn dies für die
  Aufstellung eines klaren und übersichtlichen Jahresabschlusses erforderlich ist. Wird z. B. eine Forderung an ein verbundenes Unternehmen
  oder an ein Unternehmen, mit dem ein Beteiligungsverhältnis besteht,
  unter „Forderungen aus Lieferungen und Leistungen" ausgewiesen, so
  muß diese Forderung entweder bei der Position „Forderungen gegen
  verbundene Unternehmen" bzw. „Forderungen gegen Unternehmen,
  mit denen ein Beteiligungsverhältnis besteht" vermerkt oder im Anhang erläutert werden.

Zu den weiteren Einzelvorschriften, in denen der Grundsatz der
Wesentlichkeit verankert ist, zählen u. a.:

- § 268 Abs. 4 Satz 2 HGB, der eine Angabepflicht für antizipative
  Rechnungsabgrenzungsposten (sonstige Forderungen auf der Aktivseite der Bilanz) im Anhang fordert, wenn diese einen größeren Umfang aufweisen.

- § 268 Abs. 5 Satz 2 HGB, der eine solche Angabepflicht für antizipative Rechnungsabgrenzungsposten auf der Passivseite der Bilanz (sonstige Verbindlichkeiten) im Anhang fordert, wenn sie einen größeren
  Umfang aufweisen.

- § 277 Abs. 4 Satz 2 HGB, der für die außerordentlichen Erträge und außerordentlichen Aufwendungen eine Erläuterungspflicht im Anhang fordert, wenn diese Posten für die Beurteilung der Ertragslage nicht von untergeordneter Bedeutung sind.

- § 285 Nr. 12 HGB, der für die Position „sonstige Rückstellungen" eine Erläuterungspflicht im Anhang fordert, wenn bestimmte Rückstellungen, die unter dieser Sammelposition ausgewiesen werden, einen nicht unerheblichen Umfang aufweisen.

Die künftige Bilanzierungspraxis wird zeigen, welche Entscheidungshilfen für die Geschäftsführung einer GmbH sich in bezug auf die Anwendung des Grundsatzes der Wesentlichkeit herausbilden werden.

1.6 Veröffentlichung des Jahresabschlusses

Die folgenschwerste Änderung, die das Bilanzrichtlinien-Gesetz mit sich gebracht hat, ist die Pflicht zur Veröffentlichung des Jahresabschlusses. Jede GmbH, auch die kleinste, ja sogar die Komplementär-GmbH einer GmbH & Co KG (die GmbH & Co KG als ganzes ist eine Personengesellschaft und braucht als solche das Bilanzrecht der Kapitalgesellschaften nicht anzuwenden), ist verpflichtet, ihren Jahresabschluß zu publizieren. Die Veröffentlichung erfolgt bei den kleinen und mittelgroßen GmbHs (zu den Betriebsgrößenmerkmalen vgl. Punkt 2.3) in der Form, daß sie ihren Jahresabschluß bei dem zuständigen Registergericht hinterlegen und im Bundesanzeiger lediglich die erfolgte Hinterlegung bekanntmachen. Die großen GmbHs müssen hingegen ihren gesamten Jahresabschluß im Bundesanzeiger veröffentlichen.

Nach § 9 HGB hat jedermann das Recht zur Einsichtnahme in den bei dem Handelsregister eingereichten Jahresabschluß und kann davon auch eine Abschrift verlangen. „Jedermann" sind u. a. die Lieferanten, die Kunden, die Arbeitnehmer, aber auch die Konkurrenten. Die Geschäftsführung einer GmbH muß davon ausgehen, daß diese unterschiedlichen Bilanzadressaten in die von ihr veröffentlichten Jahresabschlüsse laufend einsehen werden. Die Publizitätspflicht kann für eine GmbH eine Reihe von negativen Auswirkungen haben. Einige **praktische Beispiele** sollen dies verdeutlichen:

• Eine GmbH betreibt einen Zuliefererbetrieb für wenige größere Herstellerunternehmen. Bislang ist es der Geschäftsführung der GmbH gelungen, den Einkäufern dieser Herstellerfirmen klarzumachen, daß die kalkulierten Verkaufspreise an der untersten Grenze liegen, die aus wirtschaftlichen Gründen nicht mehr unterschritten werden kann. Tatsache ist jedoch, daß die GmbH mit ihrem Zuliefererbetrieb eine glänzende Ertragslage aufweist. Man kann sich vorstellen, daß die Einkäufer der Kundenfirmen mit dieser GmbH in Zukunft ganz andere Preisgespräche führen und wesentlich härter verhandeln werden, wenn sie sich anhand der veröffentlichten Jahresabschlüsse über die tatsächliche Ertragssituation ihres Lieferanten informiert haben.

• Eine relativ kleine GmbH stellt als innovatives Unternehmen ein Produkt her, mit dem sie in Konkurrenz zu einigen wenigen finanziell potenten Herstellern tritt. Die Konkurrenten dieser GmbH können sich anhand des veröffentlichten Jahresabschlusses über deren Vermögens-, Finanz- und Ertragslage informieren. Stellen die Konkurrenten z. B. fest, daß die GmbH fast keinerlei Eigenkapital aufweist, und die Finanzlage angespannt ist, können sie ihre Betriebspolitik darauf einstellen. Sie können kurzfristig bei diesem Konkurrenzprodukt eine Preissenkungsaktion durchführen, die sie einige Monate durchhalten. Solche Preisunterbietungen könnten für die GmbH verheerende Folgen nach sich ziehen.

• Eine GmbH hat im Finanzanlagevermögen zwei Beteiligungen aktiviert. Sie unterhält einen Anteil von mehr als 20 % an einer weiteren GmbH und von 50 % an einer KG. Die GmbH muß in dem veröffentlichten Jahresabschluß im Anhang für diese beiden Beteiligungen folgendes angeben:

   – Name und Sitz der Unternehmen, an denen die Beteiligung besteht

   – Höhe des Anteils an der Beteiligungsgesellschaft

   – das Eigenkapital der Beteiligungsgesellschaft

   – das Ergebnis des letzten Geschäftsjahres der Beteiligungsgesellschaft.

Angenommen, die Beteiligungsgesellschaft ist eine Vertriebs-GmbH oder Vertriebs-KG, so können sich die Kunden auf diesem indirekten Weg über die offenzulegenden Beteiligungen über die wirtschaftlichen Verhältnisse der Muttergesellschaft zusätzlich informieren. Will die Geschäftsführung einer GmbH bestimmte Vertriebswege (z. B. neben dem Fachhandel werden auch Discounter beliefert) geheimhalten, so kann diese Geheimhaltung wegen der Veröffentlichungspflicht in bezug auf die Beteiligungen u. U. unmöglich werden.

Wegen der Veröffentlichungspflicht überlegen bereits zahlreiche GmbHs, ob sie nicht aus dieser Rechtsform flüchten sollen. Für eine Rechtsformumwandlung bietet sich z. B. die GmbH & Co KG an, die nach der Rechtssprechung als Personengesellschaft gilt und daher nicht von den speziellen Vorschriften des Bilanzrichtlinien-Gesetzes für Kapitalgesellschaften erfaßt wird. Hierzu ist zu bemerken, daß die Befürchtung nicht ausgeschlossen werden kann, daß die GmbH & Co KG in bezug auf die Rechnungslegung ebenfalls als Kapitalgesellschaft behandelt wird. Die EG-Kommission hat zwischenzeitlich eine **Ergänzungsrichtlinie** vorgelegt, die die Anwendung der handelsrechtlichen Rechnungslegungsvorschriften für Kapitalgesellschaften auch für die GmbH & Co KG fordert. Darüber hinaus muß bei der Planung, eine GmbH in eine GmbH & Co KG umzuwandeln, auch an die ertragsteuerrechtlichen Auswirkungen gedacht werden. Es müssen bei einer solchen Umwandlung u. U. stille Reserven aufgedeckt werden, die zu erheblichen ertragsteuerlichen Belastungen führen könnten.

1.7 Lagebericht

Die Geschäftsführung einer GmbH ist nach § 264 Abs. 1 HGB gesetzlich verpflichtet, einen sog. Lagebericht aufzustellen. Die mittelgroßen und die großen GmbHs haben darüber hinaus den Lagebericht auch noch zu veröffentlichen. Der Mindestinhalt des Lageberichts umfaßt (§ 289 HGB):

- Bericht über den Geschäftsverlauf der GmbH
- Bericht über die Lage der GmbH
- Bericht über Vorgänge von besonderer Bedeutung, die nach dem Schluß des Geschäftsjahres eingetreten sind
- Bericht über die voraussichtliche Entwicklung der GmbH
- Bericht über den Bereich Forschung und Entwicklung

2. KAPITEL
Umfeld der Bilanzpolitik und Bilanzanalyse

Kurzübersicht   Seite

2. Zielsetzung der handelsbilanzpolitischen Gestaltungsmöglichkeiten

2.1 Zielsetzung je nach Bilanzadressat

Durch das Bilanzrichtlinien-Gesetz muß jede GmbH, wenn auch in unterschiedlichem Umfang, ihren Jahresabschluß publizieren. Dies bedeutet, daß neben der Geschäftsführung und den Gesellschaftern einer solchen GmbH eine große Zahl von Interessenten in den jeweils veröffentlichten Jahresabschluß einsehen können, die sonst keinen Zugang zu internen Unterlagen und Informationen des Unternehmens haben. Zu diesen externen Bilanzadressaten, die sich für den handelsrechtlichen Jahresabschluß einer GmbH interessieren können, zählen u. a. die:

- Konkurrenten
- Lieferanten
- Kunden
- Mitarbeiter
- Kreditinstitute
- Finanzamt

Gegenüber diesen externen Bilanzadressaten, die die Unternehmensziele der Geschäftsführung einer GmbH in der Regel nicht kennen und an deren internen Informationen und Unterlagen nicht herankommen, gilt es, eine eigenständige Handelsbilanzpolitik zu betreiben. Die Geschäftsführung einer GmbH muß sich daher als erstes über die **handelsbilanzpolitischen Zielsetzungen** im klaren sein, die sie in bezug auf diese unterschiedlichen Bilanzadressaten verfolgen will.

2.1.1 Konkurrenten

Das Bilanzrichtlinien-Gesetz bringt in bezug auf Kapitalgesellschaften eine neue Qualität der Konkurrenzforschung. Nach § 9 HGB hat jedermann, d. h. auch jeder Konkurrent, das Recht zur Einsichtnahme in den

Jahresabschluß einer Kapitalgesellschaft, der bei dem jeweils zuständigen Registergericht zum Handelsregister eingereicht werden muß. Dabei kann der Konkurrent auch Abschriften des Jahresabschlusses verlangen. Der Finanzleiter eines Unternehmens wird damit zu einem wichtigen Mitarbeiter für die Marktforschungsabteilung, zu deren Hauptaufgaben es künftig gehören wird, die Jahresabschlüsse der konkurrierenden Kapitalgesellschaften zu analysieren. Die Geschäftsführung einer GmbH muß sich darüber im klaren sein, daß künftig ein Großteil ihrer Konkurrenten die von ihr zu veröffentlichenden Jahresabschlüsse im Wege der Bilanzanalyse für Zwecke der Konkurrenzforschung auswerten läßt. Umgekehrt muß sich die Geschäftsführung einer GmbH die Jahresabschlüsse der konkurrierenden Kapitalgesellschaften laufend beschaffen und für eine umfassende Konkurrenzforschung nutzen. Es lassen sich auf diese Art und Weise Konkurrenzinformationen gewinnen, an die man bislang nicht herankam. Man bekommt z. B. Informationen darüber, welche **Eigenkapitalquote** ein konkurrierendes Unternehmen in der Rechtsform der GmbH aufweist, wieviel Prozent vom Umsatz der **Rohgewinn** beträgt, wie hoch sich die **Personalaufwendungen**, gemessen an der **Gesamtleistung**, belaufen, wieviel kurz-, mittel- und langfristiges **Fremdkapital** von dem Konkurrenten eingesetzt wird, u. dgl.

Genau diese Informationen können sich die Konkurrenten aber auch über das eigene Unternehmen einer GmbH beschaffen. Wenn daher die Geschäftsführung einer GmbH verhindern will, daß die Konkurrenten an detaillierte Informationen über das eigene Unternehmen herankommen, muß sie ihre handelsbilanzpolitischen Gestaltungsmöglichkeiten voll nutzen, um im Rahmen ihres Zielsystems den Konkurrenten das Bilanzbild und die Ertragslage vor Augen zu führen, die ihren handelsbilanzpolitischen Zielsetzungen gegenüber diesen Bilanzadressaten weitgehend entsprechen. Die handelsbilanzpolitischen Zielsetzungen der Geschäftsführung einer GmbH können z. B. darauf gerichtet sein, den Konkurrenten ein prosperierendes Unternehmen vorzustellen, das jedem Preiswettbewerb der Konkurrenten standhält.

2.1.2 Lieferanten

Auch die Lieferanten zählen zu den externen Bilanzadressaten. Die Geschäftsführung einer GmbH muß davon ausgehen, daß sich ihre Lieferanten anhand der veröffentlichten Jahresabschlüsse ein möglichst detailliertes Bild darüber machen wollen, wie es beispielsweise um die Liquidität eines Unternehmens bestellt ist. Die Lieferanten wollen wissen, ob sie möglichst risikolos einen Lieferantenkredit einräumen können, oder ob sie hier Vorsicht walten lassen müssen. Die Lieferanten einer GmbH werden daher bei der Analyse der veröffentlichten Jahresabschlüsse vor allem auf eine intensive Finanzanalyse Wert legen, die insbesondere eine Analyse der Zahlungsfähigkeit, der Finanzkraft und der Finanzgebarung einer GmbH einschließt.

Gegenüber den Lieferanten als Bilanzadressaten, wird die Geschäftsführung einer GmbH als handelsbilanzpolitische Zielsetzungen vor allem die Darstellung einer soliden Finanzlage und einer gesunden Kapitalstruktur des Unternehmens verfolgen. Die handelsbilanzpolitischen Gestaltungsmöglichkeiten zur Erreichung dieser handelsbilanzpolitischen Zielsetzungen können z. B. der Kauf von Anlagegegenständen vor dem Bilanzstichtag, die Lieferung von Fertigerzeugnissen zur Erhöhung des Umsatzes noch vor dem Bilanzstichtag u. dgl. sein.

Ebenso können die handelsbilanzpolitischen Zielsetzungen der Geschäftsführung einer GmbH gegenüber den Lieferanten ihres Unternehmens darauf gerichtet sein, in den veröffentlichten Jahresabschlüssen möglichst hohe Handelsbilanzgewinne auszuweisen, vor allem wenn sie mit neuen Lieferanten dauerhafte Lieferantenbeziehungen herstellen wollen.

2.1.3 Kunden

Eine wichtige Gruppe von externen Bilanzadressaten bilden die Kunden. Auch hier muß die Geschäftsführung einer GmbH davon ausgehen, daß ihre veröffentlichten Jahresabschlüsse von den bisherigen Kunden, insbesondere aber von den potentiellen neuen Kunden, analysiert werden. Die Kunden sind daran interessiert, so vorteilhaft wie möglich einzukaufen. Sie werden sich daher vor allem für die Ertragslage ihrer Lieferanten in der Rechtsform der GmbH interessieren. Die Geschäftsführung einer GmbH muß sich darüber im klaren sein, daß eine überdurchschnittliche Ertragslage ihres Unternehmens die Kunden dazu veranlassen kann, höhere Einkaufsrabatte bzw. günstigere Einkaufskonditionen zu verlangen. Gegenüber ihren Kunden wird daher die Geschäftsführung einer GmbH häufig die handelsbilanzpolitische Zielsetzung verfolgen, die Ertragslage tendenziell nicht zu günstig darzustellen.

Die Kunden sind darüber hinaus in vielen Fällen an der Einräumung von Zahlungszielen interessiert. Da die GmbH in solchen Fällen als Kreditgeberin fungieren muß, kann die handelsbilanzpolitische Zielsetzung der Geschäftsführung darauf gerichtet sein, eine möglichst günstige Finanzlage darzustellen.

Die Geschäftsführung einer GmbH wird ihrerseits bestrebt sein, die Jahresabschlüsse von Kunden, die in der Rechtsform der GmbH organisiert sind, für eine Analyse der Kundenstrukturen auszuwerten. Dabei wird sie sich vor allem für die Vermögenslage und für die Finanzlage ihrer Kunden interessieren. Auf diese Weise kann in vielen Fällen verhindert werden, daß Kundenforderungen uneinbringlich werden, da Lieferantenkredite an Kunden mit einer ungünstigen Vermögens- bzw. Finanzlage von vornherein entweder nicht oder nur gegen entsprechende Sicherheitsleistungen gewährt werden u. dgl. Die Geschäftsführung einer GmbH kann sich so künftig bei Kunden in der Rechtsform von Kapitalgesellschaften gegen größere Forderungsausfälle wesentlich besser als in der Vergangenheit absichern.

2.1.4 Mitarbeiter

Die Gruppe der Mitarbeiter ist ebenfalls zu den externen Bilanzadressaten zu rechnen. Der Betriebsrat einer Kapitalgesellschaft hat das Recht (§ 335 HGB), bei dem Registergericht die Festsetzung eines Zwangsgeldes zu beantragen, wenn die Geschäftsführung einer GmbH den Jahresabschluß nicht veröffentlicht. Aus dieser Vorschrift ist unschwer zu erkennen, daß der Gesetzgeber der Gruppe der Arbeitnehmer ein besonderes Interesse an der Veröffentlichung des Jahresabschlusses ihres Arbeitgeberbetriebes zubilligt. Dieses Interesse der Arbeitnehmer ist auf eine umfassende Strukturanalyse des Jahresabschlusses einer GmbH gerichtet. Die Gruppe der Arbeitnehmer, die zu den Bilanzadressaten gezählt werden muß, denen vor allem an dauerhafte Beziehungen zu „ihrem" Unternehmen gelegen ist, wollen über die Ergebnisse einer Analyse der

● Vermögensstruktur

● Kapitalstruktur

- Finanzstruktur
- Ertragsstruktur

möglichst eingehend informiert werden. Sie wollen dadurch insbesondere erfahren, ob ihre Arbeitsplätze auch in der Zukunft gesichert sind, ob sie mit Lohn- bzw. Gehaltserhöhungen rechnen können u. dgl.

Die Geschäftsführung einer GmbH wird ihre Handelsbilanzpolitik gegenüber ihren Arbeitnehmern darauf abstellen, daß die Arbeitnehmerschaft möglichst objektiv über die betriebliche Situation informiert wird. Dabei kann jedoch im Vordergrund stehen, daß die Ertragslage tendenziell nicht zu günstig dargestellt wird, um betriebswirtschaftlich nicht vertretbare Lohn- und Gehaltsforderungen bzw. Forderungen nach freiwilligen zusätzlichen sozialen Leistungen abzuwehren.

2.1.5 Kreditinstitute

Als weitere Gruppe von externen Bilanzadressaten sind die Kreditinstitute zu nennen. Die Geschäftsführung einer GmbH muß davon ausgehen, daß die Kreditabteilungen der Banken von ihnen künftig grundsätzlich die Vorlage der Handelsbilanz zusätzlich zur Steuerbilanz verlangen werden. Die Kreditinstitute werden erwarten, daß die Handelsbilanz, die nach dem Grundsatz des true-and-fair-view aufgestellt werden muß, eine wirtschaftlich wahre Bilanz darstellt und wesentlich mehr über die Kreditwürdigkeit der GmbH aussagt, als nur die Steuerbilanz. Dabei werden die Kreditsachbearbeiter die neue Handelsbilanz nach den anerkannten Grundsätzen und Regeln der **Bilanzanalyse** aufbereiten und analysieren. Für die Geschäftsführung einer GmbH ist es wichtig, zu wissen, daß die Vergleichbarkeit der neuen Handelsbilanz mit den Steuerbilanzen der Nichtkapitalgesellschaften äußerst erschwert, wenn nicht sogar unmöglich gemacht ist. Dies bedeutet, daß die Kreditinstitute einen externen Betriebsvergleich innerhalb einer bestimmten Branche für unterschiedliche Rechtsformen nur noch unter Inkaufnahme von erheblichen Ungleichartigkeiten bzw. Störfaktoren durchführen können. Der Jahresabschluß von Unternehmen, die Nichtkapitalgesellschaften sind, wird sich künftig grundlegend von den Jahresabschlüssen der GmbHs unterscheiden, da der gesamte spezielle Teil des Bilanzrichtlinien-Gesetzes (ab § 264 HGB) nur für die Kapitalgesellschaften gilt. Von der Gliederung der Bilanz bis hin zu den

Anhangvorschriften, unterscheiden sich die neuen Handelsbilanzen der GmbHs und die Steuerbilanzen der Nichtkapitalgesellschaften in grundsätzlicher Art und Weise. Die Geschäftsführung einer GmbH muß davon ausgehen, daß die Kreditsachbearbeiter gezwungen sind, zusätzliche Informationen über das Unternehmen einzuholen, um dessen Kreditwürdigkeit zutreffend beurteilen zu können. Hinzu kommt noch, daß auch ein Vergleich von handelsrechtlichen GmbH-Bilanzen innerhalb einer Branche, zumindest in den Anfangsjahren, auf erhebliche Schwierigkeiten stoßen dürfte, da die Gestaltungsmöglichkeiten in bezug auf die Handelsbilanz von den einzelnen GmbHs voraussichtlich unterschiedlich genutzt werden dürften.

Die Geschäftsführung einer GmbH verfolgt in bezug auf die Kreditinstitute die handelsbilanzpolitische Zielsetzung, möglichst **kreditwürdig** zu erscheinen, damit ihre Banken sicher sein können, daß die GmbH ohne weiteres im Stande ist, einen gewährten Kredit termingerecht zu verzinsen und zu tilgen. Bei der ausschließlichen Berücksichtigung dieser handelsbilanzpolitischen Zielsetzung ist nur eine tendenziell positive Darstellung der Vermögenslage, Kapitalstruktur, Finanz- und Ertragslage möglich, was zu Konflikten mit weiteren handelsbilanzpolitischen Zielsetzungen gegenüber allen oder einigen anderen externen Bilanzadressaten führen könnte. Die Geschäftsführung einer GmbH wird sich daher überlegen müssen, ob sie für die Kreditinstitute über die Handels- und Steuerbilanz hinaus nicht zusätzlich interne Informationen zur Verfügung stellt, die die Kreditwürdigkeit ihres Unternehmens belegen. Dabei kann es sich um interne Informationen handeln, die den übrigen Bilanzadressaten vorenthalten, d. h. nicht veröffentlicht werden.

2.1.6 Finanzamt

Als letzter Bilanzadressat ist das Finanzamt anzusehen. Dies mag überraschen, weil man davon ausgehen kann, daß die Handelsbilanz dem Finanzamt in der Regel nicht vorliegt. Tatsache ist, daß die Steuerbilanz eine nach steuerlichen Grundsätzen korrigierte Handelsbilanz darstellt, die der Ermittlung der steuerlichen Bemessungsgrundlage dient. Die Korrekturen können nach § 60 Abs. 3 EStDV als Zusätze oder Anmerkungen zur Handelsbilanz vorgenommen werden. Die Steuerbilanz könnte aber auch auf buchhalterischem Wege, d. h. durch eine eigene Steuerbuchführung, direkt erstellt werden. In diesem Falle wären keine steuerrechtlichen Korrekturen notwendig, sondern die Bilanz würde sich unmittelbar aus der besonderen Steuerbuchführung ergeben. In der Bilanzierungspraxis wurden bislang Handels- und Steuerbilanz in einem Zuge erstellt, so daß sich der Geschäftsführer einer GmbH in der Regel gar nicht bewußt war, daß die Steuerbilanz aus der zuvor aufgestellten Handelsbilanz abgeleitet worden ist. Künftig muß der Geschäftsführer einer GmbH damit rechnen, daß sich das Finanzamt im Rahmen des Veranlagungsverfahrens sowohl die Steuerbilanz als auch die neue Handelsbilanz vorlegen läßt. Die Berechtigung, von der Geschäftsführung der GmbH auch die neue Handelsbilanz einzufordern, ergibt sich für das Finanzamt, insbesondere aus § 60 Abs. 2 EStDV, aber auch aus § 140 AO, wonach die Buchführungsvorschriften nach HGB auch für die Besteuerung von Bedeutung sind. Die Tatsache, daß dem Finanzamt künftig sowohl die Handelsbilanz als auch die Steuerbilanz vorliegt, kann für die GmbH zu indirekten Steuerwirkungen führen. Das Bilanzrichtlinien-Gesetz ist strikt steuerneutral. Der Gesetzgeber hat in allen Paragraphen dieses Gesetzes darauf geachtet, daß durch das neue Handelsrecht keine Mehrsteuern ausgelöst werden. Der Grundsatz des true-and-fair-view, der eine wirtschaftlich wahre Bilanz verlangt, dürfte jedoch in vielen Fällen bei den Kapitalgesellschaften nicht ohne steuerliche Wirkungen bleiben. Der Geschäftsführer einer GmbH muß sich darüber im klaren sein, daß dem Finanzamt durch die Möglichkeit der Einsichtnahme in die Handelsbilanz auch ein verbesserter Einblick in die Vermögenslage, Finanzlage und Ertragslage seines Unternehmens gewährt wird. Es wird in diesem Zusammenhang nur auf den gesetzlichen Zwang zu den zahlreichen Begründungen im Anhang als dem 3. integralen Bestandteil des Jahresabschlusses hingewiesen. Dies kann dazu führen, daß das Finanzamt für den Fall, daß die GmbH z. B. einen wesentlich höheren Handelsbilanzgewinn als Steuerbilanzgewinn ausweist, weitere Recherchen anstellen, die u. U. Mehrsteuern auslösen.

Die Geschäftsführung einer GmbH muß daher bei Aufstellung der neuen Handelsbilanz immer auch das Finanzamt als möglichen Bilanzadressaten berücksichtigen. Dabei wird die entsprechende Handelsbilanzpolitik gegenüber dem Bilanzleser „Finanzamt" darauf gerichtet sein, die Vermögens-, Finanz- und Ertragslage tendenziell eher negativ darzustellen, um keine Begehrlichkeiten nach Mehrsteuern zu wecken.

2.2 Zielsetzung bei positiver oder negativer Darstellung

Die Handelsbilanz wendet sich an die unterschiedlichsten Bilanzadressaten wie Konkurrenten, Lieferanten, Kunden, Mitarbeiter, Banken usw. Die Geschäftsführung einer GmbH wird daher ihre handelsbilanzpolitischen Ziele denjenigen Zielen unterordnen, die sie im Rahmen der Information dieser Bilanzleser verfolgt. Dabei lassen sich die handelsbilanzpolitischen Zielsetzungen wie folgt systematisieren:

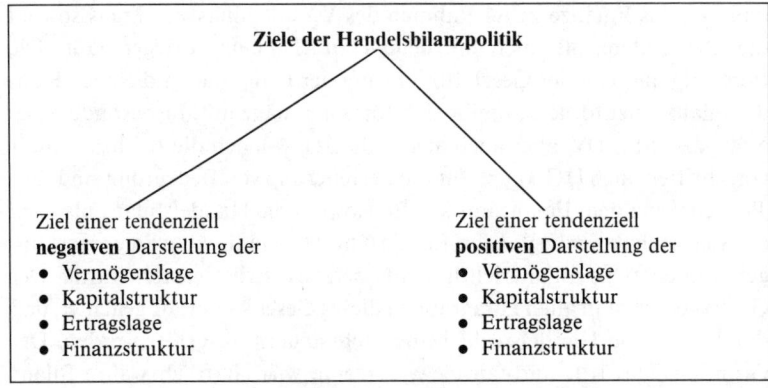

Abb. 1: Ziele der Handelsbilanzpolitik

Wegen der unterschiedlichen Bilanzadressaten, gegenüber denen die Geschäftsführung einer GmbH zum Teil unterschiedliche Ziele verfolgt, können sich in den handelsbilanzpolitischen Zielsetzungen Überschneidungen ergeben, die es erforderlich machen, in der Handelsbilanzpolitik bestimmte Prioritäten zu setzen. Wenn es jedoch die Geschäftsführung einer GmbH versäumt, die Ziele der Handelsbilanzpolitik exakt zu definieren, läuft sie Gefahr, daß eine Handelsbilanz aufgestellt und veröffentlicht wird, die bei unterschiedlichen Bilanzadressaten zu Irritationen führen kann.

2.2.1 Vermögenslage

Nach dem Grundsatz des true-and-fair-view (§ 264 Abs. 2 HGB) hat die Handelsbilanz einer GmbH ein den tatsächlichen Verhältnissen entsprechendes Bild der Vermögenslage zu vermitteln. Die Vermögenslage kann der externe Bilanzadressat durch eine vertikale Analyse der Aktivseite der Handelsbilanz erkennen. Dabei kann der externe Bilanzleser für 1987 eine statische Analyse (Zustandsanalyse) und ab 1988 auch eine dynamische Analyse (Entwicklungsanalyse) der Vermögensstruktur einer GmbH durchführen, da ab 1988 zu jeder Bilanzposition auch die Vorjahreszahl angegeben werden muß (§ 265 Abs. 2 HGB).

Die Analyse einer Vermögensstruktur einer GmbH durch externe Bilanzadressaten kann mit Hilfe einer großen Zahl von Kennzahlenbildungen erfolgen. Der externe Bilanzleser kann z. B. im Rahmen einer solchen vertikalen Analyse der Aktivseite der Handelsbilanz einer GmbH u. a. folgende Kennzahlen bilden:

$$\frac{\text{Gesamtvermögen 1988}}{\text{Gesamtvermögen 1987}} \times 100 = \text{Vermögensänderung}$$

$$\frac{\text{Anlagevermögen}}{\text{Gesamtvermögen}} \times 100 = \text{Intensität des Anlagevermögens}$$

$$\frac{\text{Umlaufvermögen}}{\text{Gesamtvermögen}} \times 100 = \text{Intensität des Umlaufvermögens}$$

$$\frac{\text{Anlagevermögen}}{\text{Umlaufvermögen}} \times 100 = \text{Immobilisierungsverhältnis}$$

$$\frac{\text{Leistungsvermögen}}{\text{Finanzvermögen}} \times 100 = \text{Leistungsvermögen zu Finanzvermögen}$$

$$\frac{\text{Gesamtleistung}}{\text{durchschnittl. Gesamtvermögen}} = \text{Gesamtvermögensumschlag}$$

$$\frac{\text{durchschnittl. Debitorenbestand}}{\text{Debitorenumsatz + USt}} \times 360 = \text{Umschlagsdauer der Debitoren}$$

$$\frac{\text{kumulierte Abschreibung auf Sachanlagen}}{\text{Anlagenbestand incl. Zugänge zu historischen Anschaffungskosten}} \times 100 = \text{Anlagenabnutzungsgrad}$$

Dieser Ausschnitt möglicher Kennzahlenbildungen im Rahmen der externen Bilanzanalyse der Handelsbilanz einer GmbH erhellt die zentrale Bedeutung der Handelsbilanzpolitik. Angenommen, die Geschäftsführung einer GmbH möchte bei ihrer Hausbank einen größeren Investitionskredit beantragen, muß sie davon ausgehen, daß die Kreditsachbearbeiter ihrer Hausbank im Rahmen einer statischen und einer dynamischen Analyse mindestens die vorgenannten Kennzahlen bilden und auswerten werden.

Eine positive Veränderung der Kennzahlen $\dfrac{\text{Gesamtvermögen 1988}}{\text{Gesamtvermögen 1987}}$ x 100 signalisiert dem Kreditsachbearbeiter als externen Bilanzadressaten ein wachsendes Unternehmen, was auf eine Kapazitätsausweitung hinweist.

Eine Erhöhung der Kennzahl $\dfrac{\text{Anlagevermögen}}{\text{Gesamtvermögen}}$ x 100 deutet auf eine steigende Immobilität des Betriebes hin, die das Unternehmerrisiko erhöht und die Anpassungsfähigkeit herabsetzt.

Eine Steigerung der Kennzahl $\dfrac{\text{Anlagevermögen}}{\text{Umlaufvermögen}}$ x 100 über 100 %, deutet auf eine relativ unelastische Betriebsstruktur hin, die zu einer Fixkostenabhängigkeit führt.

Die Kennzahl $\dfrac{\text{Leistungsvermögen}}{\text{Finanzvermögen}}$ x 100 lassen die Betriebspolitik der GmbH erkennen. Wenn die Geschäftsführung der GmbH stärker im Leistungsvermögen (= Anlagevermögen und Vorräte) investiert, zeigt sie, daß sie hohe Gewinnerwartungen hegt, während sie bei einer unsicheren Geschäftslage den Mittelzufluß im Finanzanlagevermögen (= Forderungen und Geldvermögen) auflaufen läßt.

Eine Erhöhung der Kennzahl Gesamtvermögensumschlag deutet auf eine gute Ausnutzung des Vermögens hin, während eine Verringerung dieser Kennzahl eine Verschlechterung der Vermögensausnutzung signalisiert.

Eine Erhöhung der Umschlagsdauer der Debitoren ist negativ zu beurteilen, da es der GmbH offensichtlich nicht gelingt, ihre Kundenforderungen rechtzeitig wieder zu Geld zu machen.

Eine Erhöhung der Kennzahl Anlagenabnutzungsgrad zeigt an, daß die GmbH notwendige Ersatzinvestitionen aufgeschoben hat, die zu einem Investitionsstau führen können.

Die Geschäftsführung der kreditnachfragenden GmbH wird versuchen, im Rahmen ihrer handelsbilanzpolitischen Gestaltungsmöglichkeiten die Vermögensstruktur in der Handelsbilanz eher positiv darzustellen. Dabei wird sie eine Handelsbilanzpolitik betreiben, die darauf gerichtet ist, bei den vorgenannten Kennzahlen möglichst günstige Werte auszuweisen.

2.2.2 Kapitalstruktur

Die Passivseite der Handelsbilanz einer GmbH zeigt dem externen Bilanzadressaten deren Kapitalstruktur. Die Strukturelemente der Passivseite sind:

- Eigenkapital
- Rückstellungen
- Verbindlichkeiten
  (Eventualverbindlichkeiten)

Das Kapital auf der Passivseite der Handelsbilanz einer GmbH kann in kurz-, mittel- oder langfristiges Kapital weiter unterteilt werden. Dabei ist darauf hinzuweisen, daß im Eigenkapital einer GmbH auch kurzfristige Teile, z. B. zur Verteilung anstehende Teile des Handelsbilanzgewinns, enthalten sein können. Den Rückstellungen kommt eine besondere Bedeutung zu, da sie nicht aus Außenfinanzierungsmitteln, wie das Fremdkapital, sondern aus Innenfinanzierungsmitteln als gewinnmindernder Aufwand gebildet werden. In bezug auf die Verbindlichkeiten wird sich bei den GmbHs eine Neueinteilung wie folgt ergeben:

- Kurzfristige Verbindlichkeiten: Laufzeit weniger als 1 Jahr
- Mittelfristige Verbindlichkeiten: Laufzeit mehr als 1 Jahr und weniger als 5 Jahre
- Langfristige Verbindlichkeiten: Laufzeit über 5 Jahre

Diese neue Bestimmung der Fristen für Verbindlichkeiten ist allerdings nur für die Kapitalgesellschaften zwingend, während die Nichtkapitalgesellschaften bei der bisherigen Einteilung

- Verbindlichkeiten mit einer Laufzeit von mindestens 4 Jahren
- andere Verbindlichkeiten

bleiben können. Ein zwischenbetrieblicher Vergleich der Kapitalstrukturen von Kapitalgesellschaften und Nichtkapitalgesellschaften wird auf diese Art und Weise erheblich erschwert.

Als Eventualverbindlichkeiten muß eine GmbH unter dem Strich der Bilanz oder im Anhang unter Angabe der gewährten Pfandrechte und sonstigen Sicherheiten folgende ausweisen (§ 251 HGB i. V. mit § 268 Abs. 7 HGB):

• Verbindlichkeiten aus der Begebung oder Übertragung von Wechseln

• Verbindlichkeiten aus Bürgschaften, Wechseln und Scheckbürgschaften

• Haftungsverhältnisse aus der Bestellung von Sicherheiten für fremde Verbindlichkeiten

• Verbindlichkeiten aus Gewährleistungsverträgen

• Sonstige Haftungsverhältnisse

Auch für die Analyse der Kapitalstruktur einer GmbH steht dem externen Bilanzadressaten eine ganze Reihe von Kennzahlen zur Verfügung wie u. a.:

$$\frac{\text{Gesamtkapital 1988}}{\text{Gesamtkapital 1987}} \times 100 = \text{Gesamtkapitalveränderung}$$

$$\frac{\text{Eigenkapital}}{\text{Gesamtkapital}} \times 100 = \text{Eigenkapitalquote}$$

$$\frac{\text{Fremdkapital}}{\text{Gesamtkapital}} \times 100 = \text{Fremdkapitalquote}$$

$$\frac{\text{Fremdkapital}}{\text{Eigenkapital}} \times 100 = \text{Verschuldungsgrad}$$

$$\frac{\text{Gesamtleistung}}{\text{durchschn. Gesamtkapital}} = \text{Gesamtkapitalumschlag}$$

$$\frac{\text{Gesamtleistung}}{\text{durchschn. Eigenkapital}} = \text{Eigenkapitalumschlag}$$

Auch in bezug auf die Kennzahlen zur Kapitalstruktur wird klar, wie wichtig es für die Geschäftsführung einer GmbH ist, Handelsbilanzpolitik zu betreiben. Beispielsweise werden die Banken die Kreditwürdigkeit einer GmbH vor allem anhand von Kapitalstrukturkennzahlen prüfen. Dabei interessieren insbesondere, welche Gesamtkapitalveränderung die GmbH erfahren hat, wie sich die Eigenkapitalquote und der Verschuldungsgrad entwickelt haben, u. dgl.

In gleicher Weise interessieren sich die übrigen Bilanzadressaten bis hin zu den Konkurrenten, wie sich diese Kapitalstrukturzahlen vor allem im innerbetrieblichen Zeitvergleich entwickelt haben. Die externen Bilanzadressaten werden versuchen, die Kapitalstruktur der zu analysierenden GmbH in einen Zusammenhang mit vergleichbaren Betrieben bzw. mit

Branchendurchschnittswerten zu bringen, um eine bessere Aussage über den Untersuchungsbetrieb treffen zu können. Die Geschäftsführung einer GmbH wird daher häufig im Rahmen ihrer handelsbilanzpolitischen Gestaltungsmöglichkeiten auch die Betriebsvergleichsergebnisse zur Kapitalstruktur innerhalb einer bestimmten Branche berücksichtigen, um nicht zu stark von den Branchendurchschnittswerten nach oben oder nach unten abzuweichen.

2.2.3 Ertragslage

Die Geschäftsführung einer GmbH kann davon ausgehen, daß sich sämtliche externen Bilanzadressaten vor allem für die Ertragslage ihres Unternehmens interessieren. Eine Analyse der Ertragslage schließt eine

- Analyse des Umsatzerfolges,
- Analyse der Ertragskraft,
- Analyse der Kapitalrentabilität

ein. Hierzu stehen dem externen Bilanzanalytiker zahlreiche Kennzahlen zur Verfügung.

Für die Analyse des Umsatzerfolges muß zunächst feststehen, ob der Gewinn auf der Grundlage des Gesamtkostenverfahrens oder des Umsatzkostenverfahrens ermittelt wird.

Die Gewinn- und Verlustrechnung nach dem **Gesamtkostenverfahren** ist wie folgt aufgebaut:

Umsatzerlöse

± Bestandsveränderungen an fertigen und unfertigen Erzeugnissen

+ andere aktivierte Eigenleistungen

+ (sonstige betriebliche Erträge)

= Gesamtleistung des Betriebes

— gesamte betriebliche Aufwendungen

= Betriebsergebnis

Demgegenüber zeigt die Gewinn- und Verlustrechnung nach dem **Umsatzkostenverfahren**, das für die GmbH erst mit Inkrafttreten des Bilanzrichtlinien-Gesetzes überhaupt anwendbar wird, folgenden Aufbau:

Umsatzerlöse
— umsatzbedingte Aufwendungen
+ (sonstige betriebliche Erträge)

= Umsatzergebnis

Das Betriebsergebnis nach dem Gesamtkostenverfahren und das Umsatzergebnis nach dem Umsatzkostenverfahren sind identisch. Bei dem Umsatzkostenverfahren werden die Bestandserhöhungen unfertiger und fertiger Erzeugnisse und die aktivierten Eigenleistungen von den Aufwendungen abgezogen, während sie beim Gesamtkostenverfahren die Ertragsseite erhöhen.

Probleme ergeben sich in bezug auf die sonstigen betrieblichen Erträge (Position 4 bei dem Gesamtkostenverfahren bzw. Position 6 bei dem Umsatzkostenverfahren). Diese enthalten auch betriebsfremde und periodenfremde Erträge, die bislang zum neutralen Ergebnis gerechnet wurden. Es empfiehlt sich daher, für Kennzahlenbildungen bei dem Gesamtkostenverfahren die sonstigen betrieblichen Erträge nicht in die Gesamtleistung des Betriebes einzubeziehen, da sonst das Betriebsergebnis verfälscht werden kann. Ebenso müssen auch bei dem Umsatzkostenverfahren die sonstigen betrieblichen Erträge ausgeschieden werden.

Eine Analyse des Umsatzerfolges einer GmbH kann u. a. anhand folgender Kennzahlen vorgenommen werden:

- $\dfrac{\text{Umsatzerlöse 1988}}{\text{Umsatzerlöse 1987}}$ x 100 = Umsatzindex

- $\dfrac{\text{Betriebsergebnis}}{\text{Gesamtleistung}}$ x 100 = Umsatzrentabilität (Gesamtkostenverfahren)

- $\dfrac{\text{Umsatzergebnis}}{\text{Umsatzerlöse}}$ x 100 = Umsatzrentabilität (Umsatzkostenverfahren)

- $\dfrac{\text{Materialaufwand}}{\text{Gesamtleistung}}$ x 100 = Materialaufwandsquote

- $\dfrac{\text{Personalaufwendungen}}{\text{Gesamtleistung}}$ x 100 = Personalaufwandsquote

- $\dfrac{\text{lfd. Abschreibungen}}{\text{Gesamtleistung}}$ x 100 = Abschreibungsaufwandsquote

- $\dfrac{\text{Gesamtleistung oder Umsatz}}{\text{durchschn. Zahl d. Beschäftigten}}$ = Personalproduktivität

Kennzahlen zur Ertragskraft sollen die Erfolgsaussichten einer GmbH aufzeigen. Selbstverständlich kann der externe Bilanzadressat einen Großteil der Kennzahlen zur Analyse des Umsatzerfolges auch zur Beurteilung der Ertragskraft heranziehen. Spezielle Kennzahlen zur Ertragskraft sind u. a.:

$$\frac{\text{Rohgewinn 1988}}{\text{Rohgewinn 1987}} \times 100 = \text{Rohgewinnänderung}$$

$$\frac{\text{Rohgewinn}}{\text{Gesamtleistung}} \times 100 = \text{Rohgewinnspanne}$$

$$\frac{\text{Rohgewinn}}{\text{Umsatzerlöse}} \times 100 = \text{Betriebshandelsspanne (Handelsunternehmen)}$$

Einen Schwerpunkt der Analyse der Ertragslage einer GmbH durch externe Bilanzadressaten wird die Analyse der Kapitalrentabilität bilden. Hierzu sind u. a. folgende Kennzahlenbildungen möglich:

$$\frac{\text{Jahresüberschuß + Fremdkapitalzinsen}}{\text{durchschn. Gesamtkapital}} \times 100 = \text{Gesamtkapital-rentabilität}$$

$$\frac{\text{Jahresüberschuß}}{\text{durchschn. Eigenkapital}} \times 100 = \text{Eigenkapitalrentabilität}$$

$$\frac{\text{Gewinn} \times 100}{\text{Umsatz}} \times \frac{\text{Umsatz}}{\text{Kapital}} = \text{Return on Investment (ROI)}$$

Die Geschäftsführung einer GmbH wird im Rahmen ihrer handelsbilanzpolitischen Gestaltungsmöglichkeiten versuchen, gegenüber den externen Bilanzadressaten, je nach handelsbilanzpolitischen Zielsetzungen, die Ertragslage ihres Unternehmens tendenziell eher positiv oder eher negativ darzustellen. Eventuell wird auch ein Mittelweg angesteuert. Der Geschäftsführer einer GmbH muß sich jedenfalls darüber im klaren sein, daß die externen Bilanzadressaten vor allem in bezug auf die Ertragslage des Unternehmens, versuchen werden, mit Hilfe der Kennzahlenanalyse ein möglichst detailliertes Bild zu gewinnen.

2.2.4 Finanzlage

Der Grundsatz des true-and-fair-view verlangt, daß der Jahresabschluß einer GmbH auch ein den tatsächlichen Verhältnissen entsprechendes Bild der Finanzlage des Unternehmens zu vermitteln hat. Diese in § 264 Abs. 2 HGB ausdrücklich enthaltene gesetzliche Verpflichtung wird durch zahlreiche Bilanzierungs- und Bewertungsvorschriften sowie Anhangvorschriften, die die Darstellung der Finanzlage betreffen, ergänzt bzw. präzisiert. Dem externen Bilanzleser bis hin zu den Konkurrenten wird damit ein vertiefter Einblick in die Finanzlage der GmbH ermöglicht.

Die Analyse der Finanzlage einer GmbH kann der externe Bilanzadressat u. a. mit Hilfe unterschiedlicher Kennzahlen vornehmen. Eine wichtige Gruppe von Kennzahlen zur Beurteilung der Finanzlage einer GmbH bilden diejenigen, die sich in sog. Finanzierungsregeln niederschlagen. Hier ist an erster Stelle die „goldene Bankregel" zu nennen. Diese besagt, daß das Anlagevermögen eines Unternehmens durch Eigenkapital gedeckt werden soll. In ihrer erweiterten Form besagt die goldene Bankregel, daß das Anlagevermögen durch Eigenkapital und langfristiges Fremdkapital finanziert werden soll. Solche Finanzierungsregeln wenden vor allem die Banken bei ihren Kreditwürdigkeitsprüfungen an:

$$\frac{\text{Eigenkapital}}{\text{Anlagevermögen}} \times 100 = \text{goldene Bankregel (enge Fassung} = 100\ \%)$$

$$\frac{\text{Eigenkapital} + \text{langfr. Fremdkapital}}{\text{Anlagevermögen}} \times 100 = \text{goldene Bankregel (erweiterte Fassung} = 100\ \%)$$

$$\frac{\text{Eigenkapital} + \text{langfr. Fremdkapital}}{\text{Anlagevermögen} + 1/3(1/4)\ \text{Umlaufvermögen}} \times 100 = \text{goldene Bankregel (erweiterte Fassung für Handelsunternehmen} = 100\ \%)$$

$$\frac{\text{Eigenkapital}}{\text{Fremdkapital}} = 1 : 1$$

Weicht eine GmbH mit ihrer Bilanz stark negativ von diesen Finanzierungsregeln ab, steht zu befürchten, daß ihr u. U. ein Kredit versagt wird, da die Bank das Kreditrisiko übertrieben hoch einschätzt. Die Geschäftsführung einer GmbH wird daher bestrebt sein, mit Hilfe ihrer Handelsbilanzpolitik Bilanzrelationen herzustellen, die den vorgenannten Finanzierungsregeln einigermaßen entsprechen.

Eine Analyse der Finanzlage einer GmbH durch externe Bilanzadressaten schließt in der Regel auch eine Untersuchung der Liquiditätslage des Unternehmens ein. Hierzu lassen sich Kennzahlen zu den Liquiditätsgraden bilden:

$$\frac{\text{Flüssige Mittel}}{\text{Kurzfristiges Fremdkapital}} \times 100 = \text{Liquidität 1. Grades (Barliquidität)}$$

$$\frac{\text{Flüssige Mittel + Wertpapiere + kurzfristige Forderungen}}{\text{Kurzfristiges Fremdkapital}} \times 100 = \text{Liquidität 2. Grades}$$

$$\frac{\text{Kurzfristig gebundenes Vermögen}}{\text{Kurzfristiges Fremdkapital}} \times 100 = \text{Liquidität 3. Grades}$$

Zu den für einen externen Bilanzadressaten instruktiven Liquiditätskennzahlen zählt auch die Kennzahl net working capital (Nettoumlaufvermögen). Diese Kennzahl wird vor allem im Rahmen eines innerbetrieblichen Zeitvergleichs eingesetzt:

	1987	1988
Umlaufvermögen		
— Kurzfristige Verbindlichkeiten		
= Net working Capital		

Der externe Bilanzadressat kann durch die Bildung solcher Liquiditätskennzahlen beurteilen, wie es um die Zahlungsfähigkeit einer GmbH bestellt ist. So wird z. B. gefordert, daß bei der Liquidität 1. Grades mindestens 20 % der kurzfristigen Verbindlichkeiten durch flüssige Mittel gedeckt werden sollen.

In bezug auf die Liquidität 2. Grades wird die Erfüllung einer 1 : 1 Regel und im Hinblick auf die Liquidität 3. Grades einer 2 : 1 Regel gefordert.

Auch in bezug auf die Liquiditätsgrade wird die Geschäftsführung einer GmbH bestrebt sein, mit Hilfe der ihr zur Verfügung stehenden handelsbilanzpolitischen Gestaltungsmöglichkeiten günstige Werte auszuweisen, um den externen Bilanzadressaten eine positive Finanzlage darzustellen.

Einen breiten Raum nimmt im Rahmen der externen Analyse der Finanzlage einer GmbH die **Cash-flow-Analyse** ein. Das Schema zur Ermittlung des Cash flow einer GmbH kann vereinfacht wie folgt dargestellt werden:

Jahresüberschuß/Jahresfehlbetrag (—)

+ Abschreibungen

— Zuschreibungen

+ Erhöhung von langfristigen Rückstellungen

— Auflösung von langfristigen Rückstellungen

+ Erhöhung von Sonderposten mit Rücklagenanteil

— Auflösung von Sonderposten mit Rücklagenanteil

+ außerordentliche Aufwendungen

— außerordentliche Erträge

= Cash flow der gewöhnlichen Geschäftstätigkeit nach Steuern

Die externen Bilanzadressaten können aus den veröffentlichten Jahresabschlüssen einer GmbH die Cash-flow-Berechnungen in dieser Form vornehmen und dabei einen **innerbetrieblichen Zeitvergleich** sowie einen zwischenbetrieblichen Soll-Ist-Vergleich darstellen, da Vergleichszahlen einzelner Betriebe bzw. Branchendurchschnittswerte zur Verfügung stehen.

Mit dem nach dem o. a. Schema ermittelten Cash flow kann der externe Bilanzadressat eine Reihe von Kennzahlen bilden, die ihm eine noch bessere Beurteilung der Finanzlage einer GmbH ermöglichen. Zu diesen Cash-flow-Kennzahlen zählen u. a.:

$$\frac{\text{Cash flow}}{\text{Umsatzerlöse}} \times 100 = \text{Cash-flow-Rate}$$

$$\frac{\text{Cash flow} + \text{Zinsaufwand}}{\text{durchschn. Gesamtkapital}} \times 100 = \text{Kapitalnutzungsrate}$$

$$\frac{\text{Cash flow}}{\text{Nettogesamtschulden}^1} \times 100 = \text{Schuldentilgungspotential}$$

[1] Fremdkapital

— langfristige Rückstellungen

— liquide Mittel

= Nettogesamtschulden

$$\frac{\text{Fremdkapital} - \text{langfr. Rückstellungen}}{\text{Cash flow}} = \begin{array}{l}\text{Schuldentilgungsdauer} \\ \text{in Jahren}\end{array}$$

$$\frac{\text{Cash flow}}{\text{Nettoanlageinvestitionen}} \times 100 = \begin{array}{l}\text{Innenfinanzierungsgrad} \\ \text{der Investitionen}\end{array}$$

Vor allem die Banken als externe Bilanzadressaten ziehen bei ihren Kreditwürdigkeitsprüfungen von GmbHs verstärkt den Cash flow bzw. die Cashflow-Kennzahlen heran. Wenn eine GmbH eine relativ niedrige Eigenkapitalquote ausweist, die sich noch weiter verringert, wenn zusätzliche Kredite aufgenommen werden müssen, wird von den Banken intensiv geprüft, ob ein Cash flow vorhanden ist, der eine termingerechte Bedienung solcher aufzunehmender Kredite sicherstellt. Die Geschäftsführung einer GmbH wird im Rahmen ihrer handelsbilanzpolitischen Gestaltungsmöglichkeiten darauf achten, daß durch eine entsprechende **Abschreibungs- und Rückstellungspolitik** der Cash flow so hoch wie möglich ausgewiesen werden kann. Selbstverständlich ist es auch denkbar, daß die Geschäftsführung einer GmbH eine entgegengesetzte Politik betreiben muß, um den Cash flow nicht zu hoch ausweisen zu müssen.

Für die Beurteilung der Finanzlage einer GmbH durch externe Bilanzadressaten sind auch die Eventualverbindlichkeiten von Bedeutung (vgl. Punkt 2.2.2, S. 45).

Im Anhang ist darüber hinaus der Gesamtbetrag der sonstigen finanziellen Verpflichtungen auszuweisen, die nicht in der Bilanz oder als Eventualverbindlichkeiten unter dem Strich der Bilanz auszuweisen sind, sofern diese Angaben für die Beurteilung einer GmbH von Bedeutung sind (§ 285 Nr. 3 HGB).

Die sonstigen finanziellen Verpflichtungen können u. a. umfassen:

- Verpflichtungen aus Leasing- u. ä. Verträgen
- Verpflichtungen aus begonnenen Investitionen
- Nicht gebildete Aufwandsrückstellungen
- Sonstige finanzielle Verpflichtungen

Der externe Bilanzadressat bekommt vor allem im Rahmen eines innerbetrieblichen Zeitvergleichs Hinweise auf die künftige Entwicklung bzw. evtl. künftige Belastungen der Finanzlage einer GmbH.

Die Handelsbilanzpolitik der Geschäftsführung einer GmbH wird in den meisten Fällen darauf abzielen, gegenüber den externen Bilanzadressaten die Finanzlage insgesamt positiv darzustellen. Dies schließt nicht aus, daß in bezug auf bestimmte Kennzahlen, wie Cash flow, Cash-flow-Rate, Innenfinanzierungsgrad der Investitionen, u. dgl. ein Mittelweg angesteuert wird, um diese Kennzahlen dem externen Bilanzanalytiker nicht zu positiv erscheinen zu lassen.

2.3 Bedeutung der Betriebsgröße

Für die Geschäftsführung einer GmbH ist es eminent wichtig, festzustellen, in welche Betriebsgrößenklasse die GmbH einzustufen ist. Ein erheblicher Teil der handelsrechtlichen Bilanzierungs- und Bewertungsvorschriften, der Offenlegungsvorschriften und der Prüfungsvorschriften ist davon abhängig, wie groß eine GmbH ist. Für die Einstufung in eine der drei bestehenden Betriebsgrößenklassen ist maßgebend, daß am Abschlußstichtag des laufenden Geschäftsjahres und am vorangegangenen Abschlußstichtag zwei der nachstehend aufgeführten Merkmale (auch unterschiedliche) vorliegen (§ 267 HGB):

Kleine GmbHs

Zwei der drei nachstehenden Merkmale werden nicht überschritten:

Bilanzsumme	DM 3,9 Mio
Umsatzerlöse (netto ohne USt)	DM 8,0 Mio
Beschäftigtenzahl bis (ohne Lehrlinge)	50 im Jahresdurchschnitt

Mittelgroße GmbHs

Mindestens zwei der drei nachstehenden Merkmale der kleinen GmbH werden überschritten und mindestens zwei der drei Merkmale der großen GmbH werden unterschritten:

Bilanzsumme	DM 3,9 Mio bis DM 15,5 Mio
Umsatzerlöse (netto ohne USt)	DM 8,0 Mio bis DM 32,0 Mio
Beschäftigtenzahl (ohne Lehrlinge)	50 bis 250 im Jahresdurchschnitt

Große GmbHs

Mindestens zwei der drei nachstehenden Merkmale werden überschritten:

Bilanzsumme	DM 15,5 Mio
Umsatzerlöse (netto ohne USt)	DM 32,0 Mio
Beschäftigtenzahl (ohne Lehrlinge)	250 im Jahresdurchschnitt

Die Bilanzsumme wird für die Berechnung als Betriebsgrößenmerkmal um einen auf der Aktivseite ausgewiesenen Fehlbetrag (Unterbilanz) vermindert.

Die Umsatzerlöse als Betriebsgrößenmerkmal sind im § 277 Abs. 1 HGB definiert. Sie umfassen die Erlöse aus dem Verkauf und der Vermietung oder Verpachtung von für die gewöhnliche Geschäftstätigkeit der GmbH typischen Erzeugnissen und Waren sowie aus von für die gewöhnliche Geschäftstätigkeit der GmbH typischen Dienstleistungen nach Abzug von Erlösschmälerungen und der Umsatzsteuer (auch sonstigen auf den Umsatz bezogenen Steuern z. B. Mineralölsteuer, Biersteuer, Sektsteuer, u. dgl.). Dabei wird auf die Umsatzerlöse in den 12 Monaten vor dem Abschlußstichtag abgestellt. Liegt ein Rumpfgeschäftsjahr vor, muß die Geschäftsführung einer GmbH für die Errechnung des Betriebsgrößenmerkmales „Umsatzerlöse" vom Abschlußstichtag aus zurückrechnen, bis die 12 Monatsumsätze erreicht sind.

Die durchschnittliche Beschäftigtenzahl als Betriebsgrößenmerkmal wird wie folgt errechnet (§ 267 Abs. 5 HGB):

> Zahl der Arbeitnehmer
> am 31. 3.
> am 30. 6.
> am 30. 9.
> am 31. 12.

geteilt durch vier. Als Arbeitnehmer, die in diese Berechnung einbezogen werden müssen, zählen auch die im Ausland beschäftigten Arbeitnehmer. Nicht eingerechnet werden die Auszubildenden. In bezug auf die Teilzeitbeschäftigten trifft das Gesetz keine ausdrückliche Regelung. Es wird sowohl die Auffassung vertreten, daß Teilzeitkräfte mit einem ihrer Arbeitszeit entsprechenden Bruchteil einzurechnen sind, als auch die Meinung, daß Teilzeitkräfte für die Betriebsgrößenberechnung stets voll zählen.

Die Geschäftsführer werden für die Betriebsgrößenbestimmung nicht zu den Arbeitnehmern der GmbH gerechnet.

Bei einem vom Kalenderjahr abweichenden Geschäftsjahr wird, vom Abschlußstichtag ausgehend, zurückgerechnet. Endet z. B. das Geschäftsjahr am 30. 9. 1988, so sind in die Zahl der im Durchschnitt beschäftigten

Arbeitnehmer die Beschäftigten am 30. 9., 30. 6. und 31. 3. 1988 sowie die Beschäftigten am 31. 12. 1987 (Vorjahr) einzubeziehen. Ähnlich ist im Falle eines Rumpfgeschäftsjahres zu verfahren. Bei einem Rumpfgeschäftsjahr z. B. 31. 3. 1988 sind die Zahl der Arbeitnehmer am 31. 3. 1988 und die Arbeitnehmer am 31. 12., 30. 9. und 30. 6. 1987 (Vorjahr) zu berücksichtigen.

Die Betriebsgrößenmerkmale sollen in einem 5jährigen Rhythmus anhand der wirtschaftlichen und monetären Entwicklung in der Europäischen Gemeinschaft überprüft und gegebenenfalls angepaßt werden.

2.3.1 Aufstellung und Prüfung des Jahresabschlusses

Die Geschäftsführung einer kleinen GmbH hat den Jahresabschluß (Bilanz, Gewinn- und Verlustrechnung, Anhang) und den Lagebericht spätestens innerhalb von sechs Monaten des Geschäftsjahres für das vergangene Geschäftsjahr aufzustellen (§ 264 Abs. 1, zweiter Halbsatz HGB). Es erhebt sich jedoch die Frage, ob diese maximale Aufstellungsfrist von sechs Monaten in jedem Falle ausgeschöpft werden kann, da § 264 Abs. 1 erster Halbsatz HGB beinhaltet, daß eine Aufstellungsfrist von 3 Monaten nur überschritten werden darf, wenn dies einem ordnungsgemäßen Geschäftsgang entspricht. Der Begriff „ordnungsgemäßer Geschäftsgang" stellt einen sog. unbestimmten Rechtsbegriff dar. Nach der Rechtsprechung (BGH-Urteile vom 31. 1. 1961 und vom 3. 10. 1969) ist dieser unbestimmte Rechtsbegriff „ordnungsgemäßer Geschäftsgang" insbesondere dann eng auszulegen, wenn sich ein **Unternehmen in der Krise** befindet. Dies kann dazu führen, daß der handelsrechtliche Jahresabschluß einer kleinen GmbH von der Geschäftsführung spätestens innerhalb von 3 Monaten aufgestellt werden muß, wenn eine Unternehmenskrise vorliegt, die u. U. zum Konkurs führen kann. Die Geschäftsführung einer solchen kleinen GmbH setzt sich sonst, wenn sie den Jahresabschluß erst nach 6 Monaten aufstellt, der Gefahr aus, haftungsrechtlich oder evtl. auch strafrechtlich, in Anspruch genommen zu werden.

Für die mittelgroße und große GmbH beträgt die Aufstellungsfrist für den Jahresabschluß und den Lagebericht 3 Monate.

Der Jahresabschluß ist von dem Geschäftsführer einer GmbH unter Angabe des Datums zu unterzeichnen (§ 245 HGB). In der betrieblichen Praxis wurde diese gesetzliche Unterzeichnungspflicht in vielen Fällen nicht eingehalten. Es waren immer wieder Jahresabschlüsse anzutreffen, die nur die Unterschrift des steuerlichen Beraters der GmbH trugen. Diese unzulässige Praxis sollte von der Geschäftsführung einer GmbH schon aus haftungsrechtlichen Gründen aufgegeben werden.

Die mittelgroßen und großen GmbHs sind künftig prüfungspflichtig (§ 316 Abs. 1 HGB). Die Prüfungspflicht erstreckt sich dabei auf den Jahresabschluß und den Lagebericht. „Hat keine Prüfung stattgefunden, so kann der Jahresabschluß nicht festgestellt werden" (§ 316 Abs. 1 Satz 2 HGB). Die Geschäftsführung einer prüfungspflichtigen mittelgroßen oder großen GmbH ist nach § 320 Abs. 1 HGB verpflichtet, dem Abschlußprüfer den Jahresabschluß und den Lagebericht unverzüglich nach der Aufstellung vorzulegen. Die Pflicht zur Prüfung des Jahresabschlusses und des Lageberichtes ergibt sich erstmals für das nach dem 31. 12. 1986 beginnende Geschäftsjahr. Sind Kalenderjahr und Geschäftsjahr identisch, ist erstmals der Jahresabschluß des Geschäftsjahres 1987 zu prüfen.

Die Prüfung des Jahresabschlusses, in die auch die Buchführung der GmbH einzubeziehen ist, hat sich darauf zu erstrecken, ob die gesetzlichen Vorschriften und die sie ergänzenden Bestimmungen des Gesellschaftsvertrages oder der Satzung beachtet sind (§ 317 Abs. 1 HGB). Der Lagebericht ist daraufhin zu überprüfen, ob er mit dem Jahresabschluß in Einklang steht und ob die sonstigen darin enthaltenen Angaben nicht eine falsche Vorstellung von der Lage des Unternehmens erwecken.

Gegenstand und **Umfang der Pflichtprüfung** der mittelgroßen und großen GmbHs unterscheiden sich nicht von der bisherigen aktienrechtlichen Pflichtprüfung, bis auf die Tatsache, daß auch der Anhang als integraler Bestandteil des Jahresabschlusses ebenfalls der Pflichtprüfung unterliegt. Für viele GmbHs, die bislang auch keine freiwillige Prüfung im aktienrechtlichen Umfang erfahren haben, ist die Einführung der Prüfungspflicht völlig neu. Die Geschäftsführung einer solchen GmbH muß sich darüber im klaren sein, daß nicht nur sie, sondern nahezu sämtliche Abteilungen des Unternehmens in die Pflichtprüfung durch die Abschlußprüfer einbezogen werden. Dies bedeutet vor allem, daß der organisatorische Ablauf des Betriebes einer solchen GmbH exakt festgestellt werden muß. Ebenso muß das interne Kontrollsystem einer solchen GmbH überprüft und evtl. ergänzt bzw. geändert werden.

Soweit der Gesellschaftsvertrag einer GmbH nichts anderes bestimmt, wird der Abschlußprüfer des Jahresabschlusses und des Lageberichtes von den Gesellschaftern gewählt. Die Wahl soll jeweils vor Ablauf des Geschäftsjahres erfolgen, auf das sich die Prüfungstätigkeit erstreckt. Nach der Abschlußprüfung der Gesellschafter haben die Geschäftsführer einer GmbH unverzüglich den Prüfungsauftrag zu erteilen (§ 318 Abs. 1 HGB). Wird der Abschlußprüfer durch die Gesellschafter einer GmbH nicht rechtzeitig gewählt, droht die Bestellung durch das Gericht (§ 318 Abs. 4 HGB).

• Abschlußprüfer einer mittelgroßen und großen GmbH können Wirtschaftsprüfer und Wirtschaftsprüfungsgesellschaften sein (§ 319 Abs. 1 Satz 1 HGB)

• Abschlußprüfer einer mittelgroßen GmbH können auch vereidigte Buchprüfer und Buchungsprüfungsgesellschaften sein (§ 319 Abs. 1 Satz 3 HGB).

Damit haben insbesondere die Steuerberater die Möglichkeit durch Ablegung einer Übergangsprüfung die Qualifikation eines vereidigten Buchprüfers zu erlangen. Vereidigte Buchprüfer können auf Dauer den Jahresabschluß und den Lagebericht einer mittelgroßen GmbH prüfen. Die vereidigten Buchprüfer unterliegen wie die Wirtschaftsprüfer der Berufsaufsicht der Wirtschaftsprüferkammer.

§ 319 HGB enthält eine ganze Reihe von Ausschlußgründen, aufgrund derer ein Wirtschaftsprüfer, ein vereidigter Buchprüfer oder eine Wirtschaftsprüfungsgesellschaft nicht Abschlußprüfer sein kann. Dabei hat vor allem § 319 Abs. 2 Nr. 5 HGB eine erhebliche praktische Bedeutung, der einen vereidigten Buchprüfer oder Abschlußprüfer von der Aufstellung des zu prüfenden Jahresabschlusses ausschließt, wenn er bei der Führung der Bücher oder Aufstellung des zu prüfenden Jahresabschlusses über die Prüfungstätigkeit hinaus mitgewirkt hat. Diese Regelung kodifiziert einen bereits für Wirtschaftsprüfer bestehenden Berufsgrundsatz. Es wird besonders darauf ankommen, wo die Grenzen zwischen reiner Prüfung und Mitwirkung bei der Aufstellung des zu prüfenden Jahresabschlusses und des Lageberichts zu ziehen sind. Auf keinen Fall verstößt es gegen § 319 Abs. 2 HGB, wenn ein Abschlußprüfer im Rahmen seiner Prüfungstätigkeit Änderungen des Jahresabschlusses bzw. des Lageberichtes verlangt und durchsetzt, um ein uneingeschränktes Testat erteilen zu können. Dies kann nicht als Mitwirkung interpretiert werden, sondern liegt eindeutig im Bereich der Prüfungstätigkeit.

Der Abschlußprüfer hat über das Ergebnis seiner Prüfungstätigkeit zu berichten (§ 321 Abs. 1 Satz 1 HGB). Im Prüfungsbericht ist festzustellen, ob die Buchführung, der Jahresabschluß und der Lagebericht den gesetzlichen Vorstellungen entsprechen und die Geschäftsführer der GmbH die verlangten Aufklärungen und Nachweise erbracht haben (§ 321 Abs. 1 Satz 2 HGB). Weiterhin sind im Prüfungsbericht die Posten des Jahresabschlusses aufzugliedern und ausreichend zu erläutern (§ 321 Abs. 1 Satz 3 HGB).

Die Prüfung schließt mit dem Bestätigungsvermerk ab, wenn nach dem abschließenden Ergebnis der Prüfung keine Einwendungen erhoben werden, die zu einer Einschränkung oder Versagung des Bestätigungsvermerks führen. Der Bestätigungsvermerk hat folgenden Wortlaut (§ 322 Abs. 1 HGB):

„Die Buchführung und der Jahresabschluß entsprechen nach meiner/unserer pflichtgemäßen Prüfung den gesetzlichen Vorschriften. Der Jahresabschluß vermittelt unter Beachtung der Grundsätze ordnungsmäßiger Buchführung ein den tatsächlichen Verhältnissen entsprechendes Bild der Vermögens-, Finanz- und Ertragslage der Kapitalgesellschaft. Der Lagebericht steht im Einklang mit dem Jahresabschluß."

Der Bestätigungsvermerk besagt nicht, daß die wirtschaftlichen Verhältnisse einer GmbH in Ordnung sind. Der Abschlußprüfer muß daher ein uneingeschränktes Testat auch dann erteilen, wenn sich die GmbH in einer schwierigen betrieblichen Situation befindet, sofern der Jahresabschluß den gesetzlichen Vorschriften entsprechend erstellt ist und der Lagebericht im erforderlichen Umfang auf die wirtschaftlichen Verhältnisse der GmbH eingeht. Es kann jedoch u. U. ein Ergänzungsteil des Bestätigungsvermerks notwendig sein. § 322 Abs. 2 HGB bestimmt nämlich, daß der Bestätigungsvermerk in geeigneter Weise ergänzt werden muß, wenn zusätzliche Bemerkungen erforderlich scheinen, um einen falschen Eindruck über den Inhalt der Prüfung und die Tragweite des Bestätigungsvermerks zu vermeiden.

2.3.2 Veröffentlichung des Jahresabschlusses

Von der Betriebsgröße einer GmbH hängt ab, was im einzelnen veröffentlicht werden muß. Nach den in Punkt 2.3 dargestellten Betriebsgrößenmerkmalen differenziert, stellt sich der Umfang der Veröffentlichungspflichten der GmbHs wie folgt dar:

Kleine GmbH

• Bilanz in verkürzter Form

• Anhang (ohne GuV-spezifische Anhangangaben)

• Ergebnisverwendungsvorschlag

• Ergebnisverwendungsbeschluß unter Angabe des Ergebnisses

Die kleine GmbH kann sich bei der Veröffentlichung der Bilanz darauf beschränken, nur unter den im Bilanzgliederungsschema enthaltenen Großbuchstaben und römischen Zahlen Posten auszuweisen. Dies bedeutet, daß die Geschäftsführung einer GmbH eine stark verkürzte Bilanz beim Handelsregister hinterlegen kann, die nur eine relativ beschränkte Aussagefähigkeit hat und nur dem geübten Bilanzleser weitergehende Aufschlüsse vermittelt.

Die Gewinn- und Verlustrechnung braucht von der kleinen GmbH überhaupt nicht veröffentlicht zu werden (§ 326 HGB).

Dadurch verkürzt sich auch der veröffentlichte Anhang erheblich, da die kleine GmbH bei der Publizierung alle Angaben weglassen kann, die die GuV-Rechnung betreffen (§ 326 HGB).

Einen Lagebricht braucht die kleine GmbH nicht zu veröffentlichen.

Ebenso entfällt der Bestätigungsvermerk des Abschlußprüfers, da die kleine GmbH überhaupt nicht prüfungspflichtig ist.

Eine Veröffentlichung des Vorschlages und des Beschlusses über die Verwendung des Jahresergebnisses muß auch die kleine GmbH vornehmen. Sind das Jahresergebnis einer kleinen GmbH, der Vorschlag und der Beschluß über seine Verwendung, bereits aus der Bilanz oder aus dem Anhang zu ersehen, braucht eine separate Veröffentlichung nicht zu erfolgen (§ 326 HGB).

Mittelgroße GmbH

- Bilanz
- Gewinn- und Verlustrechnung (ohne Umsatzangaben, nur Rohergebnis)
- Anhang
- Lagebericht
- Bericht des Aufsichtsrats, wenn ein solcher existiert
- Bestätigungsvermerk des Abschlußprüfers
- Ergebnisverwendungsvorschlag
- Ergebnisverwendungsbeschluß

Mittelgroße GmbHs brauchen, rein theoretisch, ihre Bilanz nur in der verkürzten Form bei dem Handelsregister einzureichen, wie sie für die kleine GmbH gilt (§ 327 Nr. 1 HGB). Macht jedoch die mittelgroße GmbH von dieser Erleichterung Gebrauch, muß sie die zusammengefaßten Bilanzpositionen im Anhang wieder auseinanderziehen, bzw. zusätzlich angeben. Der Geschäftsführung einer mittelgroßen GmbH ist daher anzuraten, von vornherein auf die Veröffentlichung einer verkürzten Bilanz zu verzichten.

In bezug auf die Gewinn- und Verlustrechnung kann die mittelgroße GmbH für die Veröffentlichung bei Anwendung des Gesamtkostenverfahrens die ersten fünf Positionen zusammenzuziehen:

1.   Umsatzerlöse
2. ± Bestandsveränderungen
3. + andere aktivierte Eigenleistungen
4. + sonstige betriebliche Erträge
5. − Materialaufwand (a + b)

   = Rohergebnis

Bei Anwendung des Umsatzkostenverfahrens dürfen folgende Positionen zusammengefaßt werden:

1.   Umsatzerlöse
2. − Herstellungskosten der zur Erzielung der Umsatzerlöse erbrachten Leistungen

3. = Bruttoergebnis vom Umsatz

6. + sonstige betriebliche Erträge

= Rohergebnis

Wird von einer mittelgroßen GmbH nur das Rohergebnis veröffentlicht, kann der externe Bilanzleser nur über eine Hochrechnung des Rohergebnisses auf den Jahresumsatz schließen.

Große GmbH

- Bilanz
- Gewinn- und Verlustrechnung
- Anhang
- Lagebericht
- Bericht des Aufsichtsrats, wenn ein solcher existiert
- Bestätigungsvermerk des Abschlußprüfers
- Ergebnisverwendungsvorschlag
- Ergebnisverwendungsbeschluß

Die große GmbH muß alle diese Unterlagen in ungekürzter Form sowohl beim Handelsregister einreichen als auch im Bundesanzeiger bekanntmachen.

Die kleine GmbH muß die zu veröffentlichenden Unterlagen bis spätestens 12 Monate nach dem Bilanzstichtag beim Handelsregister einreichen. Die Geschäftsführer einer kleinen GmbH müssen unverzüglich nach der Einreichung der Unterlagen im Bundesanzeiger bekanntmachen, bei welchem Handelsregister und unter welcher Nummer diese Unterlagen eingereicht worden sind (Hinweisbekanntmachung). Das Registergericht prüft, ob die eingereichten Unterlagen vollständig sind (§ 329 Abs. 1 HGB). Die kleine GmbH hat für die Einreichung ihrer Unterlagen eine Gebühr von DM 50,— an das Registergericht zu entrichten (§ 86 Abs. 2 Kostenordnung).

Die mittelgroße und große GmbH müssen ihre Unterlagen bis spätestens 9 Monate beim zuständigen Handelsregister einreichen. Während für die mittelgroße GmbH, genau wie für die kleine GmbH, die Hinweisbekanntmachung ausreicht, muß die große GmbH ihre Unterlagen im Bundesanzeiger bekanntmachen (§ 325 Abs. 2 Satz 1 HGB) und die Bekanntmachung zum Handelsregister einreichen, die für diese große GmbH zuständig ist. Eine Hinweisbekanntmachung braucht dann durch die große GmbH nicht mehr zu erfolgen.

Die Registergerichtsgebühr beträgt für die mittelgroße und große GmbH je DM 100,—.

§ 325 Abs. 1 HGB fordert, daß die Geschäftsführer einer GmbH unverzüglich nach Vorlage des Jahresabschlusses an die Gesellschafter diese Unterlagen bei dem Registergericht zu hinterlegen bzw. im Bundesanzeiger zu veröffentlichen haben. Dies kann in der betrieblichen Praxis zu Schwierigkeiten führen, da es oftmals sehr lange dauern wird, bis die Gesellschafter das Jahresergebnis feststellen und seine Verwendung beschließen. Solange der Jahresabschluß jedoch nicht festgestellt ist, ist er nicht rechtsverbindlich. Die Gesellschafter können im Rahmen der gesetzlichen Vorschriften und der GoB den von der Geschäftsführung einer GmbH vorgelegten Jahresabschluß ändern. Wird der Jahresabschluß nachträglich geändert, muß auch die Änderung zum Handelsregister eingereicht werden (§ 325 Abs. 1 HGB). Die Geschäftsführung einer GmbH wird bestrebt sein, solche Änderungen zu vermeiden, um die Änderungen nicht nachträglich zum Handelsregister einreichen zu müssen.

Zu den einzureichenden Unterlagen zählt auch der Beschluß der Gesellschafter über die Ergebnisverwendung. Auch dieser Beschluß wird oftmals bei der Einreichung nicht vorliegen. Er muß dann ebenfalls nachträglich zum Handelsregister eingereicht werden.

Wenn die Geschäftsführung einer GmbH ihrer Pflicht zur Aufstellung und Veröffentlichung des Jahresabschlusses und des Lageberichts nicht nachkommt, kann sie das Registergericht durch **Festsetzung eines Zwangsgeldes**, das bis zu DM 10 000,— betragen kann, dazu anhalten (§ 335 HGB). Zu den Pflichten, die durch die Festsetzung eines solchen Zwangsgeldes von der Geschäftsführung einer GmbH erzwungen werden können, zählen im einzelnen:

- Pflicht zur Aufstellung des Jahresabschlusses und des Lageberichts
- Pflicht zur unverzüglichen Erteilung des Prüfungsauftrages
- Antrag auf gerichtliche Bestellung des Abschlußprüfers (§ 318 Abs. 4 HGB)
- Auskunftspflicht gegenüber dem Abschlußprüfer nach § 320 HGB

• Pflicht zur Veröffentlichung des Jahresabschlusses, des Lageberichts und der sonstigen Unterlagen (§ 325 HGB)

Das Registergericht erhebt nur dann ein Zwangsgeld, wenn ein Gesellschafter, ein Gläubiger oder der Betriebsrat als Ganzes (nicht einzelne Betriebsratsmitglieder) dies beantragen (§ 335 Satz 2 HGB).

Durch Art. 9 BiRiLiG ist auch das Gesetz über die Auflösung und Löschung von Gesellschaften und Genossenschaften (LöschG) geändert worden. Künftig ist eine GmbH von amtswegen zu löschen, wenn sie entgegen ihrer gesetzlichen Verpflichtung in drei aufeinander folgenden Jahren ihren Jahresabschluß entweder ganz oder teilweise nicht bekanntgemacht und zum Handelsregister eingereicht hat, die Offenlegung auch nicht innerhalb von 6 Monaten bewirkt, nach dem das Registergericht die Absicht der Löschung mitgeteilt hat, und ein Beteiligter innerhalb dieser Frist nicht glaubhaft gemacht hat, daß die Gesellschaft Vermögen besitzt (§ 2 Abs. 1 LöschG). Mit dieser Vorschrift wird vor allem die Löschung von solchen GmbHs erleichtert, die vermögenslos sind, keine gewerbliche Tätigkeit mehr ausüben und damit auch nicht mehr ihren Verpflichtungen zur Rechnungslegung nachkommen.

2.3.3 Gestaltung der Betriebsgröße

Die erhebliche Bedeutung, die der Betriebsgröße für eine GmbH zukommt, veranlaßt viele Geschäftsführer darüber nachzudenken, welche Gestaltungsmöglichkeiten bestehen, um die Betriebsgrößenmerkmale zu beeinflussen. Gelingt es der Geschäftsführung einer GmbH, daß ihre Gesellschaft z. B. statt als mittelgroße GmbH als kleine GmbH eingestuft wird, hat sie im Vergleich zur mittelgroßen GmbH erhebliche Erleichterungen in bezug auf die Veröffentlichungspflicht. Die Betriebsgrößenmerkmale, auf die u. U. gestaltend eingewirkt werden kann, sind:

• Bilanzsumme

• Umsatzerlöse

• Beschäftigtenzahl

Eine radikale Lösung zur Erreichung des Zieles, eine große oder mittelgroße GmbH in eine kleine GmbH umzuformen, könnte eine **Betriebsaufspaltung** bieten. Die Betriebsaufspaltung könnte so angelegt sein, daß der aktive Betrieb einer GmbH an eine Betriebs-Personengesellschaft verpachtet wird. Die GmbH als Besitzgesellschaft hat in einem solchen Falle keine Mitarbeiter mehr und erzielt auch kaum Pachteinnahmen, die die Grenze von DM 8 Mio. Umsatzerlöse überschreiten. Die GmbH wird damit zur kleinen GmbH, für die nur die eingeschränkten Publizitätspflichten gelten. Eine solche Betriebsaufspaltung könnte in bestimmten Fällen notwendig sein, wenn die uneingeschränkte Veröffentlichung des Jahresabschlusses u. U. zu einer Existenzbedrohung der GmbH führen würde. Eine weitere radikale Lösung wäre es, eine GmbH u. U. in zwei oder drei aufzuspalten, um die Betriebsgrößenmerkmale zu unterschreiten.

In vielen Fällen brauchen jedoch solche radikalen Schritte nicht vollzogen zu werden, sondern es genügt bereits, wenn auf ein bestimmtes oder mehrere Betriebsgrößenmerkmale an zwei aufeinanderfolgenden Abschlußstichtagen gestaltend Einfluß genommen wird.

Das Betriebsgrößenmerkmal „Bilanzsumme" ist durch bilanzpolitische Entscheidungen der Geschäftsführung einer GmbH auf vielfältige Weise so zu beeinflussen, daß die Betriebsgröße gedrückt wird. So läßt sich z. B. durch **Immobilien-Leasing** sowohl die Aktivseite als auch die Passivseite der Bilanz und damit die Bilanzsumme u. U. unter der Grenze von DM 3,9 Mio. für eine kleine GmbH oder von DM 15,5 Mio. für eine große GmbH halten. Die GmbH erhält von der Leasinggesellschaft, die juristisch und wirtschaftlich Eigentümer der Neuinvestition ist, ein weitgehend auf ihre Erfordernisse abgestelltes Gebäude zur langfristigen Nutzung. Diese Immobilien-Leasing-Finanzierung schlägt sich in der Bilanz der GmbH nicht nieder.

Selbstverständlich lassen sich von einer GmbH auch andere betriebliche Vermögensgegenstände wie Maschinen, EDV-Anlagen u. dgl. durch Leasing finanzieren. Auch dadurch kann u. U. sichergestellt werden, daß die Bilanzsumme als Betriebsgrößenmerkmal unter den kritischen Grenzen gehalten wird.

Eine weitere Möglichkeit, die Bilanzsumme zu drücken, ist es, noch vor dem Bilanzstichtag größere Vorräte an Rohstoffen anzuschaffen, die dann z. B. durch Inanspruchnahme eines Importwarenabschlages nach § 80 EStDV niedriger bewertet werden. Durch den vorgenommenen Aktivtausch Geld gegen Vorräte und die Legung der stillen Reserven wird die Bilanzsumme verkleinert.

Auch das zweite Betriebsgrößenmerkmal **Umsatzerlöse** ist durch bilanzpolitische Entscheidungen nach unten beeinflußbar, d. h. die Umsatzerlöse können unter DM 8 Mio. (kleine GmbH) bzw. DM 32 Mio. (große
GmbH) gehalten werden. Die folgenden Beispiele sollen dies aufzeigen:

* Eine GmbH liefert vor dem Bilanzstichtag bestimmte Fertigerzeugnisse nicht mehr und bewertet sie statt dessen mit den Herstellungskosten auf Teilkostenbasis. Dadurch werden die Umsatzerlöse niedrig
  gehalten. Aber auch die Bilanzsumme wird nur in geringem Umfang
  erhöht, da der Bestand an Fertigerzeugnissen auf der Aktivseite der
  Bilanz nur mit den Teilkosten, evtl. nur mit den **Grenzkosten**, ausgewiesen wird.

* Die Geschäftsführung einer GmbH verzögert generell die Erfüllung
  bestimmter Kaufverträge bzw. Werklieferungsverträge bis nach dem
  Bilanzstichtag. Es handelt sich dann um schwebende Geschäfte, die im
  laufenden Geschäftsjahr zu keinen Umsatzerlösen führen.

Das dritte Betriebsgrößenmerkmal **Beschäftigtenzahl im Jahresdurchschnitt** kann durch die Geschäftsführung einer GmbH ebenfalls beeinflußt werden. Dabei gilt es u. U., die Grenze von 50 Beschäftigten im Jahresdurchschnitt für kleine GmbHs bzw. von 250 für große GmbHs zu
unterschreiten. Da für die Ermittlung der Beschäftigtenzahl im Jahresdurchschnitt die vier Endbestände an den vier Quartalsenden herangezogen werden, wird die Geschäftsführung einer GmbH immer darauf achten, inwieweit sie an den Quartalsenden evtl. Teilzeitkräfte oder Aushilfs-
kräfte kurzfristig abbauen kann, damit diese nicht in die Berechnung
einbezogen werden müssen. Dabei ist generell darauf hinzuweisen, daß
das Gesetz nicht eindeutig regelt, ob Teilzeitkräfte voll in die Beschäftigtenzahl eingerechnet werden müssen, oder evtl. nur mit einem ihrer
Arbeitszeit entsprechenden Bruchteil. Die Geschäftsführung einer GmbH
kann sich durchaus auf den Standpunkt stellen, der z. B. auch von dem
Deutschen Industrie- und Handelstag vertreten wird, daß Teilzeitkräfte
nur mit einem ihrer Arbeitszeit entsprechenden Bruchteil in die Zahl der
im Jahresdurchschnitt beschäftigten Arbeitnehmer berücksichtigt zu werden braucht.

Wird erstmals zum Bilanzstichtag 31. 12. 1987 eine GmbH entsprechend
den gesetzlichen Betriebsgrößenmerkmalen als kleine GmbH eingestuft,
so bleibt diese Qualifizierung so lange bestehen, bis an zwei aufeinander-

folgenden Bilanzstichtagen zwei der drei maßgebenden Betriebsgrößenmerkmale überschritten werden. Ist beispielsweise eine GmbH zum 31. 12. 1987 als kleine GmbH eingestuft und überschreitet sie am 31. 12. 1988 die Grenze zur mittelgroßen GmbH, so hat die Geschäftsführung ein weiteres Jahr (1989) Zeit, um durch geeignete Maßnahmen dafür zu sorgen, daß wieder zwei der drei Betriebsgrößenmerkmale nicht überschritten werden. Voraussetzung ist allerdings, daß die Geschäftsführung einer kleinen GmbH bereits während des laufenden Geschäftsjahres die **Gestaltung** der **Betriebsgröße** als wichtiges Ziel ihrer **Betriebspolitik** berücksichtigt.

3. KAPITEL
Variationen der Bilanzgliederung

3. Gestaltungsmöglichkeiten bei Gliederung der zu veröffentlichenden Unterlagen

3.1 Gestaltungsmöglichkeiten bei Gliederung der Bilanz

Das Bilanzrichtlinien-Gesetz sieht für die Gliederung der Bilanz drei unterschiedliche Mindestgliederungsschemata vor. Die große und die mittelgroße GmbH haben, was die Aufstellung der Bilanz anlangt, dasselbe Mindestgliederungsschema anzuwenden. Für die Veröffentlichung der Bilanz werden jedoch der mittelgroßen GmbH bestimmte Erleichterungen eingeräumt. Die kleine GmbH kann sowohl bei der Aufstellung als auch bei der Veröffentlichung der Bilanz ein verkürztes Gliederungsschema verwenden (§ 266 Abs. 1 Satz 3 HGB).

Als **allgemeine Gliederungsgrundsätze,** die unabhängig von der Betriebsgröße für alle GmbHs gelten, sind zu nennen:

- Werden von einer GmbH mehrere Geschäftszweige betrieben, so kann dies eine Gliederung des Jahresabschlusses und damit auch der Bilanz nach verschiedenen Gliederungsvorschriften bedingen. In einem solchen Falle ist der Jahresabschluß nach der für einen Geschäftszweig vorgeschriebenen Gliederung aufzustellen und nach der für die anderen Geschäftszweige vorgeschriebenen Gliederung zu ergänzen. Die Ergänzung ist im Anhang anzugeben und zu begründen (§ 265 Abs. 4 HGB).

- Die Geschäftsführung einer GmbH darf bei Beibehaltung des jeweils vorgeschriebenen Gliederungsschemas der Bilanz die Bilanzpositionen weiter untergliedern. Sie darf auch neue Positionen hinzufügen, wenn ihr Inhalt nicht von einem vorgeschriebenen Bilanzposten gedeckt wird (§ 265 Abs. 5 HGB).

- Die Geschäftsführung einer GmbH muß die mit arabischen Zahlen versehenen Posten der Bilanz ändern, wenn dies auf Grund von Besonderheiten der Gesellschaft zur Aufstellung eines klaren und übersichtlichen Jahresabschlusses erforderlich ist (§ 265 Abs. 6 HGB).

- Die Geschäftsführung einer GmbH darf die mit arabischen Zahlen versehenen Bilanzposten zusammengefaßt ausweisen, wenn sie einen Betrag enthalten, der für die Vermittlung eines den tatsächlichen Verhältnissen entsprechenden Bildes nicht erheblich ist (§ 265 Abs. 7 HGB).

- Die Geschäftsführung einer GmbH braucht in der Bilanz keine Leerpositionen auszuweisen, es sei denn, daß im Vorjahr unter diesen Posten Beträge ausgewiesen waren (§ 265 Abs. 8 HGB).

- Die einmal gewählte Form der Gliederung der Bilanz ist in den Folgejahren beizubehalten. Sollten in Ausnahmefällen wegen besonderer Umstände Abweichungen von dem einmal gewählten Bilanzgliederungsschema erforderlich werden, müssen diese im Anhang angegeben und begründet werden (§ 265 Abs. 1 HGB).

- Zu jedem Bilanzposten sind die Vorjahresbeträge anzugeben. Sind die Bilanzpositionen des laufenden Geschäftsjahres mit den Vorjahresbeträgen nicht vergleichbar, muß dies im Anhang angegeben und erläutert werden. Im ersten Jahresabschluß, der nach dem neuen Recht erstellt wird, brauchen in der Bilanz keine Vorjahresbeträge angegeben zu werden.

Das Gliederungsschema der großen GmbH ist in der für die Aufstellung vorgeschriebenen Form (§ 266 HGB) auch zu veröffentlichen, da es für sie keine Erleichterungen in bezug auf die Offenlegung gibt. Das Gliederungsschema der aufzustellenden und offenzulegenden Bilanz der großen GmbH ist in Abb. 2 enthalten:

Aktivseite
— (Ausstehende Einlagen, davon eingefordert:)
— (Aufwendungen für die Ingangsetzung und Erweiterung des Geschäftsbetriebes)
A. Anlagevermögen:
    I. Immaterielle Vermögensgegenstände:
        1. Konzessionen, gewerbliche Schutzrechte und ähnliche Rechte und Werte sowie Lizenzen an solchen Rechten und Werten
        2. Geschäfts- oder Firmenwert
        3. geleistete Anzahlungen
    II. Sachanlagen:
        1. Grundstücke, grundstücksgleiche Rechte und Bauten einschl. der Bauten auf fremden Grundstücken

Aktivseite

   2. technische Anlagen und Maschinen
   3. andere Anlagen, Betriebs- und Geschäftsausstattung
   4. geleistete Anzahlungen und Anlagen im Bau
III. Finanzanlagen:
   1. Anteile an verbundenen Unternehmen
   2. Ausleihungen an verbundene Unternehmen*
   3. Beteiligungen
   4. Ausleihungen an Unternehmen, mit denen ein Beteiligungsverhältnis besteht*
   5. Wertpapiere des Anlagevermögens
   6. sonstige Ausleihungen*

B. Umlaufvermögen:
  I. Vorräte:
   1. Roh-, Hilfs- und Betriebsstoffe
   2. unfertige Erzeugnisse
   3. fertige Erzeugnisse und Waren
   4. geleistete Anzahlungen
  II. Forderungen und sonstige Vermögensgegenstände:
   1. Forderungen aus Lieferungen und Leistungen*
   2. Forderungen gegen verbundene Unternehmen*
   3. Forderungen gegen Unternehmen, mit denen ein Beteiligungsverhältnis besteht*;
   4. sonstige Vermögensgegenstände
   5. davon jeweils Restlaufzeit mehr als 1 Jahr (bei kleinen Gesellschaften zusammengefaßt für II 1—3)
 III. Wertpapiere:
   1. Anteile an verbundenen Unternehmen
   2. eigene Anteile
   3. sonstige Wertpapiere
 IV. Schecks, Kassenbestand, Bundesbank- und Postgiroguthaben, Guthaben bei Kreditinstituten

C. Rechnungsabgrenzungsposten:
  — (darunter: Abgrenzungsposten für latente Steuern)
  — (darunter: aktiviertes Disagio)

*) davon jeweils Restlaufzeit mehr als 1 Jahr (bei kleinen Gesellschaften jeweils zusammengefaßt für A III 2, 4, 6 und B II 1 bis 3).

Abb. 2a): Gliederung der aufzustellenden und offenzulegenden Bilanz einer großen GmbH (Aktivseite)

Passivseite

A. Eigenkapital:
  I. Gezeichnetes Kapitel
  II. Kapitalrücklage
  III. Gewinnrücklagen:
    1. gesetzliche Rücklage
    2. Rücklage für eigene Anteile
    3. satzungsmäßige Rücklagen
    4. andere Rücklagen
  IV. Gewinnvortrag/Verlustvortrag
  V. Jahresüberschuß/Jahresfehlbetrag
  — (Sonderposten mit Rücklagenanteil)

B. Rückstellungen:
    1. Rückstellungen für Pensionen und ähnliche Verpflichtungen
    2. Steuerrückstellungen
    3. sonstige Rückstellungen
  — (oder in Anhang: Rückstellung für passive latente Steuern)

C. Verbindlichkeiten:
    1. Anleihen, davon konvertibel*
    2. Verbindlichkeiten gegenüber Kreditinstituten*
    3. erhaltene Anzahlungen auf Bestellungen*
    4. Verbindlichkeiten aus Lieferungen und Leistungen*
    5. Verbindlichkeiten aus der Annahme gezogener Wechsel und der Ausstellung eigener Wechsel*
    6. Verbindlichkeiten gegenüber verbundenen Unternehmen*
    7. Verbindlichkeiten gegenüber Unternehmen, mit denen ein Beteiligungsverhältnis besteht*
    8. sonstige Verbindlichkeiten*
       davon aus Steuern*,
       davon im Rahmen der sozialen Sicherheit*

D. Rechnungsabgrenzungsposten

* jeweils davon Restlaufzeit bis zu einem Jahr sowie (wahlweise im Anhang) von mehr als 5 Jahren, außerdem jeweils durch Pfandrechte gesichert, unter Angabe der Art und Form der Sicherheiten; kleine Unternehmen können die Angaben unter C jeweils in einem Betrag zusammenfassen.

Abb. 2b): Gliederung der aufzustellenden und offenzulegenden Bilanz einer großen GmbH (Passivseite)

Das Gliederungsschema für die große GmbH ist durch eine Reihe von Vermerken zu ergänzen. Darüber hinaus sind bei Vorliegen bestimmter Einzelsachverhalte neue Positionen in die Bilanz einzufügen. Schließlich können bestimmte Angaben alternativ in der Bilanz oder im Anhang gemacht werden.

Unter Berücksichtigung dieser Gesichtspunkte läßt sich für die große GmbH das in Abb. 2 dargestellte Gliederungsschema entwickeln, das als maximales Gliederungsschema bezeichnet werden kann (vgl. Lätsch, R., Die Rechnungslegung a. a. O., S. 294 ff.).

Die in diesem maximalen Gliederungsschema für die große GmbH mit einem Stern versehenen Positionen und **Vermerkposten** können alternativ auch im Anhang angegeben werden.

Aktivseite

A. Ausstehende Einlagen auf das gezeichnete Kapital — davon eingefordert

B. Aufwendungen für die Ingangsetzung und Erweiterung des Geschäftsbetriebs

C. Anlagevermögen:
  I. Immaterielle Vermögensgegenstände:
    1. Konzessionen, gewerbliche Schutzrechte und ähnliche Rechte und Werte sowie Lizenzen an solchen Rechten und Werten
    2. Geschäfts- oder Firmenwert
    3. geleistete Anzahlungen
  II. Sachanlagen:
    1. Grundstücke, grundstücksgleiche Rechte und Bauten einschließlich der Bauten auf fremden Grundstücken
    2. technische Anlagen und Maschinen
    3. andere Anlagen, Betriebs- und Geschäftsausstattung
    4. geleistete Anzahlungen und Anlagen im Bau
  III. Finanzanlagen:
    1. Anteile an verbundenen Unternehmen
    2. Ausleihungen an verbundene Unternehmen
    3. Beteiligungen
    4. Ausleihungen an Unternehmen, mit denen ein Beteiligungsverhältnis besteht
    5. Ausleihungen an Gesellschafter*
    6. Wertpapiere des Anlagevermögens
    7. sonstige Ausleihungen

D. Umlaufvermögen:
  I. Vorräte:
    1. Roh-, Hilfs- und Betriebsstoffe
    2. unfertige Erzeugnisse
    3. fertige Erzeugnisse und Waren
    4. geleistete Anzahlungen

Aktivseite
II. Forderungen und sonstige Vermögensgegenstände:
   1. Forderungen aus Lieferungen und Leistungen
      — davon mit einer Restlaufzeit von mehr als einem Jahr
   2. Forderungen gegen verbundene Unternehmen
      — davon mit einer Restlaufzeit von mehr als einem Jahr
   3. Forderungen gegen Unternehmen, mit denen ein Beteiligungsverhältnis
      besteht
      — davon mit einer Restlaufzeit von mehr als einem Jahr
   4. Forderungen gegen Gesellschafter*
      — davon mit einer Restlaufzeit von mehr als einem Jahr
   5. eingeforderte Nachschüsse
      — davon mit einer Restlaufzeit von mehr als einem Jahr
   6. sonstige Vermögensgegenstände
      — davon mit einer Restlaufzeit von mehr als einem Jahr
III. Wertpapiere:
   1. Anteile an verbundenen Unternehmen
   2. eigene Anteile
   3. sonstige Wertpapiere
IV. Schecks, Kassenbestand, Bundesbank- und Postgiroguthaben, Guthaben
    bei Kreditinstituten

E. Rechnungsabgrenzungsposten:
   1. Disagio*
   2. Abgrenzungsposten für Steuerentlastung nachfolgender Geschäftsjahre
   3. Sonstige Rechnungsabgrenzungsposten
F. Nicht durch Eigenkapital gedeckter Fehlbetrag

Passivseite
A. Eigenkapital:
   I. Gezeichnetes Kapital
   II. Kapitalrücklage:
      1. Rücklage für eingeforderte Nachschüsse
      2. andere Kapitalrücklage
   III. Gewinnrücklagen:
      1. Rücklage für eigene Anteile
      2. satzungsmäßige Rücklagen
      3. andere Gewinnrücklagen:
         a) Eigenkapitalanteil von Wertaufholungen etc. i. S. des § 29 Abs. 4
            GmbHG*
         b) sonstige
   IV. Gewinnvortrag/Verlustvortrag
   V. Jahresüberschuß/Jahresfehlbetrag

Passivseite

B. Sonderposten mit Rücklageanteil gemäß §§ . . ., Abschn. . . . etc.*

C. Rückstellungen:
   1. Rückstellungen für Pensionen und sonstige Verpflichtungen
   2. Steuerrückstellungen
      — davon für latente Steuern*
   3. sonstige Rückstellungen

D. Verbindlichkeiten:
   1. Anleihen
      — davon konvertibel
      — davon mit einer Restlaufzeit bis zu einem Jahr
      — davon mit einer Restlaufzeit von mehr als fünf Jahren*
      — davon durch . . . gesichert*
   2. Verbindlichkeiten gegenüber Kreditinstituten
      — davon mit einer Restlaufzeit bis zu einem Jahr
      — davon mit einer Restlaufzeit von mehr als fünf Jahren*
      — davon durch . . . gesichert*

   3. erhaltene Anzahlungen auf Bestellungen
      — davon mit einer Restlaufzeit bis zu einem Jahr
      — davon mit einer Restlaufzeit von mehr als fünf Jahren*
      — davon durch . . . gesichert*
   4. Verbindlichkeiten aus Lieferungen und Leistungen
      — davon mit einer Restlaufzeit bis zu einem Jahr
      — davon mit einer Restlaufzeit von mehr als fünf Jahren*
      — davon durch . . . gesichert*
   5. Verbindlichkeiten aus der Annahme gezogener Wechsel und der Ausstellung eigener Wechsel
      — davon mit einer Restlaufzeit bis zu einem Jahr
      — davon mit einer Restlaufzeit von mehr als fünf Jahren*
      — davon durch . . . gesichert*
   6. Verbindlichkeiten gegenüber verbundenen Unternehmen
      — davon mit einer Restlaufzeit bis zu einem Jahr
      — davon mit einer Restlaufzeit von mehr als fünf Jahren*
      — davon durch . . . gesichert*
   7. Verbindlichkeiten gegenüber Unternehmen, mit denen ein Beteiligungsverhältnis besteht
      — davon mit einer Restlaufzeit bis zu einem Jahr
      — davon mit einer Restlaufzeit von mehr als fünf Jahren*
      — davon durch . . . gesichert*
   8. Verbindlichkeiten gegenüber Gesellschaftern*
      — davon mit einer Restlaufzeit bis zu einem Jahr

Passivseite
  — davon mit einer Restlaufzeit von mehr als fünf Jahren*
  — davon durch . . . gesichert*
9. sonstige Verbindlichkeiten
  — davon aus Steuern
  — davon im Rahmen der sozialen Sicherheit
  — davon mit einer Restlaufzeit bis zu einem Jahr
  — davon mit einer Restlaufzeit von mehr als fünf Jahren*
  — davon durch . . . gesichert*

E. Rechnungsabgrenzungsposten

F. Bilanzvermerk*:
  1. Verbindlichkeiten aus der Begebung und Übertragung von Wechseln
     — davon durch . . . gesichert
     — davon gegenüber verbundenen Unternehmen
  2. Verbindlichkeiten aus Bürgschaften, Wechsel- und Scheckbürgschaften
     und aus Gewährleistungsverträgen
     — davon durch . . . gesichert
     — davon gegenüber verbundenen Unternehmen
  3. Haftungsverhältnisse aus der Bestellung von Sicherheiten für fremde Verbindlichkeiten
     — davon durch . . . gesichert
     — davon gegenüber verbundenen Unternehmen

Abb. 3: Das maximale Bilanzgliederungsschema einer **großen** GmbH
(Tab. v. S. 75 bis 78)

Die Geschäftsführung einer großen GmbH hat sowohl für die Aufstellung als auch für die Veröffentlichung der Bilanz im Bundesanzeiger die **Wahl** zwischen dem **Mindestgliederungsschema** in Abb. 2 und dem **maximalen Gliederungsschema** in Abb. 3. Sie kann aber u. U. auch die in dem Mindestgliederungsschema (Abb. 2) mit arabischen Zahlen versehenen Posten im Anhang ausweisen, wenn dadurch die Klarheit der Darstellung vergrößert wird (§ 265 Abs. 7 Nr. 2 HGB). Wie die auf freiwilliger Basis von der Schering AG bereits für 1985 nach den Vorschriften des Bilanzrichtlinien-Gesetzes erstellte Bilanz zeigt, ist diese Darstellung durchaus geeignet, die Klarheit der Darstellung im Sinne des § 265 Abs. 7 Nr. 2 HGB zu vergrößern. Der Geschäftsführung einer großen GmbH dürfte es daher in der Regel offenstehen, die mit arabischen Zahlen versehenen Bilanzpositionen nicht in der Bilanz, sondern im Anhang auszuweisen.

Zusammenfassend ist festzustellen, daß die Geschäftsführung einer großen GmbH unter Einbeziehung der oben dargestellten allgemeinen Bilanzierungsgrundsätze eine ganze Reihe von Möglichkeiten der Gliederungspolitik als effektives Instrument der Bilanzpolitik nutzen kann.

Die mittelgroße GmbH hat bei der Aufstellung der Bilanz dasselbe Gliederungsschema anzuwenden wie die große GmbH (vgl. Abb. 2). Für die Veröffentlichung der Bilanz, d. h. für die Einreichung zum Handelsregister, kann jedoch die mittelgroße GmbH auf den Ausweis einer ganzen Reihe von Bilanzpositionen verzichten und bestimmte Posten wahlweise in der Bilanz oder im Anhang angeben. Abb. 4 zeigt das **Mindestgliederungsschema**, wie es von einer mittelgroßen GmbH veröffentlicht werden muß:

Aktivseite

(wahlweise in Bilanz oder Anhang)

A. Anlagevermögen

  I. Immaterielle Vermögensgegenstände

    2. Geschäfts- oder Firmenwert

  II. Sachanlagen

    1. Grundstücke, grundstücksgleiche Rechte und Bauten einschließlich der Bauten auf fremden Grundstücken

    2. technische Anlagen und Maschinen

    3. andere Anlagen, Betriebs- und Geschäftsausstattung

    4. geleistete Anzahlungen und Anlagen im Bau

  III. Finanzanlagen

    1. Anteile an verbundenen Unternehmen

    2. Ausleihungen an verbundene Unternehmen

    3. Beteiligungen

    4. Ausleihungen an Unternehmen, mit denen ein Beteiligungsverhältnis besteht

Passivseite

(wahlweise in Bilanz oder Anhang)

A. Eigenkapital

  I. Gezeichnetes Kapital

  II. Kapitalrücklage

  III. Gewinnrücklagen

  IV. Gewinnvortrag/Verlustvortrag

  V. Jahresüberschuß/Jahresfehlbetrag

B. Rückstellungen

C. Verbindlichkeiten

  1. Anleihen, davon konvertibel

  2. Verbindlichkeiten gegenüber Kreditinstituten

  6. Verbindlichkeiten gegenüber verbundenen Unternehmen

  7. Verbindlichkeiten gegenüber Unternehmen, mit denen ein Beteiligungsverhältnis besteht

B. Umlaufvermögen
  I. Vorräte
  II. Forderungen und sonstige Vermögensgegenstände
    2. Forderungen gegen verbundene Unternehmen
    3. Forderungen gegen Unternehmen, mit denen ein Beteiligungsverhältnis besteht
  III. Wertpapiere
    1. Anteile an verbundenen Unternehmen
    2. eigene Anteile
  IV. Schecks, Kassenbestand, Bundesbank- und Postgiroguthaben, Guthaben bei Kreditinstituten
C. Rechnungsabgrenzungsposten
D. Rechnungsabgrenzungsposten

Abb. 4: Gliederung der offenzulegenden Bilanz einer mittelgroßen GmbH

Auch für die mittelgroße GmbH kann nach denselben Grundsätzen wie für die große GmbH wiederum ein maximales Gliederungsschema entwickelt werden, das in Abb. 5 dargestellt ist:

Aktivseite

A. Ausstehende Einlagen auf das gezeichnete Kapital
— davon eingefordert

B. Aufwendungen für die Ingangsetzung und die Erweiterung des Geschäftsbetriebs

C. Anlagevermögen:
I. Immaterielle Vermögensgegenstände
— davon Geschäfts- oder Firmenwert*
II. Sachanlagen
— davon Grundstücke, grundstücksgleiche Rechte und Bauten einschließlich der Bauten auf fremden Grundstücken*
— davon technische Anlagen und Maschinen*
— davon andere Anlagen, Betriebs- und Geschäftsausstattung*
— davon geleistete Anzahlungen und Anlagen im Bau*
III. Finanzanlagen:
1. Ausleihungen an Gesellschafter*
2. andere Finanzanlagen
— davon Anteile an verbundenen Unternehmen*
— davon Ausleihungen an verbundene Unternehmen*
— davon Beteiligungen*
— davon Ausleihungen an Unternehmen, mit denen ein Beteiligungsverhältnis besteht*

D. Umlaufvermögen:
I. Vorräte
II. Forderungen und sonstige Vermögensgegenstände:
1. Forderungen an Gesellschafter*
— davon mit einer Restlaufzeit von mehr als einem Jahr

Passivseite

A. Eigenkapital:
I. Gezeichnetes Kapital
II. Kapitalrücklage:
1. Rücklage für eingeforderte Nachschüsse
2. andere Kapitalrücklage
III. Gewinnrücklagen
1. Eigenkapitalanteil von Wertaufholungen etc. i. S. des § 29 Abs. 4 GmbHG*
2. sonstige Gewinnrücklagen
IV. Gewinnvortrag/Verlustvortrag
V. Jahresüberschuß/Jahresfehlbetrag

B. Sonderposten mit Rücklageanteil gem. §§ . . ., Abschn. . . . etc*

C. Rückstellungen
— davon für latente Steuern*

D. Verbindlichkeiten:
1. Verbindlichkeiten gegenüber Gesellschaftern*
— davon mit einer Restlaufzeit bis zu einem Jahr
2. andere Verbindlichkeiten
— davon mit einer Restlaufzeit bis zu einem Jahr
— davon Anleihen*
— davon konvertibel
— davon Verbindlichkeiten gegenüber Kreditinstituten*
— davon Verbindlichkeiten gegenüber verbundenen Unternehmen*
— davon Verbindlichkeiten gegenüber Unternehmen, mit denen ein Beteiligungsverhältnis besteht*

2. eingeforderte Nachschüsse
3. andere Forderungen und sonstige Vermögensgegenstände
   — davon mit einer Restlaufzeit von mehr als einem Jahr
   — davon Forderungen gegen verbundene Unternehmen*
   — davon Forderungen gegen Unternehmen, mit denen ein Beteiligungsverhältnis besteht*

III. Wertpapiere
   — davon Anteile an verbundenen Unternehmen*
   — davon eigene Anteile*

IV. Schecks, Kassenbestand, Bundesbank- und Postgiroguthaben, Guthaben bei Kreditinstituten

E. Rechnungsabgrenzungsposten:
1. Disagio*
2. Abgrenzungsposten für Steuerentlastung nachfolgender Geschäftsjahre
3. sonstige Rechnungsabgrenzungsposten

F. Nicht durch Eigenkapital gedeckter Fehlbetrag

E. Rechnungsabgrenzungsposten
F. Bilanzvermerk*:
1. Verbindlichkeiten aus der Begebung und Übertragung von Wechseln
   — davon durch . . . gesichert
   — davon gegenüber verbundenen Unternehmen
2. Verbindlichkeiten aus Bürgschaften, Wechsel- und Scheckbürgschaften und aus Gewährleistungsverträgen
   — davon durch . . . gesichert
   — davon gegenüber verbundenen Unternehmen
3. Haftungsverhältnisse aus der Bestellung von Sicherheiten für fremde Verbindlichkeiten
   — davon durch . . . gesichert
   — davon gegenüber verbundenen Unternehmen

Abb. 5: Das maximale Gliederungsschema einer mittelgroßen GmbH

Die Geschäftsführung einer **mittelgroßen GmbH** kann die mit arabischen Zahlen versehenen Posten, die auf jeden Fall veröffentlicht werden müssen, statt in der Bilanz auch im Anhang ausweisen, wenn dadurch die Klarheit der Darstellung vergrößert wird. Auch hier kann generell gesagt werden, daß diese Darstellungsform in der Regel akzeptiert werden dürfte.

Die Geschäftsführung einer mittelgroßen GmbH hat in bezug auf die Gliederung der Bilanz, die veröffentlicht werden muß, einen erheblichen **Gestaltungsspielraum**, der je nach handelsbilanzpolitischer Zielsetzung genutzt werden kann.

Die Geschäftsführung einer kleinen GmbH kann sowohl bei der Aufstellung als auch bei der Veröffentlichung der Bilanz von der Erleichterungsvorschrift des § 266 Abs. 1 Satz 3 HGB Gebrauch machen und eine verkürzte Bilanz aufstellen und publizieren. Ausgehend von dem Gliederungsschema für die Bilanz einer großen GmbH, braucht die kleine GmbH in ihrer Bilanz nur die mit Buchstaben und römischen Zahlen versehenen Posten dieser Bilanz ausweisen. Dabei ist die Reihenfolge der Buchstaben und römischen Zahlen einzuhalten, wie sie in dem Bilanzgliederungsschema für die große GmbH vorgesehen ist. Abb. 6 enthält das Gliederungsschema der Bilanz einer kleinen GmbH, wie es sowohl der Aufstellung als auch der Publizierung, d. h. der Hinterlegung bei dem Handelsregister, zugrunde zu legen ist:

Aktiva	Klein-GmbH	Passiva
A. Anlagevermögen 　I. Immaterielle Vermögens- 　　gegenstände 　II. Sachanlagen 　III. Finanzanlagen B. Umlaufvermögen 　I. Vorräte 　II. Forderungen und sonstige 　　Vermögensgegenstände 　III. Wertpapiere 　IV. Schecks, Kassenbestand, 　　Bundesbank- und Postgiro- 　　guthaben, Guthaben bei Kre- 　　ditinstituten C. Rechnungsabgrenzungsposten		A. Eigenkapital 　I. Gezeichnetes Kapital 　II. Kapitalrücklage 　III. Gewinnrücklagen 　IV. Gewinnvortrag/Verlustvor- 　　trag 　V. Jahresüberschuß/Jahresfehl- 　　betrag B. Rückstellungen C. Verbindlichkeiten D. Rechnungsabgrenzungsposten

Abb. 6: Gliederungsschema der aufzustellenden und offenzulegenden Bilanz einer kleinen GmbH

Auch für die kleine GmbH läßt sich nach den Grundsätzen, wie sie für die mittelgroße und für die große GmbH bereits dargestellt wurden, das in Abb. 7 dargestellte maximale Gliederungsschema entwickeln:

Aktivseite

A. Ausstehende Einlagen auf das gezeichnete Kapital
— davon eingefordert

B. Aufwendungen für die Ingangsetzung und Erweiterung des Geschäftsbetriebs

C. Anlagevermögen:
I. Immaterielle Vermögensgegenstände
II. Sachanlagen
III. Finanzanlagen:
1. Ausleihungen an Gesellschafter*
2. andere Finanzanlagen

D. Umlaufvermögen:
I. Vorräte
II. Forderungen und sonstige Vermögensgegenstände:
1. Forderungen gegen Gesellschafter*
— davon mit einer Restlaufzeit von mehr als einem Jahr
2. eingeforderte Nachschüsse
— davon mit einer Restlaufzeit von mehr als einem Jahr
3. andere Forderungen und sonstige Vermögensgegenstände
— davon mit einer Restlaufzeit von mehr als einem Jahr
III. Wertpapiere
IV. Schecks, Kassenbestand, Bundesbank- und Postgirogutha-ben, Guthaben bei Kreditinstituten

E. Rechnungsabgrenzungsposten:
1. Disagio*

Passivseite

A. Eigenkapital:
I. Gezeichnetes Kapital
II. Kapitalrücklage:
1. Rücklage für eingeforderte Nachschüsse
2. andere Kapitalrücklage
III. Gewinnrücklagen
1. Eigenkapitalanteil von Wertaufholungen etc. i. S. des § 29 Abs. 4 GmbHG
2. sonstige Gewinnrücklagen
IV. Gewinnvortrag/Verlustvortrag
V. Jahresüberschuß/Jahresfehlbetrag

B. Sonderposten mit Rücklageanteil gem. §§ . . ., Abschn. . . . etc.*

C. Rückstellungen
— davon für latente Steuern*

D. Verbindlichkeiten:
1. Verbindlichkeiten gegenüber Gesellschaftern*
— davon mit einer Restlaufzeit bis zu einem Jahr
2. andere Verbindlichkeiten
— davon mit einer Restlaufzeit bis zu einem Jahr

E. Rechnungsabgrenzungsposten

F. Bilanzvermerk*:
1. Verbindlichkeiten aus der Begebung und Übertragung von Wechseln

Aktivseite

2. Abgrenzungsposten für Steuerentlastung nachfolgender Geschäftsjahre
3. sonstige Rechnungsabgrenzungsposten
F. Nicht durch Eigenkapital gedeckter Fehlbetrag

Passivseite

— davon durch . . . gesichert
— davon gegenüber verbundenen Unternehmen
2. Verbindlichkeiten aus Bürgschaften, Wechsel- und Scheck-bürgschaften und aus Gewährleistungsverträgen
— davon durch . . . gesichert
— davon gegenüber verbundenen Unternehmen
3. Haftungsverhältnisse aus der Bestellung von Sicherheiten für fremde Verbindlichkeiten
— davon durch . . . gesichert
— davon gegenüber verbundenen Unternehmen

Abb. 7: Das maximale Gliederungsschema einer kleinen GmbH
(Tab. S. 85/86)

Sind die handelsbilanzpolitischen Zielsetzungen der Geschäftsführung einer kleinen GmbH darauf gerichtet, die externen Bilanzadressaten, insbesondere die Konkurrenten, über die Vermögens- und Finanzlage des Unternehmens soweit wie möglich im Unklaren zu lassen bzw. so wenig wie möglich offenzulegen, dann wird sie keineswegs eine maximale Bilanz veröffentlichen. Sie wird vielmehr nur die knappst mögliche Form der Darstellung wählen, wie sie in dem Mindestgliederungsschema in Abb. 6 zum Ausdruck kommt.

Da die Geschäftsführung einer kleinen GmbH die Bilanz nicht nur in verkürzter Form veröffentlichen, sondern auch aufstellen darf, kann sie diese verkürzte Bilanz den Gesellschaftern auch zum Zwecke der Feststellung des Jahresabschlusses vorlegen (§ 42 a GmbHG). Dies stellt für die Geschäftsführer einer kleinen GmbH oftmals einen nicht zu unterschätzenden Vorteil dar.

3.2 Gestaltungsmöglichkeiten bei Gliederung der Gewinn- und Verlustrechnung

Die Gewinn- und Verlustrechnung kann künftig entweder nach dem Gesamtkostenverfahren (Produktionsrechnung) oder nach dem Umsatzkostenverfahren (Umsatzrechnung) aufgestellt werden. Das Gliederungsschema der Gewinn- und Verlustrechnung ist, unabhängig davon, ob das Gesamtkostenverfahren oder das Umsatzkostenverfahren angewandt wird, für alle drei Betriebsgrößen einer GmbH jeweils identisch. Die kleine und die mittelgroße GmbH haben allerdings die Möglichkeit, die Positionen 1—5 (Gesamtkostenverfahren) bzw. 1—3 und 6 (Umsatzkostenverfahren) zu der Position „Rohergebnis" zusammenzufassen.

In bezug auf die Gliederung der GuV gelten, unabhängig von der Betriebsgröße der GmbH, folgende Grundsätze:

Das Gliederungsschema der GuV ist zu ergänzen, wenn Erträge und Aufwendungen aus Verlustübernahme bzw. erhaltene oder abgeführte Gewinne auf Grund einer Gewinngemeinschaft, eines Gewinnabführungsvertrages oder eines Teilgewinnabführungsvertrages vorliegen. Diese Beträge sind in dem Gliederungsschema jeweils gesondert unter entsprechender Bezeichnung auszuweisen. Dabei ist es zweckmäßig, erhaltene Erträge nach dem **Gesamtkostenverfahren** nach der Position 9 „Erträge aus Beteiligungen" auszuweisen. In dem Gliederungsschema nach dem

Umsatzkostenverfahren sollten diese Erträge nach der Position 8 „Erträge aus Beteiligungen" ausgewiesen werden.

Die Aufwendungen aus Verlustübernahme könnten nach der Position 12 im Gliederungsschema nach dem Gesamtkostenverfahren bzw. nach der Position 11 im Gliederungsschema nach dem Umsatzkostenverfahren ausgewiesen werden.

Außerplanmäßige Abschreibungen auf Vermögensgegenstände des Anlagevermögens (§ 253 Abs. 2 Satz 3 HGB) und außerplanmäßige Abschreibungen auf Vermögensgegenstände des Umlaufvermögens (§ 253 Abs. 3 Satz 3 HGB) zur Antizipation von Wertschwankungen sind in der GuV-Rechnung unter der Position 7 (Gesamtkostenverfahren) jeweils unter einem gesonderten Buchstaben auszuweisen oder im Anhang anzugehen.

Leerpositionen brauchen auch in der GuV nicht ausgewiesen zu werden, es sei denn, daß im Vorjahr unter diesen Posten Beträge ausgewiesen waren (§ 265 Abs. 8 HGB).

Die einmal gewählte Form der Gliederung der GuV ist in den Folgejahren beizubehalten.

Zu jedem Posten der Gewinn- und Verlustrechnung sind die Vorjahreszahlen anzugeben. Sind die GuV-Positionen des laufenden Geschäftsjahres mit den Vorjahresbeträgen nicht vergleichbar, muß dies im Anhang angegeben und erläutert werden. Im ersten Jahresabschluß, der nach dem neuen Handelsrecht erstellt wird, brauchen auch in der GuV keine Vorjahresbeträge angegeben zu werden.

Abb. 8 und 9 enthalten die Gliederungsschemata der Gewinn- und Verlustrechnung, die von einer großen GmbH entweder nach dem Gesamtkostenverfahren (§ 275 Abs. 2 HGB) oder nach dem Umsatzkostenverfahren (§ 275 Abs. 3 HGB) bei der Aufstellung des Jahresabschlusses zugrunde zu legen sind:

---

1. Umsatzerlöse
2. Erhöhung oder Verminderung des Bestandes an fertigen und unfertigen Erzeugnissen
3. andere aktivierte Eigenleistungen
4. sonstige betriebliche Erträge
5. Materialaufwand:
   a) Aufwendungen für Roh-, Hilfs- und Betriebsstoffe und für bezogene Waren
   b) Aufwendungen für bezogene Leistungen

6. Personalaufwand:
   a) Löhne und Gehälter
   b) soziale Abgaben und Aufwendungen für Altersversorgung und für Unterstützung, davon für Altersversorgung
7. Abschreibungen:
   a) auf immaterielle Vermögensgegenstände **des Anlagevermögens** und Sachanlagen sowie auf aktivierte Aufwendungen für die Ingangsetzung und Erweiterung des Geschäftsbetriebs
   b) auf Vermögensgegenstände des Umlaufvermögens, soweit diese die in der Kapitalgesellschaft üblichen Abschreibungen überschreiten
8. sonstige betriebliche Aufwendungen
9. Erträge aus Beteiligungen
   davon aus verbundenen Unternehmen
10. Erträge aus Wertpapieren, Ausleihungen und sonstigen Finanzanlagen
    davon aus verbundenen Unternehmen
11. sonstige Zinsen und ähnliche Erträge
    davon aus verbundenen Unternehmen
12. Abschreibungen auf Finanzanlagen und auf Wertpapiere des Umlaufvermögens
13. Zinsen und ähnliche Aufwendungen
    davon an verbundene Unternehmen
14. Ergebnis der gewöhnlichen Geschäftstätigkeit
15. außerordentliche Erträge
16. außerordentliche Aufwendungen
17. außerordentliches Ergebnis
18. Steuern vom Einkommen und vom Ertrag
19. sonstige Steuern
20. Jahresüberschuß/Jahresfehlbetrag

Abb. 8: Gliederungsschema der Gewinn- und Verlustrechnung bei Anwendung des **Gesamtkostenverfahrens** (§ 275 Abs. 2 HGB)

1. Umsatzerlöse
2. Herstellungskosten der zur Erzielung der Umsatzerlöse erbrachten Leistungen
3. Bruttoergebnis vom Umsatz
4. Vertriebskosten
5. allgemeine Verwaltungskosten
6. sonstige betriebliche Erträge
7. sonstige betriebliche Aufwendungen
8. Erträge aus Beteiligungen
   davon aus verbundenen Unternehmen
9. Erträge aus Wertpapieren, Ausleihungen und sonstigen Finanzanlagen
   davon aus verbundenen Unterlagen
10. sonstige Zinsen und ähnliche Erträge
    davon aus verbundenen Unternehmen

11. Abschreibungen auf Finanzanlagen und auf Wertpapiere des
Umlaufvermögens
12. Zinsen und ähnliche Aufwendungen
davon aus verbundenen Unternehmen
13. Ergebnis der gewöhnlichen Geschäftstätigkeit
14. außerordentliche Erträge
15. außerordentliche Aufwendungen
16. außerordentliches Ergebnis
17. Steuern vom Einkommen und Ertrag
18. sonstige Steuern
19. Jahresüberschuß/Jahresfehlbetrag

Abb. 9: Gliederungsschema der Gewinn- und Verlustrechnung bei Anwendung des
Umsatzkostenverfahrens (§ 275 Abs. 3 HGB)

Für die große GmbH sind die Gliederungsschemata, wie sie nach dem
Gesamtkostenverfahren und nach dem Umsatzkostenverfahren bei der
Aufstellung vorgeschrieben sind, gleichzeitig auch im Bundesanzeiger zu
veröffentlichen.

Wie die Bilanz ist auch die GuV durch die Einfügung neuer Posten u. U. zu
ergänzen. Unter Berücksichtigung dieser Gesichtspunkte läßt sich für die
Gewinn- und Verlustrechnung einer großen GmbH das in Abb. 10 nach
dem Gesamtkostenverfahren und in Abb. 11 nach dem Umsatzkostenverfahren dargestellte maximale Gliederungsschema entwickeln. Die in diesen maximalen Gliederungsschemata der GuV für die große GmbH in
Frage kommenden ergänzenden Positionen sind mit einem (*) gekennzeichnet.

1. Umsatzerlöse
2. Erhöhung oder Verminderung des Bestandes an fertigen und unfertigen
Erzeugnissen
3. andere aktivierte Eigenleistungen
4. sonstige betriebliche Erträge
a) Erträge aus der Auflösung des Sonderpostens mit Rücklagenanteil*
b) andere sonstige betriebliche Erträge
5. Materialaufwand:
a) Aufwendungen für Roh-, Hilfs- und Betriebsstoffe und für bezogene
Waren
b) Aufwendungen für bezogene Leistungen
6. Personalaufwand:
a) Löhne und Gehälter

b) soziale Abgaben und Aufwendungen für Altersversorgung und Unterstützung
— davon für Altersversorgung

7. Abschreibungen:
a) auf immaterielle Vermögensgegenstände des Anlagevermögens und Sachanlagen sowie auf aktivierte Aufwendungen für die Ingangsetzung und Erweiterung des Geschäftsbetriebs
b) außerplanmäßige Abschreibungen auf das Anlagevermögen nach § 253 Abs. 2 Satz 3 HGB*
c) auf Vermögensgegenstände des Umlaufvermögens, soweit diese die in der Kapitalgesellschaft üblichen Abschreibungen überschreiten
d) außerplanmäßige Abschreibungen auf das Umlaufvermögen nach § 253 Abs. 3 Satz 3 HGB*

8. sonstige betriebliche Aufwendungen:
a) Einstellungen in den Sonderposten mit Rücklageanteil*
b) andere sonstige betriebliche Aufwendungen

9. Erträge aus Beteiligungen
— davon aus verbundenen Unternehmen

10. Erträge auf Grund einer Gewinngemeinschaft, eines Gewinnabführungs- oder eines Teilgewinnabführungsvertrags

11. Erträge aus anderen Wertpapieren und Ausleihungen des Finanzanlagevermögens
— davon aus verbundenen Unternehmen

12. sonstige Zinsen und ähnliche Erträge
— davon aus verbundenen Unternehmen

13. Abschreibungen auf Finanzanlagen und auf Wertpapiere des Umlaufvermögens

14. Aufwendungen aus Verlustübernahme

15. Zinsen und ähnliche Aufwendungen
— davon an verbundene Unternehmen

16. Ergebnis der gewöhnlichen Geschäftstätigkeit

17. außerordentliche Erträge

18. außerordentliche Aufwendungen

19. außerordentliches Ergebnis

20. Steuern vom Einkommen und vom Ertrag

21. sonstige Steuern

22. Erträge aus Verlustübernahme

23. Aufwendungen auf Grund einer Gewinngemeinschaft, eines Gewinnabführungs- oder eines Teilgewinnabführungsvertrags

24. Jahresüberschuß/Jahresfehlbetrag

Anm.: Zur Einordnung der Erweiterungsposten in das gesetzliche Gliederungsschema vgl. Gross/Schruff: Der Jahresabschluß nach neuem Recht, Düsseldorf 1986, S. 200.

Abb. 10: Das maximale Gliederungsschema der GuV einer großen GmbH (Gesamtkostenverfahren)

1. Umsatzerlöse
2. Herstellungskosten der zur Erzielung der Umsatzerlöse erbrachten Leistungen
3. Bruttoergebnis vom Umsatz
4. Vertriebskosten
5. allgemeine Verwaltungskosten
6. sonstige betriebliche Erträge
   a) Erträge aus der Auflösung des Sonderpostens mit Rücklageanteil*
   b) andere sonstige betriebliche Erträge
7. sonstige betriebliche Aufwendungen
   a) Einstellungen in den Sonderposten mit Rücklageanteil*
   b) andere sonstige betriebliche Aufwendungen
8. Erträge aus Beteiligungen
   — davon aus verbundenen Unternehmen
9. auf Grund einer Gewinngemeinschaft, eines Gewinnabführungs- oder eines Teilgewinnabführungsvertrags erhaltene Gewinne
10. Erträge aus anderen Wertpapieren und Ausleihungen des Finanzanlagevermögens
    — davon aus verbundenen Unternehmen
11. sonstige Zinsen und ähnliche Erträge
    — davon aus verbundenen Unternehmen
12. Abschreibungen auf Finanzanlagen und auf Wertpapiere des Umlaufvermögens
13. Aufwendungen aus Verlustübernahme
14. Zinsen und ähnliche Aufwendungen
    — davon an verbundene Unternehmen
15. Ergebnis der gewöhnlichen Geschäftstätigkeit
16. außerordentliche Erträge
17. außerordentliche Aufwendungen
18. außerordentliches Ergebnis
19. Steuern vom Einkommen und vom Ertrag
20. sonstige Steuern
21. Erträge aus Verlustübernahme
22. auf Grund einer Gewinngemeinschaft, eines Gewinnabführungs- oder eines Teilgewinnabführungsvertrages abgeführte Gewinne
23. Jahresüberschuß/Jahresfehlbetrag

Abb. 11: Das maximale Gliederungsschema der GuV einer großen GmbH
(Umsatzkostenverfahren)

Die mittelgroße und die kleine GmbH haben für die Aufstellung und für die Veröffentlichung der Gewinn- und Verlustrechnung das Recht, vom Rohergebnis auszugehen, d. h. den Ausweis der Umsatzerlöse zu vermeiden.

Abb. 12 und Abb. 13 enthalten die Gliederungsschemata nach dem Gesamtkostenverfahren und nach dem Umsatzkostenverfahren, mit dem Rohergebnis als Ausgangsgröße, wie sie die kleine und die mittelgroße GmbH sowohl bei der Aufstellung als auch bei der Veröffentlichung verwenden dürfen. Selbstverständlich bleibt es der Geschäftsführung einer kleinen oder mittelgroßen GmbH unbenommen, das ungekürzte Gliederungsschema für die GuV bei der Aufstellung und/oder Veröffentlichung zugrunde zu legen.

Mittelgroße und kleine Kapitalgesellschaften dürfen die Posten Nr. 1 bis 5 zu einem Posten unter der Bezeichnung „Rohergebnis" zusammenfassen.

1. Umsatzerlöse
2. Erhöhung oder Verminderung des Bestands an fertigen und unfertigen Erzeugnissen
3. andere aktivierte Eigenleistungen
4. sonstige betriebliche Erträge   = Rohergebnis
5. Materialaufwand
   a) Aufwendungen für Roh-, Hilfs- und Betriebsstoffe und für bezogene Waren
   b) Aufwendungen für bezogene Leistungen
6. Personalaufwand
   a) Löhne und Gehälter
   b) soziale Abgaben und Aufwendungen für Altersversorgung und für Unterstützung, davon für Altersversorgung
7. Abschreibungen:
   a) auf immaterielle Vermögensgegenstände des Anlagevermögens und Sachanlagen sowie auf aktivierte Aufwendungen für die Ingangsetzung und Erweiterung des Geschäftsbetriebs
   b) auf Vermögensgegenstände des Umlaufvermögens, soweit diese die in der Kapitalgesellschaft üblichen Abschreibungen überschreiten
8. sonstige betriebliche Aufwendungen
9. Erträge aus Beteiligungen
   davon aus verbundenen Unternehmen
10. Erträge aus Wertpapieren, Ausleihungen und sonstigen Finanzanlagen
   davon aus verbundenen Unternehmen
11. sonstige Zinsen und ähnliche Erträge
   davon aus verbundenen Unternehmen
12. Abschreibungen auf Finanzanlagen und auf Wertpapiere des Umlaufvermögens
13. Zinsen und ähnliche Aufwendungen
   davon aus verbundenen Unternehmen
14. Ergebnis der gewöhnlichen Geschäftstätigkeit
15. außerordentliche Erträge

16. außerordentliche Aufwendungen
17. außerordentliches Ergebnis
18. Steuern vom Einkommen und vom Ertrag
19. sonstige Steuern
20. Jahresüberschuß/Jahresfehlbetrag

Abb. 12: GuV nach dem Gesamtkostenverfahren der mittelgroßen und kleinen GmbH

Mittelgroße und kleine Kapitalgesellschaften dürfen die Posten Nr. 1 bis 3 und 6 zu einem Posten unter der Bezeichnung „Rohergebnis" zusammenfassen.

1. Umsatzerlöse
2. Herstellungskosten der zur Erzielung der Umsatzerlöse erbrachten Leistungen
3. Bruttoergebnis vom Umsatz
4. Vertriebskosten
5. allgemeine Verwaltungskosten
·/. 6. sonstige betriebliche Erträge
7. sonstige betriebliche Aufwendungen
8. Erträge aus Beteiligungen
   davon aus verbundenen Unternehmen
9. Erträge aus Wertpapieren, Ausleihungen und sonstigen Finanzanlagen
   davon aus verbundenen Unternehmen
10. sonstige Zinsen und ähnliche Erträge,
    davon aus verbundenen Unternehmen
11. Abschreibungen auf Finanzanlagen und auf Wertpapiere des Umlaufvermögens
12. Zinsen und ähnliche Aufwendungen
    davon aus verbundenen Unternehmen
13. Ergebnis der gewöhnlichen Geschäftstätigkeit
14. außerordentliche Erträge
15. außerordentliche Aufwendungen
16. außerordentliches Ergebnis
17. Steuern vom Einkommen und Ertrag
18. sonstige Steuern
19. Jahresüberschuß/Jahresfehlbetrag

Abb. 13: GuV nach dem Umsatzkostenverfahren der mittelgroßen und kleinen GmbH

Auch für die kleine und für die mittelgroße GmbH ist die Gewinn- und Verlustrechnung durch die Einfügung neuer Positionen u. U. zu ergänzen. Unter Berücksichtigung dieser Gesichtspunkte lassen sich für die kleine und für die mittelgroße GmbH die in Abb. 14 (Gesamtkostenverfahren) und Abb. 15 (Umsatzkostenverfahren) enthaltenen maximalen, für beide Betriebsgrößen identischen Gliederungsschemata der Gewinn- und Verlustrechnung entwickeln. Dabei ist auch hier zu beachten, daß die eventuell in Frage kommenden ergänzenden GuV-Positionen mit einem (*) gekennzeichnet sind.

1. Rohergebnis
2. Personalaufwand:
   a) Löhne und Gehälter
   b) soziale Abgaben und Aufwendungen für Altersversorgung und für Unterstützung
   — davon für Altersversorgung
3. Abschreibungen:
   a) auf immaterielle Vermögensgegenstände des Anlagevermögens und Sachanlagen sowie auf aktivierte Aufwendungen für die Ingangsetzung und Erweiterung des Geschäftsbetriebs
   b) außerplanmäßige Abschreibungen auf das Anlagevermögen nach § 253 Abs. 2 Satz 3 HGB*
   c) auf Vermögensgegenstände des Umlaufvermögens, soweit diese die in der Kapitalgesellschaft üblichen Abschreibungen übersteigen
   d) außerplanmäßige Abschreibungen auf das Umlaufvermögen nach § 253 Abs. 3 Satz 3 HGB*
4. sonstige betriebliche Aufwendungen:
   a) Einstellungen in den Sonderposten mit Rücklageanteil*
   b) andere sonstige betriebliche Aufwendungen
5. Erträge aus Beteiligungen
   — davon aus verbundenen Unternehmen
6. Erträge auf Grund einer Gewinngemeinschaft, eines Gewinnabführungs- oder eines Teilgewinnabführungsvertrags
7. Erträge aus anderen Wertpapieren und Ausleihungen des Finanzanlagevermögens
   — davon aus verbundenen Unternehmen
8. sonstige Zinsen und ähnliche Erträge
   — davon aus verbundenen Unternehmen
9. Abschreibungen auf Finanzanlagen und auf Wertpapiere des Umlaufvermögens
10. Aufwendungen aus Verlustübernahme
11. Zinsen und ähnliche Aufwendungen
    — davon aus verbundenen Unternehmen
12. Ergebnis der gewöhnlichen Geschäftstätigkeit
13. außerordentliche Erträge
14. außerordentliche Aufwendungen

15. außerordentliches Ergebnis
16. Steuern vom Einkommen und vom Ertrag
17. sonstige Steuern
18. Erträge aus Verlustübernahme
19. Aufwendungen auf Grund einer Gewinngemeinschaft, eines Gewinnabführungs- oder eines Teilgewinnabführungsvertrags
20. Jahresüberschuß/Jahresfehlbetrag

Abb. 14: Das maximale Gliederungsschema der GuV einer kleinen und mittelgroßen GmbH (Gesamtkostenverfahren)

1. Rohergebnis
2. Vertriebskosten
3. allgemeine Verwaltungskosten
4. sonstige betriebliche Aufwendungen
   a) Einstellungen in den Sonderposten mit Rücklageanteil*
   b) andere sonstige betriebliche Aufwendungen
5. Erträge aus Beteiligungen
   — davon aus verbundenen Unternehmen
6. auf Grund einer Gewinngemeinschaft, eines Gewinnabführungs- oder eines Teilgewinnabführungsvertrags erhaltene Gewinne
7. Erträge aus anderen Wertpapieren und Ausleihungen des Finanzanlagevermögens
   — davon aus verbundenen Unternehmen
8. sonstige Zinsen und ähnliche Erträge
   — davon aus verbundenen Unternehmen
9. Abschreibungen auf Finanzanlagen und auf Wertpapiere des Umlaufvermögens
10. Aufwendungen aus Verlustübernahme
11. Zinsen und ähnliche Aufwendungen
    — davon aus verbundenen Unternehmen
12. Ergebnis der gewöhnlichen Geschäftstätigkeit
13. außerordentliche Erträge
14. außerordentliche Aufwendungen
15. außerordentliches Ergebnis
16. Steuern vom Einkommen und vom Ertrag
17. sonstige Steuern
18. Erträge aus Verlustübernahme
19. auf Grund einer Gewinngemeinschaft, eines Gewinnabführungs- oder eines Teilgewinnabführungsvertrages abgeführte Gewinne
20. Jahresüberschuß/Jahresfehlbetrag

Abb. 15: Das maximale Gliederungsschema der GuV einer kleinen und mittelgroßen GmbH (Umsatzkostenverfahren)

3.3 Gestaltungsmöglichkeiten bei Gliederung des Anhangs

Der Jahresabschluß einer GmbH umfaßt nach neuem Recht neben Bilanz und Gewinn- und Verlustrechnung den **Anhang** als dritten integralen Bestandteil. Der Anhang steht künftig gleichberechtigt neben Bilanz und GuV. Die Aufgabe des Anhangs besteht darin, die Bilanz und die Gewinn- und Verlustrechnung zu erläutern und ergänzende Informationen über die Vermögens-, Finanz- und Ertragslage der GmbH zu liefern. Je nach Gesellschaftsform bzw. Betriebsgröße sind im Rahmen des Anhangs bis zu 70 Einzelangaben möglich bzw. notwendig.

Im speziellen Teil des HGB, der die Rechnungslegungsvorschriften der Kapitalgesellschaft beinhaltet, finden sich folgende Vorschriften, die direkt den Anhang betreffen:

- § 284 HGB Erläuterung der Bilanz und der GuV
- § 285 HGB Sonstige Pflichtangaben
- § 286 HGB Unterlassen der Angaben
- § 287 HGB Aufstellung des Anteilsbesitzes
- § 287 HGB Größenabhängige Erleichterungen
- § 284 Abs. 1 HGB Angaben, die wahlweise in der Bilanz bzw. GuV oder im Anhang angeführt werden können

Neben diesen speziellen Anhangvorschriften finden sich im Gesetz verstreut eine Reihe von Abschlußerläuterungen zur Bilanz und zur GuV. Dabei handelt es sich hier vor allem um diejenigen Abschlußerläuterungen, die durch die Tatsache, daß der Anhang einen integralen Bestandteil des Jahresabschlusses bildet, alternativ im Anhang oder in der Bilanz oder in der Gewinn- und Verlustrechnung angeführt werden können (§ 284 Abs. 1 HGB). Es sind hier die folgenden Paragraphen zu nennen:

- § 265 Abs. 3 HGB (Mitzugehörigkeit eines Bilanzpostens)
- § 268 Abs. 1 HGB (Gewinn- oder Verlustvortrag)
- § 268 Abs. 2 HGB (Anlagegitter)
- § 268 Abs. 6 HGB (Disagio)
- § 268 Abs. 7 HGB (Haftungsverhältnisse)
- § 273 Satz 2 HGB (Sonderposten mit Rücklagenanteil)

- § 277 Abs. 3 HGB (Außerplanmäßige Abschreibungen)
- § 281 Abs. 1 HGB (Rechtsvorschriften für Sonderposten mit Rücklagenanteil)
- § 281 Abs. 2 HGB (Geschäftsjahresabschreibungen)

Die Geschäftsführung einer GmbH kann darüber hinaus auf freiwilliger Basis den Erläuterungsteil des Anhangs durch eine **Kapitalflußrechnung** oder einen Sozialbericht ergänzen.

Für die Geschäftsführung einer GmbH ist es wichtig, zu wissen, welche Begriffe der Gesetzgeber im Rahmen der Anhangvorschriften verwendet und welche Bedeutung diese Begriffe haben (vgl. Selchert, W., a. a. O., S. 560):

Angabe:

Bloße Nennung ohne weitere Zusätze; je nach dem angegebenen Gegenstand muß diese Nennung quantitativ oder verbal erfolgen.

Aufgliederung:

Segmentierung einer Größe in einzelne Komponenten, so daß deren Zusammenhang ersichtlich wird; die Aufgliederung erfolgt quantitativ.

Erläuterung:

Kommentierung und Interpretation, so daß Inhalt und/oder Zustandekommen und/oder Verursachung ersichtlich werden; die Erläuterung erfolgt verbal.

Darstellung:

Angaben, verbunden mit einer Aufgliederung oder Erläuterung; je nach dem darzustellenden Gegenstand erfolgt die Darstellung quantitativ und/oder verbal.

Begründung:

Offenlegung der Überlegungen und Argumente, die kausal für ein bestimmtes Tun oder Unterlassen sind und dessen Nachvollziehbarkeit ermöglichen; die Begründung erfolgt verbal.

Der Anhang hat als dritter Bestandteil des Jahresabschlusses eine Reihe von Funktionen zu erfüllen, die dem Geschäftsführer einer GmbH bekannt sein sollten. Die Funktionen des Anhangs sind (vgl. Russ, a. a. O., S. 20 ff.):

Interpretationsfunktion:

Der Anhang hat die Aufgabe, den Jahresabschluß zu interpretieren. Er bildet damit den Schlüssel zum Verständnis des Jahresabschlusses. Er interpretiert den Inhalt der Bilanzpositionen und der GuV-Positionen und erläutert die angewandten Bilanzierungs- und Bewertungsmethoden.

Korrekturfunktion:

Der Anhang hat die Aufgabe, mißverständliche oder falsche Darstellungen in der Bilanz und in der Gewinn- und Verlustrechnung zu korrigieren. Damit soll vor allem sichergestellt werden, daß die Jahresabschlüsse sowohl im Rahmen eines innerbetrieblichen Zeitvergleiches als auch eines zwischenbetrieblichen Vergleichs überhaupt vergleichbar sind.

Ergänzungsfunktion:

Im Unterschied zu den beiden vorgenannten Funktionen, die sich auf bilanzierungsfähige Sachverhalte beziehen, hat der Anhang die Aufgabe, ergänzende Informationen zu vermitteln, die über die Bilanz und die GuV hinausreichen. Hierzu zählen z. B. die Angaben über finanzielle Verpflichtungen, die Angaben über die Bedingungen der Kreditgewährung an die Geschäftsführung, die Angaben über die Zusammensetzung der Arbeitnehmerschaft u. dgl.

Entlastungsfunktion:

Die Entlastungsfunktion bedeutet, daß der Anhang Abschlußerläuterungen aufnimmt, die sonst in der Bilanz oder in der Gewinn- und Verlustrechnung erscheinen müßten. Der Anhang bildet gewissermaßen einen „Verschiebebahnhof" für Informationen. Der Anhang kann auf diese Art und Weise einen wesentlich größeren Umfang annehmen als Bilanz und GuV zusammengenommen. In der angloamerikanischen Bilanzierungspraxis ist der Anhang in etwa zehnmal so umfangreich wie die beiden anderen Bestandteile des Jahresabschlusses Bilanz und Gewinn- und Verlustrechnung zusammen.

In bezug auf den Anhang muß die Geschäftsführung einer GmbH vor allem die folgenden Bilanzierungsgrundsätze beachten:

Grundsatz des true-and-fair-view:

Für den Anhang gilt in gleicher Weise wie für die Bilanz und die Gewinn- und Verlustrechnung der Grundsatz des true-and-fair-view, wonach ein wirtschaftlich wahrer Jahresabschluß aufgestellt werden muß. Der Anhang muß dazu beitragen, daß der Jahresabschluß ein den tatsächlichen Verhältnissen entsprechendes Bild der Vermögens-, Finanz- und Ertragslage der GmbH vermittelt.

Grundsatz der Klarheit:

Dieser Bilanzierungsgrundsatz fordert, daß der Anhang klar und übersichtlich aufgestellt wird und aus sich heraus verständlich ist. Berichtspflichtige Angaben im Anhang dürfen demnach nicht versteckt oder so verklausuliert gemacht werden, daß sie für den externen Leser einer Bilanz unverständlich oder in ihrer Tragweite nicht erkennbar sind. Dabei beinhaltet der Grundsatz der Klarheit vor allem die Gliederungsvorschriften, die von der Geschäftsführung einer GmbH beachtet werden müssen.

Grundsatz der Vollständigkeit:

Jeder Anhang muß vollständig sein, d. h. er muß über den gesetzlich vorgeschriebenen Mindestinhalt hinaus alle Angaben enthalten, die für die Beurteilung des Geschäftsverlaufes und der Lage einer GmbH notwendig sind. Allerdings darf der Grundsatz der Vollständigkeit nicht so interpretiert werden, daß eine zu umfangreiche Berichterstattung die Klarheit eher beeinträchtigt als fördert. In einem solchen Falle würde der Grundsatz der Bilanzklarheit verletzt werden.

Grundsatz der Wesentlichkeit:

Dieser Grundsatz der Wesentlichkeit, auf den bereits ausführlich in Punkt 1.5 eingegangen wurde, ist für die Aufstellung des Anhangs von erheblicher Bedeutung. Im Rahmen der Anhangvorschriften taucht der Grundsatz der Wesentlichkeit vor allem bei den folgenden Paragraphen auf:

- § 285 Nr. 3 HGB (Sonstige finanzielle Verpflichtungen, die nicht in der Bilanz erscheinen)
- § 285 Nr. 4 HGB (Aufgliederung der Umsatzerlöse)
- § 285 Nr. 5 HGB (Steuerrechtliche Abschreibungen, Zuschreibungen)

- § 285 Nr. 9 c HGB (Wesentliche Bedingungen für Kredite an Organschaftsmitglieder)
- § 285 Nr. 12 HGB (Sonstige Rückstellungen)

Es bleibt allerdings abzuwarten, welche Entscheidungshilfen sich für die Geschäftsführung einer GmbH herausbilden, um beurteilen zu können, wann dieser Grundsatz der Wesentlichkeit angewandt werden muß.

Da es kein verbindliches gesetzliches Gliederungsschema für den Anhang gibt, hat es die Geschäftsführung einer GmbH weitgehend in der Hand, wie sie den Anhang gliedert bzw. strukturiert. Im folgenden werden einige Vorschläge zur Gliederung des Anhangs unterbreitet.

Vorschlag zur Gliederung des Anhangs (Alternative 1)

1. Allgemeine Erläuterungen zum Jahresabschluß
2. Rechnungslegungsgrundsätze
3. Allgemeine Erläuterungen zur Bilanz und zur GuV-Rechnung
4. Erläuterungen mit genereller Bedeutung für die Bilanz
5. Erläuterungen zur Aktivseite der Bilanz
6. Erläuterungen zur Passivseite der Bilanz
7. Erläuterungen mit genereller Bedeutung für die GuV-Rechnung
8. Erläuterungen mit spezieller Bedeutung für die GuV-Rechnung
9. Erläuterungen zum Jahresergebnis
10. Ergänzende Angaben und Erläuterungen
11. Freiwillige Angaben
12. Unterlassen der Berichterstattung

Vorschlag zur Gliederung des Anhangs (Alternative 2)

Abschnitt 1: Angaben und Begründungen zur Form der Darstellung von Bilanz und GuV

Abschnitt 2: Angaben, Aufgliederungen, Darstellungen, Erläuterungen und Begründungen zu einzelnen Positionen von Bilanz und GuV bezüglich Ausweis, Bilanzierung und Bewertung

A. Positionen der Bilanz

B. Positionen der Gewinn- und Verlustrechnung

Abschnitt 3: Angaben zum Jahresergebnis

A. Ausmaß der Beeinflussung des Jahresergebnisses durch Inanspruchnahme steuerlicher Vergünstigungen

B. Darstellung der Ergebnisverwendung

Abschnitt 4: Zusätzliche Angaben zur Vermittlung eines den tatsächlichen Verhältnissen entsprechenden Bildes der Vermögens-, Finanz- und Ertragslage

Abschnitt 5: Ergänzende Angaben

A. Sonstige finanzielle Verpflichtungen

B. Beteiligungsunternehmen und Unternehmensverbindungen

C. Zusammensetzung der Organe, die Organkredite und die Aufwendungen für Organe

D. Arbeitnehmerschaft

Vorschlag zur Gliederung des Anhangs (Alternative 3)

1. Angaben und Begründungen zur Form der Darstellung von Bilanz und GuV

2. Angaben, Aufgliederungen, Darstellungen, Erläuterungen und Begründungen zu einzelnen Positionen von Bilanz und GuV in bezug auf Ausweis, Bilanzierung und Bewertung

3. Angaben zum Jahresergebnis

4. Zusätzliche Angaben zur Vermittlung eines den tatsächlichen Verhältnissen entsprechenden Bildes der Vermögens-, Finanz- und Ertragslage

5. Ergänzende Angaben

Vorschlag zur Gliederung des Anhangs (Alternative 4)

1. Erläuterungs- und Angabepflichten zu Posten der Bilanz und der GuV

2. Erläuterungs- und Angabepflichten zu Bewertungsmethoden

3. Sonstige Erläuterungs- und Angabepflichten

4. Erläuterungs- und Angabepflichten, denen alternativ in der Bilanz und GuV oder im Anhang entsprochen werden kann

Als letzter Vorschlag zur Gliederung des Anhangs (Alternative 5) wird die Gliederung des Anhangs nach Schulte im Detail dargestellt (Schulte, K. W., a. a. O., S. 1474 ff.).

Vorschlag zur Gliederung des Anhangs (Alternative 5)

Erklärung der Abkürzungen:

K = alle Kapitalgesellschaften, d. h. auch alle GmbHs

gK = große Kapitalgesellschaften, d. h. auch alle großen GmbHs

mk = mittelgroße Kapitalgesellschaften, d. h. auch alle mittelgroßen GmbHs

mgK = mittelgroße und große Kapitalgesellschaften, d. h. auch alle mittelgroßen und großen GmbHs

Bilanz	Rechtsgrundlage	Alternative	Berichterstattung	Offenlegung
I. Informationen zur Gliederung				
(1) Gesonderter Ausweis von in der Bilanz aus Gründen der Klarheit zusammengefaßten Posten	§ 265 Abs. 7 Nr. 2 HGB	—	K	K
(2) Angabe der Mitzugehörigkeit zu anderen Posten der Bilanz, wenn dies zur Aufstellung eines klaren und übersichtlichen Jahresabschlusses erforderlich ist	§ 265 Abs. 3 Satz 1 HGB	**Bilanz**	K	K
(3) Angabe und Begründung einer Abweichung in der Gliederung der Bilanz, die durch den Geschäftszweig bedingt ist	§ 265 Abs. 4 Satz 2 HGB	—	K	K
(4) Angabe und Begründung der Abweichungen von der bisherigen Form der Darstellung, insbesondere der Gliederung, der aufeinanderfolgenden Bilanzen	§ 265 Abs. 1 Satz 2 HGB	—	K	K
(5) Angabe und Erläuterung nicht mit dem Vorjahr vergleichbarer Beträge einzelner Posten der Bilanz	§ 265 Abs. 2 Satz 2 HGB	—	K	K
(6) Angabe und Erläuterung der Anpassung von Vergleichszahlen des Vorjahrs in der Bilanz	§ 265 Abs. 2 Satz 3 HGB	—	K	K
(7) Angabe bestimmter zusätzlicher Bilanzpositionen	§ 327 Nr. 1 HGB	**Bilanz**	—	mgK
II. Informationen zu den einzelnen Posten				
Aktivseite Aufwendungen für die Ingangsetzung und Erweiterung des Geschäftsbetriebs				
(1) Erläuterung der Position	§ 269 Satz 1 HGB	—	K	K

Bilanz	Rechtsgrundlage	Alter- native	Bericht- erstat- tung	Offen- legung
(2) Darstellung der Entwicklung des Postens	§ 268 Abs. 2 Satz 1 und 2 HGB	**Bilanz**	K	K
(3) Angabe der Abschreibungen des Geschäftsjahrs	§ 268 Abs. 2 Satz 3 HGB	**Bilanz**	K	K
A. Anlagevermögen				
(1) Angaben über die Methode der Anschaffungskosten-Ermittlung (Einzel-, Gruppen-, Festbewertung)	§ 284 Abs. 2 Nr. 1 HGB	—	K	K
(2) Angaben über die Methode der Herstellungskosten-Ermittlung, speziell über die Einebziehung	§ 284 Abs. 2 Nr. 1 HGB			
von Zinsen für Fremdkapital in die Herstellungskosten	§ 284 Abs. 2 Nr. 5 HGB	—	K	K
(3) Angaben über die Abschreibungs-methoden	§ 284 Abs. 2 Nr. 1 HGB	—	K	K
(4) Darstellung der Entwicklung der einzelnen Posten des Anlagevermö-gens	§ 268 Abs. 2 Satz 1 und 2 HGB	**Bilanz**	K	K
(5) Angabe, wenn bei der erstmaligen Erstellung des Anlagespiegels für Altbestände anstelle der ursprüng-lichen Anschaffungs-/Herstel-lungskosten die Buchwerte aus dem Vorjahresabschluß übernommen wurden	Art. 24 Abs. 6 Satz 3 EGHGB	—	K	K
(6) Angabe der Abschreibungen des Geschäftsjahrs in einer der Gliede-rung des Anlagevermögens entspre-chenden Aufgliederung	§ 268 Abs. 2 Satz 3 HGB	**Bilanz**	K	K
(7) Angabe der außerplanmäßigen handelsrechtlichen Abschreibungen bei Vermögensgegenständen des Anlagevermögens	§ 277 Abs. 3 Satz 1 HGB	**GuV**	K	mgK
(8) Angabe des Betrages der im Geschäftsjahr allein nach steuer-rechtlichen Vorschriften vorgenom-menen Abschreibungen auf Gegen-stände des Anlagevermögens, soweit er sich nicht aus der Bilanz oder der Gewinn- und Verlustrech-nung ergibt; hinreichende Begrün-dung	§ 281 Abs. 2 Satz 1 HGB	—	K	K
(9) Angabe des Betrages der im Geschäftsjahr aus steuerrechtlichen Gründen unterlassenen Zuschrei-bungen; hinreichende Begründung	§ 280 Abs. 3 HGB	—	K	K

Bilanz	Rechtsgrundlage	Alternative	Berichterstattung	Offenlegung
(10) Angaben über die Aktivierung/ Nichtaktivierung des derivativen Geschäfts- oder Firmenwerts	§ 284 Abs. 2 Nr. 1 HGB	—	K	K
(11) Angabe von Gründen für die planmäßige Abschreibung des Geschäfts- oder Firmenwerts	§ 285 Nr. 13 HGB	—	K	K
(12) Angabe der Grundlagen für Umrechnungen in Deutsche Mark	§ 284 Abs. 2 Nr. 2 HGB	—	K	K

B. Umlaufvermögen

(1) Angaben über die Methode der Anschaffungskosten-Ermittlung (Einzel-, Gruppen-, Fest-, Sammelbewertung)	§ 284 Abs. 2 Nr. 1 HGB	—	K	K
(2) Ausweis der Unterschiedsbeträge, pauschal für die jeweilige Gruppe, bei Anwendung einer Bewertungsmethode nach § 240 Abs. 4, § 256 Satz 1 HGB, wenn die Bewertung im Vergleich zu einer Bewertung auf der Grundlage des letzten vor dem Abschlußstichtag bekannten Börsenkurses oder Marktpreises einen erheblichen Unterschied aufweist	§ 284 Abs. 2 Nr. 4 HGB	—	K	K
(3) Angaben über die Methode der Herstellungskosten-Ermittlung, speziell über die Einbeziehung von Zinsen	§ 284 Abs. 2 Nr. 1 HGB § 284 Abs. 2 Nr. 5 HGB	—	K	K
(4) Angaben über die Methoden der Forderungsbewertung	§ 284 Abs. 2 Nr. 1 HGB	—	K	K
(5) Erläuterung von größeren Beträgen für Vermögensgegenstände, die unter dem Posten „Forderungen und sonstige Vermögensgegenstände" ausgewiesen werden und erst nach dem Abschlußstichtag rechtlich entstehen	§ 268 Abs. 4 Satz 2 HGB	—	K	K
(6) Angabe der Abschreibungen bei Vermögensgegenständen des Umlaufvermögens zur Verhinderung von Änderungen des Wertansatzes in der nächsten Zukunft aufgrund von Wertschwankungen	§ 277 Abs. 3 Satz 1 HGB	GuV	K	mgK
(7) Angabe des Betrages der im Geschäftsjahr allein nach steuerrechtlichen Vorschriften vorgenommenen Abschreibungen auf Gegen-				

Bilanz	Rechtsgrundlage	Alternative	Bericht-erstattung	Offenlegung
stände des Umlaufvermögens, soweit er sich nicht aus der Bilanz oder der Gewinn- und Verlustrechnung ergibt; hinreichende Begründung	§ 281 Abs. 2 Satz 1 HGB	Bilanz bzw. GuV	K	K
(8) Angabe des Betrages der im Geschäftsjahr aus steuerrechtlichen Gründen unterlassenen Zuschreibungen; hinreichende Begründung	§ 280 Abs. 3 HGB	—	K	K
(9) Angabe der Grundlagen für Umrechnungen in Deutsche Mark	§ 284 Abs. 2 Nr. 2 HGB	—	K	K

C. Rechnungsabgrenzungsposten

Bilanz	Rechtsgrundlage	Alternative	Bericht-erstattung	Offenlegung
(1) Angaben über die Aktivierung/Nichtaktivierung eines Disagios	§ 284 Abs. 2 Nr. 1 HGB	—	K	K
(2) Angabe des Betrages eines nach § 250 Abs. 3 HGB in den Rechnungsabgrenzungsposten auf der Aktivseite vorgenommenen Disagios	§ 268 Abs. 6 HGB	Bilanz	K	K
(3) Angaben über die Abschreibungsmethode und den -zeitraum im Falle der Aufnahme eines Disagios in den aktiven Rechnungsabgrenzungsposten	§ 284 Abs. 2 Nr. 1 HGB	—	K	K
(4) Erläuterung des auf der Aktivseite als Bilanzierungshilfe gebildeten Abgrenzungspostens für aktivische latente Steuern	§ 274 Abs. 2 Satz 2 HGB	—	K	K

Passivseite

A. Eigenkapital

Bilanz	Rechtsgrundlage	Alternative	Bericht-erstattung	Offenlegung
(1) Angabe des in die freien Rücklagen eingestellten Betrags des Eigenkapitalanteils von Wertaufholungen bei Vermögensgegenständen des Anlage- und Umlaufvermögens und von bei der steuerrechtlichen Gewinnermittlung gebildeten Passivposten, die nicht im Sonderposten mit Rücklageanteil ausgewiesen werden dürfen	§ 29 Abs. 4 GmbHG § 58 Abs. 2 a AktG	Bilanz	K	K
(2) Gesonderte Angabe eines Gewinn- oder Verlustvortrags, wenn die Bilanz unter Berücksichtigung der teilweisen Verwendung des Jahresergebnisses aufgestellt wird	§ 268 Abs. 1 Satz 2 HGB	(Bilanz)	K	K

Bilanz	Rechtsgrundlage	Alter-native	Bericht-erstat-tung	Offen-legung

Sonderposten mit Rücklageanteil

(1) Angabe der Vorschriften, nach
denen der Posten gebildet worden
ist   § 273 Satz 2 HGB   **Bilanz**   K   K

(2) Angabe der Vorschriften, nach
denen die Wertberichtigung gebil-
det worden ist   § 281 Abs. 1 Satz 2 HGB   **Bilanz**   K   K

B. Rückstellungen

(1) Angaben über Passivierung/Nicht-
passivierung bilanzierungsfähiger
Rückstellungen   § 284 Abs. 2 Nr. 1 HGB   —   K   K

(2) Angaben über die Bewertung von
Rückstellungen   § 284 Abs. 2 Nr. 1 HGB   —   K   K

(3) Angabe der Rückstellungen für
latente Steuern   § 274 Abs. 1 Satz 1 HGB   **Bilanz**   K   K

(4) Angabe und Erläuterung von
Rückstellungen, die in der Bilanz
unter dem Posten „sonstige Rückstellungen" nicht gesondert ausgewiesen werden und einen nicht
unerheblichen Umfang haben   § 285 Nr. 12 HGB   —   mgK   gK

(5) Angabe des Betrags nicht passivier-
ter Rückstellungen für Pensionen
und ähnliche Verpflichtungen aus
Ansprüchen, die vor dem 1. 1. 1987
erworben wurden   Art. 28 Abs. 2 EGHGB   —   K   K

C. Verbindlichkeiten

(1) Erläuterung von Beträgen, die
unter dem Posten „Verbindlichkeiten" ausgewiesen werden, erst nach
dem Abschlußstichtag rechtlich
entstehen und einen größeren
Umfang haben   § 268 Abs. 5 Satz 3 HGB   —   K   K

(2) Angabe des Gesamtbetrages der
Verbindlichkeiten mit einer Rest-
laufzeit von mehr als fünf Jahren   § 285 Nr. 1 a HGB   —   K   K

(3) Angabe des Gesamtbetrages der
Verbindlichkeiten, die durch Pfandrechte oder ähnliche Rechte gesichert sind, unter Angabe von Art
und Form der Sicherheiten   § 285 Abs. 1 b HGB   —   K   K

(4) Aufgliederung der nach Nr. (2) und
(3) verlangten Angaben für jeden
Posten der Verbindlichkeiten nach
dem vorgeschriebenen Gliederungs-

Bilanz	Rechtsgrundlage	Alter- native	Bericht- erstat- tung	Offen- legung
schema, sofern sich diese Angaben nicht aus der Bilanz ergeben	§ 285 Nr. 2 HGB	—	mgK	gK
(5) Angabe der Grundlagen für Umrechnungen in Deutsche Mark	§ 284 Abs. 2 Nr. 2 HGB	—	K	K
D. Rechnungsabgrenzungsposten	§ 284 Abs. 2 Nr. 1 HGB	—	K	K

Gewinn- und Verlustrechnung	Rechtsgrundlage	Alter- native	Bericht- erstat- tung	Offen- legung
I. Informationen zur Gliederung				
(1) Gesonderter Ausweis von in der Gewinn- und Verlustrechnung aus Gründen der Klarheit zusammen- gefaßten Posten	§ 265 Abs. 7 Nr. 2 HGB	—	K	mgK
(2) Angabe und Begründung einer Abweichung in der Gliederung der GuV, die durch den Geschäftszweig bedingt ist	§ 265 Abs. 4 Satz 2 HGB	—	K	mgK
(3) Angabe und Begründung der Abweichungen von der bisherigen Form der Darstellung, insbeson- dere der Gliederung der aufeinan- derfolgenden Gewinn- und Verlust- rechnungen	§ 265 Abs. 1 Satz 2 HGB	—	K	mgK
(4) Angabe und Erläuterung nicht mit dem Vorjahr vergleichbarer Beträge einzelner Posten der Gewinn- und Verlustrechnung	§ 265 Abs. 2 Satz 2 HGB	—	K	mgK
(5) Angabe und Erläuterung der Anpassung von Vergleichszahlen des Vorjahres in der Gewinn- und Verlustrechnung	§ 265 Abs. 2 Satz 3 HGB	—	K	mgK
II. Informationen zu den einzelnen Posten				
(1) Aufgliederung der Umsatzerlöse nach Tätigkeitsbereichen sowie nach geographisch bestimmten Märkten, soweit sich diese unter Berücksichtigung der Organisation des Verkaufs untereinander erheb- lich unterscheiden	§ 285 Nr. 4 HGB	—	gk	gK
(2) Bei Anwendung des Umsatzkosten- verfahrens Angabe a) des Materialaufwands des Geschäftsjahrs, gegliedert nach § 275 Abs. 2 Nr. 5 HGB	§ 285 Nr. 8 a HGB	—	mgK	gK

Gewinn- und Verlustrechnung	Rechtsgrundlage	Alternative	Berichterstattung	Offenlegung
b) des Personalaufwands des Geschäftsjahres, gegliedert nach § 275 Abs. 2 Nr. 6 HGB	§ 285 Nr. 8 b HGB	—	K	mgK
(3) Angabe der in dem Posten „sonstige betriebliche Erträge" enthaltenen Erträge aus der Auflösung von Sonderposten mit Rücklageanteil sowie der in dem Posten „sonstige betriebliche Aufwendungen" enthaltenen Einstellungen in den Sonderposten mit Rücklageanteil	§ 281 Abs. 2 Satz 2 HGB	GuV	K	mgK
(4) Erläuterung von außerordentlichen Aufwendungen und Erträgen und solchen, die einem anderen Geschäftsjahr zuzurechnen sind, soweit diese für die Beurteilung der Ertragslage nicht von untergeordneter Bedeutung sind hinsichtlich ihres Betrags und ihrer Art	§ 277 Abs. 4 Satz 2 und 3 HGB	—	K	mgK
(5) Angabe, in welchem Umfang die Steuern vom Einkommen und vom Ertrag das Ergebnis der gewöhnlichen Geschäftstätigkeit und das außerordentliche Ergebnis belasten	§ 285 Nr. 6 HGB	—	K	mgK
III. Informationen zum Jahresergebnis				
Angabe des Ausmaßes, in dem das Jahresergebnis dadurch beeinflußt wurde, daß bei Vermögensgegenständen im Geschäftsjahr oder in früheren Geschäftsjahren Abschreibungen nach §§ 254, 280 Abs. 2 HGB aufgrund steuerrechtlicher Vorschriften vorgenommen oder beibehalten wurden oder ein Sonderposten nach § 273 HGB gebildet wurde; Angabe des Ausmaßes erheblicher künftiger Belastungen, die sich aus einer solchen Bewertung ergeben	§ 285 Nr. 5 HGB	—	mgK	gK

Ergänzungsbericht	Rechtsgrundlage	Alternative	Berichterstattung	Offenlegung
I. Haftungsverhältnisse und sonstige finanzielle Verpflichtungen				
(1) Angabe der in § 251 HGB bezeichneten Haftungsverhältnisse, jeweils				

Ergänzungsbericht	Rechtsgrundlage	Alternative	Berichterstattung	Offenlegung
gesondert unter Angabe der gewährten Pfandrechte und sonstigen Sicherheiten	§ 268 Abs. 7 HGB	Bilanz	K	K
(2) Angabe des Gesamtbetrages der sonstigen finanziellen Verpflichtungen, die nicht in der Bilanz erscheinen und auch nicht nach § 251 HGB anzugeben sind, sofern diese Angaben für die Beurteilung der Finanzlage von Bedeutung sind	§ 285 Nr. 3 HGB	—	mgK	mgK
II. Beziehungen zu verbundenen Unternehmen				
(1) Gesonderte Angabe der in § 251 HGB bezeichneten Haftungsverhältnisse gegenüber verbundenen Unternehmen	§ 268 Abs. 7 HGB	(Bilanz)	K	K
(2) Angabe gemäß § 285 Nr. 3 HGB, soweit die sonstigen finanziellen Verpflichtungen verbundene Unternehmen betreffen	§ 285 Nr. 3 HGB	—	mgK	mgK
(3) Angabe der Namen und Sitz anderer Unternehmen, von denen die Kapitalgesellschaft oder eine für deren Rechnung handelnde Person mindestens 20 % der Anteile besitzt; Angabe der Höhe des Anteils am Kapital, des Eigenkapitals und des Ergebnisses des letzten Geschäftsjahres dieser Unternehmen, für das ein Jahresabschluß vorliegt[1]	§ 285 Nr. 11 HGB	(gesonderte Aufstellung)	K	K
(4) Angabe der Unterlassung von Angaben nach § 285 Nr. 11 HGB bei Anwendung der Ausnahmeregelung nach § 286 Abs. 3 Satz 1 Nr. 2 HGB und Hinweis auf die besondere Aufstellung des Anteilsbesitzes und den Ort der Hinterlegung[2]	§ 286 Abs. 3 Satz 3 HGB § 287 Satz 3 HGB	—	K	K
(5) Angaben zur Befreiung vom Konzernabschluß	§ 291 Abs. 2 HGB		K	K

---

1 Unter den Voraussetzungen des § 286 Abs. 3 HGB können diese Angaben unterbleiben.
2 Gemäß § 287 HGB können die Angaben nach § 285 Nr. 11 HGB anstatt im Anhang auch gesondert in einer „Aufstellung des Anteilsbesitzes" erfolgen, welche Bestandteil des Anhangs ist, jedoch lediglich zum Handelsregister eingereicht werden muß. In diesem Falle ist auf die besondere Aufstellung und den Ort ihrer Hinterlegung im Anhang hinzuweisen.

Ergänzungsbericht	Rechtsgrundlage	Alter- native	Bericht- erstat- tung	Offen- legung

**III. Beziehungen zu Unternehmens-
organen**

(1) Angabe aller Mitglieder des
Geschäftsführungsorgans und eines
Aufsichtsrats mit dem Familiennamen und mindestens einem ausgeschriebenen Vornamen, auch wenn
sie im Geschäftsjahr oder später
ausgeschieden sind; der Vorsitzende des Aufsichtsrats, seine Stellvertreter und ein etwaiger Vorsitzender des Geschäftsführungsor-
gans sind als solche zu bezeichnen — § 285 Nr. 10 HGB — K K

(2) Angabe der Aufwendungen für die
Mitglieder
— des Geschäftsführungsorgans,
— eines Aufsichtsrats,
— eines Beirats oder
— einer ähnlichen Einrichtung
jeweils für jede Personengruppe
a) die für die Tätigkeit im
Geschäftsjahr gewährten
Gesamtbezüge sowie die
Bezüge, die im Geschäftsjahr
gewährt, bisher aber in keinem
Jahresabschluß angegeben worden sind — § 285 Nr. 9 a HGB — mgK mgK

b) die Gesamtbezüge der früheren
Mitglieder der bezeichneten
Organe und ihrer Hinterbliebenen; Beträge, welche die früheren Mitglieder des Vorstands
oder deren Hinterbliebene von
verbundenen Unternehmen
erhalten, sind gesondert anzugeben; ferner Angabe des
Betrags der für diese Personengruppe gebildeten Rückstellungen für laufende Pensionen und
Anwartschaften auf Pensionen
und der Betrag der für diese
Verpflichtungen nicht gebilde-
ten Rückstellungen — § 285 Nr. 9 b HGB — mgK mgK

c) die gewährten Vorschüsse und
Kredite unter Angabe der Zinssätze, der wesentlichen Bedingungen und der gegebenenfalls
im Geschäftsjahr zurückgezahl-

Ergänzungsbericht	Rechtsgrundlage	Alter-native	Bericht-erstat-tung	Offen-legung
ten Beträge sowie die zugunsten dieser Person eingegangenen Haftungsverhältnisse	§ 285 Nr. 9 c HGB	—	K	K
(3) Angabe der Ausleihungen, Forde-rungen und Verbindlichkeiten gegenüber Gesellschaftern	§ 42 Abs. 3 GmbHG	(Bilanz)	GmbH	GmbH
IV. Weitere Angaben				
Angabe der durchschnittlichen Zahl der während des Geschäfts-jahres beschäftigten Arbeitnehmer getrennt nach Gruppen	§ 285 Nr. 7 HGB	—	mgK	mgK

Die Geschäftsführung einer GmbH kann sich für einen der hier dargestellten Gliederungsvorschläge zum Anhang entscheiden. Sie kann aber auch
ein völlig anderes Gliederungsschema dem Anhang zugrunde legen. Wichtig ist es, festzuhalten, daß der Grundsatz der Darstellungsstetigkeit auch
für den Anhang gilt. Die Geschäftsführung einer GmbH ist daher an ein
von ihr gewähltes Gliederungsschema zur Strukturierung des Anhangs in
der Zukunft gebunden.

3.4 Gestaltungsmöglichkeiten bei Gliederung des Lageberichts

Die Geschäftsführung einer GmbH ist verpflichtet, neben dem Anhang
auch einen Lagebericht aufzustellen. § 289 Abs. 1 HGB bestimmt: „Im
Lagebericht sind zumindest der Geschäftsverlauf und die Lage der Kapitalgesellschaft so darzustellen, daß ein den tatsächlichen Verhältnissen
entsprechendes Bild vermittelt wird."

Nach § 289 Abs. 2 HGB soll der Lagebericht eingehen auf

- Vorgänge von besonderer Bedeutung, die nach Schluß des Geschäftsjahres eingetreten sind,

- die voraussichtliche Entwicklung der Kapitalgesellschaft und

- den Bereich Forschung und Entwicklung.

Der Lagebericht ist von der kleinen GmbH innerhalb der ersten sechs
Monate und von der mittelgroßen und großen GmbH innerhalb der ersten
drei Monate des Geschäftsjahres aufzustellen. Allerdings braucht der

Lagebericht nur von der mittelgroßen und großen GmbH veröffentlicht zu werden.

Die in § 289 HGB enthaltenen Begriffe zum Lagebericht werden weder gesetzlich definiert noch abgegrenzt. In Anlehnung an die bisherige aktienrechtliche Regelung sind unter Geschäftsverlauf und Lage alle wichtigen internen und externen Geschehnisse zu verstehen, die die wirtschaftliche Gesamtbeurteilung einer GmbH berühren. Danach sind

• Angaben zum Geschäftsverlauf einer GmbH zu machen, die die Verhältnisse im abgelaufenen Geschäftsjahr betreffen und

• die Lage der GmbH darzustellen, wie sie sich aufgrund der Verhältnisse am Ende des Geschäftsjahres ergibt.

Um entsprechend § 289 Abs. 1 HGB im Lagebericht den Geschäftsverlauf und die Lage der GmbH so darzustellen, daß ein den tatsächlichen Verhältnissen entsprechendes Bild vermittelt wird, können u. a. folgende Angaben erforderlich werden:

• Die Markstellung der GmbH

• Der Auftragseingang und der Auftragsbestand

• Die Beschaffungspolitik und die Lagerhaltung

• Das Produktionsprogramm, das Absatzprogramm, das Dienstleistungsprogramm und eventuelle Veränderungen

• Der Beschäftigungsgrad

• Investitionen und Finanzierung, Liquidität

• Die Marktanteile, die mit bestimmten Produkten erzielt werden

• Rentabilität

• Betriebserweiterungen und/oder Betriebsstillegungen

• Eröffnung von Filialen

• Gründung von Zweigniederlassungen

• Schwebende Einkaufs- und/oder Verkaufsgeschäfte

• Der Ausgang von Prozessen

• Spartenrechnungen

• Die Entwicklung des steuerlichen Eigenkapitals.

Vorgänge von besonderer Bedeutung, die nach dem Schluß des Geschäftsjahres eingetreten sind (§ 289 Abs. 2 Nr. 1 HGB), können u. a. sein:

- Eintritt außerordentlicher Verluste

- Beträge von außerordentlicher Bedeutung

- Beitritt zu Arbeits- und Interessengemeinschaften

- Erwerb oder Abstoßung von Beteiligungen

- Verlust von Absatzmärkten im In- und/oder Ausland.

Die gesetzliche Verpflichtung des § 289 Abs. 2 Nr. 2 HGB, wonach der
Lagebericht auf die voraussichtliche Entwicklung der GmbH eingehen
soll, bedeutet eine Prognoseorientierung des Lageberichts. Das Gesetz
enthält keinerlei Hinweise darauf, wie eine solche Prognoseberichterstattung aussehen soll. Die Geschäftsführung einer GmbH wird jedoch nicht
darum herumkommen, getrennt von der Lage der Gesellschaft am Bilanzstichtag, eine immer wie geartete Prognosedarstellung im Lagebericht zu
bringen.

Die Berichterstattung im Lagebericht über den Bereich Forschung und
Entwicklung (§ 289 Abs. 2 Nr. 3 HGB) ist selbstverständlich nur für solche GmbHs von Bedeutung, die Forschung und Entwicklung tatsächlich
betreiben. Es ergeben sich hier u. U. Überschneidungen mit dem gesetzlichen Erfordernis zur Prognoseberichterstattung, da vor allem für innova-
tionsorientierte GmbHs die Initiativen und Aufwendungen im Bereich
Forschung und Entwicklung oftmals darüber entscheiden, welche relative
Wettbewerbsposition bzw. welche Marktanteile sie in Zukunft erringen. In
welchem Umfang die Geschäftsführung einer GmbH über den Bereich
Forschung und Entwicklung im Lagebericht informiert, hängt im Einzelfall davon ab, inwieweit durch eine zu tief gehende Berichterstattung hier
u. U. das Schutzinteresse der GmbH gegenüber den wesentlichen Konkurrenten verletzt werden könnte. Ist das Konkurrenzschutzinteresse dominie-
rend, kann sich die Geschäftsführung einer GmbH bei der Berichterstattung über den Bereich Forschung und Entwicklung mit hoher Wahrscheinlichkeit auf verbale Angaben beschränken.

Der Abschlußprüfer hat im Rahmen der Pflichtprüfung einer mittelgroßen oder großen GmbH in seinem **Bestätigungsvermerk** zu erklären: „Der

Lagebericht steht im Einklang mit dem Jahresabschluß" (§ 322 Abs. 2 HGB). Dabei schließt die Prüfungspflicht durch den Abschlußprüfer auch die Prognoseberichterstattung und die Berichterstattung über den Bereich Forschung und Entwicklung ein.

3.5 Gestaltungsmöglichkeiten bei Gliederung der Bilanz und der Gewinn- und Verlustrechnung der Komplementär-GmbH einer GmbH & Co. KG

Zahlreiche GmbHs haben als einzige Aufgabe die Übernahme der Komplementärstellung für eine aktiv tätige Kommanditgesellschaft. Sie sind entsprechend mit dem Mindeststammkapital ausgestattet und oftmals an der KG im Sinne einer Kapitaleinlage nicht beteiligt. Der Beitrag einer solchen Komplementär-GmbH zum Gesellschaftszweck besteht dann neben der Vertretung der Kommanditgesellschaft lediglich in der Übernahme der persönlichen unmittelbaren Haftung den Gläubigern gegenüber und üblicherweise in der Übernahme der Geschäftsführung, die allerdings delegiert werden kann.

Bislang hat die Aktivseite der Bilanz einer solchen Komplementär-GmbH häufig nur eine einzige Position, nämlich ein Darlehen an die GmbH & Co. KG, auszuweisen. Die Stammeinlage zuzüglich aufgelaufener Gewinne wurde im Darlehenswege der KG zur Verfügung gestellt.

Nach dem Bilanzrichtlinien-Gesetz ist dieses Darlehen künftig zwingend einer der im Gliederungsschema vorgeschriebenen Positionen eindeutig zuzuordnen. Der Geschäftsführer der GmbH muß feststellen, ob das ausgewiesene Darlehen zum Anlage- oder Umlaufvermögen gehört. Im Regelfall dürfte es sich um Anlagevermögen handeln, da das Darlehen dazu bestimmt ist, dem Geschäftsbetrieb dauernd zu dienen (§ 247 Abs. 2 HGB). Dabei sollte der Ausweis unter III. Finanzanlagen erfolgen. Eine weitere Untergliederung dürfte kaum notwendig sein, da die Komplementär-GmbH in den meisten Fällen als kleine GmbH auftritt, die nur die im Gliederungsschema mit großen Buchstaben und römischen Zahlen versehenen Positionen ausweisen muß.

Da sich das Darlehen in jedem Geschäftsjahr, je nach Gewinnverwendung, verändern kann, ist im Anlagegitter die Entwicklung des Darlehens darzustellen.

Auf der Passivseite der Bilanz ist das Stammkapital unter der Bezeichnung „gezeichnetes Kapital" auszuweisen. Der weitere Teil des Eigenkapitals, der Bilanzgewinn, kann unter A. Eigenkapital vor oder nach Ergebnisverwendung ausgewiesen werden. Bei Ausweis vor Ergebnisverwendung erscheint in der Bilanz der Jahresüberschuß, während bei Ausweis nach Ergebnisverwendung kein Jahresüberschuß unter dem Eigenkapital ausgewiesen wird. Es erscheint nur noch der Bilanzgewinn.

Die Körperschaftssteuerrückstellung und die Gewerbeertragsteuerrückstellung sind unter B. Rückstellungen auszuweisen.

In der Gewinn- und Verlustrechnung sind in der Regel zwei Ertragspositionen

● Zinsen von der KG und

● Gewinnanteil von der KG

auszuweisen. Bei der ersten Position handelt es sich um die Vergütung für das der KG seitens der Komplementär-GmbH zur Verfügung gestellte Darlehen.

Der Gewinnanteil, der nach dem Gesellschaftsvertrag der KG der Komplementär-GmbH zufällt, soll die Übernahme der alleinigen persönlichen Haftung für die KG finanziell abgelten. Dieser Gewinnanteil wird in der GuV zweckmäßigerweise unter der Position „Erträge aus Beteiligungen" ausgewiesen.

Vereinfacht dargestellt, könnten Bilanz (vor Gewinnverwendung) und GuV einer solchen Komplementär-GmbH wie folgt aufgestellt werden:

Bilanz Komplementär-GmbH zum 31. 12. 1988

	31. 12. 88 Vorjahr		31. 12. 88 Vorjahr
A. Anlagevermögen Finanzanlagen		A. Eigenkapital	
		I. gezeichnetes Kapital	
		II. Gewinnvortrag	
		III. Jahresüber- schuß	
		B. Rückstellungen	

GuV der Komplementär-GmbH

	31. 12. 1988	Vorjahr
Erträge aus Beteiligungen		
Zinsen und ähnliche Erträge	_____	_____
Steuern vom Einkommen und Ertrag	_____	_____
Jahresüberschuß	========	======

Im Anhang würde für die Komplementär-GmbH in etwa folgende Darstellung ausreichen:

„Unsere Geschäftstätigkeit im Jahre 1988 erschöpfte sich in der Stellung als Komplementärin für die KG, an deren Kapital wir nicht beteiligt sind. Hierfür erhalten wir eine angemessene Vergütung von der KG.

Die Finanzlage, d. h. das Darlehen, hat sich wie folgt entwickelt:

Stand am 1. 1. 1988	Zugänge	Abgänge	Stand am 31. 12. 1988	Stand am 31. 12. 1987
. . .	. . .	. . .	. . .	. . .

Die Bewertung der Darlehensforderung in der Bilanz erfolgte zum Nennwert. Die Bewertung der Rückstellung erfolgte in Höhe des zu erwartenden Bedarfs.‘‘

Die Mehrspaltenbilanz (Anlagegitter)

4. Gestaltungsmöglichkeiten bei der Erstellung des Anlagegitters

4.1 Gestaltungsmöglichkeiten bei der Anwendung der direkten Bruttomethode zur Erstellung des Anlagegitters

Sämtliche GmbHs sind, unabhängig von ihrer Betriebsgröße, verpflichtet, ein Anlagegitter[1] zu erstellen, das entweder in der Bilanz oder im Anhang geführt wird (§ 268 Abs. 2 HGB). Für dieses Anlagegitter ist die sogenannte direkte Bruttomethode vorgeschrieben, die wie folgt charakterisiert werden kann:

- Während ihrer gesamten Nutzungsdauer sind die ursprünglichen (historischen) Anschaffungs- oder Herstellungskosten der Anlagegegenstände auszuweisen. Die erste Spalte enthält somit Bruttowerte.

- Das Anlagegitter enthält die kumulierten Abschreibungen der bilanzierten Vermögensgegenstände die aktivisch abgesetzt werden, sowie die Zuschreibungen.

In der folgenden Abbildung (Abb. 16) wird das Anlagegitter dargestellt, wie es künftig erstellt werden muß.

In der ersten Spalte des Anlagegitters werden die historischen Anschaffungs- oder Herstellungskosten sämtlicher im Anlagevermögen vorhandenen Vermögensgegenstände einschließlich der entgeltlich erworbenen immateriellen Anlagegegenstände aufgeführt. Macht die Geschäftsführung einer GmbH von dem Wahlrecht (Bilanzierungshilfe) Gebrauch und aktiviert die Aufwendungen für die Ingangsetzung bzw. Erweiterung des Geschäftsbetriebs, so sind diese ebenfalls in dem Anlagegitter auszuweisen (§ 269 HGB).

In der Spalte „Zugänge" sind sämtliche im Geschäftsjahr vorgenommenen mengenmäßigen Ausweitungen von Gegenständen des Anlagevermö-

---

1 auch „Mehrspaltenbilanz" genannt.

gens auszuweisen. Dazu zählen auch die geringwertigen Wirtschaftsgüter
(vgl. Punkt 4.2). Nicht in das Anlagegitter brauchen die Vermögensgegenstände aufgenommen zu werden, deren Anschaffungs- oder Herstellungskosten unter DM 100,— liegen. Diese Anlagegegenstände dürfen sofort als
Betriebsaufwand verrechnet werden, ohne daß sie in der Zugangsspalte im
Anlagegitter erfaßt sind.

Positionen des Anlagevermögens	Anlagenbest. zum Geschäfts-jahresbeginn zu histori-schen Anschaf-fungs-/Her-stellungsko-sten	Zugänge der Periode zu Anschaf-fungs-/Her-stellungsko-sten	Abgänge der Periode zu historischen Anschaf-fungs-/Her-stellungsko-sten	Umbu-chungen zu Anschaf-fungs-/Herstel-lungsko-sten	Ab-schrei-bungen kumu-liert	Zu-schrei-bungen	Endbe-stand (= Rest-buch-wert)	Buch-werte Vor-jahr
	DM	DM	DM	DM	DM	DM	DM	DM
Aufwendungen für die Ingangset-zung u. Erweite-rung d. Gesch.-Betriebes								
A. Anlageverm.								
I. Immater. Wirtsch.-Güter								
II. Sachanlagen :								
III. Finanzanla-gen :								

Abb. 16: Anlagegitter gemäß § 268 Abs. 2 HGB

In der Spalte „**Abgänge**" des Anlagegitters werden sämtliche Vermögensgegenstände erfaßt, die durch Verkauf, Tausch, Verschrottung, Entnahme,
Untergang aufgrund höherer Gewalt (z. B. Brand, Enteignung u. dgl.) aus
dem Betriebsvermögen einer GmbH ausscheiden. Die Bewertung der
abgehenden Vermögensgegenstände hat zu den historischen Anschaf-
fungs- oder Herstellungskosten zu erfolgen.

Die Spalte „**Umbuchungen**" zeigt Ausweisänderungen innerhalb des Anlagegitters. Solche Umbuchungen sind vor allem bei den Positionen „geleistete Anzahlungen" und „Anlagen im Bau" notwendig.

Bei der Überführung von Vermögensgegenständen aus dem Umlaufvermögen in das Anlagevermögen und umgekehrt handelt es sich nicht um

Umbuchungen, sondern um Zu- oder Abgänge im Anlagegitter, die zu historischen Anschaffungs- oder Herstellungskosten erfolgen.

Im Anlagegitter sind künftig die kumulierten Abschreibungen auszuweisen. Die kumulierten Abschreibungen umfassen sämtliche in den vorhergegangenen Geschäftsjahren und im laufenden Geschäftsjahr angefallenen Abschreibungen auf Vermögensgegenstände, die sich zum Bilanzstichtag noch im Betriebsvermögen einer GmbH befinden. Die Abschreibungen des laufenden Geschäftsjahres sind nicht Pflichtbestandteil des Anlagegitters. Nach § 268 Abs. 2 Satz 3 HGB können die Abschreibungen des laufenden Geschäftsjahres „entweder in der Bilanz bei den betreffenden Posten vermerkt oder im Anhang in einer der Gliederung des Anlagevermögens entsprechenden Aufgliederung angegeben werden". Die Geschäftsführung einer GmbH kann die Abschreibungen des laufenden Geschäftsjahres aber auch in einer Vorspalte zur Spalte „**kumulierte Abschreibungen**" aufführen.

Für die Abschreibungen des laufenden Geschäftsjahres ist darauf hinzuweisen, daß sich zwischen der Darstellung dieser Abschreibungen im Anlagegitter in der Bilanz oder im Anhang und dem Ausweis in der GuV Unterschiede ergeben können. In dem Abschreibungsaufwand in der GuV für das laufende Geschäftsjahr sind auch die Abschreibungen für solche Vermögensgegenstände enthalten, die während des Jahres ausgeschieden sind und im Anlagegitter in der Spalte „Abgänge" erfaßt wurden. In den Abschreibungen des laufenden Geschäftsjahres, die im Anlagegitter ausgewiesen sind, werden jedoch die Abschreibungen für die ausgeschiedenen Wirtschaftsgüter in der Regel nicht erfaßt. Auch in bezug auf die Behandlung der geringwertigen Wirtschaftsgüter können sich bei der Darstellung der Abschreibungen des laufenden Geschäftsjahres in der GuV und im Anlagegitter Unterschiede ergeben (vgl. Punkt 4.2).

In der Spalte „**Zuschreibungen**" im Anlagegitter sind lediglich die Zuschreibungen des laufenden Geschäftsjahres auszuweisen. Diese Zuschreibungen des laufenden Geschäftsjahres sind im Folgejahr von den kumulierten Abschreibungen abzusetzen. Auf diese Art und Weise kann man von den historischen Anschaffungs- oder Herstellungskosten wieder auf die Buchwerte überleiten (vgl. IDW, Wpg 1985, S. 540).

Die Geschäftsführung einer GmbH muß in der Bilanz zu jedem Posten den entsprechenden Betrag des vorhergehenden Geschäftsjahres angeben

(§ 265 Abs. 2 HGB). In bezug auf Leerposten ist darauf zu achten, daß solche Positionen im Anlagegitter, die im laufenden Geschäftsjahr keinen Betrag aufweisen, ebenfalls ausgewiesen werden müssen, wenn im vorhergehenden Geschäftsjahr unter diesem Posten ein Betrag gezeigt wurde (§ 265 Abs. 8 HGB).

Für die Geschäftsführung einer GmbH sind für die korrekte Erstellung des Anlagegitters noch folgende Punkte von Bedeutung:

Festwerte im Anlagevermögen

Für Gegenstände des beweglichen Anlagevermögens kann, genau wie für Roh-, Hilfs- und Betriebsstoffe, ein Festwert angesetzt werden, wenn der Bestand dieser Gegenstände in seiner Größe, seinem Wert und seiner Zusammensetzung nur geringen Veränderungen unterliegt und ein regelmäßiger Ersatz vorgenommen wird. Nach § 240 Abs. 3 HGB darf der Gesamtwert der in einen Festwert einbezogenen Vermögensgegenstände für die GmbH nur von nachrangiger Bedeutung sein. Was unter „nachrangig" zu verstehen ist, wird im Gesetz allerdings nicht definiert. Es handelt sich hier um einen unbestimmten Rechtsbegriff. Die Bildung von Festwerten kommt bei dem Sachanlagevermögen vor allem für Gegenstände der Betriebs- und Geschäftsausstattung sowie für Maschinen und maschinelle Anlagen in Betracht. Hierbei kann es sich um Werkzeuge, Stanzen, Modelle, Formen, Hotelgeschirr, Schreib- und Rechenmaschinen, Laboratoriumseinrichtungen, Meß- und Prüfgeräte, Signal- und Gleisanlagen, Gerüst- und Schalungsteile u. dgl. handeln. Bei der erstmaligen Bilanzierung eines Festwertes sind die tatsächlichen Anschaffungs- oder Herstellungskosten der vorhandenen Menge von Anlagegegenständen festzustellen und um einen durchschnittlichen Abnutzungssatz (z. B. 40 % oder 50 %) zu vermindern. Der so ermittelte Festwert wird auf einem Bestandskonto aktiviert. Eine Abschreibung auf den Festwert unterbleibt. Stattdessen werden alle Neuanschaffungen im Geschäftsjahr der Anschaffung in voller Höhe als Betriebsaufwand in der GuV verbucht. Nach § 240 Abs. 3 HGB muß spätestens alle 3 Jahre eine Überprüfung bzw. Anpassung des Festwertes erfolgen. Dies bedeutet, daß 3 Jahre hindurch die historischen Anschaffungs- oder Herstellungskosten eines Festwertes im Anlagegitter unverändert ausgewiesen werden. Während dieses 3-Jahres-Zeitraums erfolgen in bezug auf den Festwert im Anlagegitter weder Zugänge noch Abgänge und es werden auch keine Abschreibungen vorgenommen. Wenn die Geschäftsführung einer GmbH aufgrund der gesetzlich für alle 3 Jahre vorgeschriebenen Bestandsaufnahme feststellt, daß die Menge oder der Wert des Festwertes erheblich geringer oder höher sind, müssen, je nachdem, welcher Sachverhalt zutrifft, Zugänge, Zuschreibungen, Abgänge oder Abschreibungen gebucht werden. Gegenüber dem bisherigen Verfahren bei der Festwertbildung muß die Geschäftsführung einer GmbH genau differenzieren, wann ein Zugang (mengemäßig) bzw. eine Zuschreibung (wertmäßige Veränderung) und wann ein Abgang (mengenmäßige Veränderung) bzw. eine Abschreibung (wertmäßige Veränderung) vorgenommen werden muß.

Ausleihungen im Finanzanlagevermögen

Auf die Ausleihungen, die im Anlagegitter unter den Finanzanlagen ausgewiesen werden, werden im Normalfall keine Abschreibungen vorgenommen. Erhöhen sich die Forderungen, führt dies zu einem Zugang, der in der Spalte „Zugänge" des Anlagegitters erfaßt wird. Vermindern sich die Ausleihungen, führt dies zu einem Abgang, der in der Spalte „Abgänge" erfaßt werden muß. Dabei erhöht sich (Forderungszugang) bzw. vermindert sich (Forderungsabgang) die Spalte der historischen Anschaffungskosten im Anlagegitter. Dieses ständige Auf und Ab der historischen Anschaffungskosten der Ausleihungen im Anlagegitter steht in einem gewissen Gegensatz zu den Positionen im Sachanlagevermögen. Es resultiert aus der direkten Bruttomethode und ist mit keinen besonderen Problemen verbunden.

Steuerliche Sonderabschreibungen auf das Anlagevermögen

In bezug auf die steuerlichen Sonderabschreibungen gilt das umgekehrte Maßgeblichkeitsprinzip. Das Maßgeblichkeitsprinzip kehrt sich in vielen Fällen faktisch um, da die steuerpflichtige GmbH, um die Sonderabschreibungen in der Steuerbilanz vornehmen zu können, denselben Wertansatz auch in der Handelsbilanz vornehmen muß. Die Geschäftsführung einer GmbH hat künftig für die Handelsbilanz ein Wahlrecht, ob sie von der aktivischen oder passivischen Form der Darstellung steuerlicher Sonderabschreibungen Gebrauch machen will.

Macht sie von der aktivischen Form der Darstellung Gebrauch, ergeben sich keine Besonderheiten in bezug auf das Anlagegitter. Das Anlagegut, für das eine steuerliche Sonderabschreibung in Anspruch genommen wird, erscheint im Jahr der Anschaffung oder Herstellung in der Spalte „Zugänge" und wird dann in den Folgejahren bis zum Ausscheiden aus dem Betriebsvermögen mit den historischen Anschaffungs- oder Herstellungskosten in der ersten Spalte des Anlagegitters ausgewiesen. Die steuerlichen Sonderabschreibungen, die aktivisch abgesetzt werden, sind bis zum Ausscheiden des Vermögensgegenstandes unter den kumulierten Abschreibungen erfaßt.

Macht die Geschäftsführung einer GmbH hingegen von der passivischen Darstellung der steuerlichen Sonderabschreibungen Gebrauch (§ 281 Abs. 1 HGB), muß ein Sonderposten mit Rücklagenanteil gebildet werden, in den diese Sonderabschreibungen aufgenommen werden. Hierzu ein Beispiel:

Beispiel:

Eine GmbH erstellt 1987 für DM 4 Mio. eine Betriebsanlage, die dem Umweltschutz dient, für die sie eine Sonderabschreibung nach § 7 d EStG in Höhe von 60 % in Anspruch nimmt. Die Betriebsanlage soll eine Nutzungsdauer von 10 Jahren aufweisen. Nach § 7 d Abs. 1 EStG sind für diese Betriebsanlage die AfA von 1988 (ab dem 2. Jahr) bis 1991 mit 10 % jährlich der ursprünglichen Herstellungskosten zu bemessen. Nach 5 Jahren ist die Anlage abgeschrieben.

Die normale AfA beträgt für diese Betriebsanlage im Jahr der Herstellung (1987) 10 % aus DM 4 Mio. = DM 400 000,—. Der Unterschiedsbetrag zwischen dieser steuerlichen Normal-AfA und der erhöhten Absetzung nach § 7 d Abs. 1 EStG in Höhe von DM 2 400 00,— (60 %), der DM 2 Mio. ausmacht, wird in der Bilanz auf der Passivseite in einem Sonderposten mit Rücklagenanteil ausgewiesen. Diese Position hat den Charakter eines **Wertberichtigungspostens**. Durch die Verkürzung der Nutzungsdauer dieses Anlageguts auf 5 Jahre aufgrund des § 7 d EStG wird dieser Sonderposten mit Rücklagenanteil mit dem 6. Jahr, d. h. ab 1992, kontinuierlich aufgelöst und führt zu Erträgen aus der Auflösung von Sonderposten mit Rücklagenanteil. Bei der passivischen Darstellung dieser steuerlichen Sonderabschreibung nach § 281 Abs. 1 HGB erscheinen unter den kumulierten Abschreibungen im Anlagegitter im Gegensatz zur aktivischen Darstellung nur die Normal-AfA:

	Historische Herstellungskosten	Zugänge	Kumulierte Abschreibungen
1987	—	DM 4 000 000,—	DM 400 000,—
1988	DM 4 000 000,—	—	DM 800 000,—
1989	DM 4 000 000,—	—	DM 1 200 000,—
1990	DM 4 000 000,—	—	DM 1 600 000,—
1991	DM 4 000 000,—	—	DM 2 000 000,—

(ab 1992 Auflösung des Sonderpostens mit Rücklagenanteil in Höhe von DM
400 000,— jährlich)

1992	DM 4 000 000,—	—	DM 2 400 000,—
.	.		
.	.		
.	.		
1996	DM 4 000 000,—	—	DM 4 000 000,—

In der GuV stehen ab 1992 den Normalabschreibungen in Höhe von DM 400 000,—
in gleicher Höhe Erträge aus der Auflösung des „Sonderpostens mit Rücklagenanteil
nach § 7 d EStG" gegenüber, die sich gegenseitig neutralisieren. Der externe Bilanzleser kann bei Anwendung der passivischen Darstellungsweise erkennen, in welchem
Umfang durch die Sonderabschreibung stille Reserven gelegt wurden und wie diese im
Zeitablauf wieder aufgelöst werden.

Erstmalige Aktivierung von Vermögensteilen, deren Aktivierung im Jahr des Zugangs unterlassen wurde

Nach der direkten Bruttomethode sind sämtliche Anlagegegenstände im
Anlagegitter mit ihren historischen Anschaffungs- oder Herstellungskosten zu erfassen. Wurde daher die Aktivierung solcher Vermögensgegenstände im Jahr des Zugangs unterlassen, muß die nachträgliche erstmalige
Erfassung derartiger Vermögensgegenstände als Zugang zu historischen
Anschaffungs- oder Herstellungskosten im Anlagegitter erfolgen. Dies
stellt gegenüber der bisherigen Bilanzierungspraxis, die solche Nachaktivierungen nicht als Zugang erfaßte, da es an einer mengenmäßigen Ausweitung des Anlagevermögens fehlt (vgl. Adler/Düring/Schmaltz, Tz 25
zu § 152 AktG), eine grundlegende Änderung dar. Als Gegenposten zum
Zugang wird in Höhe der historischen Anschaffungs- oder Herstellungskosten in der GuV ein „sonstiger betrieblicher Ertrag" ausgewiesen.

Die kumulierten Abschreibungen, die bis zum Zeitpunkt der Nachaktivie-
rung in der Handelsbilanz angefallen sind, können als außerplanmäßige

Abschreibungen nach § 277 Abs. 3 HGB angesehen werden, die wahlweise entweder gesondert in der Gewinn- und Verlustrechnung oder im Anhang anzugeben sind.

Betriebsgröße Gliederung Aktivseite	kleine GmbH	mittel- große GmbH[1]	große GmbH
Aufwendungen für die Ingangsetzung und Erweiterung des Geschäftsbetriebs	x	x	x
A. Anlagevermögen	x	x	x
I. Immaterielle Vermögensgegenstände	x	x	x
1. Konzessionen, gewerbliche Schutzrechte und ähnliche Rechte und Werte sowie Lizenzen an solchen Rechten und Werten			x
2. Geschäfts- oder Firmenwert		x	x
3. geleistete Anzahlungen			x
II. Sachanlagen	x	x	x
1. Grundstücke, grundstücksgleiche Rechte und Bauten einschließlich der Bauten auf fremdem Grund und Boden		x	x
2. technische Anlagen und Maschinen		x	x
3. andere Anlagen, Betriebs- und Geschäftsausstattung		x	x
4. geleistete Anzahlungen auf Anlagen im Bau		x	x
III. Finanzanlagen	x	x	x
1. Anteile an verbundenen Unternehmen		x	x
2. Ausleihungen an verbundene Unternehmen		x	x
3. Beteiligungen		x	x
4. Ausleihungen an Unternehmen, mit denen ein Beteiligungsverhältnis besteht		x	x
5. Wertpapiere des Anlagevermögens			x
6. sonstige Ausleihungen			x

[1] Für mittelgroße GmbHs gelten grundsätzlich die gleichen Gliederungsvorschriften wie für große GmbHs. Für die Veröffentlichung brauchen jedoch nur die o. a. Positionen ausgewiesen zu werden.

Abb. 17: Vertikale Gliederung des Anlagegitters in Abhängigkeit von der Betriebsgröße

Ändert sich für eine GmbH die Höhe der Abschreibungen auf das Anlagevermögen durch eine steuerliche Außenprüfung, wird, entsprechend der bisherigen Rechtslage, auch in Zukunft eine Korrektur der bis dahin erfolgten planmäßigen Abschreibungen durch Zuschreibungen als zulässig angesehen.

Für die vertikale Struktur des Anlagegitters ist entscheidend, welche Betriebsgröße eine GmbH aufweist. Abb. 17 enthält eine Übersicht über die vertikale Gliederung des Anlagegitters einer GmbH in Abhängigkeit von der Betriebsgröße (vgl. Küting, Kh., Haeger, B., Zündorf, H., S. 1949).

Zur vertikalen Gliederung des Anlagegitters ist zu vermerken:

• Das Anlagevermögen ist in 3 Unterpositionen zu gliedern:
    I. Immaterielle Vermögensgegenstände
    II. Sachanlagen
    III. Finanzanlagen

• Die Aufwendungen für die Ingangsetzung und Erweiterung des Geschäftsbetriebs müssen als erste Position im Anlagegitter vor „A. Anlagevermögen" ausgewiesen werden.

• Die auf immaterielle Vermögensgegenstände geleisteten Anzahlungen, die nach bisherigem Recht unter den Positionen „Anlagen im Bau" und „Anzahlungen auf Anlagen" ausgewiesen wurden, sind von den großen GmbHs künftig unter den immateriellen Vermögensgegenständen gesondert zu erfassen.

• Sämtliche Immobilien sind in einer einzigen Bilanzposition „Grundstücke und grundstücksgleiche Rechte und Bauten einschließlich der Bauten auf fremdem Grund und Boden" zusammengefaßt.

• Das Finanzanlagevermögen ist künftig in 6 Bilanzpositionen unterzugliedern.

Die Zusammenhänge bei der Erstellung des neuen Anlagegitters sollen anhand eines stark vereinfachten Beispiels in Abb. 18 dargestellt werden. Für dieses Beispiel werden folgende Annahmen gemacht:

1. Es gibt im Jahre 1987 bei der Bilanzposition „Technische Anlagen und Maschinen" keinen Vortrag;

2. 1987 wird noch im 1. Halbjahr eine Maschine A für 100 angeschafft, die linear mit 10 % abgeschrieben wird (volle Jahresabschreibung);

3. 1988 wird eine zweite Maschine B ebenfalls im 1. Halbjahr für 200 angeschafft, die wiederum mit 10 % linear abgeschrieben wird (volle Jahresabschreibung);

Positionen des Anlagevermögens	Anlagenbestand 1. 1. zu historischen Anschaffungs-/Herstellungskosten	Zugänge der Periode zu Anschaffungs-/Herstellungskosten	Abgänge der Periode zu historischen Anschaffungs-/Herstellungskosten	Umbuchungen zu Anschaffungs-/Herstellungskosten	Abschreibungen kumuliert	Zuschreibungen der Periode	Buchwert 31. 12.	Buchwert 31. 12. Vorjahr
II. Sachanlagen								
2. technische Anlagen und Maschinen								
1987	0	100	—	—	10	—	90	0
1988	100	200	—	—	40	—	260	90
1989	300	—	—	—	70	—	230	260
1990	300	—	100	—	60	—	140	230
1991	200	—	—	—	80	—	120	140

Abb. 18: Entwicklung der Position „technische Anlagen und Maschinen" im Rahmen des Anlagegitters nach der direkten Bruttomethode (§ 268 Abs. 2 HGB)

4. 1990 erfolgt der Abgang der Maschine A zum Buchwert 30. 6. 1990;

5. es finden weder Umbuchungen noch Zuschreibungen statt.

Aus dem Anlagegitter ist die Entwicklung der Bilanzposition auf der Grundlage der vorstehend gemachten Annahmen zu ersehen. Aufgrund des fingierten Abgangs der Maschine A zum 30. 6. 1990 stellt sich die Position „kumulierte Abschreibungen" im Anlagegitter wie folgt dar:

Kumulierte Abschreibungen bis 31. 12. 1989	70
+ Halbjahresabschreibung Maschine A in 1990	5
+ Jahresabschreibung Maschine B in 1990	20
− Kumulierte Abschreibungen auf Abgang Maschine A[1]	35
= Kumulierte Abschreibungen bis 31. 12. 1990	60

Die Abschreibungen des jeweils laufenden Geschäftsjahres für diesen Bilanzposten kann die GmbH entweder im Anlagegitter in einer Vorspalte oder im Anhang angeben. Sie betragen:

1987 = 10
1988 = 30
1989 = 30
1990 = 25 (20 Maschine B, 5 Maschine A)
1991 = 20 (nur Maschine B)

Umbuchungen bzw. Zuschreibungen wurden in dem stark vereinfachten Beispiel nicht berücksichtigt. Auf diese Positionen, die ebenfalls im Anlagegitter darzustellen sind, wird noch eingegangen.

---

1 Die kumulierten Abschreibungen auf Maschine A setzen sich wie folgt zusammen:

1987	10
1988	10
1989	10
1990 ($^1/_2$)	5
	35

4.2 Gestaltungsmöglichkeiten bei der Darstellung der geringwertigen Wirtschaftsgüter im Anlagegitter

Geringwertige Wirtschaftsgüter können nach § 6 Abs. 2 Satz 2 EStG im Jahr der Anschaffung oder Herstellung in der Steuerbilanz als Betriebsausgaben und in der Handelsbilanz als Betriebsaufwand abgesetzt werden. Um diese Abschreibungsfreiheit in Anspruch nehmen zu können, müssen die folgenden Voraussetzungen erfüllt sein:

• Es muß sich um ein selbständig bewertbares Wirtschaftssgut des abnutzbaren Anlagevermögens handeln

• Das Wirtschaftsgut muß selbständig nutzungsfähig sein

• Die Anschaffungs- oder Herstellungskosten dürfen DM 800,— netto ohne Vorsteuer nicht überschreiten

Die Bewertungsfreiheit für geringwertige Wirtschaftsgüter kommt nur für solche Anlagegegenstände in Betracht, die unter Angabe des Tages der Anschaffung oder Herstellung und der Anschaffungs- oder Herstellungskosten in einem besonderen, laufend zu führenden Verzeichnis aufgeführt sind, wenn sich diese Angaben nicht bereits aus der Buchhaltung ergeben. Eine Aufnahme von Wirtschaftsgütern in das besondere Verzeichnis ist nicht erforderlich, wenn die Anschaffungs- oder Herstellungskosten für das einzelne Wirtschaftsgut nicht mehr als DM 100,— netto ohne USt betragen (Abschn. 31 Abs. 3 EStR).

Die Mehrzahl der GmbHs hat bei Inanspruchnahme der Abschreibungsfreiheit für geringwertige Wirtschaftsgüter nach § 6 Abs. 2 EStG auf eine Inventarisierung dieser geringwertigen Wirtschaftsgüter verzichtet. Man ging davon aus, daß die Inventarisierung durch die Buchung auf dem besonderen Konto ersetzt wird. Will der Geschäftsführer einer GmbH auch künftig auf eine Inventarisierung der geringwertigen Wirtschaftsgüter verzichten, muß er sich überlegen, wie er im Rahmen der direkten Bruttomethode die Entwicklung der geringwertigen Wirtschaftsgüter im Anlagegitter darstellt. Grundsätzlich ist nämlich das Anlagegitter nur dann korrekt geführt, wenn die historischen Anschaffungs- oder Herstellungskosten der geringwertigen Wirtschaftsgüter und deren kumulierte Abschreibungen bis zum Ausscheiden dieser geringwertigen Wirtschaftsgüter aus dem Betriebsvermögen im Anlagegitter ausgewiesen werden. Die direkte Bruttomethode verlangt daher prinzipiell, daß die geringwertigen

Wirtschaftsgüter solange im Anlagegitter mit den Anschaffungs- oder Herstellungskosten und mit den kumulierten Abschreibungen ausgewiesen werden, bis sie aus dem Betriebsvermögen körperlich ausscheiden. Dies würde jedoch bedingen, daß jedes einzelne geringwertige Wirtschaftsgut inventarisiert wird, da sich sonst das Ausscheiden im allgemeinen nicht feststellen läßt.

Für den Geschäftsführer einer GmbH bieten sich in bezug auf die Darstellung der geringwertigen Wirtschaftsgüter im Anlagegitter folgende Alternativen an:

Alternative 1:

Im Jahr des Zugangs der geringwertigen Wirtschaftsgüter wird mit der Sofortabschreibung zugleich ein Abgang dieser Anlagegegenstände fingiert. Den Zugängen an geringwertigen Wirtschaftsgütern stehen also in gleicher Höhe Abgänge gegenüber. Im Anlagegitter führt diese Behandlung zu folgender Darstellung der geringwertigen Wirtschaftsgüter:

Historische Anschaf-fungs-/Herstellungsko-sten 1. 1.	Zugänge	Abgänge	Umbu-chungen	Kumu-lierte Abschrei-bungen	Zuschrei-bungen	Buchwert 31. 12.
—	2400	2400	—	—	—	—

Abb. 19: Darstellung der geringwertigen Wirtschaftsgüter (Alternative 1)

Der externe Bilanzleser kann aus der Spalte „Zugänge" erkennen, in welchem Umfang die GmbH im Geschäftsjahr in geringwertige Wirtschaftsgüter investiert hat.

Am Ende des jeweiligen Geschäftsjahres, in dem die geringwertigen Wirtschaftsgüter angeschafft oder hergestellt wurden, werden bei Anwendung von **Alternative 1** im Anlagegitter keine kumulierten Abschreibungen gezeigt. Die auf die fingierten Abgänge in bezug auf die geringwertigen Wirtschaftsgüter entfallenden kumulierten Abschreibungen werden in der Gewinn- und Verlustrechnung als **Betriebsaufwand** verrechnet. Dies führt zu einem unterschiedlich hohen Ausweis der Abschreibungen in der Bilanz (oder Anhang) und in der GuV.

Alternative 2:

Im Jahr des Zugangs der geringwertigen Wirtschaftsgüter stehen den Zugängen im Anlagegitter in gleicher Höhe kumulierte Abschreibungen gegenüber. Die ausgewiesenen kumulierten Abschreibungen entsprechen genau den Abschreibungen, die in der Gewinn- und Verlustrechnung als Betriebsaufwand verrechnet wurden. Ein Abgang der geringwertigen Wirtschaftsgüter wird erst in dem folgenden Geschäftsjahr fingiert. In diesem folgenden Geschäftsjahr werden auch die kumulierten Abschreibungen auf die geringwertigen Wirtschaftsgüter wieder aufgelöst. Im Anlagegitter führt diese Behandlung zu folgender Darstellung der geringwertigen Wirtschaftsgüter:

	Historische Anschaffungs-/Herstellungskosten 1. 1.	Zugänge	Abgänge	Umbuchungen	Kumulierte Abschreibungen	Zuschreibungen	Buchwert 31. 12.
Zugangsjahr	—	2400	—	—	2400	—	—
Folgejahr	2400	—	2400	—	—	—	—

Abb. 20: Darstellung der geringwertigen Wirtschaftsgüter (Alternative 2)

Der externe Bilanzleser erkennt auch hier, in welchem Umfang durch die Inanspruchnahme der Abschreibungsfreiheit für geringwertige Wirtschaftsgüter im Zugangsjahr stille Reserven gelegt wurden. Bei Anwendung von Alternative 2 stimmen jedoch darüber hinaus die Abschreibungsbeträge in der Gewinn- und Verlustrechnung und in der Bilanz oder dem Anhang überein.

In der Fachliteratur wird noch folgende Alternative diskutiert: Die geringwertigen Wirtschaftsgüter werden in der Gewinn- und Verlustrechnung als Betriebsaufwand verbucht, ohne daß sie im Anlagegitter dargestellt werden. Dafür erfolgt eine Darstellung im Anhang, in dem etwa wie folgt formuliert werden könnte:

„Die GmbH hat im Geschäftsjahr geringwertige Anlagegegenstände in Höhe von DM 2400,— angeschafft und direkt als Aufwand verrechnet. In den Anlagezugängen lt. Anlagegitter ist dieser Betrag nicht enthalten."
(Hoffmann, W. D., a. a. O., S. 1402)

Diese Alternative ist zwar besonders attraktiv, da sie mit der bisherigen Bilanzierungspraxis übereinstimmt, die geringwertigen Wirtschaftsgüter im Anlagegitter überhaupt nicht erscheinen zu lassen, sie dürfte jedoch mit dem neuen Handelsrecht nicht in Einklang zu bringen sein. Nach § 246 Abs. 1 HGB hat nämlich die Handelsbilanz sämtliche Vermögensgegenstände zu enthalten (Vollständigkeitsgebot) und dazu zählen eben auch die geringwertigen Wirtschaftsgüter. Darüber hinaus verlangt die Anwendung der gesetzlich vorgeschriebenen direkten Bruttomethode auch die Berücksichtigung der geringwertigen Wirtschaftsgüter. Lediglich eine GmbH, bei der die einzelnen geringwertigen Wirtschaftsgüter in ihrer Gesamtheit von untergeordneter Bedeutung sind, könnte nach dieser Alternative verfahren und die geringwertigen Wirtschaftsgüter im Anlagegitter überhaupt nicht erscheinen lassen.

Der Vollständigkeit halber wird noch darauf hingewiesen, daß die Geschäftsführung einer GmbH selbstverständlich auch die geringwertigen Wirtschaftsgüter, für die sie die Abschreibungsfreiheit nach § 6 Abs. 2 EStG in Anspruch nimmt, einzeln inventarisieren kann. Damit erscheinen sie korrekt in den vorgeschriebenen Spalten des Anlagegitters. Eine Sonderbehandlung der geringwertigen Wirtschaftsgüter ist in diesem Falle nicht notwendig.

5. KAPITEL
Publizierung des Eigenkapitals

5. Gestaltungsmöglichkeiten bei der Darstellung des Eigenkapitals

5.1 Gestaltungsmöglichkeiten bei der Darstellung des eingeforderten Kapitals

Der Begriff „Gezeichnetes Kapital" ist neu und enthält nach § 272 Abs. 1 HGB jene Teilkomponente des Eigenkapitals, auf die die Haftung der Gesellschafter für die Verbindlichkeiten der GmbH gegenüber den Gläubigern beschränkt ist. Der Begriff „Gezeichnetes Kapital" ersetzt bei der GmbH die Bezeichnung „Stammkapital".

Das gezeichnete Kapital ist zum Nennbetrag anzusetzen (§ 283 HGB). Maßgebend für den Wertansatz des gezeichneten Kapitals ist der am Bilanzstichtag im Handelsregister eingetragene Betrag.

Bei dem gezeichneten Kapital handelt es sich um eine abstrakte und formale Rechengröße. Das gezeichnete Kapital hat mit dem Vermögen einer GmbH ebenso wenig zu tun wie mit dem Unternehmenswert als ganzes. Den Gläubigern haftet das gesamte Vermögen der GmbH ohne Rücksicht auf die Höhe des gezeichneten Kapitals.

Gesellschafterdarlehen (§ 32 a GmbHG), die häufig als verdecktes Eigenkapital bezeichnet werden, zählen grundsätzlich nicht zum gezeichneten Kapital. Diese Darlehen werden in der Regel aus Haftungsgründen oder steuerlichen Gründen gewährt und begründen Gläubigerrechte gegenüber der GmbH, so daß es sich bei diesen Gesellschafterdarlehen, zumindest unter rechtlichen Aspekten um Fremdkapital handelt. Dies gilt auch für die in der Praxis häufig vorkommenden Fälle, in denen das von den Gesellschaftern aufzubringende Eigenkapital bereits beim Abschluß des Gesellschaftsvertrags in einen Kapitalbetrag und in einen Darlehensbetrag aufgespalten wird. Der Darlehensbetrag ist unter dem Fremdkapital auszuweisen und wird im Anhang erläutert.

Das gezeichnete Kapital ist in voller Höhe auf der Passivseite der Bilanz einer GmbH auszuweisen (§ 272 Abs. 1 HGB). Die ausstehenden Einlagen auf das gezeichnete Kapital sind auf der Aktivseite der Bilanz vor A. Anlagevermögen gesondert aufzuführen. Dabei ist zu vermerken, wieviel von diesen noch ausstehenden Einlagen bereits eingefordert sind (Alternative I).

Die Geschäftsführung einer GmbH kann jedoch die noch nicht eingeforderten ausstehenden Einlagen von dem gezeichneten Kapital offen auf der Passivseite absetzen. In diesem Fall ist der Differenzbetrag als „Eingefordertes Kapital" in der Hauptspalte auszuweisen. Der eingeforderte, aber noch nicht eingezahlte Betrag ist unter den Forderungen gesondert aufzuführen und entsprechend zu bezeichnen (Alternative II).

Die alternativen Ausweismöglichkeiten, die der Geschäftsführung einer GmbH in bezug auf das eingeforderte Kapital offenstehen, sollen anhand des folgenden Beispiels erläutert werden.

Beispiel:

- Das gezeichnete Kapital einer GmbH soll DM 1 000 000,— betragen
- Von diesem gezeichneten Kapital sollen bereits DM 650 000,— eingezahlt sein
- Eingefordert, aber noch nicht eingezahlt, sollen DM 150 000,— sein, so daß das nicht eingeforderte Kapital DM 200 000,— beträgt

Macht die Geschäftsführung einer GmbH von der Alternative I Gebrauch, stellt sich das eingeforderte Kapital wie folgt dar (Abb. 21):

Aktiva			Passiva
Ausstehende Einlagen auf das gezeichnete Kapital	350 000	A. Eigenkapital I. Gezeichnetes Kapital	1 000 000
— davon eingefordert	150 000		
A. Anlagevermögen			
. .	. .		
B. Umlaufvermögen	650 000		
	1 000 000		1 000 000

Abb. 21: Darstellung des eingeforderten Kapitals nach § 272 Abs. 1 Satz 2 HGB (Alternative I)

Bei Inanspruchnahme der Alternative II wird das eingeforderte Kapital wie folgt dargestellt:

Aktiva		Passiva	
A. Anlagevermögen		**A. Eigenkapital**	
. .		I. Gezeichnetes	
. .		Kapital	
. .			1 000 000
B. Umlaufvermögen		nicht einge-	
II. Forderungen		forderte	
und sonstige		Einlagen	
Vermögens-		./.	**200 000**
gegenstände		eingefordertes	
.		Kapital	800 000
.			
.			
4.Eingeforder-			
tes, noch nicht			
eingezahltes			
Kapital	150 000		
Sonstiges	650 000		
	800 000		800 000

Abb. 22: Darstellung des eingeforderten Kapitals nach § 272 Abs. 1 Satz 3 HGB (Alternative II)

Die Geschäftsführung einer GmbH muß sich darüber im klaren sein, daß die Darstellungsform nach Alternative II zu einer Kürzung der Bilanzsumme gegenüber Alternative I führt.

5.2 Gestaltungsmöglichkeiten bei der Darstellung eines negativen Eigenkapitals

Eine bilanzielle Überschuldung einer GmbH liegt dann vor, wenn das Vermögen zu Buchwerten nicht mehr die Schulden deckt. Eine solche bilanzielle Überschuldung konnte nach bisherigem Recht in der Bilanz einer GmbH in der Form dargestellt werden, daß der das Stammkapital (künftig gezeichnetes Kapital) übersteigende Bilanzverlust auf der Aktivseite ausgewiesen wurde. Diese Darstellungsform ist nicht mehr möglich, da ein Verlustsaldo künftig vom gezeichneten Kapital abgezogen werden muß, so daß sich im Falle einer bilanziellen Verschuldung ein Minusbetrag bei dem Eigenkapital auf der Passivseite ergeben würde.

Sofern das Eigenkapital durch Verluste oder Entnahmen aufgebraucht ist und sich ein Überschuß der Passivposten über die Aktivseite ergibt, muß künftig der Differenzbetrag auf der Aktivseite am Schluß der Bilanz unter der Bezeichnung „Nicht durch Eigenkapital gedeckter Fehlbetrag" ausgewiesen werden.

Beispiel:

Stand des Eigenkapitals einer GmbH am Bilanzstichtag:

A. Eigenkapital		
I. Gezeichnetes Kapital		200 000
II. Kapitalrücklage		20 000
III. Gewinnrücklagen		—
IV. Verlustvortrag	./.	2 000
V. Jahresfehlbetrag	./.	400 000
Negatives Eigenkapital	./.	182 000

Auf Grund dieses Beispiels ergibt sich folgende Überschuldungsbilanz der GmbH (Abb. 23):

Aktiva			Passiva	
			T DM	T DM
	A. Eigenkapital			
	I. Gezeichnetes Kapital	200		
	II. Kapitalrücklage	20		
	III. Gewinnrücklagen	—.—		
	IV. Verlustvortrag	2		
	V. Jahresfehlbetrag	400		
		./. 182	—.—	
	B. Rückstellungen	.		
C. Rechnungsabgrenzungsposten		.		
D. Nicht durch Eigenkapital gedeckter Fehlbetrag	182 000			
	—.—		—.—	

Abb. 23: Überschuldungsbilanz

Für die Geschäftsführung einer GmbH stellt sich außerdem die Frage, wie das Eigenkapital in dem Folgejahr auszuweisen ist. Dabei dürfte es erforderlich sein, auch im Folgejahr die einzelnen Eigenkapitalposten in der vorstehend dargestellten Form aufzugliedern, da grundsätzlich die Vorjahreszahlen aus dem Bilanzgliederungsschema ersichtlich sein müssen. Im übrigen ist noch darauf hinzuweisen, daß der Ausweis eines Postens „Nicht durch Eigenkapital gedeckter Fehlbetrag", keineswegs mit einer Überschuldung gleichgesetzt werden darf, die den Geschäftsführer einer GmbH zwingen würde, Konkursantrag zu stellen. Zur Feststellung einer Überschuldung im Sinne des Insolvenzrechts müßte vielmehr eine gesonderte Vermögensbilanz erstellt werden, die die bilanziellen Werte der GmbH unter Auflösung der stillen Reserven enthält. Erst wenn diese Bilanz eine Überschuldung anzeigt, besteht die Verpflichtung für die Geschäftsführung, Konkursantrag zu stellen.

5.3 Gestaltungsmöglichkeiten bei der Darstellung der Ergebnisverwendung

Der Jahresüberschuß ist derjenige Betrag, der sich aus der Gewinn- und Verlustrechnung als Überschuß der Erträge über die Aufwendungen ergibt. Übersteigen die Aufwendungen die Erträge, ergibt sich ein Jahresfehlbetrag.

Die Geschäftsführung einer GmbH hat grundsätzlich die Wahl, den Jahresabschluß vor einer erfolgten Gewinnverwendung oder nach vollständiger oder teilweiser Gewinnverwendung aufzustellen.

Wird der Jahresabschluß vor erfolgter Gewinnverwendung aufgestellt, was in der Bilanzierungspraxis der GmbHs der häufigste Fall sein dürfte, dann findet sich der Jahresüberschuß bzw. der Jahresfehlbetrag als gesonderter Posten in der Bilanz. Das Gliederungsschema der Bilanz nach § 266 Abs. 3 HGB unterstellt als Normalfall, daß die Bilanz vor Verwendung des Jahresergebnisses aufgestellt wird. Dies kommt in der Bilanzgliederung wie folgt zum Ausdruck:

A. Eigenkapital
  I. Gezeichnetes Kapital
  II. Kapitalrücklage
  III. Gewinnrücklagen
  IV. Gewinnvortrag/Verlustvortrag
  V. Jahresüberschuß/Jahresfehlbetrag

Die Gewinn- und Verlustrechnung endet dann mit dem Jahresüberschuß bzw. Jahresfehlbetrag.

Die Geschäftsführung einer GmbH darf jedoch die Bilanz auch nach vollständiger oder teilweiser Verwendung des Jahresergebnisses aufstellen. In diesem Fall ist das Eigenkapital wie folgt zu gliedern:

A. Eigenkapital
    I. Gezeichnetes Kapital
    II. Kapitalrücklage
    III. Gewinnrücklagen
    IV. Bilanzgewinn/Bilanzverlust

Dabei muß bei dieser Darstellungsform ein eventuell vorhandener Gewinnvortrag oder Verlustvortrag entweder in der Bilanz bei der Position Bilanzgewinn/Bilanzverlust oder im Anhang gesondert angegeben werden.

Die Position IV. Bilanzgewinn/Bilanzverlust ergibt sich dabei aus folgender Rechnung:

       Jahresüberschuß/Jahresfehlbetrag
+   Gewinnvortrag/Verlustvortrag
./. Verwendung des Jahresergebnisses
=   Bilanzgewinn/Bilanzverlust

Die Rechnungslegungsvorschriften des HGB enthalten keine Regelung, wie bei einer GmbH die Darstellung dieser Überleitung vom Jahresergebnis zum Bilanzgewinn/Bilanzverlust bilanztechnisch zu erfolgen hat. Nur für die Aktiengesellschaften ist in § 158 AktG geregelt, wie eine solche Überleitung aussehen könnte. Nach dieser Vorschrift ist die Gewinn- und Verlustrechnung einer Aktiengesellschaft nach dem Posten Jahresüberschuß/Jahresfehlbetrag in Fortführung der Numerierung um die folgenden Posten zu ergänzen:

1. Gewinnvortrag/Verlustvortrag aus dem Vorjahr

2. Entnahmen aus der Kapitalrücklage

3. Entnahmen aus Gewinnrücklagen
    a) aus der gesetzlichen Rücklage
    b) aus der Rücklage für eigene Aktien

    c) aus satzungsmäßigen Rücklagen
    d) aus anderen Gewinnrücklagen

4. Einstellungen in Gewinnrücklagen
    a) in die gesetzliche Rücklage
    b) in die Rücklage für eigene Aktien
    c) in satzungsmäßige Rücklagen
    d) in andere Gewinnrücklagen

5. Bilanzgewinn/Bilanzverlust

Diese Darstellung kann nach § 158 AktG auch im Anhang vorgenommen werden.

Für die GmbHs ist diese Überleitung vom Jahresergebnis zum Bilanzgewinn/Bilanzverlust nicht verbindlich. Die Geschäftsführung einer GmbH kann jedoch auf freiwilliger Basis die Darstellung der Ergebnisverwendung in der nach § 158 AktG vorgeschriebenen Form vornehmen. Auf diese Weise wird vermieden, daß die Bilanz und die GuV in bezug auf die Darstellung der Ergebnisverwendung wie zwei unabhängige Rechenwerke nebeneinander stehen. Die Geschäftsführung einer GmbH kann die Ergebnisverwendung auch in der Form darstellen, daß sie die Veränderungen bei den einzelnen Eigenkapitalposten im Rahmen der Vorspalte dokumentiert. Sofern also bei einer GmbH die Ergebnisverwendungen bei der Bilanzaufstellung erfaßt werden, führt dies zum Ausweis des Postens Bilanzgewinn/Bilanzverlust. Die Rücklagenbewegungen müssen dann in der Bilanz in der Vorspalte vermerkt werden.

Die Geschäftsführung einer GmbH hat grundsätzlich die Möglichkeit, die Ergebnisverwendung entweder in der Bilanz, in der GuV oder im Anhang darzustellen und zu veröffentlichen (§ 325 Abs. 1 HGB).

Es ist anzuraten, daß der Vorschlag für die Verwendung des Jahresergebnisses im Regelfall bereits bei der Aufstellung des Jahresabschlusses vorliegt. Die Gesellschafter teilen nämlich bereits während der Aufstellungsarbeiten der Geschäftsführung einer GmbH die beabsichtigte Verwendung des Jahresergebnisses mit, die dann bereits bei der Aufstellung des Jahresabschlusses berücksichtigt werden kann. Auf jeden Fall muß der Vorschlag über die Verwendung des Jahresergebnisses bei Feststellung des Jahresabschlusses vorliegen (§ 42 a GmbHG). Für die Geschäftsführung einer GmbH dürfte es sich daher empfehlen, den Vorschlag über die Verwendung des Jahresergebnisses in den Anhang aufzunehmen und den Jahresabschluß unter Berücksichtigung der Verwendung des Jahresergebnisses aufzustellen, wobei für die Berücksichtigung u. a. die vorgenannten Varianten der Darstellung der Ergebnisverwendung in Frage kommen. Auch der Gesellschafterbeschluß über die Ergebnisverwendung sollte in den Anhang aufgenommen werden. Soweit sich die Ergebnisverwendung sowie der Vorschlag und der Gesellschafterbeschluß über die Ergebnisverwendung weder aus der Bilanz, noch aus der GuV oder aus dem Anhang ergibt, kann dies auch außerhalb des Jahresabschlusses geschehen (§ 326 Satz 2 HGB).

Für die Geschäftsführung einer GmbH kann sich bei der Darstellung der Ergebnisverwendung ein Problem ergeben, wenn z. B. in einem Jahr der Jahresabschluß nach Verwendung des Jahresergebnisses und im Folgejahr vor Verwendung des Jahresergebnisses aufgestellt und veröffentlicht wird. In einem solchen Falle müßte der im Vorjahr ausgewiesene Bilanzgewinn/Bilanzverlust in seine Bestandteile:

	Jahresüberschuß/Jahresfehlbetrag
+	Gewinnvortrag/Verlustvortrag
./.	Verwendung des Jahresergebnisses
=	Bilanzgewinn/Bilanzverlust

aufgespalten werden, damit eine Vergleichbarkeit mit dem Ergebnis des laufenden Geschäftsjahres hergestellt werden kann. In die Bilanz könnte unter den Vorjahreszahlen eine gesonderte Bilanzzeile aufgenommen werden, die die Position „Bei der Bilanzaufstellung berücksichtigte Ergebnisverwendung'' aufnimmt. Die Einfügung eines solchen gesonderten Bilanzpostens ist nach § 265 Abs. 5 HGB zulässig.

5.4 Gestaltungsmöglichkeiten in bezug auf die Rücklagen generell

Rücklagen sind Teile des Eigenkapitals auf der Passivseite der Bilanz. Die offenen Rücklagen stammen entweder aus einbehaltenen, nicht verteilten Gewinnen bzw. aus Sonderzahlungen von Anteilseignern oder Dritten. Die offenen Rücklagen erscheinen in der Bilanz auf besonderen Rücklagenkonten und weisen damit den variablen Teil des Eigenkapitals einer GmbH aus.

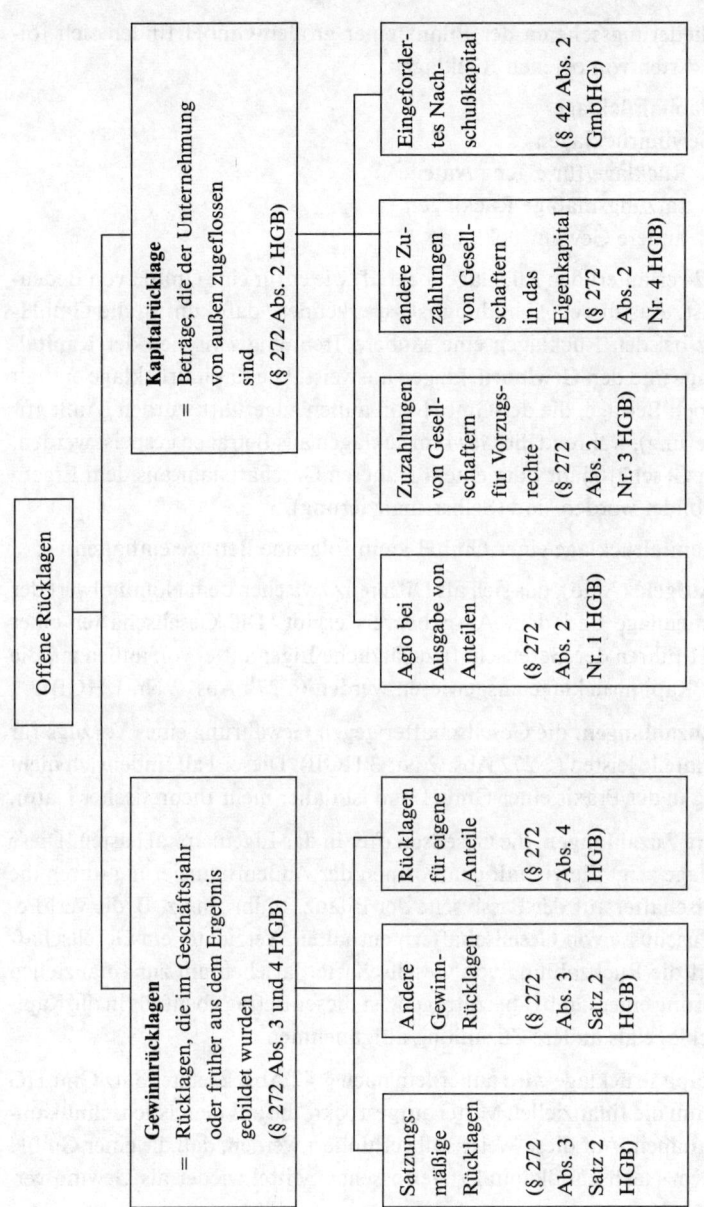

Abb. 24: Offene Rücklagen

Im Gliederungsschema der Bilanz einer großen GmbH finden sich folgende Arten von offenen Rücklagen:

II. Kapitalrücklage
III. Gewinnrücklagen
   1. Rücklage für eigene Anteile
   2. satzungsmäßige Rücklagen
   3. andere Gewinnrücklagen

Abb. 24 erläutert den Rücklagenbegriff, wie er für eine GmbH von Bedeutung ist. Aus dieser Abbildung ist zu erkennen, daß künftig die GmbH-Bilanz bei den Rücklagen eine saubere Trennung zwischen der **Kapitalrücklage** und den **Gewinnrücklagen** ausweist. Die Kapitalrücklage enthält nur noch Beträge, die der GmbH von außen zugeführt wurden (Außenfinanzierung), während die Gewinnrücklagen aus Beträgen gespeist werden, die im Geschäftsjahr oder einem früheren Geschäftsjahr aus dem Ergebnis gebildet worden sind (Selbstfinanzierung).

Die Kapitalrücklage einer GmbH kann folgende Beträge enthalten:

Das **Aufgeld** (Agio), das sich als Differenz zwischen dem Nominalwert der Stammeinlage und dem Ausgabepreis ergibt. Die Gesellschafter einer GmbH führen der Gesellschaft zusätzliche Eigenmittel von außen zu, die in der Kapitalrücklage ausgewiesen werden (§ 272 Abs. 2 Nr. 1 HGB).

Die **Zuzahlungen**, die Gesellschafter gegen Gewährung eines Vorzugs für ihre Anteile leisten (§ 272 Abs. 2 Nr. 3 HGB). Dieser Fall findet sich nicht häufig in der Praxis einer GmbH und ist daher mehr theoretischer Natur.

Andere Zuzahlungen, die Gesellschafter in das Eigenkapital leisten. Diese Rücklage zeigt die vielfältigen Formen der Außenfinanzierung durch die Gesellschafter auf der Passivseite der Bilanz. In ihr sind z. B. die verlorenen Zuschüsse von Gesellschaftern enthalten. Verzichtet ein Gesellschafter auf die Rückzahlung von Gesellschafterdarlehen um zur finanziellen Sanierung einer GmbH beizutragen, ist dieser Betrag ebenfalls in die Kapitalrücklage als andere Zuzahlung aufzunehmen.

Die Kapitalrücklage wird außerdem nach § 42 Abs. 2 letzter Satz GmbHG noch um die finanziellen Mittel aufgestockt, die aus dem Nachschußkapital stammen. Auf diese Weise soll verhindert werden, daß die einer GmbH aus dem Nachschußkapital zugeflossenen Mittel wieder als Gewinn verteilt werden.

In § 272 Abs. 3 HGB sind Gewinnrücklagen wie folgt definiert: „Als Gewinnrücklagen dürfen nur Beträge ausgewiesen werden, die im Geschäftsjahr oder in einem früheren Geschäftsjahr aus dem Ergebnis gebildet worden sind." Die mittelgroße und die große GmbH muß die Gewinnrücklagen wie folgt unterteilen:

1. Rücklage für eigene Anteile (§ 272 Abs. 4 HGB)

2. Satzungsmäßige Rücklagen (§ 272 Abs. 3 Satz 2 HGB)

3. Andere Gewinnrücklagen (§ 272 Abs. 3 Satz 2 HGB)

Die kleine GmbH braucht in der Bilanz nur die Position „III. Gewinnrücklagen" auszuweisen. Die mittelgroße GmbH hat theoretisch die Möglichkeit, für die Veröffentlichung in der Bilanz ebenfalls nur die Position "III. Gewinnrücklagen" auszuweisen, ist jedoch dann verpflichtet, im Anhang wieder nach den drei vorgenannten Rücklagenarten zu unterteilen. Die Geschäftsführung einer mittelgroßen GmbH wird daher von vornherein in der Bilanz die drei Rücklagenarten ausweisen und veröffentlichen.

Die **Rücklage für eigene Anteile** soll sicherstellen, daß der Erwerb eigener Anteile durch eine GmbH nicht zur Rückzahlung des Stammkapitals oder von Rücklagen führt, die aufgrund des Gesellschaftsvertrags nur für bestimmte Zwecke verwendet werden dürfen. § 272 Abs. 4 HGB, der die Rücklage für eigene Anteile regelt, korrespondiert mit § 33 Abs. 2 GmbHG, wonach die Gesellschaft eigene Anteile, auf welche die Einlagen vollständig geleistet sind, nur erwerben darf, sofern der Erwerb aus dem über den Betrag des Stammkapitals hinaus vorhandenen Vermögens geschieht und die GmbH die gesetzlich vorgeschriebene Rücklage für eigene Anteile bilden kann, ohne das Stammkapital oder eine nach dem Gesellschaftsvertrag zu bildende Rücklage zu mindern, die nicht zu Zahlungen an die Gesellschaft verwendet werden dürfen.

In die Rücklage für eigene Anteile ist ein Betrag einzustellen, der dem auf der Aktivseite der Bilanz unter „B. Umlaufvermögen, III. 2" für die eigenen Anteile anzusetzendem Betrag entspricht. Die Rücklage für eigene Anteile kann auch zu Lasten des laufenden Jahresergebnisses gebildet werden. Reicht dieses Jahresergebnis zur ordnungsmäßigen Dotierung nicht aus und sind auch keine ausreichenden freien Rücklagen vorhanden, ist die Rücklage für eigene Anteile trotzdem voll zu bilden, auch wenn dies zum Ausweis eines Bilanzverlustes führt. Die Bildung der Rücklage ist in dem Jahr vorzunehmen, in dem die GmbH eigene Anteile erwirbt.

Beispiel:

Eine GmbH erwirbt von einem ihrer Gesellschafter einen Geschäftsanteil zum Preis von DM 400 000,—. Für die Beurkundung der Abtretung fallen DM 3000,— Notariatskosten und eine Börsenumsatzsteuer von DM 1000,— an. Die GmbH aktiviert die eigenen Anteile unter „B. Umlaufvermögen III. 2" auf der Aktivseite der Bilanz mit DM 404 000,—. In gleicher Höhe ist auf der Passivseite der Bilanz eine Rücklage für eigene Anteile unter „A. Eigenkapital III. 1" auszuweisen, wobei die Bildung dieser Rücklage für eigene Anteile bereits bei der Aufstellung des Jahresabschlusses geschehen muß.

Die Rücklage für eigene Anteile darf nur aufgelöst werden, soweit die eigenen Anteile veräußert oder eingezogen werden oder soweit nach dem Niederstwertprinzip ein niedrigerer Wertansatz auf der Aktivseite angesetzt werden muß. Wichtig ist auch noch, daß diese Rücklage nicht erst bei der Feststellung des Jahresabschlusses, sondern bereits bei der Aufstellung der Bilanz durch die Geschäftsführer vorzunehmen ist. Eine entsprechende Rücklage ist auch für Anteile eines herrschenden oder eines mit Mehrheit beteiligten Unternehmens zu bilden (§ 272 Abs. 4 letzter Satz HGB).

Zur **Sicherstellung der Innenfinanzierung** ist in vielen Gesellschaftsverträgen von GmbHs eine Regelung enthalten, daß ein bestimmter Anteil (z. B. 5 %) des Jahresüberschusses in eine Rücklage einzustellen ist. Häufig wird dann, ähnlich wie bei den Aktiengesellschaften, eine Obergrenze für eine solche **satzungsmäßige Rücklage** festgelegt. Diese Rücklage aufgrund des Gesellschaftsvertrags (Satzung) ist dann auch unter „2. Satzungsmäßige Rücklagen" auszuweisen.

Der Posten **andere Gewinnrücklagen** nimmt alle Gewinnrücklagen auf, die nicht durch Satzung vorgeschrieben sind. Der Eigenkapitalanteil einer Zuschreibung könnte unter der Position „3. andere Gewinnrücklagen" ausgewiesen werden, ist jedoch dann im Anhang anzugeben (§ 29 Abs. 4 GmbHG).

Der Eigenkapitalanteil einer nach § 74 EStDV gebildeten Preissteigerungsrücklage kann von der Geschäftsführung einer GmbH mit Zustimmung der Gesellschafter in die anderen Gewinnrücklagen eingestellt werden, jedoch zu Lasten des Jahresergebnisses (§ 29 Abs. 4 GmbHG). Die Bilanz wird in diesem Fall unter Berücksichtigung der teilweisen Verwendung des Jahresergebnisses aufgestellt (§ 268 Abs. 1 HGB).

5.5 Gestaltungsmöglichkeiten beim Ansatz einer Wertaufholungsrücklage

Die früheren Gesetzentwürfe zur Umsetzung der 4. EG-Richtlinie in deutsches Bilanzrecht sahen die Möglichkeit vor, im Rahmen der Gewinnentstehung, also vor dem Jahresüberschuß, eine sogenannte Wertaufholungsrücklage zu bilden. Nach diesem Konzept durfte eine solche Wertaufholungsrücklage in Höhe des Eigenkapitalanteils der Zuschreibung gebildet werden. Man wollte mit einer solchen Vorschrift sicherstellen, daß Buchgewinne, die auf buchmäßige Zuschreibungen beim Anlage- und/oder Umlaufvermögen zurückzuführen sind, nicht ausgeschüttet werden dürfen. Dabei sollte dem Bilanzleser auch deutlich werden, daß mit einer solchen Zuschreibung zusätzliche Ertragsteuern anfallen können.

Dieses ursprüngliche Konzept der Wertaufholungsrücklage wurde jedoch aufgegeben. Für die GmbH sieht demgegenüber § 29 Abs. 4 GmbHG die Möglichkeit vor, daß die Geschäftsführer mit Zustimmung der Gesellschafter (oder des Aufsichtsrats) den Eigenkapitalanteil von Zuschreibungen (Wertaufholungen) in die anderen Gewinnrücklagen einstellen. Dies bedeutet konkret, daß bereits in der von den Geschäftsführern aufzustellenden Bilanz, die anschließend von den Gesellschaftern festzustellen ist, eine entsprechende Rücklagendotierung erfolgen kann. Die Wertaufholungsrücklage wird damit nicht mehr im Rahmen der Ergebnisermittlung, sondern im Rahmen der Ergebnisverwendung berücksichtigt. Insoweit stellen die Geschäftsführer die Bilanz unter Berücksichtigung der teilweisen Verwendung des Jahresergebnisses auf (§ 268 Abs. 1 Satz 1 HGB).

Im Zusammenhang mit einer solchen Wertaufholung stellt sich der Geschäftsführung einer GmbH die Frage nach der Höhe des Eigenkapitalanteils, der in die anderen Rücklagen eingestellt werden darf. Unterliegt eine Zuschreibung nicht der Besteuerung, ist ihr Eigenkapitalanteil 100 %. Muß jedoch die Zuschreibung der Besteuerung unterworfen werden, stellt sich vor allem die Frage, ob der Eigenkapitalanteil unter Zugrundelegung des Körperschaftsteuersatzes von 56 % (Thesaurierungssatz) oder des Satzes von 36 % (Ausschüttungssatz) zu ermitteln ist.

Ohne Kenntnis des steuerlich verwendbaren Eigenkapitals nach § 30 KStG ist der Geschäftsführung einer GmbH eine Berechnung des Eigenkapitalanteils nicht möglich. Dies führt dazu, daß eine exakte Ermittlung des

Eigenkapitalanteils solcher Zuschreibungen nur in Ausnahmefällen möglich sein wird. Da dieses Problem im Gesetz nicht abschließend geregelt ist, könnte die Geschäftsführung einer GmbH auch eine pragmatische Lösung ansteuern. Sie könnte z. B. bei einer steuerwirksamen Zuschreibung einen Eigenkapitalanteil in Höhe von 50 % unterstellen.

5.6 Gestaltungsmöglichkeiten beim Ansatz von Sonderposten mit Rücklagenanteil

Sonderposten mit Rücklagenanteil (SOPO) stellen eigenkapitalähnliche Posten dar. Sie werden je zu 50 % zum Eigenkapital und zum Fremdkapital gerechnet. Da ein SOPO erst bei seiner Auflösung versteuert werden muß, bewirkt er einen zinslosen Steuerkredit. Der Fiskus gewährt der GmbH ohne Kreditwürdigkeitsprüfung in Höhe des in dem SOPO enthaltenen Steueranteils einen zinslosen Steuerkredit.

Der Sonderposten mit Rücklagenanteil ist in der Bilanz auf der Passivseite vor den Rückstellungen auszuweisen. Die Vorschriften, nach denen er gebildet worden ist, sind entweder in der Bilanz oder im Anhang anzugeben (§ 273 HGB).

In der Handelsbilanz einer GmbH sind nur noch solche Sonderposten mit Rücklagenanteil auszuweisen, für die das umgekehrte Maßgeblichkeitsprinzip gilt. Ist die Inanspruchnahme einer Steuervergünstigung in der Steuerbilanz nicht davon abhängig, daß derselbe Wertansatz auch in der Handelsbilanz erfolgt, d. h., gilt das umgekehrte Maßgeblichkeitsprinzip nicht, so kann auch in der Handelsbilanz in einem solchen Fall kein SOPO ausgewiesen werden. Dies ist z. B. bei einer Preissteigerungsrücklage nach § 74 EStDV der Fall. Dafür muß allerdings bei einer Preissteigerungsrücklage in der Handelsbilanz eine Rückstellung für latente Steuern ausgewiesen werden. Der Differenzbetrag (Preissteigerungsrücklage ./. Rückstellung für latente Steuern) kann von einer GmbH in die anderen Gewinnrücklagen eingestellt werden (§ 29 Abs. 4 HGB).

Die Position „Sonderposten mit Rücklagenanteil" umfaßt, wie nach bisherigem Recht schon mögliche steuerfreie „klassische" Rücklagen:

- § 6 b EStG-Rücklage
- § 6 d EStG-Rücklage (Insolvenzrücklage)

- Ersatzbeschaffungsrücklage nach Abschn. 35 EStR
- Rücklage gem. § 1 Abs. 1 Entwicklungsländer-Steuergesetz
- Rücklage gem. § 3 Auslands-Investitionsgesetz
- Rücklage gem. § 82 Städtebauförderungsgesetz
- Rücklage für Zuschüsse nach Abschn. 34 Abs. 3 EStR

Für die GmbH erweitert sich jedoch der Inhalt der Position „Sonderposten mit Rücklagenanteil". Nach § 281 HGB hat nämlich künftig die Geschäftsführung einer GmbH das Wahlrecht, steuerrechtliche Sonderabschreibungen nicht auf der Aktivseite vorzunehmen, sondern die Differenz zwischen handelsrechtlicher Bewertung und steuerrechtlich niedrigerem Wertansatz in den Sonderposten mit Rücklagenanteil einzustellen. Die Geschäftsführung einer GmbH kann danach die steuerrechtlichen Sonderabschreibungen in dem SOPO berücksichtigen, während die Aktiva allein durch die (niedrigeren) handelsrechtlichen Abschreibungen gekürzt werden. Soweit die jährlichen handelsrechtlichen Abschreibungen in späteren Jahren die steuerlichen Wertminderungen übersteigen, ist der Posten „Sonderposten mit Rücklagenanteil" in Höhe des Differenzbetrages aufzulösen.

Zu den steuerlichen Sonderabschreibungen, die in einen solchen SOPO eingestellt werden können, zählen insbesondere:

- § 7 d EStG
  erhöhte Absetzungen für Wirtschaftsgüter, die dem Umweltschutz dienen
- § 79 EStDV
  Bewertungsfreiheit für Anlagen zur Verhinderung, Beseitigung oder Verringerung von Schädigungen durch Abwasser
- § 80 EStDV
  Importwarenabschlag
- § 81 EStDV
  Bewertungsfreiheit für bestimmte Wirtschaftsgüter des Anlagevermögens im Kohlen- und Erzbergbau
- § 82 EStDV
  Bewertungsfreiheit für Anlagen zur Verhinderung, Beseitigung oder Verringerung der Verunreinigung der Luft
- § 82 a EStDV
  erhöhte Absetzungen von Herstellungskosten und Sonderbehandlung von Erhaltungsaufwand für bestimmte Anlagen und Einrichtungen bei Gebäuden

- § 82 e EStDV
  Bewertungsfreiheit für Anlagen zur Verhinderung, Beseitigung oder Verringerung
  von Lärm oder Erschütterungen

- § 82 d EStDV
  Bewertungsfreiheit für abnutzbare Wirtschaftsgüter des Anlagevermögens, die der
  Forschung und Entwicklung dienen

- § 14 BerlinFG
  erhöhte Absetzungen für abnutzbare Wirtschaftsgüter des Anlagevermögens

- § 3 ZonenrandFG
  Sonderabschreibungen für bewegliche und unbewegliche Wirtschaftsgüter des Anlagevermögens

Die buchmäßige Behandlung steuerlicher Sonderabschreibungen über die
Bildung eines Sonderpostens mit Rücklagenanteil soll anhand eines Beispiels erläutert werden.

Beispiel:

Eine GmbH läßt im Jahre 1987 eine Kläranlage für DM 100 000,— errichten. Die
betriebsgewöhnliche Nutzungsdauer soll 5 Jahre betragen. Handelsrechtlich wird
linear abgeschrieben. Die GmbH kann für die Kläranlage im Jahr der Herstellung eine
erhöhte Absetzung nach § 7 d EStG in Höhe von 60 % der Herstellungskosten vornehmen.

Die handelsrechtliche Abschreibung beträgt 1987 demnach 20 % = DM 20 000,—
und die erhöhte Absetzung nach § 7 d EStG 60 % = DM 60 000,—. In den Folgejahren können steuerrechtlich dann noch je DM 10 000,— jährlich bis 1991 abgeschrieben werden.

Buchungssätze 1987

(1)	Anlagen und Maschinen	DM 100 000,—	
	an Bank		DM 100 000,—
(2)	Abschreibungen auf Sachanl.	DM 20 000,—	
	an Anlagen und Maschinen		DM 20 000,—
(3)	Sonstige betriebliche Aufw.	DM 40 000,—	
	an SOPO gem. § 7 d EStG		DM 40 000,—

Buchungssätze 1988 und Folgejahre

(1)	Abschreibungen auf Sachanl.	DM 20 000,—	
	an Anlagen und Maschinen (bis 1991)		DM 20 000,—
(2)	SOPO gem. § 7 d EStG (ab 1990)	DM 20 000,—	
	an Sonstige betriebl. Erträge		DM 20 000,—

.
.
.

In den Folgejahren (ab 1990) erscheinen auf der Aufwandsseite die handelsrechtlichen Abschreibungen in der GuV mit DM 20 000,—, denen auf der Ertragsseite DM 20 000,— Auflösungsbetrag aus dem SOPO gem. § 7 d EStG gegenüber stehen. Im 5. Jahr ist der SOPO gem. § 7 d EStG vollkommen aufgelöst.

Der externe Bilanzleser erkennt nun, daß im Jahre 1987 stille Reserven im Anlagevermögen gelegt wurden, die sich sukzessive auflösen.

Die Geschäftsführung einer GmbH kann selbstverständlich ihr Wahlrecht auch in der Weise ausüben, daß sie die erhöhten Absetzungen in Höhe von 60 v. H. im Jahr der Fertigstellung aktivisch absetzt. In einem solchen Fall müßte dann allerdings alternativ in der Bilanz oder im Anhang die Vorschrift (im Beispielsfall § 7 d EStG) angegeben werden, aufgrund derer die steuerliche Vergünstigung in Anspruch genommen wurde. Außerdem müßte in der Bilanz oder im Anhang der Abschreibungsbetrag aufgrund der steuerlichen Vorschrift angegeben werden.

Es wird allerdings auch die Auffassung vertreten, daß es im Falle der Berichterstattung im Anhang genügt, den Gesamtbetrag aller steuerlichen Sonderabschreibungen anzugeben und gleichzeitig die Vorschriften aufzuzählen, aufgrund derer Sonderabschreibungen vorgenommen wurden. Eine Nennung der Einzelbeträge könnte bei dieser Ausweisform u. U. unterbleiben.

Da § 281 Abs. 2 Satz 1 HGB verlangt, daß der Betrag der im Geschäftsjahr allein nach steuerrechtlichen Vorschriften vorgenommenen Abschreibungen hinreichend zu begründen ist, wird hier die Meinung vertreten, daß die Geschäftsführung einer GmbH auch im Anhang auf jeden Fall die Einzelbeträge der steuerlichen Sonderabschreibungen nennen muß, da nur so die geforderte detaillierte Berichterstattung (hinreichende Begründung) überhaupt möglich ist.

Die Geschäftsführung einer GmbH kann die alternative Absetzung steuerlicher Sonderabschreibungen für ihre Handelsbilanzpolitik nutzen. Je nach Ausweisform (aktivische Absetzung oder SOPO) kann die Bilanzsumme, der Eigenkapitalanteil und die Aufwandsstruktur entsprechend den handelsbilanzpolitischen Zielsetzungen beeinflußt werden.

6. KAPITEL
Publizierung der Rückstellungen

6. Gestaltungsmöglichkeiten bei den Rückstellungen

6.1 Gestaltungsmöglichkeiten in bezug auf die Rückstellungen generell

Im Hinblick auf die Rückstellungsbildung in der Handelsbilanz hat die Geschäftsführung einer GmbH einen nicht unerheblichen bilanzpolitischen Ermessensspielraum:

- Die Geschäftsführung hat es in einem gewissen Umfang in der Hand, zu bestimmen, ob sie bereits ernst zu nehmende Anzeichen für eine Rückstellungsbildung erkennt, deren weitere Verdichtung nach den **Grundsätzen einer ordnungsmäßigen Buchführung** zu einer **Rückstellungsbildung** zwingen.

- Die Geschäftsführung einer GmbH bestimmt auch in weitem Umfang den Zeitpunkt für die Notwendigkeit einer Rückstellungsbildung.

- In gleicher Weise hat es die Geschäftsführung einer GmbH in starkem Maße in der Hand, zu bestimmen, wann sie den Zeitpunkt für die Auflösung einer Rückstellung für geboten erachtet. So klar und eindeutig sich das theoretische Postulat nach **Auflösung einer Rückstellung** bei Wegfall des Rückstellungsgrundes auch ausnimmt, so schwierig wird es in der Praxis sein, diesen Auflösungszeitpunkt exakt zu bestimmen.

In der Handelsbilanz sind künftig folgende Rückstellungen entweder gesetzlich vorgeschrieben oder möglich (§ 249 HGB):

1. Rückstellungen für ungewisse Verbindlichkeiten (Passivierungspflicht)

2. Rückstellungen für drohende Verluste aus schwebenden Geschäften (Passivierungspflicht)

3. Rückstellungen für im Geschäftsjahr unterlassene Aufwendungen für Instandhaltung, die im folgenden Geschäftsjahr innerhalb von 3 Monaten nachgeholt werden (Passivierungspflicht)

4. Rückstellungen für Abraumbeseitigung, die im folgenden Geschäftsjahr nachgeholt wird (Passivierungspflicht)

5. Rückstellungen für unterlassene Aufwendungen für Instandhaltung, die im folgenden Geschäftsjahr, nach Ablauf der 3-Monats-Frist, nachgeholt werden (Passivierungswahlrecht)

6. Rückstellungen für Gewährleistungen, die ohne rechtliche Verpflichtung (Kulanzrückstellungen) erbracht werden (Passivierungspflicht)

7. Rückstellungen für die Erhaltung der Betriebsfähigkeit von Gegenständen des Anlagevermögens (Passivierungswahlrecht)

8. Rückstellungen für Pensionen und ähnliche Verpflichtungen (Passivierungspflicht)

9. Steuerrückstellungen (Passivierungspflicht)

10. Rückstellungen für latente Steuern (Passivierungspflicht)

Im Gliederungsschema der Bilanz sind die Rückstellungen wie folgt auszuweisen:

B. Rückstellungen

   1. Rückstellungen für Pensionen und ähnliche Verpflichtungen

   2. Steuerrückstellungen

   3. Rückstellungen für latente Steuern (alternativ im Anhang)

   4. sonstige Rückstellungen

Die kleine GmbH kann die verschiedenen Rückstellungsarten, außer dem Posten „Rückstellungen für latente Steuern", unter der Position B. Rückstellungen zusammengefaßt ausweisen.

Die Geschäftsführung einer GmbH ist gesetzlich verpflichtet, Rückstellungen für drohende Verluste aus schwebenden Geschäften zu bilden. Schwebende Geschäfte liegen dann vor, wenn keine der beiden Vertragsparteien erfüllt hat. Schwebende Geschäfte schlagen sich in der Bilanz nicht nieder. Drohen jedoch aus solchen schwebenden Geschäften Verluste, muß eine Rückstellung gebildet werden. Bei den schwebenden Geschäften unterscheidet man zwischen Einkaufsgeschäften und Verkaufsgeschäften.

Bei den schwebenden Einkaufsgeschäften liegt ein drohender Verlust z. B. dann vor, wenn am Bilanzstichtag der Tagesbeschaffungspreis (Wiederbeschaffungspreis), der sich im Börsen- oder Marktpreis ausdrückt, niedriger ist als der mit Dritten vereinbarte Kaufpreis (Anschaffungspreis). Die

Höhe des drohenden Verlustes, der in der Rückstellung angesetzt wird, errechnet sich in einem solchen Falle wie folgt:

Drohender Verlust = vereinbarter Kaufpreis ./. Wiederbeschaffungspreis

Der geschätzte Gesamtverlust ergibt sich aus der festgestellten Preisdifferenz, multipliziert mit der mengenmäßigen Abnahmeverpflichtung.

Beispiel:

Eine GmbH schließt am 9. 10. 1987 mit einem Rohstofflieferanten einen Kaufvertrag über 1000 kg eines bestimmten Rohstoffes zum Einkaufspreis von DM 20,— je kg. Die Lieferung dieses Rohstoffes wurde für Februar 1988 vereinbart. Am Bilanzstichtag 31. 12. 1987 beträgt der Wiederbeschaffungspreis am Beschaffungsmarkt für diesen Rohstoff nur noch DM 10,— pro kg. Der Lieferant besteht auf Vertragserfüllung zu dem vereinbarten Kaufpreis von DM 20,— je kg. Die GmbH muß zum 31. 12. 1987 eine Rückstellung für drohende Verluste aus einem schwebenden Einkaufsgeschäft bilden.

Vereinbarter Kaufpreis	DM 20,— x 1000	= DM 20 000,—
./. Marktpreis	DM 10,— x 1000	= DM 10 000,—
= Drohender Verlust		DM 10 000,—

In der Bilanz der GmbH zum 31. 12. 1987 wird eine Rückstellung für drohende Verluste aus einem schwebenden Einkaufsgeschäft in Höhe von DM 10 000,— ausgewiesen.

Bei Verkaufsgeschäften ergibt sich der drohende Verlust aus der Differenz zwischen dem erzielbaren Verkaufserlös und den nach den Verhältnissen am Bilanzstichtag zu erwartenden Selbstkosten ohne kalkulatorische Kosten und ohne Unternehmensgewinn. Die Geschäftsführung einer GmbH kann den drohenden Verlust bei solchen Verkaufsgeschäften sowohl auf der Basis der Vollkosten als auch der Teilkosten ermitteln.

Drohender Verlust = vereinbarter Verkaufspreis ./. Selbstkosten. Der geschätzte Gesamtverlust ergibt sich aus diesem Differenzbetrag, multipliziert mit der mengenmäßigen Absatzverpflichtung.

Für eine GmbH besteht außerdem eine Passivierungspflicht für Kulanzrückstellungen, d. h. für Rückstellungen für Gewährleistungen, die ohne rechtliche Verpflichtung erbracht werden. Die Bildung von Kulanzrückstellungen kann auf dreifache Art und Weise erfolgen:

● durch die Bildung von Einzelrückstellungen

● durch die Bildung von Pauschalrückstellungen

● durch ein gemischtes Verfahren

Bei der Bildung von Einzelrückstellungen muß die Geschäftsführung einer GmbH jede einzelne Aktivität daraufhin untersuchen, ob sie zu einem Garantieaufwand führen könnte. Durch eine solche eingehende Untersuchung jedes einzelnen Garantieumsatzes ist eine relativ zuverlässige Abschätzung des Risikos für eine eventuell anfallende Kulanzleistung möglich. Einzelrückstellungen für Kulanzleistungen können daher ziemlich genau betragsmäßig bestimmt werden.

Der häufigere Fall ist jedoch die Bildung von Pauschalrückstellungen für Kulanzleistungen. Die Schätzung des Garantieaufwands, der der Bildung einer Pauschalrückstellung zugrunde gelegt wird, geschieht in der Regel auf der Basis von Erfahrungswerten aus der Vergangenheit. Dabei kann die Geschäftsführung einer GmbH die Umsätze und die Garantieleistungen im Garantiezeitraum für eine Reihe von Jahren zusammenfassen und daraus einen Durchschnitt bilden. Die Geschäftsführung einer GmbH sollte für die Bildung einer solchen Pauschalrückstellung die garantiebehafteten Umsätze möglichst differenzieren nach:

- Produkten

- Kundengruppen

- unterschiedlichen Garantiefristen

- unterschiedlichen Risiken

Je differenzierter die zugrundeliegenden garantiebehafteten Umsätze z. B. für bestimmte Produkte erfaßt werden, um so exakter kann die Schätzung des Rückstellungsbetrages für die Pauschalrückstellung sein.

Der Rückstellungsbetrag für eine pauschale Kulanzrückstellung könnte wie folgt ermittelt werden:

- Man erfaßt die Kulanzleistungen für die Umsätze bestimmter Produkte, die in den letzten 5 Jahren erbracht wurden

- Die erbrachten Kulanzleistungen werden zu den Umsätzen dieser Produkte in den letzten 5 Jahren in Beziehung gesetzt

- Der so errechnete Prozentsatz bildet den Rückstellungsprozentsatz für das laufende Geschäftsjahr, der eventuell noch um einen Risikozuschlag erhöht wird.

Beispiel:

$$\frac{\text{Kulanzleistungen für Umsätze in den letzten 5 Jahren}}{\text{Umsätze in den letzten 5 Jahren}} \times 100$$

$= \text{Rückstellungsprozentsatz } (k_i)$

Die Kulanzrückstellung für das Geschäftsjahr 01 errechnet sich dann wie folgt:

Umsatz in 01 x k_i = Kulanzrückstellung in 01

Bei Anwendung des gemischten Verfahrens werden von der GmbH für die mit besonderen Risiken behafteten Garantieumsätze Einzelrückstellungen und für die übrigen Umsätze eine Pauschalrückstellung gebildet.

Beispiel:

Ein Hersteller erzielt in Periode 01 für mehrere Produkte einen Jahresumsatz in Höhe von DM 10 Mio. Ein bestimmtes Produkt ist mit erheblichen Mängeln behaftet, so daß für 20 % des Jahresumsatzes mit größeren Kulanzleistungen gerechnet werden muß. Bisher wurde von der GmbH in der Handels- und Steuerbilanz eine Pauschalrückstellung von 0,9 % des Jahresumsatzes vorgenommen. Die Nachleistungen bei dem fehlerhaften Produkt schätzt der Hersteller mit einem Gesamtaufwand (Material-, Lohn- und Gemeinkosten) von 10 % dieses Umsatzes. Die Garantierückstellung in der Bilanz zum 31. 12. 01 sind nach dem gemischten Verfahren wie folgt zu berechnen:

Jahresumsatz in 01	DM 10 000 000,—
./. Umsatz fehlerhaftes Produkt in 01 (20 %)	DM 2 000 000,—
= Umsatz ohne fehlerhafte Produkte in 01	DM 8 000 000,—
daraus 1,13 % Pauschalrückstellung	
(= 0,9 % Erfahrungssatz + 25 % Risiko-	
zuschlag = 1,13 %)	DM 90 400,—
10 % aus DM 2 000 000,— Einzelrück-	
stellung	DM 200 000,—
= Kulanzrückstellung insges. zum 31. 12. 01	DM 290 400,—

Da die Bewertung solcher Kulanzrückstellungen weitgehend auf Schätzungen beruht, ergibt sich für die Geschäftsführung einer GmbH ein erheblicher Ermessensspielraum, der für handelsbilanzpolitische Entscheidungen genutzt werden kann.

6.2 Gestaltungsmöglichkeiten bei neuen Aufwandsrückstellungen

Nach § 249 Abs. 1 HGB besteht für die GmbH künftig für unterlassene Aufwendungen, die im folgenden Geschäftsjahr innerhalb von 3 Monaten nachgeholt werden, die Verpflichtung zur Bildung einer Rückstellung. Damit stimmen die handelsrechtliche Regelung und die steuerrechtliche Regelung (Abschn. 31 a Abs. 6 EStR) hinsichtlich solcher Aufwandsrückstellungen überein. Eine Verpflichtung zur Bildung einer Rückstellung für unterlassene Instandhaltungsaufwendungen besteht für eine GmbH nur dann, wenn die Arbeiten auch tatsächlich innerhalb von 3 Monaten nach dem Bilanzstichtag durchgeführt sind. Die Geschäftsführung einer GmbH hat es daher in der Hand, die Aufwendungen zu terminieren und damit darüber zu entscheiden, ob sie eine solche Rückstellung bilden muß oder nicht. Bei unterlassenen Aufwendungen für Instandhaltung, die nach Ablauf der Frist von 3 Monaten nach dem Bilanzstichtag, aber innerhalb des folgenden Geschäftsjahres nachgeholt werden, hat die GmbH, wie nach bisherigem Recht auch, künftig ein Passivierungswahlrecht.

In bezug auf im Geschäftsjahr unterlassene Aufwendungen für Abraumbeseitigung, die im folgenden Geschäftsjahr nachgeholt werden, besteht für eine GmbH die Pflicht zur Bildung einer entsprechenden Rückstellung.

§ 249 Abs. 2 HGB ermöglicht der GmbH eine völlig neue Art der Aufwandsrückstellung, die der Erhaltung der Betriebsfähigkeit von Anlagegegenständen dienen soll. Nach dieser Vorschrift dürfen künftig für ihrer Eigenart nach genau umschriebene, dem Geschäftsjahr oder einem früheren Geschäftsjahr zuzuordnende Aufwendungen Rückstellungen gebildet werden, die am Bilanzstichtag als wahrscheinlich oder sicher anzusehen, aber hinsichtlich ihrer Höhe oder des Zeitpunkts ihres Eintritts unbestimmt sind. Damit sind insbesondere, allerdings nicht nur, Rückstellungen für Großreparaturen gemeint. Wenn eine solche Rückstellung gebildet werden soll, müssen folgende konstitutive Begriffsmerkmale erfüllt sein:

- Es müssen ihrer Eigenart nach genau umschriebene Aufwendungen vorliegen (Zweck, Aufwandsarten)

- Es muß sich um die dem Geschäftsjahr oder einem früheren Geschäftsjahr zuzuordnende Aufwendungen handeln (Aufwandsverrechnung)

- Die Aufwendungen müssen am Abschlußstichtag wahrscheinlich oder sicher sein (Aufwandserwartung)

- Die Aufwendungen müssen hinsichtlich ihrer Höhe oder des Zeitpunkts ihres Eintritts unbestimmt sein

Unter diese neuen Aufwandsrückstellungen fallen vor allem Rückstellungen für Großreparaturen. Wird eine solche Rückstellung für Großreparaturen in der Handelsbilanz einer GmbH gebildet, müssen Art und Zusammensetzung der erwarteten Aufwendungen und der Zweck der Aufwendungen umschrieben werden.

Eine Umschreibung von Art und Zusammensetzung der Aufwendungen erfordert eine Angabe der in den Herstellungskosten enthaltenen Aufwandsarten.

Die Aufwendungen für solche Großreparaturen müssen am Abschlußstichtag wahrscheinlich oder sicher sein. Sicher sind sie z. B. dann, wenn
ein abgeschlossener Vertrag mit einer Fremdfirma vorliegt. Wahrscheinlich sind sie, wenn die Großreparatur im Unternehmen geplant ist oder einfach mit ziemlicher Sicherheit notwendig werden wird.

Die Aufwendungen für eine solche Großreparatur müssen dem Geschäftsjahr oder einem früheren Geschäftsjahr zuordenbar sein und nicht
Geschäftsjahren nach durchgeführter Großreparatur.

Beispiel:

Eine GmbH schafft in Periode 01 eine Maschine an, Anschaffungskosten DM
100 000,—, die eine betriebsgewöhnliche Nutzungsdauer von 10 Jahren unter Einbeziehung der üblichen Instandhaltungsmaßnahmen aufweist. Zu Beginn des 6. Jahres
wird in Höhe von DM 30 000,— eine nichtaktivierungspflichtige Großreparatur
durchgeführt. In diesem Beispiel gibt es u. a. die beiden folgenden Rückstellungsalter-
nativen.

Alternative 1: Die GmbH stellt den vollen Reparaturaufwand in Höhe von DM
30 000,— in dem Geschäftsjahr vor Durchführung der Großreparatur (5. Jahr)
zurück.

Alternative 2: Der Gesamtaufwand für die Großreparatur wird gleichmäßig, d. h. mit
DM 6000,— jährlich, auf die 5 Jahre vor der angesetzten Reparatur verteilt, zurückge-
stellt.

Rückstellungsbildung für eine Großreparatur

Jahr	Normal- abschreibung	Rückstellungs- alternative (1)	Rückstellungs- alternative (2)
01	10 000,—	10 000,—	16 000,—
02	10 000,—	10 000,—	16 000,—
03	10 000,—	10 000,—	16 000,—
04	10 000,—	10 000,—	16 000,—
05	10 000,—	40 000,—	16 000,—
06	40 000,—	10 000,—	10 000,—
07	10 000,—	10 000,—	10 000,—
08	10 000,—	10 000,—	10 000,—
09	10 000,—	10 000,—	10 000,—
10	10 000,—	10 000,—	10 000,—
	130 000,— (incl. Reparatur- aufwand)	130 000,—	130 000,—

Das Passivierungswahlrecht für solche Aufwandsrückstellungen bietet der Geschäftsführung einer GmbH beachtliche bilanzpolitische Gestaltungsmöglichkeiten. Sie entscheidet frei über den Einsatz dieses bilanzpolitischen Instruments. Nur die Geschäftsführung einer GmbH kann darüber entscheiden, ob z. B. eine Großreparatur notwendig ist oder nicht. Nur sie kann eine solche Notwendigkeit sachlich begründen. Da kein Nachholverbot besteht, kann die Geschäftsführung einer GmbH außerdem frei darüber entscheiden, welche Periode in welcher Höhe mit vorweggenommenen Reparaturaufwendungen belastet wird (siehe Beispiel). In gleicher Weise hat die Geschäftsführung einer GmbH auch einen erheblichen bilanzpolitischen Spielraum in bezug auf die Auflösung einer solchen Rückstellung. Da Passivierungswahlrechte in der Handelsbilanz nach der Steuerrechtsprechung (BFH-Urteil vom 3. 2. 1969, Gr.S. BStBl II, S. 91) stets zu Passivierungsverboten führen, ist eine solche Aufwandsrückstellung in der Steuerbilanz grundsätzlich nicht möglich.

6.3 Gestaltungsmöglichkeiten bei dem Abzinsungsfaktor für Pensionsrückstellungen

Pensionsrückstellungen müssen künftig in der Handelsbilanz zwingend gebildet werden. Die Rückstellungspflicht folgt aus § 249 Abs. 1 Satz 1 HGB, wonach für ungewisse Verbindlichkeiten eine Rückstellung gebildet werden muß. Pensionsverpflichtungen sind ungewisse Verbindlichkeiten und damit rückstellungspflichtig.

Eine Passivierungspflicht besteht für Neuzusagen ab 1. 1. 1987. Für Pensionszusagen, die bis zum 31. 12. 1986 erfolgten, besteht nach wie vor ein Passivierungswahlrecht.

Eine Passivierungspflicht besteht darüber hinaus für Erhöhungen von Pensionszusagen, die vor dem 1. 1. 1987 gegeben wurden.

Pensionsverpflichtungen müssen in der Handelsbilanz auf der Passivseite unter

B. Rückstellungen

1. Rückstellungen für Pensionen und ähnliche Verpflichtungen

ausgewiesen werden. Nur die kleine GmbH braucht die Position nicht getrennt auszuweisen.

In der Gewinn- und Verlustrechnung nach dem Gesamtkostenverfahren erscheinen die Zuführungen zu den Pensionsrückstellungen unter:

6. Personalaufwand

.

.

.

b) soziale Abgaben und Aufwendungen für Altersversorgung und Unterstützung
— davon für Altersversorgung

Wird die Gewinn- und Verlustrechnung nach dem Umsatzkostenverfahren erstellt, ist für einen direkten Ausweis des Altersversorgungsaufwands keine Position vorgesehen. Nach § 285 Nr. 8 b HGB muß dann ein entsprechend gegliederter Ausweis im Anhang erfolgen.

Der Anhang erhält in bezug auf den Ausweis von Pensionsverpflichtungen eine besondere Bedeutung. Vor allem nach dem Übergang zur neuen handelsrechtlichen Rechnungslegung sind im Anhang zu den Pensionsverpflichtungen bestimmte Angaben zu machen:

● Der Anhang muß Auskunft darüber geben, ob für Pensionszusagen nach dem Grundsatz des Passivierungswahlrechts oder auch schon vor dem 1. 1. 1987 nach dem Grundsatz der Passivierungspflicht Rückstellungen gebildet wurden.

● Der Anhang muß weiterhin darüber eine Aussage treffen, ob in der Folge des neuen Bilanzrechts die Bilanzierungs- oder die Bewertungsmethoden für Pensionsverpflichtungen geändert wurden.

● Schließlich muß der Anhang etwas darüber aussagen, ob und mit welchen Auswirkungen nach dem 1. 1. 1987 unterschiedliche Grundsätze und Bewertungsverfahren für Altzusagen und Neuzusagen verwendet wurden.

Neben den unmittelbaren Pensionsverpflichtungen werden noch

● mittelbare Verpflichtungen

● pensionsähnliche unmittelbare oder mittelbare Verpflichtungen unterschieden.

Bei mittelbaren Verpflichtungen wird die betriebliche Altersversorgung über verselbständigte Pensions- oder Unterstützungskassen abgewickelt, wobei die GmbH als Trägerunternehmen bezeichnet werden kann.

Bei pensionsähnlichen Verpflichtungen handelt es sich um mittelbare oder unmittelbare Zusagen der GmbH als Arbeitgeber, die wie Pensionszusagen dem Zweck der betrieblichen Altersversorgung dienen, jedoch anders als die unmittelbare Pensionszusage gestaltet sind. Als Beispiele sind hier zu nennen: Treueprämien, Tantiemezahlungen, wenn diese von einem zukünftigen Ereignis (Erreichen der Altersgrenze, Invalidität oder Tod) abhängen u. dgl.

In bezug auf die mittelbaren Pensionsverpflichtungen bleibt es sowohl für die Altzusagen (vor dem 1. 1. 1987) als auch für die Neuzusagen (ab dem 1. 1. 1987) bei einem Passivierungswahlrecht.

In bezug auf die pensionsähnlichen Verpflichtungen besteht ebenfalls sowohl für die Altzusagen als auch für die Neuzusagen ein Passivierungswahlrecht.

Wesentliches Element der Bewertung von Pensionsverpflichtungen ist der Zins. Von der Höhe des Zinsfußes hängen der Rückstellungsaufwand und die Höhe der passivierten Pensionsrückstellungen ab. Der in § 6 a EStG festgelegte Zinssatz von 6 % für die Abzinsung von Pensionsverpflichtungen wird als alleiniger Maßstab für die Handelsbilanz in der Fachliteratur abgelehnt (Heubek, K., a. a. O., S. 357). Ausschlaggebend für die Höhe des Zinssatzes müssen vielmehr allein die handelsrechtlichen Überlegungen sein, wie sie sich aus den GoB und der Tatsache ergeben, daß Pensionsverpflichtungen eine besondere Art von Schulden darstellen, die sowohl Eigenkapital- als auch Fremdkapitalcharakter aufweisen.

Die Geschäftsführung einer GmbH kann bei der Festlegung des **Rechnungszinses für Pensionsrückstellungen** von der Rendite des in dem Unternehmen eingesetzten Kapitals ausgehen. Dabei kann sie von diesem Zinssatz, der die Ertragserwartung ausdrückt, wegen des unternehmerischen Risikos noch einen angemessenen Abschlag machen.

Die Geschäftsführung einer GmbH kann außerdem für die Feststellung des Zinssatzes zur Abzinsung den effektiven Zins heranziehen, den es bei Auslagerung der Finanzierungsmittel mit gleichartiger Sicherheit und für den gleichen Zweck anderweitig erhalten würde. Bei Pensionsverpflichtungen besteht die externe Alternative, daß die Pensionszahlungen bei Fälligkeit z. B. von einer **Pensionskasse**, von einem Versicherungsunternehmen oder von einer **Unterstützungskasse** geleistet werden. Die bei solchen

Trägern erzielbare garantierte Verzinsung könnte als untere Grenze für den internen Zins, der einer Abzinsung der Pensionszusagen zugrunde gelegt wird, angesehen werden. Dies ist einleuchtend, da eine GmbH bei einem niedrigeren internen Zinssatz die Möglichkeit hätte, für die Altersversorgung auf einen solchen externen Träger auszuweichen. Langfristig wird nach heutiger Einschätzung von Garantiewerten und danach von einem Mindestzinsfuß von 3 % bis 3,5 % ausgegangen.

Als Höchstzinssatz, der für die Abzinsung von Pensionszusagen Verwendung finden kann, kommt der Wert gemäß § 6 a EStG in Höhe von 6 % in Frage. Dies bedeutet, daß als Untergrenze für die Bewertung eine Pensionsverpflichtung in der Handelsbilanz mit einem Diskontierungssatz von höchstens 6 % abgezinst werden darf (vgl. Begründung des Gesetzgebers, BT-Drucksache 10/4268, S. 100).

Die Bandbreite für die Abzinsung einer Pensionszusage liegt demnach zwischen 3 % und 6 %.

Wird für die Handelsbilanz in bezug auf die Abzinsung von Pensionszusagen ein niedrigerer Zinssatz gewählt als der nach § 6 a EStG für die Steuerbilanz vorgeschriebene Zinssatz von 6 %, so liegt der Handelsbilanzgewinn unter dem Steuerbilanzgewinn. In einem solchen Falle kann die Geschäftsführung einer GmbH einen Rechnungsabgrenzungsposten mit der Bezeichnung „aktive latente Steuern" als Bilanzierungshilfe auf der Aktivseite der Bilanz ausweisen. Dieser Posten ist im Anhang zu erläutern.

6.4 Gestaltungsmöglichkeiten bei den Rückstellungen für latente Steuern

Latente Steuern sind die Differenz zwischen der effektiven Steuerschuld einer GmbH und einer fiktiven Steuerschuld, die sich bei Zugrundelegung des Handelsbilanzgewinns an Stelle des Steuerbilanzgewinns ergeben würde. Die Geschäftsführung einer GmbH ist nach § 274 Abs. 1 HGB verpflichtet, eine Rückstellung für latente Steuern zu bilden. Dabei muß sie sich darüber im klaren sein, daß nicht jede Steuerdifferenz zu einer Rückstellung für latente Steuern führt. Zeitlich unbegrenzte oder quasi zeitlich unbegrenzte Differenzen lösen keine solche Rückstellungspflicht aus. Gleichen sich z. B. die Steuerdifferenzen in späteren Geschäftsjahren nicht wieder aus, da die Aufwendungen oder die Erträge entweder nur in der Handelsbilanz oder nur in der Steuerbilanz berücksichtigt werden, stimmt insoweit das Ergebnis zwischen den beiden Bilanzen auch in der Totalbetrachtung nie überein. Wird eine Beteiligung in der Handelsbilanz und in der Steuerbilanz unterschiedlich bewertet, kommt ein Ausgleich dieser Wertdifferenz erst im Zeitpunkt einer Veräußerung zustande. In einem solchen Fall wird keine Rückstellung für latente Steuern erforderlich.

Liegen hingegen zeitlich begrenzte Differenzen vor, gleichen sich diese in späteren Geschäftsjahren wieder aus. Eine Preissteigerungsrücklage nach § 74 EStDV vermindert den Steuerbilanzgewinn, während der Handelsbilanzgewinn durch eine solche Rücklage nicht beeinflußt wird. Die Differenz hebt sich jedoch in späteren Geschäftsjahren, spätestens nach 6 Jahren, wieder vollkommen auf. Der Handelsbilanzgewinn ist zunächst größer als der Steuerbilanzgewinn. Die Geschäftsführung einer GmbH muß eine Rückstellung für latente Steuern bilden.

§ 274 Abs. 1 HGB knüpft folgende Voraussetzungen an die Rückstellungspflicht für latente Steuern:

- Es muß ein dem Geschäftsjahr und früheren Geschäftsjahren zuzurechnender Steueraufwand vorliegen

- Der Steueraufwand ist zu niedrig, weil der nach den steuerrechtlichen Vorschriften zu versteuernde Gewinn niedriger ist als der Handelsbilanzgewinn

- Der zu niedrige Steueraufwand muß sich in späteren Jahren voraussichtlich wieder ausgleichen

Die Geschäftsführung einer GmbH muß insbesondere in den folgenden praktischen Fällen eine Rückstellung für latente Steuern bilden:

Aufwendungen für die Ingangsetzung und Erweiterung des Geschäftsbetriebs

Macht die Geschäftsführung einer GmbH von dieser Bilanzierungshilfe in der Handelsbilanz Gebrauch und aktiviert die Aufwendungen für die Ingangsetzung und Erweiterung des Geschäftsbetriebs, erhöht sich der handelsrechtliche Gewinn. In der Steuerbilanz hingegen müssen diese Aufwendungen als Betriebsausgaben abgesetzt werden. Dadurch ergibt sich eine Differenz zwischen Handelsbilanzgewinn und Steuerbilanzgewinn, die zwingend zur Bildung einer Rückstellung für latente Steuern führt.

Zuschreibungen beim abnutzbaren Anlagevermögen

Führt die Geschäftsführung einer GmbH bei abnutzbaren Anlagegütern eine Zuschreibung durch, indem sie eine Wertaufholung vornimmt, der keine steuerrechtliche Sonderabschreibung vorangegangen ist, erhöht sich zwar der Handelsbilanzgewinn, nicht jedoch der Steuerbilanzgewinn. Steuerrechtlich ist eine solche Zuschreibung wegen § 6 Abs. 1 Ziff. 1 EStG (Prinzip des uneingeschränkten Wertzusammenhangs) nicht möglich. Diese unterschiedliche Behandlung führt wiederum zu einer Bewertungsdifferenz, die die Verpflichtung zur Bildung einer Rückstellung für latente Steuern auslöst.

Bewertung bei im Zeitablauf steigenden Preisen nach dem Fifo-Verfahren

Bewertet in einer Phase steigender Preise die Geschäftsführung einer GmbH bestimmte Vorratsgegenstände nach dem Fifo-Verfahren, führt dies zu einer Erhöhung des Handelsbilanzgewinns, da nach Steuerrecht in der Steuerbilanz nur die Durchschnittsmethode gesetzlich zulässig ist. Auch in einem solchen Falle muß eine Rückstellung für latente Steuern gebildet werden.

Bei der Bildung einer Rückstellung für latente Steuern hat die Geschäftsführung einer GmbH den ungemilderten Körperschaftsteuersatz von 56 % zuzüglich Gewerbeertragsteuer zu verwenden. Der Ausschüttungssteuersatz von 36 % oder ein Mischsteuersatz sind nach der Auffassung in der Fachliteratur nicht zulässig (vgl. Brenner, J. G., a. a. O., S. 2417). Die Bildung einer Rückstellung für latente Steuern soll anhand eines Beispiels dargestellt werden.

Beispiel:

Eine GmbH soll in den Jahren 1988 bis einschließlich 1992 stets einen Jahresüberschuß von DM 10 000,— erzielen. Im Jahre 1988 führt die Geschäftsführung der GmbH eine Aktivierung von Erweiterungsaufwendungen in Höhe von DM 2000,— durch. Es wird ein vereinfachter Steuersatz von 50 % unterstellt.

Die folgende Tabelle zeigt in einer Gegenüberstellung von Steuerbilanz und Handelsbilanz die Behandlung der Erweiterungsaufwendungen und die Rückwirkungen auf die Rückstellung für latente Steuern:

Abschlußposition / Geschäftsjahr	1988	1989	1990	1991	1992	Summe
1. Steuerbilanz						
Jahresüberschuß **vor** Ingangsetzungs- und Erweiterungsaufwand und Steuern	10 000,—	10 000,—	10 000,—	10 000,—	10 000,—	50 000,—
./. Ingangsetzungs- und Erweiterungsaufwand (sofort verrechnet)	./. 2 000,—	—	—	—	—	./. 2 000,—
Jahresüberschuß **vor** Steuern	8 000,—	10 000,—	10 000,—	10 000,—	10 000,—	48 000,—
./. Steueraufwand/-zahlung effektiv	./. 4 000,—	./. 5 000,—	./. 5 000,—	./. 5 000,—	./. 5 000,—	./.24 000,—
Jahresüberschuß **nach** Steuern	4 000,—	5 000,—	5 000,—	5 000,—	5 000,—	24 000,—
2. Handelsbilanz						
Jahresüberschuß **nach** Aktivierung des Ingangsetzungs- und Erweiterungsaufwandes und **vor** Steuern	10 000,—	10 000,—	10 000,—	10 000,—	10 000,—	50 000,—
./. Abschreibung auf die Bilanzierungshilfe (20 %)	./. 400,—	./. 400,—	./. 400,—	./. 400,—	./. 400,—	./. 2 000,—
Jahresüberschuß **vor** Steuern	9 600,—	9 600,—	9 600,—	9 600,—	9 600,—	48 000,—
./. Steueraufwand/-zahlung effektiv	./. 4 000,—	./. 5 000,—	./. 5 000,—	./. 5 000,—	./. 5 000,—	./.24 000,—
./. Steueraufwand latent	./. 800,—	—	—	—	—	./. 800,—
+ Erträge aus der Auflösung der Rückstellung für latente Steuern	—	+ 200,—	+ 200,—	+ 200,—	+ 200,—	+ 800,—
Jahresüberschuß **nach** Steuern	4 800,—	4 800,—	4 800,—	4 800,—	4 800,—	24 000,—

Entwicklung der Rückstellung für latente Steuern bei der Aktivierung von Erweiterungsaufwendungen

Die nur handelsrechtlich mögliche Aktivierung der Erweiterungsaufwendungen im Jahre 1988 führt aus der Sicht des Ergebnisses in der Handelsbilanz zu einem zu niedrigen Steueraufwand, der in der Tabelle als effektiver Steueraufwand/-zahlung bezeichnet wird. Wäre das handelsbilanzielle Ergebnis für die Errechnung des Steueraufwands maßgeblich, hätten DM 4800,— (50 % aus DM 9600,—) angesetzt werden müssen. Tatsächlich wurden jedoch nur DM 4000,— bezahlt, so daß eine Rückstellung für latente Steuern in Höhe von DM 800,— gebildet werden muß.

Die aktivierten Erweiterungsaufwendungen, die eine Bilanzierungshilfe in der Handelsbilanz darstellen, werden innerhalb der Geschäftsjahre von 1988 bis 1992 allein in der Handelsbilanz, d. h. steuerunwirksam, abgeschrieben. Daraus resultiert, daß im Vergleich zum handelsbilanziellen Ergebnis (50 % von DM 9600,— = DM 4800,—), in der Steuerbilanz ein zu hoher Steueraufwand (50 % von DM 10 000,— = DM 5000,—) gezahlt bzw. verrechnet wird. In der Steuerbilanz fallen in diesen Jahren im Vergleich zum effektiven Handelsbilanzergebnis höhere Steueraufwendungen an.

In der Handelsbilanz werden zunächst **steuerunwirksame Buchungen** vorgenommen, die in der Steuerbilanz nicht zulässig sind und daher zwangsläufig auch die Steuerzahlung nicht beeinflussen können.

Die Auflösung der Rückstellung für latente Steuern beginnt mit Eintritt der höheren Steuerbelastung im Jahre 1989 und endet im Jahre 1992. Der Auflösungsbetrag errechnet sich pro Geschäftsjahr wie folgt:

effektiver Steueraufwand	DM 5000,—
— fiktiver Steueraufwand (50 % aus DM 9600,—)	DM 4800,—
= Ertrag aus der Auflösung	DM 200,—

7. KAPITEL
Publizierung der Verbindlichkeiten

7. Gestaltungsmöglichkeiten bei der Darstellung der Verbindlichkeiten

7.1 Gestaltungsmöglichkeiten in bezug auf die Verbindlichkeiten generell

Als Verbindlichkeiten sind in der GmbH-Bilanz jene Verpflichtungen auszuweisen, deren Bestehen, Höhe und Fälligkeit am Bilanzstichtag feststehen. Verbindlichkeiten sind demnach gegeben, wenn die GmbH nach Grund, Fälligkeit und Höhe eindeutig rechtlich verpflichtet ist. Die Geschäftsführung einer GmbH muß künftig sowohl bei der Gliederung der Verbindlichkeiten als auch bei den Vermerkpflichten eine Reihe von Neuerungen berücksichtigen.

Nach § 266 Abs. 3 HGB sind die Verbindlichkeiten einer GmbH wie folgt zu untergliedern:

C. Verbindlichkeiten

1. Anleihen
   — davon konvertibel

2. Verbindlichkeiten gegenüber Kreditinstituten

3. erhaltene Anzahlungen auf Bestellungen

4. Verbindlichkeiten aus Lieferungen und Leistungen

5. Verbindlichkeiten aus der Annahme gezogener und der Ausstellung eigener Wechsel

6. Verbindlichkeiten gegenüber verbundenen Unternehmen

7. Verbindlichkeiten gegenüber Unternehmen, mit denen ein Beteiligungsverhältnis besteht

8. sonstige Verbindlichkeiten
   — davon aus Steuern
   — davon im Rahmen der sozialen Sicherheit

Die kleine GmbH braucht die Verbindlichkeiten nicht zu untergliedern. Sie kann vielmehr sämtliche Verbindlichkeiten unter C. Verbindlichkeiten zusammengefaßt ausweisen.

Mittelgroße GmbHs können bei der Aufstellung ihrer Bilanz die Positionen

C.1. Anleihen

C.2. Verbindlichkeiten gegenüber Kreditinstituten

C.6. Verbindlichkeiten gegenüber verbundenen Unternehmen

C.7. Verbindlichkeiten gegenüber Unternehmen, mit denen ein Beteiligungsverhältnis besteht

weglassen. Sie sind jedoch dann verpflichtet, diese Verbindlichkeitskategorien im Anhang gesondert offen zu legen (§ 327 HGB).

C.1. Anleihen

Unter Anleihen sind nur die am öffentlichen Kapitalmarkt aufgenommenen langfristigen Darlehen auszuweisen (Schuldverschreibungen, Teilschuldverschreibungen). Werden derartige langfristige Darlehen nicht auf dem organisierten Kapitalmarkt aufgenommen, kommt ein Ausweis unter der Position „Anleihen" nicht in Betracht; sie sind unter den „sonstigen Verbindlichkeiten" auszuweisen. Hat die GmbH „eigene Anleihen" erworben, sind diese vom passivierten Betrag abzusetzen, wenn die Stücke verrechnet sind. Sonst sind sie als Wertpapiere des Anlage- oder Umlaufvermögens aktivisch auszuweisen.

C.2. Verbindlichkeiten gegenüber Kreditinstituten

Unabhängig von der Laufzeit und Besicherungsart sind unter dieser Position sämtliche kurz-, mittel- und langfristigen Kredite auszuweisen, die bei Kreditinstituten aufgenommen wurden.

C.3. Erhaltene Anzahlungen auf Bestellungen

Unter diesem Posten sind Anzahlungen von Kunden für von der GmbH noch zu erbringende Lieferungen oder Leistungen auszuweisen. Die Anzahlungen können jedoch auch, soweit es sich um Lieferungen handelt, von dem Posten „Vorräte" abgesetzt werden (§ 268 Abs. 5 HGB). Der Abzug ist bei den „Vorräten", also nicht bei einem Einzelposten der Vorräte vorzunehmen. Im Bilanzgliederungsschema könnte diese offene Absetzung wie folgt dargestellt werden:

B. Umlaufvermögen

	DM	DM

I. Vorräte

1. Roh-, Hilfs- und Betriebsstoffe ....
2. unfertige Erzeugnisse ....
3. fertige Erzeugnisse und Waren ....
4. geleistete Anzahlungen ....

....

5. ./. erhaltene Anzahlungen
auf Bestellungen .... _____

C.4. Verbindlichkeiten aus Lieferungen und Leistungen

Unter diesem Posten sind die Verpflichtungen einer GmbH aus dem normalen Geschäftsverkehr mit Lieferanten auszuweisen. Soweit derartige Verbindlichkeiten aus Umsätzen mit verbundenen Unternehmen oder aus Umsätzen mit Unternehmen, mit denen ein Beteiligungsverhältnis besteht, herrühren, sind diese unter C.6. bzw. unter C.7. auszuweisen.

C.5. Verbindlichkeiten aus der Annahme gezogener Wechsel und der Ausstellung eigener Wechsel

Unter diesem Posten sind die Schuldwechsel der GmbH, d. h. gezogene Wechsel (Tratten) oder eigene Wechsel (Solawechsel) auszuweisen. Selbstverständlich darf die Verbindlichkeit aus dem Schuldverhältnis (z. B. Verbindlichkeiten aus Lieferungen und Leistungen) neben der Wechselverbindlichkeit nicht zusätzlich ausgewiesen werden. Die Wechselverbindlichkeit entsteht erst dann, wenn der auf die GmbH gezogene Wechsel durch diese als Bezogene akzeptiert wird.

Kautions- oder Sicherungswechsel können nur dann unter dieser Position ausgewiesen werden, wenn die GmbH der eingegangenen Verbindlichkeit nicht nachgekommen ist und der Wechsel vom Inhaber in Umlauf gebracht werden darf.

Die Wechselverbindlichkeit umfaßt jeweils die Wechselsumme einschließlich Diskontbetrag.

C.6. Verbindlichkeiten gegenüber verbundenen Unternehmen

Unter dieser Position sind alle Verbindlichkeiten gegenüber verbundenen Unternehmen z. B.

• aus Lieferungen und Leistungen

• aus Darlehen

• aus Gewinnabführungsverträgen u. dgl.

auszuweisen.

C.7. Verbindlichkeiten gegenüber Unternehmen, mit denen ein Beteiligungsverhältnis besteht

Unter dieser Position sind ebenfalls alle Verbindlichkeiten z. B. aus Lieferungen und Leistungen, aus Darlehen, aus Gewinnabführungsverträgen u. dgl. auszuweisen, wenn eine GmbH an anderen Unternehmen eine Beteiligung hält.

C.8. Sonstige Verbindlichkeiten

In dieser Sammelposition sind alle Verbindlichkeiten zu erfassen, die nicht bereits unter den vorhandenen Gliederungsposten 1—7 gesondert ausgewiesen werden müssen. Dazu zählen z. B.:

• Rückständige Löhne und Gehälter, Tantiemen, Gratifikationen

• Fällige Miet- und Pachtzinsen

• Fällige Provisionen

• Fällige Zinsen, soweit sie nicht Bankverbindlichkeiten betreffen

• Verpflichtungen aus einbehaltenen und von der GmbH selbst zu tragenden Sozialabgaben

• Steuerschulden (z. B. Umsatzsteuer)

• Darlehensverbindlichkeiten, soweit diese kleine Verbindlichkeiten gegenüber Kreditinstituten und keine Anleihen sind

• Fällige Vereins- und Verbandsbeiträge

• Kapitaleinzahlungsverpflichtungen gegenüber anderen Gesellschaften

• Aufsichtsrats-, Beirats- und Gutachtergebühren

- Verbindlichkeiten aus Zusagen im Rahmen der betrieblichen Altersversorgung, Verpflichtungen gegenüber betrieblichen Sozialeinrichtungen, Verbindlichkeiten zu Unterstützungszwecken, z. B. aus der Übernahme von Arzt-, Kur- oder Krankheitskosten (Voraussetzung: Höhe und Fälligkeit stehen tatsächlich fest, sonst Rückstellungen)

Die Geschäftsführung einer GmbH muß darauf achten, daß sie künftig bei den „sonstigen Verbindlichkeiten" in „Steuerverbindlichkeiten" und „Verbindlichkeiten im Rahmen der sozialen Sicherheit" in der Bilanz untergliedern muß.

Beispiel:

C.8.	sonstige Verbindlichkeiten		DM 365 000,—
	— davon aus Steuern	DM 220 000,—	
	— davon im Rahmen der sozialen Sicherheit	DM 145 000,—	

Zu den Verbindlichkeiten im Rahmen der sozialen Sicherheit, die in der Bilanz gesondert in einer Summe zusammenzufassen sind, zählen:

- Verbindlichkeiten aus gesetzlichen Pflichtabgaben, z. B. Beiträge an die Angestellten-, Arbeitslosen-, Kranken- und Invalidenversicherung, Berufsgenossenschafts- und Knappschaftsbeiträge, Beiträge zur Insolvenzversicherung;

- Verbindlichkeiten aus Zusagen im Rahmen der betrieblichen Altersversorgung, z. B. Renten an gewerbliche Arbeitnehmer, Angestelltenpensionen mit oder ohne Rechtsanspruch, Verpflichtungen gegenüber betrieblichen Sozialeinrichtungen wie Unterstützungskassen und Pensionskassen;

- Verbindlichkeiten zu Unterstützungszwecken, z. B. aus der Übernahme von Arzt-, Kur- oder Krankenhauskosten.

In bezug auf die Bewertung der Verbindlichkeiten, z. B. der Verbindlichkeiten aus Lieferungen und Leistungen, gelten die bisherigen Bewertungsgrundsätze.

Beispiel:

Eine GmbH erwirbt am 1. 10. 1987 mehrere Investitionsgüter von einer US-Lieferfirma im Gesamtwert von 200 000 US-Dollar. Der US-Dollar wird am 1. 10. 1987 mit 1 US-Dollar = DM 1,80 (Briefkurs) notiert.

Am Bilanzstichtag 31. 12. 1987 wird an der Devisenbörse notiert: 1 US-Dollar = DM 2,—.

Nach § 253 Abs. 1 Satz 2 HGB sind Verbindlichkeiten mit ihrem Rückzahlungsbetrag zu bewerten. Da der Entstehungskurs der Verbindlichkeiten am 1. 10. 1987 unter dem Kurs am Bilanzstichtag 31. 12. 1987 liegt, muß die Verbindlichkeit nach dem Vorsichtsprinzip bzw. nach dem Höchstwertprinzip mit DM 2,— bewertet werden. Die Verbindlichkeit ist demnach mit 200 000 x DM 2,— = DM 400 000,— zu passivieren. Bei Entstehung der Lieferschuld waren nur 200 000 x DM 1,80 = DM 360 000,— passiviert worden. Der Differenzbetrag von DM 40 000,— ist als sonstiger betrieblicher Aufwand in der Gewinn- und Verlustrechnung (Position Nr. 8 nach dem Gesamtkostenverfahren bzw. Position Nr. 7 nach dem Umsatzkostenverfahren) zu erfassen, da nach dem Imparitätsprinzip drohende Verluste ausgewiesen werden müssen.

7.2 Darstellungsmöglichkeiten bei der Aufstellung eines Verbindlichkeitenspiegels

Nach § 268 Abs. 5 HGB muß bei jeder Verbindlichkeitenkategorie in der Bilanz der Betrag der Verbindlichkeiten mit einer Restlaufzeit bis zu einem Jahr vermerkt werden. In der Bilanz einer großen GmbH kann diese Vermerkpflicht alle 8 Verbindlichkeitenpositionen betreffen. Zusammen mit den Restlaufzeiten bei den Forderungen (mehr als 1 Jahr) soll dem externen Bilanzleser ein verbesserter Einblick in die Finanzlage einer GmbH gewährt werden.

Bei der Darstellung der Verbindlichkeiten wird künftig auf die Restlaufzeit abgehoben. Restlaufzeit ist die Zeit zwischen dem jeweiligen Bilanzstichtag und dem Zeitpunkt der Begleichung der Verbindlichkeit.

Nach § 285 Nr. 1 HGB muß die GmbH außerdem im Anhang in bezug auf die Verbindlichkeiten noch folgendes angeben:

* den Gesamtbetrag der Verbindlichkeiten mit einer Restlaufzeit von mehr als 5 Jahren

* den Gesamtbetrag der Verbindlichkeiten, die durch Pfandrechte oder ähnliche Rechte gesichert sind, unter Angabe von Art und Form der Sicherheiten. Hierzu zählen z. B. Pfandbestellung, Sicherungsübereignung und Nießbrauch.

Für die **kleine GmbH** genügt es daher, im Anhang nur den Gesamtbetrag der Verbindlichkeiten mit einer Restlaufzeit von mehr als 5 Jahren anzugeben. Eine detaillierte Angabepflicht besteht demgegenüber nicht. Außerdem braucht die kleine GmbH die Höhe der Sicherheiten nur insgesamt anzugeben, nicht jedoch den auf die einzelne Sicherungsart entfallenden Betrag der Verbindlichkeiten.

Die **mittelgroßen** und die **großen GmbHs** müssen für jede einzelne Verbindlichkeitenkategorie angeben:

● in welcher Höhe die Verbindlichkeiten mit einer Restlaufzeit von mehr als 5 Jahren enthalten sind

● in welcher Höhe die einzelnen Verbindlichkeiten gesichert sind. Dabei sind auch die Art und Form der Sicherheiten anzugeben.

Für die Geschäftsführung einer GmbH empfiehlt es sich, die Angaben zu den Verbindlichkeiten in der Form eines Verbindlichkeitenspiegels (Abb. 25) zu machen, der im Anhang erscheint.

Art der Verbindlichkeit	Gesamt-betrag	davon mit einer Restlaufzeit von			gesicherte Beträge	Art der Sicherheit
		≤ 1 Jahr	1-5 Jahren	> 5 Jahren		
		T DM	T DM	T DM	T DM	T DM
gegenüber Kredit-instituten	40 000	25 000	8 000	7 000	7 000	Grundpfand-rechte
aus Lieferungen und Leistungen	35 000	35 000			31 000	Eigentums-vorbehalte
gegenüber verbun-denen Unternehmen	18 000	15 000	3 000		15 000	Eigentums-vorbehalte
					3 000	Sicherungsab-tretung von Forderungen
gegenüber Unternehmen, mit denen ein Beteili-gungsverhältnis besteht	12 000		12 000		12 000	Grundpfand-rechte
sonstige Verbind-lichkeiten	5 000	5 000			—	—
Summe	110 000	80 000	23 000	7 000	68 000	

Angaben aus der Bilanz   durch Saldierung zu ermitteln   Angaben aus dem Anhang

bei der kleinen GmbH stehen diese Angaben nur für den Gesamtbetrag der Verbindlichkeiten zur Verfügung

Abb. 25: Verbindlichkeitenspiegel

Im Rahmen der Bilanzanalyse wird man künftig bei den Kapitalgesellschaften das Fremdkapital bzw. die Verbindlichkeiten wie folgt einteilen:

* Kurzfristiges Fremdkapital (Verbindlichkeiten mit einer Restlaufzeit bis zu einem Jahr)

* Mittelfristiges Fremdkapital (Verbindlichkeiten mit einer Restlaufzeit zwischen einem Jahr und 5 Jahren)

* Langfristiges Fremdkapital (Verbindlichkeiten mit einer Restlaufzeit von über 5 Jahren)

Der **externe Bilanzanalytiker** kann diese Einteilung selbst bei der kleinen GmbH unschwer vornehmen, da in der Bilanz der Betrag der Verbindlichkeiten mit einer Restlaufzeit von weniger als einem Jahr vermerkt werden muß. Außerdem muß der Gesamtbetrag der Verbindlichkeiten mit einer Restlaufzeit von mehr als 5 Jahren im Anhang angegeben werden. Es genügt daher eine einfache Saldierung, um als Differenzbetrag die Verbindlichkeiten mit einer Restlaufzeit von mehr als einem und weniger als 5 Jahren zu errechnen. Damit ist aber die Einteilung in kurz-, mittel- und langfristige Verbindlichkeiten möglich.

7.3 Darstellungsmöglichkeiten bei den Eventualverbindlichkeiten

Eventualverbindlichkeiten, für die ein Vermerk unter der Bilanz oder im Anhang nach § 268 Abs. 7 HGB in Frage kommt, gehören (§ 251 HGB):

* Verbindlichkeiten aus der Begebung und Übertragung von Wechseln

* Verbindlichkeiten aus Bürgschaften, Wechsel- und Scheckbürgschaften und aus Gewährleistungsverträgen

* Haftungsverhältnisse aus der Bestellung von Sicherheiten für fremde Verbindlichkeiten.

Die Angabe solcher Verbindlichkeiten unter der Bilanz oder im Anhang kommt überhaupt nur dann in Betracht, wenn es sich um Verbindlichkeiten handelt, die nicht bereits als solche auf der Passivseite der Bilanz auszuweisen sind. Es fallen hierunter nur die sogenannten Eventualverbindlichkeiten, bei denen noch ungewiß ist, ob eine Schuld tatsächlich entstehen wird.

Die Forderung in § 251 HGB, wonach die Haftungsverhältnisse unter der Bilanz zu vermerken sind, verbietet es, die einzelnen Beträge in einer nicht aufaddierten Vorspalte auf der Passivseite der Bilanz zu erfassen.

Die Geschäftsführung einer GmbH muß nach § 268 Abs. 7 HGB maximal die vorgenannten Verbindlichkeitenkategorien unter der Bilanz oder im Anhang ausweisen.

Bei den Verbindlichkeiten aus der Begebung und Übertragung von Wechseln handelt es sich um das sogenannte Wechselobligo. Ein solches Wechselobligo entsteht bei der Hereinnahme und Weitergabe von Kundenwechseln (Indossantenhaftung) sowie aus der Ausstellerhaftung, wie es sich z. B. bei dem Scheck-Wechsel-Verfahren ergibt. In das Wechselobligo ist der Gesamtbetrag sämtlicher Wechselsummen einzubeziehen, unabhängig von der Bonität der Akzeptanten. Nebenkosten bleiben im allgemeinen bei der Berechnung des Wechselobligos außer Betracht.

Zu den Haftungsverhältnissen aus der Bestellung von Sicherheiten für fremde Verbindlichkeiten gehören Grundpfandrechte, Sicherungsübereignungen und Verpfändungen beweglicher Sachen und Rechte, die für fremde Verbindlichkeiten (auch für Verbindlichkeiten des Gesellschafters einer GmbH) gewährt werden.

Die gesonderte Angabe von Verpflichtungen gegenüber verbundenen Unternehmen ist nur in denjenigen Fällen erforderlich, in denen das Haftungsverhältnis direkt gegenüber den verbundenen Unternehmen besteht. Haftet die GmbH gegenüber einem Dritten nur zu Gunsten eines verbundenen Unternehmens, ist der Vermerk dieser Verpflichtung unter der Bilanz nicht erforderlich. Der Vermerk von Haftungsverhältnissen gegenüber verbundenen Unternehmen kann z. B. wie folgt in der Bilanz dargestellt werden:

Verbindlichkeiten aus Bürgschaften, Wechsel- und Scheckbürgschaften und aus Gewährleistungsverträgen ⎯⎯⎯⎯

— davon gegenüber verbundenen Unternehmen ⎯⎯⎯⎯

oder

Verbindlichkeiten aus Bürgschaften, Wechsel-
und Scheckbürgschaften und aus Gewährleistungsverträgen

— gegenüber verbundenen Unternehmen   _____

— gegenüber Dritten   _____

                                       _____ _____
                                       ════════

Zur Darstellung der Eventualverbindlichkeiten und der sonstigen finanziellen Verpflichtungen im Anhang wird auf Punkt 10 verwiesen.

8. KAPITEL

Die GuV-Rechnung –
Abrechnungsmethoden –
Erfolgsspaltung

Kurzübersicht Seite

8. Darstellungsmöglichkeiten bei der Aufstellung der Gewinn- und Verlustrechnung

8.1 Gewinn- und Verlustrechnung nach dem Gesamtkostenverfahren

Die Gewinn- und Verlustrechnung hat die Aufgabe, das Zustandekommen des *Periodenerfolges* einer GmbH nach Art, Höhe und Quellen zu erklären. Dazu werden die Erfolgskomponenten „Erträge" und „Aufwendungen" gegenübergestellt. Der Saldo zwischen den Erträgen und Aufwendungen stellt den Jahreserfolg, den Jahresüberschuß oder den Jahresfehlbetrag dar. Dieser Saldo erscheint dann in einer Summe auch in der Bilanz. Das ausgewiesene Jahresergebnis Jahresüberschuß oder Jahresfehlbetrag bildet den Ausgangspunkt für die Gewinnverwendungsrechnung. Bilanz und Gewinn- und Verlustrechnung korrespondieren miteinander.

Die Geschäftsführung einer GmbH hat die Möglichkeit für die Gliederung der Gewinn- und Verlustrechnung zwischen einer Gliederung nach dem Gesamtkostenverfahren oder nach dem Umsatzkostenverfahren zu wählen. Die Gewinn- und Verlustrechnung nach dem Gesamtkostenverfahren stellt eine sogenannte Produktionsrechnung dar. In ihr werden die Aufwendungen eines Geschäftsjahres der gesamten Betriebsleistung (Produktion) gegenüber gestellt, unabhängig davon, ob sie Umsatz geworden ist oder nicht. Dies bedeutet, daß bei der Gewinn- und Verlustrechnung nach dem Gesamtkostenverfahren die Bestandsveränderungen als Korrekturgröße dem Umsatz hinzuaddiert (Bestandserhöhung) oder vom Umsatz abgezogen (Bestandsminderung) werden.

Die Struktur der Gewinn- und Verlustrechnung auf der Basis des Gesamtkostenverfahrens kann nach § 275 Abs. 2 HGB wie folgt dargestellt werden:

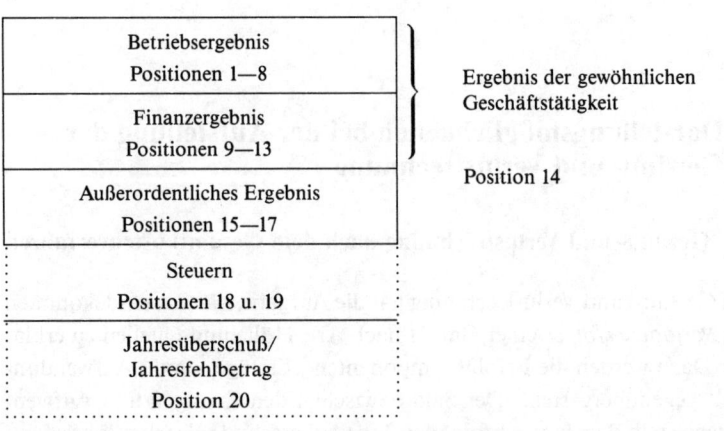

Abb. 26: Grundstruktur der Gewinn- und Verlustrechnung gemäß § 275 Abs. 2 HGB

Grundgedanke der Gliederung der Gewinn- und Verlustrechnung nach dem Gesamtkostenverfahren ist es, das Ergebnis der gewöhnlichen Geschäftstätigkeit einer GmbH von dem außerordentlichen Ergebnis abzugrenzen.

Innerhalb des Ergebnisses der gewöhnlichen Geschäftstätigkeit wird so gegliedert, daß es möglich wird, ein Betriebsergebnis und ein Finanzergebnis auszuwerfen. Ein separater Ausweis dieser beiden Positionen Betriebsergebnis und Finanzergebnis ist im gesetzlichen Gliederungsschema nach dem Gesamtkostenverfahren nicht ausdrücklich vorgeschrieben; der Bilanzleser ist jedoch in der Lage, durch Zusammenfassung der Gliederungspositionen 1 bis einschließlich 8 das **Betriebsergebnis** und durch Zusammenfassung der Positionen 9 bis einschließlich 13 das **Finanzergebnis** zu ermitteln.

Das folgende Gliederungsschema (Abb. 27) soll es der Geschäftsführung einer GmbH erleichtern, die Gewinn- und Verlustrechnung auf der Grundlage des Gesamtkostenverfahrens aufzustellen (zu den Gestaltungsmöglichkeiten der Gewinn- und Verlustrechnung nach dem Gesamtkostenverfahren, differenziert nach der Betriebsgröße einer GmbH, vgl. Punkt 3.2):

	Geschäftsjahr DM	Vorjahr DM

1. Umsatzerlöse ....

2. Erhöhung oder Verminderung des Bestandes an fertigen und unfertigen Erzeugnissen + / ./. ....

3. andere aktivierte Eigenleistungen + ...

4. sonstige betriebliche Erträge + ...
   — davon Erträge aus der Auflösung von Sonderposten mit Rücklagenanteil*
   — davon Kursgewinne*

5. Materialaufwand
   a) Aufwendungen für Roh-, Hilfs- und Betriebsstoffe und für bezogene Waren ./. ....
   b) Aufwendungen für bezogene Leistungen ./. ....

Rohergebnis* = ...

6. Personalaufwand
   a) Löhne und Gehälter ./. ....
   b) soziale Abgaben und Aufwendungen für Altersversorgung und für Unterstützung
   — davon für Altersversorgung ./. ....

7. Abschreibungen
   a) auf immaterielle Vermögensgegenstände und Sachanlagen sowie aktivierte Aufwendungen für die Ingangsetzung und Erweiterung des Geschäftsbetriebs ./. ....
   — davon außerplanmäßige Abschreibungen*
   — davon steuerliche Sonderabschreibungen*
   b) auf Vermögensgegenstände des Umlaufvermögens, soweit diese die in dem Unternehmen üblichen Abschreibungen überschreiten ./. ....
   — davon unübliche Abschreibungen*
   — davon steuerliche Sonderabschreibungen*

8. sonstige betriebliche Aufwendungen ./. ....
   — davon Einstellungen in den Sonderposten mit Rücklagenanteil gem.
   § 6 b EStG ....
   § 6 d EStG ....
   Abschn. 35 EStR
   usw.

Betriebsergebnis* = ...

9. Erträge aus Beteiligungen + ...
   — davon aus verbundenen Unternehmen ....
   Erträge aus Verlustübernahmen + ...
   Erträge aus Gewinngemeinschaften + ...
   Erträge aus Gewinnabführungsverträgen + ...

		Geschäftsjahr DM	Vorjahr DM
10. Erträge aus Wertpapieren und Ausleihungen des Finanzanlagevermögens	+	....	....
— davon aus verbundenen Unternehmen	....		
11. sonstige Zinsen und ähnliche Erträge	+	....	....
— davon aus verbundenen Unternehmen	....		
12. Abschreibungen auf Finanzanlagen und auf Wertpapiere des Umlaufvermögens	./.	....	....
13. Zinsen und ähnliche Aufwendungen	./.	....	....
— davon betreffend verbundene Unternehmen	....		
Aufwendungen für Verlustübernahmen	./.	....	....
Aufwendungen für Gewinngemeinschaften	./.	....	....
Aufwendungen für Gewinnabführungsverträge	./.	....	....
Finanzergebnis*	=	....	....
14. Ergebnis der gewöhnlichen Geschäftstätigkeit (= Betriebsergebnis + / ./. Finanzergebnis)	=	....	....
15. außerordentliche Erträge	+	....	....
16. außerordentliche Aufwendungen	./.	....	....
17. außerordentliches Ergebnis	=	....	....
Unternehmensergebnis vor Steuern* (Position 14 + 17)	=	....	....
18. Steuern vom Einkommen und Ertrag	./.	....	....
19. sonstige Steuern	./.	....	....
20. Jahresüberschuß/Jahresfehlbetrag	=	....	....

* Die mit * gekennzeichneten Positionen können sinnvollerweise in der GuV ausgewiesen werden, ohne daß die GmbH dazu verpflichtet wäre

Abb. 27:
Gliederung der Gewinn- und Verlustrechnung nach dem Gesamtkostenverfahren

Als **Umsatzerlöse** (Position Nr. 1) sind nach § 277 Abs. 1 HGB die Erlöse aus dem Verkauf und der Vermietung oder Verpachtung von für die gewöhnliche Geschäftstätigkeit der GmbH typischen Erzeugnissen und Waren sowie aus von für die gewöhnliche Geschäftstätigkeit der GmbH typischen Dienstleistungen nach Abzug von Erlösschmälerungen und der Umsatzsteuer auszuweisen.

In bezug auf die Umsatzerlöse können Abgrenzungsprobleme gegenüber den „sonstigen betrieblichen Erträgen" auftreten. Umsatzerlöse resultieren immer aus dem eigentlichen Betriebszweck der GmbH, der durch den Geschäftszweig bestimmt ist, in dem sich die GmbH betätigt. Erlöse aus der Vermietung von Grundbesitz sind für eine GmbH sonstige betriebliche

Erträge, wenn sie sich nicht auf dem Gebiet der Wohnungsvermietung oder dergleichen betätigt.

Keine Umsatzerlöse sind z. B. Erlöse aus dem Abgang von Gegenständen des Anlagevermögens, Einnahmen aus Nebenbetrieben (z. B. Werksküchen, Kantinen) u. dgl.

Dagegen sind Erlöse aus Schrottverkäufen, Erträge aus Lizenzverträgen usw. zu den Umsatzerlösen zu rechnen.

Zu den Erlösschmälerungen, um die die Umsatzerlöse gekürzt werden, zählen Rabatte, Skonti, umsatzabhängige Sondervergütungen, Treueprämien u. dgl. Ebenso sind zurückgewährte Entgelte, Gutschriften für Mängelrügen, Rückgaben usw. von den Umsatzerlösen abzusetzen.

Die Umsatzerlöse sind um die Umsatzsteuer zu kürzen. Der Bruttoausweis (einschließlich Umsatzsteuer) und die Erfassung der Umsatzsteuern unter den „sonstigen Steuern" ist nach der Definition des § 277 Abs. 1 HGB künftig nicht mehr möglich.

Die Position Nr. 2 **Bestandsveränderungen** ist notwendig, um in der Gewinn- und Verlustrechnung nach dem Gesamtkostenverfahren den Periodengewinn auszuweisen. In dieser Position Bestandsveränderungen wirken sich sowohl Änderungen der Menge als auch Bewertungsänderungen aus. Wertänderungen dürfen jedoch nur berücksichtigt werden, soweit sie nicht die in der GmbH sonst „üblichen Abschreibungen" überschreiten. Die Gliederungsposition Nr. 7 b soll diejenigen Abschreibungen auf das Umlaufvermögen aufnehmen, die die üblichen Abschreibungen auf das Umlaufvermögen überschreiten (z. B. außerplanmäßige Abschreibungen, steuerliche Sonderabschreibungen).

Fallen die Gründe für eine außerplanmäßige Abschreibung bei bestimmten Fertigerzeugnissen oder Waren fort und wird eine Zuschreibung vorgenommen, so sind derartige Zuschreibungen in der Bestandsveränderung (Gliederungsposition 2) und nicht gesondert auszuweisen. Allerdings kann dann eine Erläuterungspflicht im Anhang entstehen, wenn diese Zuschreibung wesentlich ist.

Die Position Nr. 3 **andere aktivierte Eigenleistungen** ist gesetzlich nicht definiert. Sie umfaßt u. a. selbsterstellte Anlagen, aktivierte Großreparaturen u. dgl. Kostenrechnerisch betrachtet handelt es sich hier um aktivierungsfähige bzw. aktivierungspflichtige innerbetriebliche Leistungen, die als Erträge erfaßt werden müssen. Selbst erzeugte Roh-, Hilfs- und Betriebsstoffe sind unter der Position „Erhöhung oder Verminderung des Bestandes an fertigen und unfertigen Erzeugnissen" auszuweisen und nicht unter den „anderen aktivierten Eigenleistungen".

Nachaktivierungen auf Grund von Feststellungen der steuerlichen Betriebsprüfung, die die GmbH im Interesse der Anpassung ihrer Handelsbilanz an die Steuerbilanz vornimmt, gehören nicht zu der Position „andere aktivierte Eigenleistungen". Derartige Erträge werden vielmehr unter der Position 4 „sonstige betriebliche Erträge" ausgewiesen.

Die Position Nr. 4 **sonstige betriebliche Erträge** stellt einen Sammelposten dar, der die Erträge ausweist, die aus der gewöhnlichen Geschäftstätigkeit stammen, aber nicht bei anderen Ertragspositionen auszuweisen sind. Die inhaltliche Bestimmung dieser Gliederungsposition ist nur dann zutreffend möglich, wenn gegenüber den Umsatzerlösen und Finanzerträgen einerseits und den außerordentlichen Erträgen andererseits exakt abgegrenzt wurde.

Besonders wichtig ist die Abgrenzung zwischen den „sonstigen betrieblichen Erträgen" und den „außerordentlichen Erträgen". Dies dürfte vielen GmbHs Schwierigkeiten bereiten, da die Position „sonstige betriebliche Erträge" künftig viele Ertragsposten aufnimmt, die nach bisherigem Bilanzierungsverständnis als „außerordentliche Erträge" angesehen wurden. So werden unter den „sonstigen betrieblichen Erträgen" künftig u. a. erfaßt:

- Erträge aus dem Abgang von Vermögensgegenständen des Anlagevermögens

- Erträge aus der Zuschreibung auf Vermögensgegenstände des Anlagevermögens

- Erträge aus Zuschreibungen zu Forderungen wegen einer Kürzung des Pauschaldelkredere

- Erträge aus der Auflösung von Rückstellungen

- Erträge aus der Auflösung des Sonderpostens mit Rücklagenanteil

Nach bisheriger Bilanzierungspraxis waren diese Erträge unter den „außerordentlichen Erträgen" erfaßt worden. Wichtig ist noch festzuhalten, daß Erträge aus der Auflösung des Sonderpostens mit Rücklagenanteil entweder in der GuV gesondert ausgewiesen werden müssen oder alternativ im Anhang anzugeben sind. Werden sie in der GuV ausgewiesen, muß die Position Nr. 4 „sonstige betriebliche Erträge" untergliedert werden:

4. sonstige betriebliche Erträge

a) Erträge aus der Auflösung des Sonderpostens mit Rücklagenanteil

b) übrige

Darüber hinaus rechnen zu den sonstigen betrieblichen Erträgen insbesondere noch folgende Erträge:

- Erlöse aus betriebsleistungsfremden Umsätzen

- Zahlungseingänge auf in früheren Jahren ausgebuchte Forderungen

- Schuldnachlässe, soweit diese nicht auf gesellschaftsrechtlicher Grundlage erfolgen

- Währungsgewinne

- Erhöhung des Festwertes

- Schadenersatzvergütungen

- Kostenerstattungen sowie Rückvergütungen und Gutschriften für frühere Jahre

- Steuererstattungen

Die Position Nr. 5 **Materialaufwand** ist unterteilt:

5. Materialaufwand

a) Aufwendungen für Roh-, Hilfs- und Betriebsstoffe sowie für bezogene Waren

b) Aufwendungen für bezogene Leistungen

In der Position Nr. 5 a ist der gesamte Materialverbrauch aus dem Fertigungsbereich einer GmbH zu erfassen:

- alle Fertigungsstoffe

- Einstandswerte verkaufter Handelswaren

- Reparaturstoffe

- Baumaterial, soweit es einen Gegenposten in den aktivierten Eigenleistungen findet

- Reinigungsmaterial

- Brenn- und Heizstoffe

- Reserveteile

- Verbrauchsmaterial (mit Ausnahme der Versandpackungen)

Unter diesem Posten Nr. 5 a sind außerdem die üblichen Abschreibungen auf Grund des Niedertswertprinzips einschließlich der Inventurdifferenzen bei Vorräten zu erfassen. Soweit derartige Abschreibungen die in der GmbH üblichen Abschreibungen überschreiten, ist ein gesonderter Ausweis unter Position Nr. 7 b erforderlich.

Unter Position Nr. 5 b wird der gesonderte Ausweis der Aufwendungen für bezogene Leistungen gefordert. Darunter sind sämtliche Aufwendungen für Leistungen Dritter zu erfassen, die eine GmbH für den Fertigungs- oder Leistungsbereich in Anspruch nimmt. Dazu zählen z. B. Fremdleistungen wie Reparaturen, Fertigungslizenzen, Lohn-Be- und Verarbeitungen, Strom- und Energieaufwendungen u. dgl.

Die mittelgroße GmbH kann für die Veröffentlichung der Gewinn- und Verlustrechnung die ersten 5 Positionen zu dem Posten „Rohergebnis" zusammenfassen.

Die Position Nr. 6 **Personalaufwand** ist unterteilt:

6. Personalaufwand

    a) Löhne und Gehälter

    b) soziale Abgaben und Aufwendungen für Altersversorgung und für Unterstützung

    — davon für Altersversorgung

Die Position Nr. 6 a Löhne und Gehälter umfaßt die Bruttobeträge aller Vergütungen, die im Geschäftsjahr an Belegschaftsmitglieder im Rahmen der bestehenden Arbeitsverhältnisse gewährt worden sind. Dabei kommt es nicht darauf an, in welcher Form und unter welcher Bezeichnung die Arbeitsentgelte geleistet worden sind. Nicht zu den Löhnen und Gehältern gehören Auslagenerstattungen an Mitarbeiter (z. B. an Arbeitnehmer verauslagte Reisekosten, die dienstliche Verwendung privater Pkws u. dgl.). Solche Aufwendungen gehören stets zu den „sonstigen betrieblichen Aufwendungen".

Soweit Arbeitnehmer von Fremdfirmen gezahlt werden, sind die dadurch der GmbH entstandenen Aufwendungen immer unter den sonstigen betrieblichen Aufwendungen zu erfassen.

In der Position Nr. 6 b sind die sozialen Abgaben auszuweisen. Unter sozialen Abgaben versteht man alle sozialen Aufwendungen, die eine GmbH auf Grund gesetzlicher Verpflichtungen zu erbringen hat. Es sind dies die Arbeitgeberanteile zur Rentenversicherung der Angestellten und Arbeiter und die an die gesetzlichen Träger der Unfallversicherung zu zahlenden Beiträge. Auch die Beiträge zur Insolvenzversicherung von betrieblichen Versorgungszusagen an den Pensionssicherungsverein sind unter den sozialen Abgaben zu erfassen.

Weiter sind in der Position Nr. 6 b die Aufwendungen für Altersversorgung und für Unterstützung zusammen mit den sozialen Abgaben in einer Summe auszuweisen. Dabei ist allerdings zu beachten, daß der Aufwand für Altersversorgung gesondert in einem Vermerk offengelegt werden muß:

.

.

.

— davon für Altersversorgung DM .... Vorjahr DM ....

Zu den **Aufwendungen für Altersversorgung** gehören:

* Zuführungen zu Pensionsrückstellungen bzw. Pensionszahlungen

* Zuweisungen an Unterstützungs- und Pensionskassen

* Versicherungsbeiträge zu Gunsten von Arbeitnehmern für Zwecke der Altersversorgung (Direktversicherung)

Unterstützungsaufwendungen, die ebenfalls unter dieser Position Nr. 6 b erfaßt werden, sind dadurch gekennzeichnet, daß sie nicht für unmittelbare Gegenleistungen der Empfänger erbracht werden. Hierzu gehören z. B.:

* Heirats- und Geburtsbeihilfen

* Übernommene Kur- und Arztkosten

* Erholungsbeihilfen

Die Position Nr. 7 **Abschreibungen** ist unterteilt in:

7. Abschreibungen

   a) auf immaterielle Vermögensgegenstände und Sachanlagen sowie aktivierte Aufwendungen für die Ingangsetzung und Erweiterung des Geschäftsbetriebs

   b) auf Vermögensgegenstände des Umlaufvermögens, soweit diese die in dem Unternehmen üblichen Abschreibungen überschreiten

Unter der Position Nr. 7 a werden sowohl planmäßige handelsrechtliche Abschreibungen als auch Sonderabschreibungen auf Grund steuerrechtlicher Vorschriften erfaßt. In bezug auf die steuerrechtlichen Sonderabschreibungen hat die Geschäftsführung einer GmbH ein Wahlrecht, ob sie den Unterschiedsbetrag zwischen den planmäßigen handelsrechtlichen Abschreibungen und den steuerrechtlichen Sonderabschreibungen in den Sonderposten mit Rücklagenanteil einstellt oder ob sie die steuerlichen Sonderabschreibungen unter Nr. 7 a ausweist und im Anhang erläutert. Werden die steuerlichen Sonderabschreibungen unter Position 7 a ausgewiesen, empfiehlt es sich, in einer davon-Spalte diese Beträge nochmals getrennt aufzuführen.

Die Position Nr. 7 a enthält auch die außerplanmäßigen Abschreibungen auf das Anlagevermögen, die zweckmäßigerweise ebenfalls in einer davon-Spalte getrennt ausgewiesen werden, da sie sonst im Anhang anzugeben sind.

Unter der Position Nr. 7 b werden nur diejenigen Abschreibungen erfaßt, die die üblichen Abschreibungen überschreiten. Dies bedeutet, daß diese Position auf keinen Fall folgende üblichen Abschreibungen enthält:

- Erhöhung oder Verminderung des Bestands an fertigen und unfertigen Erzeugnissen (unter Position Nr. 2)

- Materialaufwand (unter Position Nr. 5)

- Abschreibungen auf Forderungen und sonstige Vermögensgegenstände (unter Position Nr. 8)

- Abschreibungen auf Finanzanlagen und auf Wertpapiere des Umlaufvermögens (unter Position Nr. 12)

Was unter unüblichen Abschreibungen zu verstehen ist, wird im Gesetz nicht definiert. Es bleibt daher für die Geschäftsführung einer GmbH ein bilanzpolitischer Spielraum im Hinblick darauf, was sie unter Position Nr. 7 b ausweist. Dabei ist auch der Grundsatz der Wesentlichkeit zu beachten. Es sollten unter Nr. 7 b möglichst nur solche Beträge ausgewiesen werden, die für die Beurteilung der Vermögens- und Ertragslage der GmbH im Sinne des Grundsatzes des true-and-fair-view von Bedeutung sind.

In bezug auf die Abschreibungen auf Forderungen kommt ein Ausweis unter Position Nr. 7 b in Betracht, wenn es sich um eine Forderung an einen Großkunden handelt, die zweifelhaft wird und ausfällt, wodurch ein unüblicher Abschreibungsaufwand entsteht.

Die Position Nr. 8 **sonstige betriebliche Aufwendungen** stellt einen Sammelposten dar, der die Aufwendungen enthält, die aus der gewöhnlichen Geschäftstätigkeit stammen, aber nicht bei anderen Aufwandspositionen ausgewiesen werden. Es handelt sich dabei um den korrespondierenden Posten zu Position Nr. 4 „sonstige betriebliche Erträge". Die Position Nr. 8 „sonstige betriebliche Aufwendungen" ist von der Position Nr. 16 „außerordentliche Aufwendungen" abzugrenzen. Dabei ist wie bei den sonstigen betrieblichen Erträgen auch bei den sonstigen betrieblichen Aufwendungen darauf hinzuweisen, daß unter der Position Nr. 8 künftig Aufwendungen enthalten sind, die nach bisherigem Bilanzverständnis unter den außerordentlichen Aufwendungen ausgewiesen wurden. So werden unter dieser Position Nr. 8 künftig erfaßt:

● Verluste aus dem Abgang von Vermögensgegenständen des Anlagevermögens

● Verluste aus dem Abgang von Gegenständen des Umlaufvermögens

● Abschreibungen auf Forderungen, soweit diese den üblichen Rahmen nicht überschreiten

Die Position Nr. 8 enthält darüber hinaus auch die Einstellungen in den Sonderposten mit Rücklagenanteil. Werden diese Einstellungen in den Sonderposten mit Rücklagenanteil nicht gesondert in der Gewinn- und Verlustrechnung ausgewiesen, muß im Anhang darüber berichtet werden.

In den Sammelposten Nr. 8 sind außerdem, wie nach bisherigem Recht, folgende Aufwendungen aufzunehmen:

● Reisekosten

● Ausgangsfrachten

- Vertreterprovisionen
- Porto, Telefon, Teletex, Telefax
- Aufwendungen für Werbung
- Mieten und Pachten
- Hausverwaltungskosten
- Rechtsschutzkosten
- Prüfungskosten
- Konzessionsabgaben
- Gründungskosten
- Beiträge an Berufsvertretungen
- Transport- und Lagerkosten
- Versicherungen
- Gebühren und Spenden
- Ausbildungs-, Bewirtungs- und Betreuungskosten
- Kosten des Aufsichtsrats

Diese Aufzählung ist keinesfalls vollständig und zeigt, wie umfangreich diese Position ausfallen kann.

Die Position Nr. 9 **Erträge aus Beteiligungen** umfaßt vor allem die Dividendenerträge einschließlich der anrechnungsfähigen Körperschaftsteuer. Die einbehaltene Kapitalertragsteuer darf mit den Beteiligungserträgen nicht verrechnet werden; sie ist vielmehr über Forderungen oder Rückstellungen zu erfassen.

Gewinne aus der Veräußerung von Beteiligungen sind unter der Position Nr. 4 „sonstige betriebliche Erträge" auszuweisen.

Beteiligungserträge aus verbundenen Unternehmen sind gesondert mit einem davon-Vermerk auszuweisen.

Erträge aus Beteiligungen sind auch Gewinnanteile von Personengesellschaften und stillen Gesellschaften.

Nach der Position Nr. 9 sind Erträge aus Verlustübernahmen, aus Gewinngemeinschaften und aus Gewinnabführungsverträgen als Sonderposten gesondert auszuweisen.

Unter der Position Nr. 10 **Erträge aus Wertpapieren und Ausleihungen des Finanzanlagevermögens** sind alle Erträge aus Finanzanlagen zu erfassen, die nicht zu den Erträgen aus Beteiligungen gehören. Soweit solche Erträge von verbundenen Unternehmen stammen, ist dies gesondert zu vermerken.

Unter Position Nr. 10 sind auch die Dividenden von eingetragenen Genossenschaften zu erfassen, da die Mitgliedschaft in einer eingetragenen Genossenschaft in keinem Fall als Beteiligung im Sinne des HGB aufzufassen ist (§ 271 Abs. 1 letzter Satz HGB).

Erträge aus Wertpapieren des Umlaufvermögens und aus der Verzinsung von kurzfristigen Forderungen des Umlaufvermögens sind unter dem folgenden Posten Nr. 11 zu erfassen. Die Position Nr. 11 **sonstige Zinsen und ähnliche Erträge** umfaßt alle Erträge, die nicht unter den Positionen Nr. 9 oder Nr. 10 auszuweisen sind. Hierunter fallen insbesondere:

- Zinsen für Bankguthaben

- Zinsen auf Forderungen des Umlaufvermögens

- Zinsen und Dividenden auf Wertpapiere des Umlaufvermögens

- Erträge aus der Aufzinsung von abgezinsten Forderungen des Umlaufvermögens

Lieferantenskonti sind grundsätzlich keine Zinserträge, sondern, wie bisher auch, als Anschaffungskostenminderungen zu behandeln.

Als „ähnliche Erträge" sind unter Position Nr. 11 Erträge aus einem Aufgeld (Agio), Disagio oder Damnum, Kreditprovisionen, Erträge aus Kreditgarantien, Teilzahlungsaufschläge u. dgl. zu erfassen.

Auch bei Position Nr. 11 ist zu vermerken, inwieweit die Erträge aus verbundenen Unternehmen stammen.

Die Position Nr. 12 **Abschreibungen auf Finanzanlagen und auf Wertpapiere des Umlaufvermögens** enthält nur die üblichen Abschreibungen. Soweit derartige Abschreibungen den üblichen Rahmen überschreiten, sind sie gesondert unter der Position Nr. 7 b zu erfassen.

Unter der Position Nr. 13 **Zinsen und ähnliche Aufwendungen** sind u. a. auszuweisen:

- Zinsen für Kredite

- Diskontbeträge für Wechsel und Schecks

- Kreditprovisionen, Überziehungsprovisionen, Verwaltungskostenbeiträge, Kreditbereitstellungsgebühren, Bürgschaftsprovisionen
- Abschreibungen auf ein aktiviertes Agio, Disagio oder Damnum
- Frachtenstundungsgebühren

Wird ein Disagio oder Damnum sofort als Betriebsaufwand verbucht, ist dieser Betrag unter Nr. 8 „sonstige betriebliche Aufwendungen" zu erfassen.

Kundenskonti sind Erlösschmälerungen, die vom Umsatz abzusetzen sind, aber keinesfalls unter Position Nr. 13 erscheinen dürfen.

Soweit Zinsen und ähnliche Aufwendungen an verbundene Unternehmen geleistet werden, müssen diese gesondert vermerkt werden.

Nach der Position Nr. 13 sind Aufwendungen für Verlustübernahmen, für Gewinngemeinschaften und für Gewinnabführungsverträge als Sonderposten gesondert auszuweisen.

Die Position Nr. 14 **Ergebnis der gewöhnlichen Geschäftstätigkeit** stellt eine Zwischensumme dar, die das Betriebsergebnis und das Finanzergebnis umfaßt. Das Ergebnis der gewöhnlichen Geschäftstätigkeit ist von dem außerordentlichen Ergebnis abzugrenzen. Die dabei auftretenden Abgrenzungsprobleme werden in Punkt 11.3 ausführlich dargestellt.

Unter der Position Nr. 15 **außerordentliche Erträge** sind alle Erträge auszuweisen, die außerhalb der gewöhnlichen Geschäftstätigkeit liegen (§ 277 Abs. 4 HGB). Der Begriffsinhalt der außerordentlichen Erträge ist im Vergleich zum bisherigen Recht wesentlich enger. So zählen z. B. die aperiodischen Erträge künftig nicht mehr zu den außerordentlichen Erträgen. Die Position wird daher in der Zukunft nur noch relativ geringe Beträge aufnehmen.

Dasselbe gilt für die Position Nr. 16 **außerordentliche Aufwendungen.** Auch hier sind die aperiodischen Aufwendungen nicht mehr enthalten.

Das **außerordentliche Ergebnis** unter Position Nr. 17 als Differenz zwischen den außerordentlichen Erträgen und den außerordentlichen Aufwendungen hat nur noch einen relativ geringen Umfang aufzuweisen. Es kann sowohl einen positiven als auch einen negativen Wert annehmen.

Faßt man das Ergebnis der gewöhnlichen Geschäftstätigkeit und das außerordentliche Ergebnis zusammen, gelangt man zu der Zwischensumme „Unternehmensergebnis", die in der GuV ausgewiesen werden kann, aber nicht muß.

Unter der Position Nr. 18 **Steuern vom Einkommen und vom Ertrag** sind

• die Körperschaftsteuer

• die Gewerbeertragsteuer

• die Kapitalertragsteuer

auszuweisen.

Der Steueraufwand, der hier erfaßt wird, umfaßt sowohl alle laufenden Steuerzahlungen und Zuführungen zu den Rückstellungen als auch sämtliche Aufwendungen für frühere Geschäftsjahre, die nicht durch vorhandene Rückstellungen gedeckt sind.

Auch ausländische Ertragsteuern (z. B. auf ausländische Betriebsstättengewinne) sind unter dieser Position auszuweisen.

Steuerstrafen und Säumniszuschläge sind, auch wenn sie im Zusammenhang mit Steuern vom Einkommen und vom Ertrag stehen, in jedem Falle als sonstige betriebliche Aufwendungen zu erfassen.

Unter der Position Nr. 19 **sonstige Steuern** werden alle übrigen Steuern erfaßt, mit denen eine GmbH belastet wird. Hierzu gehören vor allen:

• Besitzsteuern: Vermögensteuer, Grundsteuer, Gewerbekapitalsteuer

• Verkehrssteuern: Erbschaftsteuer, Schenkungssteuer

• Verbrauchssteuern: Biersteuer, Branntweinsteuer, Tabaksteuer, Sektsteuer, Mineralölsteuer u. dgl.

In der Literatur (z. B. Biener/Fasold: Bilanzrichtlinien-Gesetz) wird allerdings auch die Auffassung vertreten, daß die Betriebssteuern bereits im Rahmen der Ergebnisermittlung der gewöhnlichen Geschäftstätigkeit zu berücksichtigen sind und deshalb vor dem Ausweis des „Ergebnisses der gewöhnlichen Geschäftstätigkeit" in die GuV einfließen sollten, damit dieses Zwischenergebnis nicht verfälscht wird.

Die Position Nr. 20 **Jahresüberschuß/Jahresfehlbetrag** stellt den rein rechnerischen Saldo aus dem Ergebnis der gewöhnlichen Geschäftstätigkeit (Nr. 14) und aus dem außerordentlichen Ergebnis (Nr. 17) unter Abzug der Steuern (Nr. 18 und Nr. 19) dar.

8.2 Gewinn- und Verlustrechnung nach dem Umsatzkostenverfahren

Das Umsatzkostenverfahren ist dadurch charakterisiert, daß den effektiven Umsatzerlösen innerhalb eines Geschäftsjahres die Umsatzaufwendungen gegenübergestellt werden, die auf die umgesetzten Produkte entfallen. Im Gegensatz zum Gesamtkostenverfahren werden somit nicht alle während eines Geschäftsjahres angefallenen Aufwendungen erfaßt, vielmehr werden den Umsatzerlösen unmittelbar die mit den kalkulierten Selbstkosten pro Einheit bewerteten Umsatzmengen gegenübergestellt. Dies bedeutet, daß im Rahmen des Umsatzkostenverfahrens keine periodengerechte Zuordnung der Bestandsveränderungen vorgenommen wird, sondern alle umgesetzten Produkte so behandelt werden, als wären sie in dem betreffenden Geschäftsjahre hergestellt worden.

Während bei dem Gesamtkostenverfahren die Aufwendungen nach Aufwandsarten (Kostenarten) gegliedert werden, erfolgt bei dem Umsatzkostenverfahren die Gliederung nach Funktionsbereichen:

• Herstellung

• Verwaltung

• Vertrieb

Das Umsatzkostenverfahren zeigt damit, wofür eine GmbH Kosten aufgewendet hat, für die Produktion, für den Vertrieb oder für die Verwaltung. Eine Erweiterung der Gliederung, z. B. um den gesonderten Ausweis der Aufwendungen des Bereiches Forschung und Entwicklung, wäre möglich. Das Umsatzkostenverfahren ist international gebräuchlich und ist daher besonders für GmbHs geeignet, die Konzernabschlüsse unter Einbeziehung ausländischer Kapitalgesellschaften aufstellen.

Der Vorteil des Umsatzkostenverfahrens gegenüber dem Gesamtkostenverfahren für die Ermittlung des Periodenerfolges liegt darin, daß keine körperlichen Inventuren der Erzeugnisse durchgeführt zu werden brauchen. **Kurzfristige Ergebnisrechnungen** lassen sich relativ schnell aufstellen, und zwar für Produktarten und/oder Produktgruppen.

Die Anwendung des Umsatzkostenverfahrens setzt allerdings voraus, daß die GmbH über eine ausgebaute Betriebsabrechnung, insbesondere Kostenträgerrechnung und Nachkalkulation verfügt. Das Umsatzkostenverfahren kann dabei sowohl auf der Basis von Vollkosten als auch von Teilkosten durchgeführt werden.

Die Grundstruktur der Gewinn- und Verlustrechnung nach dem Umsatzkostenverfahren (§ 275 Abs. 3 HGB) zeigt folgendes Bild (Abb. 28):

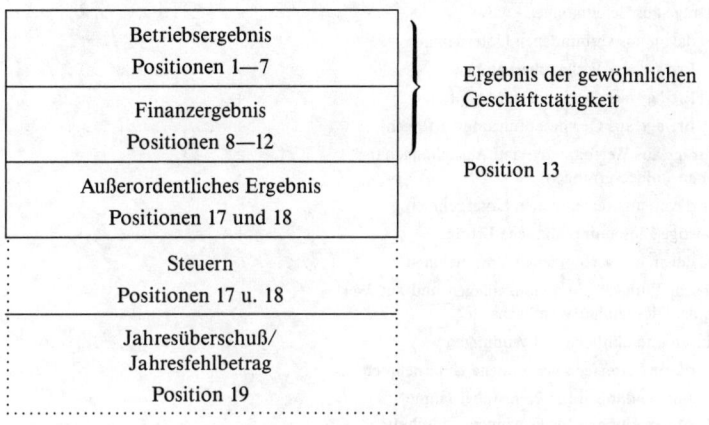

Abb. 28: Grundstruktur der Gewinn- und Verlustrechnung gem. § 275 Abs. 3 HGB

Das folgende Gliederungsschema (Abb. 29) soll es der Geschäftsführung einer GmbH erleichtern, die Gewinn- und Verlustrechnung auf der Grundlage des Umsatzkostenverfahrens aufzustellen.

		Geschäftsjahr DM	Vorjahr DM
1. Umsatzerlöse		. . . .	. . . .
2. Herstellungskosten der zur Erzielung der Umsatzerlöse erbrachten Leistungen	./.	. . . .	. . . .
3. Bruttoergebnis vom Umsatz	=	. . . .	. . . .
4. Vertriebskosten (einschließlich der Wertberichtigung)	./.	. . . .	. . . .
5. allgemeine Verwaltungskosten (einschließlich der Wertberichtigungen)	./.	. . . .	. . . .
6. sonstige betriebliche Erträge	+	. . . .	. . . .
— davon Erträge aus der Auflösung von Sonderposten mit Rücklagenanteil*	. . . .		

		Geschäftsjahr DM	Vorjahr DM
7. sonstige betriebliche Aufwendungen	./.	....	....
— davon Einstellungen in den Sonderposten mit Rücklagenanteil	....		
Betriebsergebnis*	=	....	....
8. Erträge aus Beteiligungen	+	....	....
— davon aus verbundenen Unternehmen	....		
Erträge aus Verlustübernahmen	+	....	....
Erträge aus Gewinngemeinschaften	+	....	....
Erträge aus Gewinnabführungsverträgen	+	....	....
9. Erträge aus Wertpapieren und Ausleihungen des Finanzanlagevermögens	+	....	....
— davon aus verbundenen Unternehmen	....		
10. sonstige Zinsen und ähnliche Erträge	+	....	....
— davon aus verbundenen Unternehmen	....		
11. Abschreibungen auf Finanzanlagen und auf Wertpapiere des Umlaufvermögens	./.	....	....
12. Zinsen und ähnliche Aufwendungen	./.	....	....
— davon betreffend verbundene Unternehmen	....		
Aufwendungen für Verlustübernahme*			
Aufwendungen für Gewinngemeinschaften*			
Aufwendungen für Gewinnabführungsverträge*			
Finanzergebnis	=	....	....
13. Ergebnis der gewöhnlichen Geschäftstätigkeit (= Betriebsergebnis + / ./. Finanzergebnis)	=	....	....
14. außerordentliche Erträge	+	....	....
15. außerordentliche Aufwendungen	./.	....	....
16. außerordentliches Ergebnis	=	....	....
17. Steuern vom Einkommen und Ertrag	./.	....	....
18. sonstige Steuern	./.	....	....
19. Jahresüberschuß/Jahresfehlbetrag	=	....	....

* Diese Positionen können sinnvollerweise in der GuV ausgewiesen werden, ohne daß die GmbH dazu verpflichtet wäre

Abb. 29:

Gliederung der Gewinn- und Verlustrechnung nach dem Umsatzkostenverfahren

Da sich bei dem Umsatzkostenverfahren die Gliederung der Kosten nicht mehr auf Kostenarten, sondern auf Funktionsbereiche bezieht, sind die primären Kostenarten nicht mehr sichtbar. Die Kosten werden nur mittelbar als Bereichskosten (Produktion, Verwaltung, Vertrieb) im Anschluß an die erfolgte Umwandlung durch die betriebliche Leistungserstellung erfaßt. Wenn die Geschäftsführung einer GmbH das Umsatzkostenverfahren anwendet, gehen somit wichtige primäre Kennzahlen verloren. Aus diesem Grunde wird von einer GmbH, die das Umsatzkostenverfahren praktiziert, gefordert (§ 285 Nr. 8 HGB), im Anhang die beiden folgenden Aufwandsarten getrennt auszuweisen:

Materialaufwand des Geschäftsjahres

a) Aufwendungen für Roh-, Hilfs- und Betriebsstoffe und für bezogene Waren

b) Aufwendungen für bezogene Leistungen.

Personalaufwand des Geschäftsjahres

a) Löhne und Gehälter

b) Soziale Abgaben und Aufwendungen für Altersversorgung und Unterstützung — davon für Altersversorgung

Mittelgroße GmbHs dürfen für die Veröffentlichung bei Anwendung des Umsatzkostenverfahrens die Positionen 1—3 und 6 zu einem Posten unter der Bezeichnung „Rohergebnis" zusammenfassen.

In bezug auf die Aufteilung der Primärkosten auf die 3 Funktionsbereiche ist zwischen einem Produktionsunternehmen einerseits und einem Groß- und Einzelhandelsunternehmen bzw. Dienstleistungsunternehmen andererseits zu unterscheiden. Da im Groß- oder Einzelhandelsunternehmen der Herstellungsbereich entfällt, sind in der GuV unter Position Nr. 2 die sogenannten Wareneinsatzkosten (Einstandskosten der verkauften Handelswaren) zu erfassen.

Die Vertriebskosten werden u. a. in folgenden Kostenstellen erfaßt:

• Verkaufsvorbereitung
   — Marktforschung
   — Produktinformation
   — Verkaufsplanung
   — Werbung

- Verkauf
  - Außendienst
  - Verkaufsniederlassungen
- Auftragsabwicklung
  - Auftragsbearbeitung
  - Fakturierung
- Fertigwarenlager, Verpackung, Versand

Die allgemeinen Verwaltungskosten umfassen u. a.:

- Geschäftsführung

- Finanzierung und Rechnungswesen

- Personalwesen

- Planung

- Recht und Steuern

- Ausbildungswesen

- EDV

- Revision

Sind solche Kosten Teil der Herstellungskosten, werden sie selbstverständlich nicht noch einmal unter Position Nr. 5 ausgewiesen.

Die Position Nr. 7 „sonstige betriebliche Aufwendungen" hat in der GuV nach dem Umsatzkostenverfahren nur noch wenige Aufwandsarten aufzunehmen, die aus Gründen der Zweckmäßigkeit nicht über die Kostenstellen- und Kostenträgerrechnung geleitet und den drei betrieblichen Funktionsbereichen zugeordnet werden. Hierzu zählen vor allem:

- Verluste aus dem Abgang von Vermögensgegenständen des Anlagevermögens

- Verluste aus dem Abgang von Vermögensgegenständen des Umlaufvermögens

- Abschreibungen auf Forderungen

- Einstellungen in den Sonderposten mit Rücklagenanteil

8.3 Abgrenzung des Ergebnisses der gewöhnlichen Geschäftstätigkeit von dem außerordentlichen Ergebnis

Die Gewinn- und Verlustrechnung hat die Aufgabe, das Jahresergebnis auf Erfolgsquellen bzw. Bereiche der Erfolgsentstehung aufzuteilen. Die Gliederungsschemata der GuV nach dem Gesamtkostenverfahren und nach dem Umsatzkostenverfahren enthalten bereits solche Erfolgsbereiche, da sie in drei Blöcke

- Betriebsergebnis

- Finanzergebnis

- außerordentliches Ergebnis

aufgeteilt sind, wobei das Betriebsergebnis und das Finanzergebnis zum Ergebnis der gewöhnlichen Geschäftstätigkeit zusammengefaßt werden. Diese Abgrenzung entspricht jedoch nicht den in der Betriebswirtschaftslehre üblichen Begriffseinheiten, wie sie auch für die Bilanzanalyse Verwendung finden. Die folgende Abb. 30 verdeutlicht diese Unterschiede:

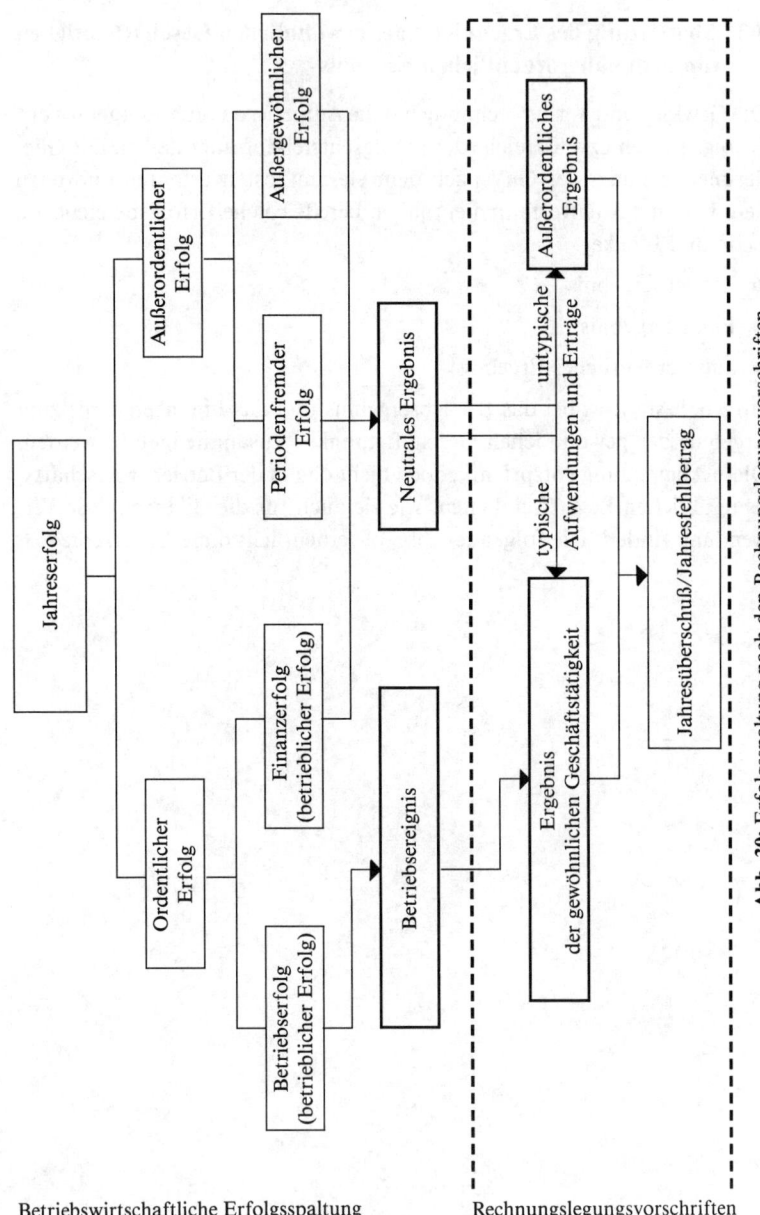

Abb. 30: Erfolgsspaltung nach den Rechnungslegungsvorschriften

Die „sonstigen betrieblichen Erträge" und die „sonstigen betrieblichen Aufwendungen" beziehen sich in ihren Inhalten auf die gewöhnliche Geschäftstätigkeit und enthalten daher auch aperiodische Positionen. Demgegenüber wurde der Begriffsinhalt der außerordentlichen Aufwendungen und Erträge enger gefaßt und bezieht sich ausschließlich auf solche Vorgänge, die als für die laufende Geschäftstätigkeit untypisch gelten, weil sie ungewöhnlich und unerwartet sind (§ 277 Abs. 4 HGB).

Die Geschäftsführung einer GmbH muß, wenn sie entweder die eigenen oder fremde Jahresabschlüsse analysiert, die Erfolgsspaltung nach dem Gliederungsschema der GuV ergänzen bzw. erweitern. Dabei kann wie folgt vorgegangen werden:

1. Ordentlicher Betriebserfolg vor Ertragsteuern

Umsatzerlöse
± Bestandsveränderungen
+ andere aktivierte Eigenleistungen
(sonstige betriebliche Erträge)
= Gesamtleistung

Da in den „sonstigen betrieblichen Erträgen" aller Erfahrung nach überwiegend betriebsfremde, periodenfremde oder außerordentliche Anteile enthalten sind, sollte man für Zwecke der Bilanzanalyse diese Erträge dem Finanzbereich zuordnen.

Materialaufwendungen
Personalaufwendungen
planmäßige Abschreibungen auf das Anlagevermögen
sonstige betriebliche Aufwendungen
(sonstige Steuern, soweit Kostensteuern)
= gesamte betriebliche Aufwendungen

Zieht man von den gesamten betrieblichen Erträgen (Gesamtleistung) den Materialaufwand ab, erhält man das „Rohergebnis". Das Betriebsergebnis ist der Saldo zwischen Betriebsertrag und Betriebsaufwand, jedoch ohne Ertragsteuern. Berücksichtigt man auch die Kostensteuern nicht, liegt das Betriebsergebnis ohne Steuern vor.

2. Finanz- und Verbunderfolg ohne Ertragsteuern

Erträge aus Beteiligungen
— davon aus verbundenen Unternehmen

Erträge aus Wertpapieren, Ausleihungen
— davon aus verbundenen Unternehmen
sonstige Zinsen und ähnliche Erträge
— davon aus verbundenen Unternehmen
Erträge aus Gewinngemeinschaften, Gewinnabführungsverträgen
oder aus Verlustübernahme
(sonstige betriebliche Erträge)

= Summe der Finanz- und Verbunderträge

Abschreibungen auf Finanzanlagen
Abschreibungen auf Wertpapiere des Umlaufvermögens
Zinsen und ähnliche Aufwendungen
— davon an verbundene Unternehmen
Aufwendungen aus Gewinngemeinschaften, Gewinnabführungsverträgen
oder aus Verlustübernahme

= Summe der Finanz- und Verbundaufwendungen

Die sonstigen betrieblichen Erträge können in den Finanzerfolg einbezogen werden, es sei denn, daß sie wegen überwiegender Liquidations- und
Bewertungserträge zum außerordentlichen Ergebnis gerechnet werden
müssen.

Der Saldo aus Finanzertrag und Finanzaufwand führt zum Finanzergebnis vor Steuern.

3. Außerordentlicher Erfolg vor Steuern

   Außerordentliche Erträge lt. Gewinn- und Verlustrechnung
 − Außerordentliche Aufwendungen lt. Gewinn- und Verlustrechnung
 ± Erträge/Verluste aus dem Abgang von Gegenständen des Anlage- und
   Umlaufvermögens
   Erträge aus Zuschreibungen auf Gegenstände des Anlage- und
   Umlaufvermögens
   Erträge aus der Auflösung von Rückstellungen
   Sonderabschreibungen und außerplanmäßige Abschreibungen auf das
   Anlage- und Umlaufvermögen
   Saldo aus der Einstellung und Auflösung von Sonderposten mit Rück-
   lagenanteil

Sonstige Aufwendungen oder Erträge, die den Liquidationserfolg
oder den besonderen Bewertungserfolg betreffen
= Außerordentlicher Erfolg vor Steuern

4. Jahresergebnis nach Steuern

Betriebsergebnis
Finanzergebnis
Außerordentliches Ergebnis

Jahresüberschuß/Jahresfehlbetrag vor Steuern
Steuern vom Einkommen und Ertrag
(sonstige Steuern)
= Jahresüberschuß/Jahresfehlbetrag nach Steuern

Das Hauptproblem in bezug auf die Erfolgsspaltung ist die Abgrenzung
des außerordentlichen Ergebnisses von dem Ergebnis der gewöhnlichen
Geschäftstätigkeit. § 277 Abs. 4 HGB bestimmt, daß die außerordentlichen Erträge und Aufwendungen nur noch solche Erfolgskomponenten
umfaßt, die außerhalb der gewöhnlichen Geschäftstätigkeit der GmbH
anfallen. In Anlehnung an die angloamerikanische Bilanzierungspraxis
sind Erträge und Aufwendungen dann außerordentlich, wenn sie betriebsfremd und selten sind.

Abb. 31 zeigt, wie bei Anwendung der Zuordnungskriterien „betriebsfremd und selten" die Erträge und Aufwendungen als betrieblich veranlaßt oder als außerordentlich einzustufen sind.

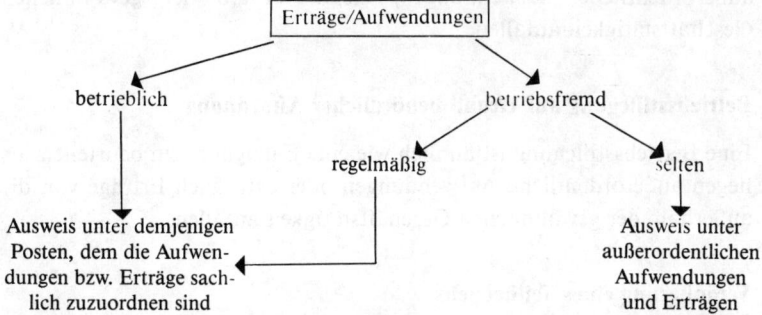

Abb. 31: Zuordnung der Erträge und Aufwendungen nach Betriebszugehörigkeit und
Regelmäßigkeit

Wendet man diese Zuordnungskriterien auf Geschäftsvorfälle an, wie sie in einer GmbH vorkommen können, wird die Zuordnung noch klarer. Als außerordentliche Aufwendungen bzw. Erträge kommen danach z. B. in Frage, da auf sie die Kriterien betriebsfremd und selten zutreffen:

Aufwendungen für Umweltschutzmaßnahmen

Solche Aufwendungen sind außerordentliche Aufwendungen, wenn eine GmbH davon ausgehen konnte, bisher durch ihre Geschäftstätigkeit die Umwelt nicht zu belasten. Handelte es sich dagegen um eine Umweltschutzgefahr-geneigte Tätigkeit, dürften solche Aufwendungen im Rahmen der gewöhnlichen Geschäftstätigkeit anfallen.

Aufgabe eines ganzen Geschäftszweiges

Solche Aufwendungen sind als außerordentlich einzuordnen. Sie fallen eindeutig außerhalb der gewöhnlichen Geschäftstätigkeit an. Dagegen sind Rationalisierungsmaßnahmen und auch bloße Einschränkungen der Produktion nicht außerordentlich, zumal dann nicht, wenn man sich auf den Standpunkt stellt, daß sie laufend Anpassungsmaßnahmen an eine sich verändernde Marktsituation darstellen.

Enteignungen

Bei den Verlusten, die aus Enteignungen entstehen, handelt es sich um außerordentliche Aufwendungen, die außerhalb der gewöhnlichen Geschäftstätigkeit anfallen.

Betriebsstillegung auf Grund behördlicher Anordnung

Eine Betriebsstillegung ist ähnlich wie eine Enteignung zu beurteilen. Es liegen außerordentliche Aufwendungen oder evtl. auch Erträge vor, die außerhalb der gewöhnlichen Geschäftstätigkeit anfallen.

Veräußerung eines Teilbetriebs

Verluste/Gewinne, die aus der Veräußerung eines Teilbetriebs entstehen, sind zum außerordentlichen Ergebnis zu rechnen.

Verluste aus großen Schadensfällen

Solche Verluste sind dann als außerordentlich anzusehen, wenn sie nicht durch Versicherungen gedeckt sind.

Die vorgenannten Beispiele zeigen, daß der Katalog der Positionen, die dem außerordentlichen Ergebnis zugeordnet werden müssen, sehr klein geworden ist.

Im Ergebnis der gewöhnlichen Geschäftstätigkeit sind künftig auch betriebsfremde und außerordentliche Erträge und Aufwendungen enthalten, soweit sie innerhalb der gewöhnlichen Geschäftstätigkeit anfallen. Es ist daher unmöglich, das Betriebsergebnis mit dem Ergebnis der gewöhnlichen Geschäftstätigkeit zu vergleichen, bzw. gar gleichzusetzen. Das Betriebsergebnis ist vielmehr dem Ergebnis der gewöhnlichen Geschäftstätigkeit unterzuordnen.

Das bisherige neutrale Ergebnis wird nach den Kriterien typisch bzw. untypisch für eine GmbH zerlegt. Daraus wird deutlich, daß nicht mehr der Betriebszweck im Vordergrund steht.

9. KAPITEL
Bewertungswahlrechte

9. Gestaltungsmöglichkeiten bei den Bilanzierungs- und Bewertungswahlrechten

9.1 Gestaltungsmöglichkeiten bei der Aktivierung von Ingangsetzungs- und Erweiterungsaufwendungen

Nach § 269 HGB ist es einer GmbH gestattet, außer den Aufwendungen für die Ingangsetzung des Geschäftsbetriebes auch die Aufwendungen für die Erweiterung des Geschäftsbetriebs zu aktivieren. Dieser Posten „Aufwendungen für die Ingangsetzung und Erweiterung des Geschäftsbetriebs" ist auf der Aktivseite der Bilanz vor A. Anlagevermögen auszuweisen und im Anhang zu erläutern.

Für die Geschäftsführung einer GmbH ergibt sich mit dieser Bilanzierungshilfe, vor allem im Hinblick darauf, daß auch Erweiterungsaufwendungen unter dieser Position aktiviert werden dürfen, ein erheblicher handelsbilanzpolitischer Gestaltungsraum.

Die Bilanzierungshilfe des § 269 HGB beinhaltet für die Geschäftsführung einer GmbH ein Wahlrecht, ob sie diese Aufwendungen bei der Ingangsetzung oder Erweiterung des Geschäftsbetriebs aktiviert oder nicht. Für die Steuerbilanz gibt es ein solches Aktivierungswahlrecht nicht, d. h., daß sowohl die Ingangsetzungsaufwendungen als auch die Erweiterungsaufwendungen stets Betriebsausgaben darstellen, die den körperschaftsteuerlichen Gewinn mindern.

Die Bilanzierungshilfe in bezug auf die Ingangsetzungs- und Erweiterungsaufwendungen stellt ein sogenanntes „Überschuldungsverhinderungsinstrument" dar. Durch diese Bilanzierungshilfe soll es der Geschäftsführung einer GmbH ermöglicht werden, die im Hinblick auf eine Geschäftsgründung oder künftige Geschäftsausweitung gegenwärtig in Kauf genommenen Ergebnisbelastungen auf zukünftige Geschäftsjahre zu verlagern, obgleich keine bilanzierungsfähigen Vermögensgegenstände entstanden sind. Damit soll vermieden werden, daß der Jahresabschluß einer GmbH die Ertragssituation falsch widerspiegelt und daß u. U. sogar auf Grund eines Verlustausweises wegen der hohen Ingangsetzungs- oder

Erweiterungsaufwendungen Gläubiger-schützende Rechtsfolgen (z. B. Anmeldung eines Vergleichs) ausgelöst werden.

Zu den Ingangsetzungsaufwendungen zählen alle Aufwendungen, die während der Anlaufphase eines Betriebs durch den erstmaligen Aufbau der Innen- und Außenorganisation anfallen.

Die Erweiterungsaufwendungen, die vor allem von bereits bestehenden GmbHs als handelsbilanzpolitisches Instrument genutzt werden können, sind demgegenüber alle Aufwendungen, die zu einem beliebigen Zeitpunkt nach dem Ende der Anlaufphase getätigt werden. Nach § 269 Satz 1 HGB besteht ein Aktivierungswahlrecht als Bilanzierungshilfe nur für Erweiterungsaufwendungen, die nicht zu bilanzierungsfähigen Vermögensgegenständen führen. Dies ist auch damit zu begründen, daß nach § 246 Abs. 1 HGB, der das Vollständigkeitsgebot beinhaltet, nur Vermögensgegenstände aktivierungsfähig und damit aktivierungspflichtig sind.

Wenn die Geschäftsführung einer GmbH von der Bilanzierungshilfe des § 269 HGB Gebrauch machen und Erweiterungsaufwendungen aktivieren will, muß sie folgende Punkte berücksichtigen:

• Für die Erweiterungsaufwendungen ist eine gesonderte Bilanzposition zu bilden, die unter der Bezeichnung „Aufwendungen für die Erweiterung des Geschäftsbetriebs" vor A. Anlagevermögen auszuweisen ist. Fallen gleichzeitig mit den Erweiterungsaufwendungen auch Ingangsetzungsaufwendungen an, ist es nicht erforderlich, die Ingangsetzungsaufwendungen von den Erweiterungsaufwendungen getrennt auszuweisen.

• Die aktivierten Erweiterungsaufwendungen müssen im Anhang erläutert werden. Erläutern bedeutet in diesem Fall verbal kommentieren bzw. interpretieren, so daß ihr Inhalt und/oder Zustandekommen ersichtlich werden. Darüber hinaus sollen die Erläuterungen auch Angaben darüber enthalten, inwieweit im Zusammenhang mit den aktivierten Ausgaben zukünftig mit Erträgen gerechnet werden kann.

• Die GmbH muß eine Rückstellung für latente Steuern bilden (§ 274 Abs. 1 HGB). Eine solche Rückstellungsbildung wird erforderlich, da die Erweiterungsaufwendungen in dem betreffenden Geschäftsjahr zu einem höheren Handelsbilanzergebnis führen, das einen erhöhten Körperschaftsteuer- und Gewerbeertragsteueraufwand auslöst. Ein Ausgleich des zu niedrigen Steueraufwands des Geschäftsjahres erfolgt in späteren Geschäftsjahren, in denen das Handelsbilanzergebnis um die vorzunehmenden Abschreibungen auf die aktivierten Erweiterungsaufwendungen niedriger ist als das Steuerbilanzergebnis. Die Berichtspflicht im Anhang über die Erweiterungsaufwendungen schließt auch die Erläuterungspflicht in bezug auf die Rückstellung für latente Steuern ein.

● Werden Erweiterungsaufwendungen aktiviert, müssen Gewinnausschüttungen insoweit unterbleiben, als die nach der Ausschüttung verbleibenden jederzeit auflösbaren Gewinnrücklagen zuzüglich eines Gewinnvortrags und abzüglich eines Verlustvortrags dem aktivierten Betrag mindestens entsprechen.

● Die aktivierten Erweiterungsaufwendungen sind in jedem Geschäftsjahr, das dem Geschäftsjahr der Aktivierung folgt, zu mindestens einem Viertel durch Abschreibungen zu tilgen. Die Pflicht zur erstmaligen Abschreibung aktivierter Erweiterungsaufwendungen entsteht in dem Geschäftsjahr, das dem Geschäftsjahr folgt, in dem die Erweiterung des Betriebs im wesentlichen abgeschlossen ist.

● Die gebildeten Rückstellungen für latente Steuern auf Grund der aktivierten Erweiterungsaufwendungen sind in jedem Geschäftsjahr, das dem Geschäftsjahr der Passivierung folgt, in gleichem Maße aufzulösen, wie der Aktivposten getilgt wird (z. B. 25 % Abschreibung, 25 % Rückstellungsauflösung).

● Die GmbH muß entweder in der Bilanz oder im Anhang im Anlagegitter die Entwicklung des Postens „Aufwendungen für die Ingangsetzung und Erweiterung des Geschäftsbetriebs" darstellen.

Beispiel:

Angenommen, eine GmbH aktiviert in einem Geschäftsjahr Erweiterungsaufwendungen in Höhe von 100. Im Fall 1 soll sich für die GmbH ein verwendbares Eigenkapital von 150 und im Fall 2 von 60 ergeben.

Fall 1:

	Gewinnrücklagen	45
+	Gewinnvortrag	70
+	Jahresüberschuß	35
=	Verwendbares Eigenkapital	150
./.	Aufwendungen für die Erweiterung des Geschäftsbetriebs	100
=	mögliche Ausschüttung	50

Fall 2:

Gewinnrücklagen	45
./. Verlustvortrag	20
+ Jahresüberschuß	35
= Verwendbares Eigenkapital	60
./. Aufwendungen für die Erweiterung des Geschäftsbetriebs	100
= keine Ausschüttung möglich	—

Das Beispiel zeigt, daß die Ausschüttungssperre des § 269 Satz 2 HGB voll wirkt, wenn die aktivierten Erweiterungsaufwendungen das verwendbare Eigenkapital übersteigen. Diese Ausschüttungssperre dient dem Gläubigerschutz und soll eine Ausschüttung verhindern, durch die das bilanzielle Vermögen der GmbH unter die Summe aus dem gezeichneten Kapital und den satzungsmäßig gebundenen Rücklagen vermindert werden würde. Sie soll damit bewirken, daß keine höheren Gewinnausschüttungen als diejenigen zulässig sind, die auch ohne die Aktivierung der Erweiterungsaufwendungen möglich gewesen wären.

Effektiv geht jedoch die Sperrwirkung erheblich weiter. Durch die Verpflichtung, eine Rückstellung für latente Steuern zu bilden, besteht nämlich eine doppelte Ausschüttungssperre. Einerseits wird das Handelsbilanzergebnis durch die Bildung der Rückstellung für latente Steuern gemindert und andererseits wird das nach der Rückstellungsbildung verbleibende Ausschüttungspotential um den vollen Betrag der aktivierten Erweiterungsaufwendungen vermindert. Die Inanspruchnahme der Bilanzierungshilfe des § 269 HGB verringert somit im Ergebnis das Ausschüttungspotential um denjenigen Betrag, der in Folge der Bilanzierungshilfe als Rückstellung für latente Steuern zu passivieren ist.

Für die Geschäftsführung einer GmbH stellt sich bei der Aktivierung von Erweiterungsaufwendungen die zentrale Frage, welche Aufwendungen hierunter fallen.

Generell kann gesagt werden, daß Erweiterungsaufwendungen nur dann vorliegen, wenn sie nicht zu bilanzierungsfähigen Vermögensgegenständen oder zu Rechnungsabgrenzungsposten führen. Sind die Aufwendungen bilanzierungsfähig, unterliegen sie dem bereits zitierten Vollständigkeitsgebot des § 246 Abs. 1 HGB und müssen aktiviert werden. Die Ausübung eines Aktivierungswahlrechts (Bilanzierungshilfe) ist dann auf keinen Fall möglich.

Entstehen durch die Aufwendungen immaterielle Vermögensgegenstände, so dürfen diese nur bilanziert werden, wenn sie entgeltlich erworben wurden. Selbstgeschaffene immaterielle Vermögensgegenstände hingegen dürfen nicht aktiviert werden.

Zu den immateriellen Vermögensgegenständen zählt auch der Geschäfts- oder Firmenwert. Im Geschäfts- oder Firmenwert können sich Ertragswertfaktoren niederschlagen, die mit der Erweiterung des Geschäftsbetriebs im Zusammenhang stehen. Dies schließt aber selbstverständlich eine Aktivierung der Erweiterungsaufwendungen nicht aus. Für die Aktivierung solcher Erweiterungsaufwendungen ist vielmehr allein entscheidend, ob die Aufwendungen zukünftigen möglichen Erträgen speziell zugeordnet werden können. Daß damit auch eine positive Wirkung auf den Firmenwert eintritt, spielt für die Aktivierungsfähigkeit der Erweiterungsaufwendungen keine Rolle.

Grundvoraussetzung, daß Erweiterungsaufwendungen als Bilanzierungshilfe aktiviert werden können, ist es, daß diese Aufwendungen kausal mit künftigen Erträgen verknüpft werden können. Die Erweiterungsaufwendungen müssen in späteren Geschäftsjahren zu Erträgen führen können, ohne daß hier eine zeitliche Zuordenbarkeit besteht oder bestehen muß.

Erweiterungsaufwendungen liegen dann nicht vor, wenn es sich um Aufwendungen handelt, die mit dem laufenden Geschäftsbetrieb zusammenhängen. Solche Aufwendungen sind in dem Geschäftsjahr, in dem sie verursacht werden, erfolgswirksam abzusetzen. Dies ist einleuchtend, denn Aufwendungen des laufenden Geschäftsbetriebs stehen die laufenden Erträge eines Geschäftsjahres gegenüber. Erträge lassen sich nur dann ermitteln, wenn die Aufwendungen verursachungsgerecht verrechnet werden, die zum Entstehen der Erträge mit geführt haben.

Erweiterungsaufwendungen liegen demnach nur vor, wenn diese Aufwendungen ein Ertragspotential für spätere Geschäftsjahre entstehen lassen. Es muß erwartet werden können, daß den Erweiterungsaufwendungen in späteren Geschäftsjahren spezifische Erträge zugeordnet werden können. Nach Klärung dieser Voraussetzungen lassen sich als Erweiterungsaufwendungen folgende Aufwendungen aktivieren:

Aufwendungen zur Erschließung neuer Märkte

Versucht eine GmbH neue Märkte zu erschließen, so ist klar, daß mit dieser Markterschließung zusätzliche Erträge erwartet werden, die den
Erschließungsaufwendungen zuordenbar sind. Solche Aufwendungen
begründen ein neues Ertragspotential in der Zukunft. Die GmbH darf
sämtliche Aufwendungen als Erweiterungsaufwendungen (Bilanzierungshilfe) aktivieren, die im Zusammenhang mit einer solchen Erweiterung des
Geschäftsbetriebs anfallen. Zu den Erweiterungsaufwendungen für die
Erschließung neuer Märkte zählen insbesondere:

● Aufwendungen für Marktforschungsgutachten

● Aufwendungen für eine Organisationsberatung

● Aufwendungen für die Anwerbung von Personal

● Aufwendungen für die Ausbildung und Vorbereitung des Personals auf
  die besonderen Bedürfnisse des neuen Marktes

● Aufwendungen für Werbefeldzüge auf dem neuen Markt

● Aufwendungen für den Aufbau der erforderlichen Logistik zur
  Erschließung des neuen Marktes (z. B. Sicherstellung von Transportwe-
  gen, Lagermöglichkeiten u. dgl.)

Eine Erschließung neuer Märkte liegt auch dann vor, wenn eine GmbH
ihre Absatzwegepolitik ändert, z. B. einen Direktvertrieb einrichtet, nachdem sie bislang ihre Produkte nur über den Groß- oder Einzelhandel ver-
trieben hat, usw.

Aufwendungen zur Einführung neuer Produkte oder Produktgruppen

Grundsätzlich stellt auch die Einführung neuer Produkte oder Produktgruppen Erweiterungsmaßnahmen dar. Die Produkteinführung soll ein
zukünftiges Ertragspotential vorbereiten bzw. erschließen. Die im Zusammenhang damit anfallenden Aufwendungen sind daher künftigen Erträgen sachlich zuordenbar. Die vorstehend bereits aufgeführten Aufwendungen können im großen und ganzen auch bei der Produkteinführung als
Erweiterungsaufwendungen anfallen und aktiviert werden. Es wird allerdings nicht als zulässig angesehen, einen pauschalen Anteil der Aufwendungen für Innovationsberatungen, Marktforschung, Werbung, Schulung
u. dgl., der nach irgendeinem Schlüssel berechnet wird, der sich aus Antei-

len von Produkten ableitet, als Erweiterungsaufwendungen zu aktivieren. Die Geschäftsführung einer GmbH kann Erweiterungsaufwendungen nur dann als Bilanzierungshilfe aktivieren, wenn sie die Aufwendungen speziell mit den neuen Produkten in Beziehung bringt und den Zusammenhang sachlich begründet.

Installation neuer Produktionseinrichtungen

Aufwendungen für die Installation neuer Produktionseinrichtungen können Erweiterungsaufwendungen darstellen, wenn sie in Vermögensgegenstände eingehen. Dies gilt sowohl für Aufwendungen, die eine Ausweitung der artmäßigen Produktionskapazität als auch für Aufwendungen, die eine Ausweitung der mengenmäßigen Produktionskapazität zum Ziele haben. Es muß allerdings sichergestellt sein, daß die zu aktivierenden Aufwendungen auf keinen Fall im Rahmen von Maßnahmen des laufenden Geschäftsbetriebs anfallen. Dies wäre z. B. der Fall, wenn Produktionseinrichtungen lediglich ersetzt würden.

Zu den Erweiterungsaufwendungen bei der Installation neuer Produktionseinrichtungen können insbesondere zählen:

- Aufwendungen für eine Innovations- und Technologieberatung
- Schulungsaufwendungen, um einen Stamm an Fachpersonal heranzubilden
- Aufwendungen für den Aufbau einer spezifischen Betriebsorganisation
- Aufwendungen für Probeläufe
- Gebühren für Zulassungsprüfungen

Aufwendungen für die Standortwahl

Aufwendungen für die Wahl eines neuen Standorts können ebenfalls Erweiterungsaufwendungen darstellen. Ein Filialunternehmen oder ein Warenhausunternehmen, das eine neue Filiale eröffnet, führt eine Erweiterung durch. Dasselbe gilt für ein Industrieunternehmen, das eine Produktion an einem neuen Standort aufnimmt. Daraus wird klar, daß die Aufwendungen, die für die Installation neuer Produktionseinrichtungen als Erweiterungsaufwendungen aufzufassen sind, auch bei der Wahl eines neuen Standorts Erweiterungsaufwendungen darstellen können. Ergänzend können noch die folgenden Aufwendungen als Erweiterungsaufwendungen aktiviert werden:

- Aufwendungen für ein Standortgutachten
- Aufwendungen für Bodenuntersuchungen
- Aufwendungen für die Prüfung der Zulässigkeit der geplanten Produktion
- Aufwendungen für Gebühren und Gerichtskosten zur Abwehr produktionshindernder Klagen
- Aufwendungen für Gerichtskosten, die dazu dienen, die Standortwahl zu verhindern (Beispiel Einzelhandel)

Wie schwierig es ist, eine zuverlässige Abgrenzung von aktivierbaren Erweiterungsaufwendungen von den laufenden Aufwendungen eines Geschäftsjahres vorzunehmen, sollen die folgenden Beispiele aufzeigen.

Führt eine GmbH einen **Werbefeldzug** durch, der darauf gerichtet ist, die bereits vorhandene Verkaufstätigkeit zu unterstützen (im Gegensatz zur Einführung neuer Produkte u. dgl.), handelt es sich auch dann nicht um aktivierbare Erweiterungsaufwendungen, wenn größere Beträge angefallen sind. Es wird zwar durch eine solche Werbekampagne ein Ertragspotential geschaffen, eine spezifische Zuordnung der Werbeaufwendungen zu künftigen Erträgen ist jedoch kaum möglich. Die Werbemaßnahmen schlagen sich vielmehr im Rahmen des laufenden Geschäftsbetriebs im Firmenwert nieder. Eine Aktivierung solcher Aufwendungen ist nicht zulässig.

Dasselbe gilt für Aufwendungen, die bei der Durchführung von Ausbildungsmaßnahmen anfallen, die nicht im Zusammenhang mit der Erschließung neuer Märkte, Einführung neuer Produkte usw., stehen. Durch Ausbildungsmaßnahmen erhöht sich zwar die Leistungsfähigkeit der Belegschaft einer Unternehmung, was zur Schaffung eines Ertragspotentials für die Zukunft führen kann, aber es fehlt auch hier wiederum an der Zuordenbarkeit möglicher Erträge. Die Aufwendungen für solche Ausbildungsmaßnahmen schlagen sich im originären Firmenwert nieder, der nicht aktiviert werden darf.

Aufwendungen für die Forschungstätigkeit können dann aktivierbare Erweiterungsaufwendungen darstellen, wenn sie im Zusammenhang mit der Einführung neuer Produkte oder Produktgruppen anfallen. Handelt es sich hingegen um Aufwendungen für die Grundlagenforschung, so gehen diese Aufwendungen in den **originären Firmenwert** ein, für den ein **Aktivierungsverbot** besteht. Entstehen Forschungsaufwendungen für die Entwicklung neuer Produkte, die bisher hergestellte und vertriebene Produkte ersetzen sollen, handelt es sich um Aufwendungen des laufenden Geschäftsbetriebs.

Aufwendungen für eine Änderung bzw. Erweiterung des Einsatzes der Datenverarbeitung stellen in der Regel ebenfalls keine aktivierbaren Erweiterungsaufwendungen dar. Im allgemeinen können den **EDV-Programmen** keine spezifischen Erträge zugeordnet werden. Die Entwicklung oder Änderung von Software kann man daher kaum als Erweiterungsmaßnahme qualifizieren. Auch durch diese Aktivitäten wird bestenfalls eine Erhöhung des originären Firmenwerts erreicht, der nicht aktiviert werden darf. Denkbar wäre allerdings, daß bei organisationsbezogenen Aufwendungen der Datenverarbeitung, die im Rahmen einer Erweiterung des Geschäftsbetriebs anfallen, Erweiterungsaufwendungen aktiviert werden können.

Zusammenfassend läßt sich in bezug auf die Aktivierung von Erweiterungsaufwendungen als Bilanzierungshilfe folgendes feststellen:

- Erweiterungsaufwendungen dürfen nicht aktivierungspflichtig sein, d. h. sie dürfen nicht zur Entstehung von Vermögensgegenständen oder Rechnungsabgrenzungsposten führen.

- Es darf sich nicht um Aufwendungen des laufenden Geschäftsbetriebs handeln, für die ein striktes Aktivierungsverbot besteht.

- Es muß sich um Aufwendungen handeln, die ein Ertragspotential begründen. Den Aufwendungen müssen künftige Erträge spezifisch zugeordnet werden können.

- Es darf sich nicht um Aufwendungen handeln, die sich im Geschäfts- oder Firmenwert niederschlagen.

Da die Geschäftsführung einer GmbH künftig in der Regel zwei Bilanzen, eine Handelsbilanz und eine Steuerbilanz aufstellen wird, gewinnen vor allem die Erweiterungsaufwendungen für die Handelsbilanzpolitik eine erhebliche Bedeutung.

9.2 Gestaltungsmöglichkeiten bei der Bilanzierung und Bewertung eines Geschäfts- oder Firmenwerts

Ist der Wert eines Unternehmens größer als sein Substanzwert, stellt dieser Differenzbetrag den Firmenwert dar. In ihm kommen alle Faktoren zum Ausdruck, die den Ertrag eines Unternehmens günstig beeinflussen, wie ein positives Image, ein günstiger Standort, eine hohe Qualität des Managements und der Mitarbeiter, eine effektive Organisationsstruktur, ein attraktives Fertigungsprogramm, ein kundenanziehendes Sortiment, besondere Absatzmethoden, ein treuer Kundenstamm, langjährige Geschäftsverbindungen u. dgl. § 255 Abs. 4 HGB definiert den Firmenwert wie folgt: „Als Geschäfts- oder Firmenwert darf der Unterschiedsbetrag angesetzt werden, um den die für die Übernahme eines Unternehmens bewirkte Gegenleistung den Wert der einzelnen Vermögensgegenstände des Unternehmens abzüglich der Schulden im Zeitpunkt der Übernahme übersteigt."

Der Wert der einzelnen Vermögensgegenstände entspricht dem sogenannten Substanzwert. Dieser Substanzwert, der auch als Reproduktionswert oder Rekonstruktionswert bezeichnet wird, umfaßt die Wiederbeschaffungswerte der einzelnen zum Betrieb gehörigen Vermögensgegenstände und nicht die Buchwerte. Der Substanzwert (Reproduktionswert) zeigt an, welches Kapital heute aufgewendet werden müßte, um das erworbene Unternehmen, so wie es besteht, zu reproduzieren, d. h. für den Bewertungsstichtag erneut zu erstellen. Erwirbt die Geschäftsführung einer GmbH ein Unternehmen, für das sie einen Firmenwert zu ermitteln hat, muß der Nettosubstanzwert errechnet werden (Bruttosubstanzwert minus Schulden), der dem gezahlten Kaufpreis gegenübergestellt wird.

Die Ermittlung des Substanzwerts erfolgt zu den Wiederbeschaffungskosten der einzelnen Vermögensgegenstände für gleich leistungsfähige Anlagen am Bewertungsstichtag. Dabei werden die Wiederbeschaffungswerte für die meisten Vermögensgegenstände mit den Anschaffungs- bzw. Herstellungskosten, vermindert um die Abschreibungen (fortgeführte Anschaffungs- bzw. Herstellungskosten auf der Basis der linearen Abschreibung), übereinstimmen. Soweit bei der Ermittlung der Wiederbeschaffungswerte stille Reserven aufgedeckt werden (= Differenz zwischen Wiederbeschaffungswert und Buchwert), sind darauf Ertragsteuern in Ansatz zu bringen.

Für gebrauchte Vermögensgegenstände ist in der Regel von den fortgeführten Anschaffungs- bzw. Herstellungskosten auszugehen. Diese entsprechen den ursprünglichen (historischen) Anschaffungs- oder Herstellungskosten vermindert um die Abschreibungen auf der Basis der linearen Abschreibungsmethode. Auf diese gebrauchten Vermögensgegenstände sind allerdings zeitzustandsbezogene Indizierungen und Berichtigungen (Abschläge) vorzunehmen, um äquivalente Zeitwerte zum Bewertungsstichtag ermitteln zu können.

Im Bereich des Anlagevermögens werden z. B. die Anschaffungswerte von Maschinen und maschinellen Anlagen mit Hilfe der vom statistischen Bundesamt für Maschinenbauerzeugnisse veröffentlichten Indices hochgerechnet. Die angenommene lineare Abschreibung erfolgt entsprechend der Nutzungsdauer dieser Maschinen und maschinellen Anlagen. Nicht genutzte Maschinen sind in der Regel gesondert zu erfassen und mit ihrem Liquidationswert zu bewerten.

Kraftfahrzeuge werden in der Bewertungspraxis nicht indiziert. Ihre Anschaffungskosten werden in der Regel mit 25 % jährlich abgeschrieben. Sind sie bereits abgeschrieben, aber noch in Benutzung, werden sie mit 10 % ihrer ursprünglichen Anschaffungskosten bewertet. Gegebenenfalls erfolgt jedoch auch eine Bewertung mit dem niedrigeren Schrottpreis.

Für die geringwertigen Wirtschaftsgüter, die gem. § 6 Abs. 2 EStG im Jahr der Anschaffung oder Herstellung sofort abgeschrieben worden sind, ist ebenfalls ein Wiederbeschaffungswert anzusetzen. Hier kann man hilfsweise auf Abschnitt 52 Abs. 4 VStR zurückgreifen, wonach 40 v. H. der Anschaffungs- oder Herstellungskosten solcher geringwertigen Wirtschaftsgüter der letzten 5 Jahre vor dem Bewertungsstichtag als Wiederbeschaffungswerte anzusetzen sind.

Langfristige Ausleihungen, z. B. unterverzinsliche Arbeitgeberdarlehen, sind auf den Bewertungsstichtag abzuzinsen.

Im Bereich des Umlaufvermögens sind z. B. die Forderungen einschließlich der geleisteten Anzahlungen mit ihrem Buchwert anzusetzen. Unverzinsliche Forderungen mit einer Restlaufzeit von mehr als einem Jahr sind mit ihrem Barwert anzusetzen.

Bei den Roh-, Hilfs- und Betriebsstoffen ist von den Buchwerten auszuge-

hen. Diese Buchwerte sind um folgende Bewertungsänderungen zu korrigieren:

	Buchwerte
+	Auflösung von evtl. Importwarenabschlag (§ 80 EStDV)
+	Auflösung von Minderbewertungen
+	Auflösung von Absetzungen wegen allgemeiner Bestandsrisiken
=	Bruttowertansatz
./.	Schrottmaterialien (Wertansatz zu Schrottpreis)
./.	Überbestände (z. B. Abschlag wegen Veralterung um 50 %)
=	Wertansatz

Zu den Schulden, die von dem Bruttosubstanzwert abzusetzen sind,
zählen u. a.:

- Ansprüche der Arbeitnehmer am Substanzvermögen. Diese Ansprüche werden mit dem versicherungsmathematischen Teilwert (Buchwert)
  der Pensionsanwartschaften berücksichtigt. Soweit sonstige Zahlungen an die Belegschaft einklagbar sind, ist hierfür ein Betrag anzusetzen. Dazu können z. B. Erfolgsbeteiligungen, Prämien, Weihnachts-
  geld, Mehrarbeitsvergütungen, Urlaubsgelder usw. gehören.

- Ansprüche der öffentlichen Hand. Hierzu gehören z. B. Ansprüche der
  Berufsgenossenschaften, des Fiskus, der Versicherungen u. dgl.

- Ansprüche der Lieferanten und Kunden. Hierzu zählen Ansprüche auf
  Grund von Lieferungen, geleisteten Anzahlungen u. dgl., die mit den
  Buchwerten anzusetzen sind, Gewährleistungen, deren künftige Inan-
  spruchnahme individuell feststellbar ist, sind ebenfalls anzusetzen.

Das auf der nächsten Seite folgende Beispiel soll die Zusammenhänge bei
der Ermittlung des Geschäfts- oder Firmenwerts verdeutlichen:

In bezug auf den entgeltlich erworbenen Firmenwert (in unserem Beispiel
DM 70 000,—) hat die Geschäftsführung einer GmbH ein Aktivierungswahlrecht. Sie kann den Firmenwert als Betriebsaufwand behandeln, d. h.
sofort im Geschäftsjahr des Zugangs abschreiben. Wird von diesem Wahlrecht (Bilanzierungshilfe) in der Weise Gebrauch gemacht, daß der Firmenwert nicht aktiviert wird, ist im Anlagegitter unter der Position A.I.2.
kein Zugang aufzuführen.

Beispiel:

Eine GmbH erwirbt eine Einzelfirma zum Preis von DM 680 000,—. Für dieses Einzelunternehmen ergeben sich in der Schlußbilanz zum 31. 12. 01 folgende Buchwerte bzw. Wiederbeschaffungswerte für die betriebsnotwendigen Vermögensgegenstände:

Aktiva:	Buchwerte zum Bewertungsstichtag	Wiederbeschaffungswerte am Bewertungsstichtag
Gebäude	100 000 DM	185 000 DM
Geschäftsausstattung	20 000 DM	25 000 DM
Maschinelle Aggregate	75 000 DM	90 000 DM
Kraftfahrzeuge	14 000 DM	19 000 DM
Waren	110 000 DM	120 000 DM
Forderungen	241 000 DM	241 000 DM
Barbestände und Bankguthaben	70 000 DM	70 000 DM
	630 000 DM	750 000 DM

Die Verbindlichkeiten des Einzelunternehmens betragen zum Bewertungsstichtag DM 140 000,—. Der (Netto)Substanzwert errechnet sich demnach wie folgt:

Wiederbeschaffungswerte	750 000 DM
./. Verbindlichkeiten	140 000 DM
= (Netto)Substanzwert	610 000 DM

Zieht man von dem Kaufpreis den Substanzwert ab, erhält man den Firmenwert, den dieses erworbene Einzelunternehmen aufweist.

Firmenwert = Kaufpreis   ./.   Substanzwert
Firmenwert = DM 680 000,—   ./.   DM 610 000,—   = DM 70 000,—

Der Firmenwert kann aber auch aktiviert werden. Er muß dann im Anlagegitter im Jahr des Zugangs erscheinen. Im Falle der Aktivierung ist der Firmenwert in jedem auf das Zugangsjahr folgenden Geschäftsjahr zu mindestens einem Viertel durch Abschreibungen zu tilgen. Dies bedeutet, daß für jedes Geschäftsjahr höhere, nicht jedoch niedrigere Abschreibungen vorgenommen werden dürfen. Für das Zugangsjahr ist eine Abschreibung nicht vorgeschrieben, aber zulässig (§ 255 Abs. 4 Satz 2 HGB).

Die Abschreibung eines aktivierten Geschäfts- oder Firmenwerts kann aber auch planmäßig auf die Geschäftsjahre verteilt werden, in denen er voraussichtlich genutzt wird (§ 255 Abs. 4 Satz 3 HGB). Diese Regelung der planmäßig abnutzungsabhängigen Abschreibungen steht im Zusammenhang mit der neuen steuerlichen Regelung des § 7 Abs. 1 Satz 3 EStG, wonach der Geschäfts- oder Firmenwert auf der Grundlage einer (fiktiven) betriebsgewöhnlichen Nutzungsdauer von 15 Jahren linear abzuschreiben ist. Der Geschäftsführung einer GmbH wird damit die Möglichkeit eingeräumt, die steuerliche Abschreibungsregelung auch in der Handelsbilanz zu verwenden. Ein Abschreibungsplan, der von einer voraussichtlich kürzeren Nutzungsdauer ausgeht, als der im Steuerrecht verbindlich vorgeschriebenen von 15 Jahren, ist zulässig. Eine den steuerlich festgelegten Abschreibungszeitraum überschreitende voraussichtliche Nutzungsdauer wird in der Praxis kaum in Betracht kommen. Sollte sie ausnahmsweise gerechtfertigt sein, wird gegebenenfalls eine positive Steuerabgrenzung (§ 274 Abs. 1 HGB) erforderlich.

Macht die Geschäftsführung einer GmbH von der Abschreibungsregelung des § 255 Abs. 4 Satz 3 HGB Gebrauch, müssen deren Gründe im Anhang angegeben werden (§ 285 Nr. 13 HGB).

Das Aktivierungswahlrecht für den gesamten handelsbilanziellen Firmenwert schafft für die Geschäftsführung einer GmbH bilanzpolitische Spielräume. Wenn es gelingt, ein für immaterielle Vermögensgegenstände gezahltes Entgelt als Bestandteil des Firmenwerts zu deklarieren, d. h. immaterielle Vermögensgegenstände im Firmenwert abzubilden, können diese Vermögensgegenstände der Aktivierungspflicht entzogen werden, indem der Firmenwert einfach nicht aktiviert wird.

9.3 Gestaltungsmöglichkeiten bei der Bilanzierung und Bewertung der Herstellungskosten

In der Handelsbilanz sind selbsterstellte

*   Halberzeugnisse und/oder Fertigerzeugnisse
*   Anlagen
*   Werkzeuge

mit den Herstellungskosten zu aktivieren. Es stellt sich die Frage, welche Kostenbestandteile in den Herstellungskosten angesetzt werden müssen bzw. angesetzt werden können. Dabei ist die Ermittlung der Herstellungskosten ein zentrales Instrument der Handelsbilanzpolitik, da Aufwendungen, die nicht als Teil der Herstellungskosten aktiviert zu werden brauchen, als Betriebsaufwand den Handelsbilanzgewinn der laufenden Bilanzierungsperiode voll mindern, ohne daß diesen Aufwendungen Erträge gegenüberstehen. Werden hingegen diese Aufwendungen in den Herstellungskosten angesetzt, erhöht sich der Handelsbilanzgewinn.

Die Geschäftsführung einer GmbH kann in der Handelsbilanz die Herstellungskosten auf der Basis der Vollkosten oder der Teilkosten aktivieren. Es sind aber auch Zwischenwerte möglich.

Der Mindestwertansatz der Herstellungskosten für die Handelsbilanz im Rahmen der Teilkostenrechnung umfaßt die variablen Teile der Material- und Fertigungskosten (einschließlich der Sonderkosten der Fertigung). Dabei wird bei der Bestimmung der Wertuntergrenze, d. h. der Summe der aktivierungspflichtigen Kostenbestandteile, allein auf das Merkmal der „Zurechenbarkeit der Kosten" abgestellt. Aktivierungspflichtig sind nur die Kosten, die den Kostenträgern (Erzeugnissen) als Einzelkosten direkt zugerechnet werden können. Im Gegensatz zur bisherigen Regelung brauchen in dem Mindestwertansatz der Herstellungskosten auf Teilkostenbasis die variablen Gemeinkosten nicht mehr aktiviert zu werden.

Die Wertobergrenze auf der Basis der Vollkostenrechnung umfaßt die vollen Materialkosten, die Fertigungskosten und die Verwaltungsgemeinkosten (§ 255 Abs. 2 HGB).

Die Ermittlung der handelsrechtlichen Wertuntergrenze bzw. Wertobergrenze soll an Hand eines praktischen Beispiels verdeutlicht werden.

Beispiel:

In einem Unternehmen erhöht sich am 31. 12. 1987 der Endbestand eines während des Jahres gefertigten Produktes um 130 Einheiten, für die pro Produkteinheit folgende Einzelkosten angefallen sind:

- Fertigungsmaterial   DM 100,—
- Fertigungslöhne   DM 600,—
- Sondereinzelkosten der Fertigung   DM 20,—

Auf der Grundlage der Vollkostenrechnung ergaben sich in diesem Unternehmen folgende Gemeinkostenzuschlagssätze:

- Materialgemeinkostenzuschlagssatz: 10 %
- Fertigungsgemeinkostenzuschlagssatz: 200 %

Außerdem sind DM 70,— Kosten der allgemeinen Verwaltung pro Produkteinheit angefallen.

Die Unternehmensleitung hat das Wahlrecht, für diese Bestandserhöhung die handelsrechtlichen Herstellungskosten auf der Basis der Teilkosten oder der Vollkosten zu bilanzieren.

Soll nach den handelsbilanzpolitischen Zielsetzungen der Unternehmensleitung der Handelsbilanzgewinn so niedrig wie möglich ausgewiesen werden, bewertet man die

Bestandserhöhung auf der Basis der Wertuntergrenze der Herstellungskosten wie
folgt:

Materialeinzelkosten	DM 100,—
+ Lohneinzelkosten	DM 600,—
+ Sondereinzelkosten der Fertigung	DM 20,—
= Wertuntergrenze der handelsrechtlichen Herstellungskosten	DM 720,—

Für die 130 Produkteinheiten ergibt sich ein Endbestandswert von:

$$130 \times \text{DM } 720,— \qquad = \quad \underline{\text{DM } 93\ 600,—}$$

Soll umgekehrt nach den handelsbilanzpolitischen Zielsetzungen der Unternehmensleitung der Handelsbilanzgewinn des Unternehmens so hoch wie möglich ausgewiesen werden, bewertet man die Bestandserhöhung auf der Basis der Wertobergrenze der
Herstellungskosten wie folgt:

Fertigungsmaterial		DM 100,—
+ Materialgemeinkosten (10 %)		DM 10,—
=	Materialkosten	DM 110,—
Fertigungslöhne		DM 600,—
+ Fertigungsgemeinkosten (200 %)		DM 1 200,—
	Fertigungskosten	DM 1 800,—
+	Sonderkosten der Fertigung	DM 20,—
+	Verwaltungsgemeinkosten	DM 70,—
= Wertobergrenze der handelsrechtlichen Herstellungskosten		DM 2 000,—

Für die 130 Produkteinheiten ergibt sich ein Endbestandswert von:

$$130 \times \text{DM } 2\ 000,— \qquad = \quad \text{DM } 260\ 000,—$$

Das Konto Fertigerzeugnisse des Unternehmens enthält entweder einen Endbestand
in Höhe von DM 93 600,— (Wertuntergrenze) oder in Höhe von DM 260 000,—
(Wertobergrenze). Die Gegenbuchung erfolgt auf dem Konto Bestandsveränderung,
das über die Gewinn- und Verlustrechnung abgeschlossen wird. Die Gewinn- und Verlustrechnung enthält dann für dieses Unternehmen die Umsatzerlöse
+ Bestandserhöhungen,
wodurch der Gewinn unmittelbar beeinflußt wird.

Auf der Basis der Vollkostenrechnung (Wertobergrenze) wird der Handelsbilanzgewinn des Unternehmens um DM 166 400,— höher ausgewiesen (= DM 260 000,—
./. DM 93 600,—) als auf der Basis der Teilkostenrechnung (Wertuntergrenze).

Die Geschäftsführung einer GmbH hat es aber auch in der Hand, im Rahmen der Bewertung auf Vollkostenbasis, bestimmte Kostenbestandteile
nicht in die Herstellungskosten einzubeziehen, was zu einem geringeren
Gemeinkostenzuschlagssatz und damit zu einem niedrigeren Wertansatz

der Herstellungskosten führt. Der Handelsbilanzgewinn wird dann in einem geringeren Ausmaß erhöht als auf der Basis der Wertobergrenze für die Herstellungskosten.

Für die Handelsbilanz kommt der Ermittlung der Herstellungskosten als Bilanzierungs- bzw. Bewertungswahlrecht auf Grund der neuen handelsrechtlichen Rechnungslegungsvorschriften eine erhöhte Bedeutung zu, da die Geschäftsführung einer GmbH wegen des Grundsatzes der Darstellungsstetigkeit (§ 252 Abs. 1 Nr. 6 HGB) an der einmal getroffenen Entscheidung (Methodenwahlrecht) für die Zukunft festhalten muß. Dies bedeutet, daß die Geschäftsführung einer GmbH bei der Aktivierung der Herstellungskosten in der Handelsbilanz bei der erstmaligen Anwendung des neuen Handelsrechts sorgfältig überlegen muß, wie das Bilanzierungsbzw. Bewertungswahlrecht ausgeübt wird. In bezug auf diese strategische handelsbilanzpolitische Entscheidung können folgende Entscheidungshilfen gegeben werden.

Für den Ansatz der Herstellungskosten auf der Basis der Teilkosten, insbesondere der Grenzkosten, spricht der Grundsatz der Vorsicht. Die Grenzkosten entsprechen der wirtschaftlichen Preisuntergrenze der zu bewertenden Erzeugnisse.

Für den Ansatz der Herstellungskosten auf der Basis der Vollkosten sprechen im wesentlichen 3 Gründe:

- Die Wirtschaftlichkeit der Rechnungslegung ist gewährleistet, wenn die **handelsbilanziellen Herstellungskosten** in Höhe der steuerlich zwingenden oder zulässigen Herstellungskosten angesetzt werden. Der Wertansatz kann dann in einem Zuge vorgenommen werden

- Unter dem Aspekt der kurzfristigen Produktions- und Absatzsteuerung liefert nur die **Grenzkostenrechnung** relevante Informationen zur Entscheidungsfindung. Der handelsrechtliche Jahresabschluß erfüllt jedoch eine andere Informationsaufgabe, da er dem Grundsatz des true-and-fair-view entsprechend ein den tatsächlichen Verhältnissen entsprechendes Bild der Vermögens-, Finanz- und Ertragslage vermitteln soll. Er stellt nicht auf die kurzfristig angelegte Produktions- und Absatzsteuerung, sondern auf eine Durchschnittsbetrachtung ab, die eher durch eine Vollkostenrechnung erreicht werden kann.

- Besteht die handelsbilanzpolitische Zielsetzung vor allem darin, ein
möglichst kontinuierliches Jahresergebnis auszuweisen, hat eine Aktivierung zu Vollkosten gegenüber einer **Teilkostenaktivierung** beachtliche Vorteile. In absatzschwachen Geschäftsjahren kommt es häufig zu
einer Bestandserhöhung an fertigen und unfertigen Erzeugnissen
(positive Gewinnbeeinflussung), während es in absatzstärkeren
Geschäftsjahren zu einem entsprechenden Bestandsabbau kommt
(geringere Gewinnminderung). Über die Fixkostenaktivierung kommt
es im Vergleich zur Grenzkostenbewertung naturgemäß zu einer
Abschwächung der mit dem schwankenden Absatzvolumen verbundenen Ausschläge des Jahresergebnisses.

Zusammenfassend betrachtet sprechen gewichtige Gründe dafür, daß die
Geschäftsführung einer GmbH bei der Bilanzierung und Bewertung der
Herstellungskosten in der Handelsbilanz die Vollkostenrechnung
zugrunde legt, d. h. angemessene Gemeinkostenzuschlagsätze berücksichtigt.

9.4 Gestaltungsmöglichkeiten bei der Bilanzierung und Bewertung von Finanzanlagen

§ 271 Abs. 1 und 2 HGB definiert die Begriffe „Beteiligungen" und „ver-
bundene Unternehmen". Sowohl die Beteiligungen als auch die Anteile an
verbundenen Unternehmen zählen zum Finanzanlagevermögen einer
GmbH. Sie sind in der Bilanz unter A.III. Finanzanlagen auszuweisen.
Die mittelgroßen und die großen GmbHs müssen darüber hinaus für die
Beteiligungen und für die Anteile an verbundenen Unternehmen auf der
Aktivseite der Bilanz gesonderte Unterposten aufführen. Da sowohl die
Beteiligungen als auch die Anteile an verbundenen Unternehmen zum
Finanzanlagevermögen zählen, unterliegen sie den für Vermögensgegen-
stände des Anlagevermögens geltenden Vorschriften in bezug auf die
Abschreibungen (§ 253 Abs. 2 HGB und § 279 Abs. 1 HGB).

Stellt ein Beteiligungsunternehmen zugleich auch ein verbundenes Unternehmen im Sinne des § 271 Abs. 2 HGB dar, müssen die mittelgroßen und
die großen GmbHs die entsprechenden Anteile unter dem hierfür gesondert vorgeschriebenen Unterposten A.III.1. „Anteile an verbundenen
Unternehmen" ausweisen.

Nach § 271 Abs. 1 HGB sind Beteiligungen Anteile an anderen Unternehmen, die bestimmt sind, dem eigenen Geschäftsbetrieb durch Herstellung einer dauerhaften Verbindung zu jenem Unternehmen zu dienen. Dabei ist es unerheblich, ob die Anteile in Wertpapieren verbrieft sind oder nicht.

Mit Ausnahme von eigenen Anteilen kommen grundsätzlich jegliche Anteile an einem Unternehmen als Beteiligungen in Betracht. Insbesondere ist die Rechtsform des anderen Unternehmens ohne Belang für die Frage, ob eine Beteiligung vorliegt oder nicht. Demnach können Beteiligungen an Unternehmen der unterschiedlichsten Rechtsformen bestehen wie Kapitalgesellschaften, sonstige juristische Personen (z. B. Stiftungen, Körperschaften des öffentlichen Rechts u. dgl.), Personengesellschaften (z. B. OHG, KG, GbR), Einzelunternehmen. Lediglich die Mitgliedschaft in einer eingetragenen Genossenschaft gilt nicht als Beteiligung.

Die Anteile an anderen Unternehmen müssen nicht in Wertpapieren verbrieft sein, um als Beteiligungen zu gelten. GmbH-Geschäftsanteile kommen deshalb als Beteiligungen ebenso in Betracht wie Aktien. Aber auch alle anderen Anteilsrechte, die wirtschaftlich eine Teilhabe am Vermögen eines anderen Unternehmens zum Gegenstand haben, können Beteiligungen sein, z. B. die Anteile von persönlich haftenden Gesellschaftern oder von Kommanditisten an Personengesellschaften (OHG, KG), Gesamthandsanteile bei Gesellschaften bürgerlichen Rechts sowie stille Beteiligungen.

Um als Beteiligung zu gelten, müssen die Anteile an dem anderen Unternehmen dem eigenen Geschäftsbetrieb dienen. Dem eigenen Geschäftsbetrieb dienen heißt nicht, daß hierfür die Absicht erforderlich wäre, auf die Geschäftsführung des anderen Unternehmens Einfluß zu nehmen. Es genügt vielmehr bereits die Absicht einer GmbH mit der Kapitalanlage eine angemessene Verzinsung bzw. die Möglichkeit einer Gewinnteilhabe zu bekommen.

Da die Anteile dem eigenen Geschäftsbetrieb durch Herstellung einer dauerhaften Verbindung zu dem anderen Unternehmen dienen müssen, wenn eine Beteiligung vorliegen soll, ist zu klären, wann eine solche dauerhafte Verbindung vorliegt. Hierfür ist weniger das Vorhandensein einer Verbindung schlechthin ausschlaggebend, sondern die bestimmungsgemäße Dauerhaftigkeit stellt das Abgrenzungsmerkmal dar, ob Finanzanlagen oder Umlaufvermögen vorliegen. Die Geschäftsführung einer GmbH hat es weitgehend in der Hand durch die buchmäßige Behandlung nach außen erkennbar darzustellen, daß sie die Anteile dem Finanzanlagevermögen zuordnet.

Dabei ist vor allem auf die Beteiligungsvermutung des § 271 Abs. 1 Satz 3 HGB hinzuweisen. Danach gelten im Zweifel Anteile an einer Kapitalgesellschaft als Beteiligung, wenn die Nennbeträge insgesamt 20 v. H. des Nennkapitals dieser Gesellschaft überschreiten. Hält also eine GmbH A beispielsweise 21 v. H. der Anteile an einer anderen Kapitalgesellschaft B, so liegt eine Beteiligung vor (Beteiligungsvermutung).

Nach § 271 Abs. 2 HGB sind „verbundene Unternehmen" im wesentlichen Mutter- oder Tochterunternehmen, die nach den Vorschriften über die Vollkonsolidierung (§ 300 bis 307 HGB) in einen Konzernabschluß einzubeziehen sind.

Nach § 290 Abs. 1 HGB setzt das Verhältnis Mutter-Tochter-Unternehmen das Vorliegen eines Konzerns unter einheitlicher Leitung des Mutterunternehmens voraus, wobei das Mutterunternehmen eine Kapitalgesellschaft mit Sitz im Inland sein muß, welcher eine Beteiligung nach der Definition des § 271 Abs. 1 HGB an dem oder dem anderen unter einheitlicher Leitung stehenden Unternehmen (Tochterunternehmen) gehört. Liegt die einheitliche Leitung nicht bei einer Kapitalgesellschaft, so sind weder das einheitlich leitende noch die anderen Unternehmen Mutter- bzw. Tochterunternehmen im Sinne des § 290 Abs. 1 HGB. (Zu den Beziehungen zwischen Mutter- und Tochterunternehmen nach § 290 HGB vgl. Punkt 10.5.)

Beispiele:

Eine GmbH A hält 51 v. H. der Anteile an der Kapitalgesellschaft B. Hier wird sowohl ein Beteiligungsverhältnis als auch eine Konzernbildung vermutet. Aus diesem Grund liegt sowohl ein Beteiligungsverhältnis als auch ein Anteil an einem verbundenen Unternehmen vor.

Eine GmbH A hält 51 v. H. der Anteile an der Kapitalgesellschaft B und B seinerseits hält 51 v. H. der Anteile an der Kapitalgesellschaft C. Hier wird zwischen A und B sowie B und C jeweils ein Beteiligungsverhältnis vermutet. Außerdem besteht zwischen A und B Konzernbildung und damit Verbundenheit. Darüber hinaus besteht eine Konzernvermutung und damit eine Verbundenheitsvermutung im Verhältnis B und C. Infolge Zurechnung (§ 16 Abs. 4 AktG) der von B an C gehaltenen Anteile bei A gelten außerdem auch A und C als verbunden.

Beteiligungen sind nicht abnutzbar und können deshalb nicht planmäßig abgeschrieben werden. Es kommen jedoch außerplanmäßige Abschreibungen auf den niedrigeren beizulegenden Wert in Betracht (§ 253 Abs. 2 HGB). Damit sollen negative Ergebniseinflüsse, die auf Grund eines solchen Beteiligungsverhältnisses zu erwarten sind, berücksichtigt werden. Eine GmbH hat in bezug auf Finanzanlagen im Gegensatz zu den Sachanlagen ein Abwertungswahlrecht auch bei einer nur vorübergehenden Wertminderung (§ 279 Abs. 1 Satz 2 HGB). Die Geschäftsführung einer GmbH kann daher, je nach handelsbilanzpolitischer Zielsetzung, eine Beteiligung, für die eine nur vorübergehende Wertminderung vorliegt, außerplanmäßig abschreiben, muß aber nicht.

Beispiel:

Eine GmbH hat 1987 ein Aktienpaket an einer AG in Höhe von 31 % des Grundkapitals erworben. Die GmbH möchte dieses Paket langfristig in ihrem Bestand halten, um auf die Geschäftspolitik dieser AG Einfluß nehmen zu können.

Das Aktienpaket besteht aus 460 Stücken mit einem Nennwert von je DM 100,—. Die Anschaffungskosten je Stück, die die GmbH aufwenden muß, betragen DM 340,— zuzüglich 1 % Spesen vom Kurswert. Der amtlich notierte Börsenkurs am 31. 12. 1987 beläuft sich auf DM 335,— je Stück.

Das Aktienpaket stellt eine Beteiligung dar, die auf der Aktivseite der Bilanz unter A.III.3 auszuweisen ist. Das Aktienpaket ist mit den Anschaffungskosten zu bewerten, die sich wie folgt errechnen:

	460 x DM 340	DM 156 400,—	
+	Anschaffungsnebenkosten 1 %	DM 1 564,—	
=	Anschaffungskosten	DM 157 964,—	

Da am Bilanzstichtag 31. 12. 1987 der Wert der Aktien gesunken ist, hat die Geschäftsführung der GmbH in bezug auf die Bewertung dieses Aktienpakets auf Grund dieser vorübergehenden Wertminderung ein Abwertungswahlrecht (§ 253 Abs. 2 Satz 3 HGB in Verbindung mit § 279 Abs. 1 Satz 2 HGB). Sie kann eine außerplanmäßige Abschreibung auf dieses Aktienpaket vornehmen, sie kann aber auch die ursprünglichen Anschaffungskosten (historische Werte) ansetzen. Wird auf Grund dieser vorübergehenden Wertminderung eine außerplanmäßige Abschreibung vorgenommen, sind die Aktien wie folgt zu bewerten:

	460 x DM 335	DM 154 100,—	
+	Anschaffungsnebenkosten 1 %	DM 1 541,—	
=	Wertansatz 31. 12. 1987	DM 155 641,—	

Die außerplanmäßige Abschreibung auf diese Beteiligung stellt sich als Differenz zwischen DM 157 964,— ./. DM 155 641,— = DM 2 323,— dar.

Würde die Wertminderung (Kursrückgang) voraussichtlich von Dauer sein, müßte diese außerplanmäßige Abschreibung zwingend vorgenommen werden.

Stellt sich die Beteiligung nicht als Aktienpaket, sondern als Beteiligung an einer GmbH oder an einer Personengesellschaft dar, ist die Methode zur Ermittlung des niedrigeren beizulegenden Werts in der Fachliteratur strittig. Als Wertermittlungsverfahren werden u. a. vorgeschlagen:

- Wertermittlung mit Hilfe eines Ertragswertverfahrens
- Wertermittlung mit Hilfe eines Substanzwertverfahrens
- Wertermittlung durch eine Kombination von Ertragswert und Substanzwert

Zu den Finanzanlagen zählen auch die „Ausleihungen". Ausleihungen unterliegen, wie die Beteiligungen, keiner regelmäßigen Abnutzung und sind daher ausschließlich außerplanmäßig abzuschreiben, wenn der beizulegende Wert zum Abschlußstichtag unter dem Buchwert liegt.

Bei Ausleihungen wird der beizulegende Wert durch den voraussichtlichen Rückzahlungsbetrag bestimmt, der bei unverzinslichen oder niedrig verzinslichen Ausleihungen auf den Bilanzstichtag abzuzinsen ist. Welcher Zinssatz für die Abzinsung solcher Ausleihungen zugrunde gelegt wird, ist in einem gewissen Umfang in das Ermessen der Geschäftsführung einer GmbH gestellt und kann daher ebenfalls als bilanzpolitisches Instrument eingesetzt werden. In der Fachliteratur wird für die Abzinsung sowohl ein marktüblicher Zinssatz bei vergleichbaren Kapitalanlagen als auch der Zinssatz nach Steuerrecht in Höhe von 5,5 % (§§ 1 und 12 Abs. 3 BewG) vorgeschlagen.

Ausleihungen gegenüber einem Beteiligungsunternehmen bzw. gegenüber einem verbundenen Unternehmen müssen in der Bilanz unter den Positionen A.III.2 „Ausleihungen an verbundene Unternehmen" und A.III.4. „Ausleihungen an Unternehmen, mit denen ein Beteiligungsverhältnis besteht", ausgewiesen werden.

Bei Wertpapieren des Anlagevermögens, die ebenfalls zu den Finanzanlagen zählen, entspricht der beizulegende Wert in der Regel dem Börsenkurs. Liegt ein solcher nicht vor, sind die für die Beteiligungen bzw. für die Ausleihungen angeführten Bewertungsgrundsätze anzuwenden.

Anteile, die eine GmbH an anderen Unternehmen hält, die nicht die Beteiligungskriterien erfüllen, stellen regelmäßig Umlaufvermögen dar. Solche Anteile sind entweder unter der Position B.II.4. „sonstige Vermögensgegenstände" oder B.III.3. „sonstige Wertpapiere" auszuweisen.

9.5 Gestaltungsmöglichkeiten bei der Wertaufholung im Anlage- und/oder Umlaufvermögen

§ 280 Abs. 1 HGB begründet für die GmbHs grundsätzlich ein Wertaufholungsgebot. Um die Wertaufholungskonzeption des neuen Bilanzrechts verständlich zu machen, ist es zweckmäßig, vorweg die Bewertung des Anlagevermögens zu erläutern (Abb. 32).

Bei Vermögensgegenständen des Anlagevermögens bilden die Anschaffungskosten bzw. Herstellungskosten den Ausgangswert. Die Anschaffungs- oder Herstellungskosten bilden die Obergrenze der Bewertung, die nicht überschritten werden darf.

Handelt es sich im Rahmen der Bewertung um Anlagegegenstände, deren Nutzung zeitlich begrenzt ist, sind deren Anschaffungs- oder Herstellungskosten um planmäßige Abschreibungen zu vermindern (§ 253 Abs. 2 Satz 1 HGB).

In bezug auf die außerplanmäßigen Abschreibungen bei den Vermögensgegenständen des Anlagevermögens gilt folgendes:

- Außerplanmäßige Abschreibungen müssen vorgenommen werden, um die Vermögensgegenstände mit den niedrigeren Werten am Abschlußstichtag anzusetzen, die ihnen auf Grund einer voraussichtlich dauernden Wertminderung beizulegen sind (§ 253 Abs. 2 Satz 3 HGB).

- Außerplanmäßige Abschreibungen können vorgenommen werden (Wahlrecht)
  — wenn bei Finanzanlagen eine vorübergehende Wertminderung eintritt (vgl. Punkt 9.4)
  — wenn eine steuerliche Sonderabschreibung vorgenommen werden soll. Diese steuerliche Sonderabschreibung kann jedoch auch in den Sonderposten mit Rücklagenanteil eingestellt werden (indirekte Abschreibung nach § 281 HGB).

GmbHs müssen den Betrag der außerplanmäßigen Abschreibungen in der Gewinn- und Verlustrechnung gesondert ausweisen oder im Anhang angeben (§ 277 Abs. 3 Satz 1 HGB).

Hat eine GmbH einen Vermögensgegenstand des Anlagevermögens auf den niedrigeren beizulegenden Wert abgewertet und stellt sich in einem späteren Geschäftsjahr heraus, daß die Gründe für diese außerplanmä-

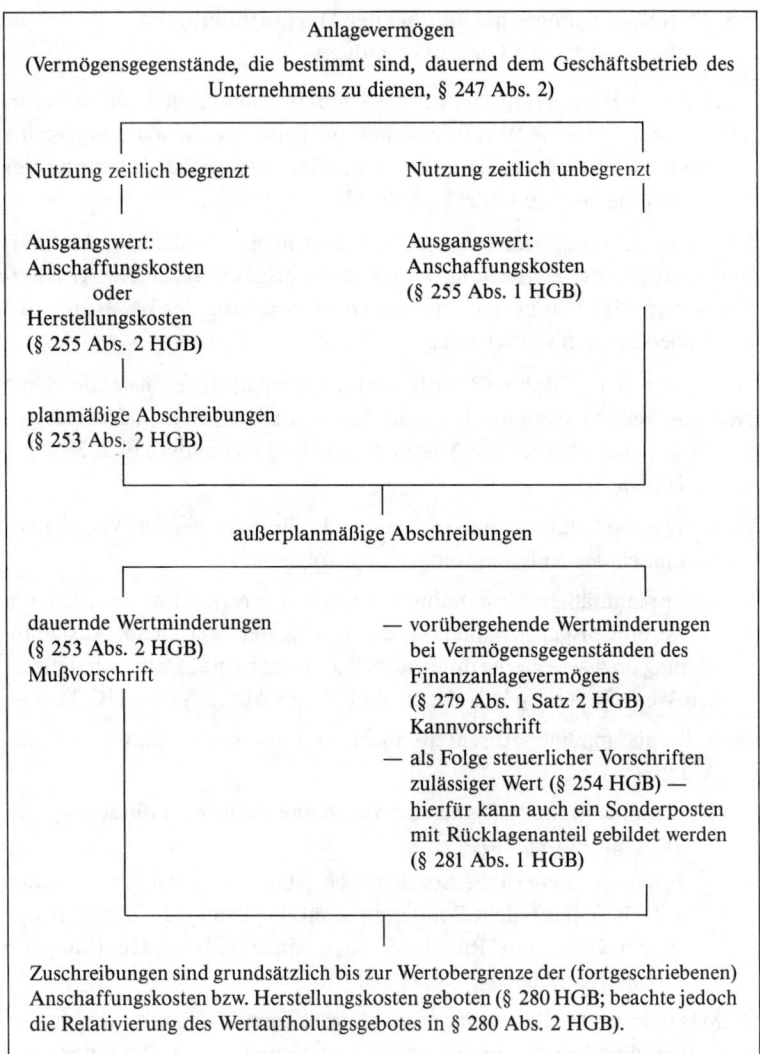

Abb. 32: Bewertung des Anlagevermögens nach dem Bilanzrichtlinien-Gesetz

ßige Abschreibung nicht mehr bestehen, greift das Wertaufholungsgebot des § 280 Abs. 1 HGB. Die GmbH muß grundsätzlich eine Zuschreibung

auf diesen Anlagegegenstand vornehmen. Nach diesem Wertaufholungsgebot ist der Betrag dieser Abschreibung im Umfang der Werterhöhung
unter Berücksichtigung der Abschreibungen, die inzwischen vorzunehmen gewesen wären, zuzuschreiben.

Nach § 280 Abs. 2 HGB wird dieses Wertaufholungsgebot relativiert. Die
GmbH kann von einer an sich gebotenen Zuschreibung absehen, wenn der
niedrigere Wertansatz bei der steuerlichen Gewinnermittlung beibehalten
werden kann und Voraussetzung dafür ist, daß der niedrigere Wertansatz
auch in der Handelsbilanz beibehalten wird.

Die Geschäftsführung einer GmbH kann danach eine Zuschreibung in der
Handelsbilanz unterlassen, wenn sie in der Steuerbilanz keine Zuschreibung auf diesen Anlagegegenstand vornehmen möchte. Auf diese Art und
Weise wird sichergestellt, daß die faktische Umkehrung des Maßgeblichkeitsprinzips der Handelsbilanz für die Steuerbilanz nicht verletzt wird.
Um das Beibehaltungswahlrecht in der Steuerbilanz ausüben zu können,
wird auch in der Handelsbilanz keine Zuschreibung vorgenommen,
wodurch das Maßgeblichkeitsprinzip gewahrt wird.

Diese **Relativierung** des **Wertaufholungsgebots** beinhaltet für die
Geschäftsführung einer GmbH einen erheblichen handelsbilanzpolitischen Spielraum. Wenn sie in der Handelsbilanz keine Zuschreibung vornehmen will, braucht sie sich nur auf diese Relativierung des Wertaufholungsgebots nach § 280 Abs. 2 HGB zu berufen.

Für die nicht abnutzbaren Anlagegegenstände (zeitlich nicht begrenzte
Nutzung) wie Grund und Boden, Wertpapiere u. dgl. kann die Geschäfts-
führung einer GmbH wie bisher von einem Beibehaltungswahlrecht
Gebrauch machen.

Eine Änderung ergibt sich jedoch in bezug auf Anlagegegenstände, deren
Nutzung zeitlich begrenzt ist (abnutzbares Anlagevermögen). Bei dem
abnutzbaren Anlagevermögen darf steuerlich grundsätzlich keine
Zuschreibung erfolgen, da der in der Ertragsteuerbilanz ausgewiesene
Wertansatz des Vorjahres nicht überschritten werden darf. Die Beibehaltung des Wertansatzes in der Steuerbilanz ist auch dann notwendig, wenn
handelsrechtlich eine Zuschreibung auf Grund des Wertaufholungsgebots
vorgeschrieben ist. Daraus folgt zwingend, daß bei dem abnutzbaren
Anlagevermögen Wertaufholungen grundsätzlich vorgenommen werden

müssen. Dies ist damit zu begründen, daß im Steuerrecht für das abnutzbare Anlagevermögen das strenge Prinzip des uneingeschränkten Wertzusammenhangs gilt (§ 6 Abs. 1 Ziff. 1 EStG).

Lediglich, wenn die Geschäftsführung einer GmbH eine steuerliche Sonderabschreibung oder eine erhöhte Absetzung auf Grund steuerrechtlicher Vorschriften vorgenommen hat, relativiert sich ebenfalls das Wertaufholungsgebot. § 6 Abs. 3 EStG ermöglicht für solche abnutzbaren Wirtschaftsgüter, bei denen steuerliche Sonderabschreibungen geltend gemacht wurden, eine freiwillige Zuschreibung, ohne daß in diesem Fall das strenge Prinzip des Wertzusammenhangs beachtet werden muß. Unterbleibt jedoch in der Steuerbilanz eine solche Zuschreibung, braucht sie auch in der Handelsbilanz nicht vorgenommen zu werden, was konkret einem Beibehaltungswahlrecht auch in diesen Fällen entspricht.

Beispiel:

Eine GmbH stellt am Bilanzstichtag in 02 fest, daß wegen einer voraussichtlich dauernden Wertminderung für einen abnutzbaren Vermögensgegenstand des Anlagevermögens eine außerplanmäßige Abschreibung in Höhe von DM 150 000,— vorgenommen werden muß. Am Bilanzstichtag in 04 ergibt sich wider Erwarten, daß der Grund für die in 02 vorgenommene außerplanmäßige Abschreibung weggefallen ist. Es soll sich

a) um eine außerplanmäßige handelsrechtliche Abschreibung und

b) um eine außerplanmäßige steuerrechtliche Abschreibung

handeln. Der Vermögensgegenstand wurde am 1. 1. 01 für DM 300 000,— erworben. Nutzungsdauer 10 Jahre. Es wird eine lineare Abschreibung vorgenommen.

In 02 beträgt die Abschreibung auf diesen Vermögensgegenstand

planmäßige Abschreibung	DM 30 000,—
außerplanmäßige Abschreibung	DM 150 000,—
	DM 180 000,—

In 03 ist der Restbuchwert (DM 300 000,— ./. DM 210 000,— = DM 90 000,—) auf die verbleibenden 8 Jahre zu verteilen. DM 90 000,— : 8 = DM 11 250,—.

In 04 erfolgt nun die Zuschreibung. Wäre keine außerplanmäßige Abschreibung vorgenommen worden, beliefe sich der Restbuchwert am 31. 12. 03 auf DM 210 000,—. Somit läßt sich folgender Zuschreibungsbetrag ermitteln:

ursprünglicher Restbuchwert	DM 210 000,—
./. effektiver Restbuchwert	DM 78 750,—
= Zuschreibungsbetrag	DM 131 250,—

Handelt es sich bei der Zuschreibung um die Rückgängigmachung einer handelsrechtlichen außerplanmäßigen Abschreibung, greift voll das Wertaufholungsgebot. Die

Zuschreibung in Höhe von DM 131 250,— muß in der Handelsbilanz vorgenommen werden. Beruht hingegen die Zuschreibung auf der Rückgängigmachung einer vorausgegangenen steuerlichen Sonderabschreibung, hat die GmbH in bezug auf die Handelsbilanz ein Wahlrecht, ob sie die Zuschreibung vornehmen will oder nicht (§ 6 Abs. 3 EStG).

Abb. 33 erläutert die Wertaufholungskonzeption des Umlaufvermögens.

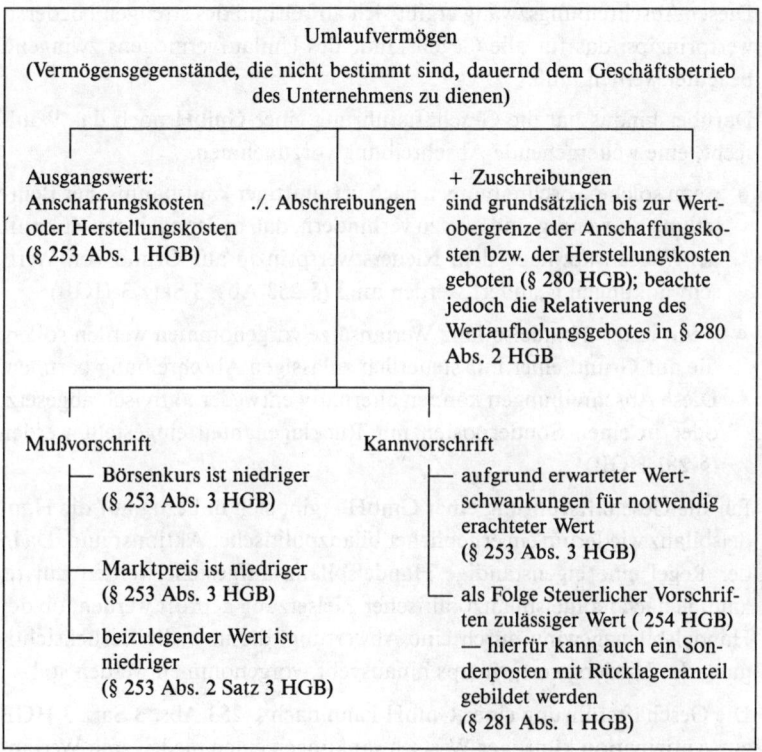

Abb. 33: Bewertung des Umlaufvermögens nach dem Bilanzrichtlinien-Gesetz

Auch bei den Vermögensgegenständen des Umlaufvermögens bilden die Anschaffungs- oder Herstellungskosten den Ausgangswert und die Obergrenze der Bewertung (§ 253 Abs. 1 Satz 1 HGB), die nicht überschritten werden darf.

Auf diese Anschaffungs- oder Herstellungskosten müssen Abschreibungen vorgenommen werden,

• wenn der Börsen- oder Marktpreis niedriger ist als die Anschaffungs- oder Herstellungskosten

• wenn der beizulegende Wert niedriger ist als die Anschaffungs- oder Herstellungskosten.

Dieser Abschreibungszwang ergibt sich auf Grund des strengen Niederstwertprinzips, das für alle Gegenstände des Umlaufvermögens zwingend beachtet werden muß.

Darüber hinaus hat die Geschäftsführung einer GmbH noch das Wahlrecht, eine weitergehende Abschreibung vorzunehmen,

• wenn solche Abschreibungen nach vernünftiger kaufmännischer Beurteilung notwendig sind, um zu verhindern, daß in der nächsten Zukunft der Wertansatz nach dem Niederstwertprinzip auf Grund von Wertschwankungen geändert werden muß (§ 253 Abs. 3 Satz 3 HGB)

• wenn in der Handelsbilanz Wertansätze vorgenommen werden sollen, die auf Grund einer nur steuerlich zulässigen Abschreibung beruhen. Diese Abschreibungen können alternativ entweder aktivisch abgesetzt oder in einen Sonderposten mit Rücklagenanteil eingestellt werden (§ 281 HGB).

Für die Geschäftsführung einer GmbH ergibt sich in bezug auf die Handelsbilanz wiederum ein erheblicher bilanzpolitischer Aktionsraum. Da in der Regel eine eigenständige Handelsbilanz aufgestellt werden dürfte, kann je nach handelsbilanzpolitischer Zielsetzung geprüft werden, ob der Handelsbilanzgewinn durch eine Abwertung, die über die Berücksichtigung des Niederstwertprinzips hinausgeht, vorgenommen werden soll.

Die Geschäftsführung einer GmbH kann nach § 253 Abs. 3 Satz 3 HGB zur Antizipation künftiger Wertschwankungen einen niedrigeren Wertansatz wählen, wenn folgende Voraussetzungen vorliegen:

• Es müssen Wertschwankungen zu erwarten sein, die sich auf den Wertansatz auswirken werden

• Die Wertschwankungen müssen in der Zukunft liegen

• Der niedrigere Wertansatz muß nach vernünftiger kaufmännischer Beurteilung notwendig sein, um eine Abwertung zu verhindern.

Unter Wertschwankungen sind z. B. wiederkehrende Preisschwankungen zu verstehen, die insbesondere bei den Rohstoffen auftreten können.

Unter nächster Zukunft, in der Wertschwankungen auftreten können, wird in der Fachliteratur ein Zeitraum bis zu zwei Jahren verstanden. In jedem Fall muß es sich um einen Zeitraum handeln, der überschaubar ist.

Die Begrenzung der Abschreibungen auf das nach vernünftiger kaufmännischer Beurteilung erforderliche Maß will eine gewisse Objektivierung der Abschreibung erreichen. Die Geschäftsführung einer GmbH soll nicht eine extrem pessimistische Einschätzung der zukünftigen Entwicklung vornehmen können, sondern gezwungen sein, eine Abwägung negativer und positiver Faktoren, die die zukünftige Entwicklung beeinflussen, vorzunehmen. In diesem Zusammenhang ist besonders eine Bezugnahme auf bisherige Verläufe des Marktgeschehens hilfreich.

Beispiel:

Eine GmbH hat 1 kg eines bestimmten Rohstoffes am Bilanzstichtag mit dem niedrigeren Marktpreis nach § 253 Abs. 3 Satz 1 HGB in Höhe von DM 150,— bewertet. In der nächsten Zukunft wird eine weitere Minderung dieses Stichtagspreises um 30 % für möglich gehalten:

Wertansatz nach § 253 Abs. 3 Satz 1 HGB (Niederstwertprinzip)	DM 150,—
Minderung des bisherigen Marktpreises um 30 % in der Zukunft (§ 253 Abs. 3 Satz 3 HGB)	DM 45,—
= Zulässiger niedrigerer Wertansatz	DM 105,—

In bezug auf die Zuschreibungen bei Vermögensgegenständen des Umlaufvermögens gelten dieselben Grundsätze, wie sie für die Zuschreibungen bei den Anlagegegenständen dargestellt werden.

9.6 Gestaltungsmöglichkeiten bei der Bewertung des Vorratsvermögens mit Hilfe von Bewertungsvereinfachungsverfahren

Dem Grundsatz der Einzelbewertung, der auch für die Handelsbilanz gilt, widerspricht es nicht, wenn bei der Bewertung des Vorratsvermögens Bewertungsvereinfachungsverfahren angewandt werden. Die Einzelbewertung findet nämlich dort ihre Grenze, wo die damit verbundene Arbeit, insbesondere bei der Inventur, nicht mehr vertretbar ist.

Die Geschäftsführung einer GmbH kann bei der Bewertung von Vermögensgegenständen des Vorratsvermögens auf folgende Bewertungsvereinfachungsverfahren zurückgreifen:

● Durchschnittsbewertung (§ 240 Abs. 4 HGB)
● Lifo-, Fifo-, Hifo- und ähnliche Verbrauchsfolgeverfahren
  (§ 256 HGB)
● Gruppenbewertung (§ 240 Abs. 4 HGB)
● Festbewertung (§ 240 Abs. 3 HGB)

Bewertungsvereinfachungsverfahren lassen sich in der Regel als Mittel der
Bilanzpolitik einsetzen. So kann der Handelsbilanzgewinn vermindert
werden, wenn Vorräte mit Hilfe eines bestimmten Bewertungsvereinfa-
chungsverfahrens zum Bilanzstichtag unterbewertet werden. Der unterbe-
wertete Endbestand solcher Vorräte führt zu einem höheren Materialein-
satz (Wareneinsatz) und damit zu einem niedrigeren Gewinn. Dies gilt vor
allem für die Anwendung der Verbrauchsfolgeverfahren (§ 256 HGB).
Nach Abschn. 36 Abs. 2 EStR werden Verbrauchsfolgeverfahren wie
Lifo-, Fifo-, Hifo-Verfahren steuerrechtlich nicht anerkannt. Da bislang
nahezu sämtliche GmbHs nur eine Bilanz aufgestellt haben, die Handels-
und Steuerbilanz zugleich war, wurde von den Verbrauchsfolgeverfahren
aus steuerlichen Gründen in der Praxis nicht Gebrauch gemacht. Künftig
werden jedoch von den GmbHs im Normalfall zwei Bilanzen, eine Handelsbilanz und eine Steuerbilanz, aufgestellt, so daß Verbrauchsfolgsver-
fahren als handelsbilanzpolitisches Instrumentarium eine besondere Bedeutung erlangen werden.

Im folgenden sollen daher die wesentlichen Verbrauchsfolgeverfahren, die
die Geschäftsführung einer GmbH als Mittel der Handelsbilanzpolitik
einsetzen kann, dargestellt werden:

Lifo-Verfahren (lifo = last in, first out)

Das Lifo-Verfahren unterstellt, daß die zuletzt beschafften Vermögensgegenstände des Vorratsvermögens buchungstechnisch stets zuerst verbraucht, und daß die zuerst angeschafften Gegenstände damit als Endbestand verbleiben. Bei der Bewertung des Endbestands der Gegenstände des
Vorratsvermögens dienen die Beschaffungspreise der zuerst gekauften und
noch auf Lager befindlichen Gegenstände des Vorratsvermögens als

Bewertungsnorm. Die Lifo-Methode ist bei steigenden Preisen besonders zweckmäßig, da der Endbestand der Gegenstände des Vorratsvermögens mit den niedrigeren Anschaffungskosten des Anfangsbestandes bzw. der zeitlich am weitesten zurückliegenden Einkäufe bewertet wird. Der ausgewiesene Gewinn wird auf diese Art und Weise verringert.

Beispiel:

Eine GmbH hat zu Beginn des Geschäftsjahres am 1. Januar einen Bestand von 150 kg eines bestimmten Rohstoffes zum Kilopreis von DM 40,— auf Lager. Sie kauft am 2. 3. 250 kg zu DM 42,— je kg, am 6. 9. 200 kg zu DM 38,— je kg und am 11. 12. 150 kg zu DM 43,— je kg ein. Der Jahresendbestand beläuft sich lt. Inventur am 31. 12. und 200 kg.

Nach der Lifo-Methode errechnet sich an Hand dieses Beispiels folgender Wert des Endbestandes:

	kg	DM		DM
aus Anfangsbestand am 1. 1.	150	40,—	=	6000,—
aus Zugang 2. 3.	50	42,—	=	2100,—
Endbestand 31. 12.	200			8100,—

$$\frac{DM\ 8100,-}{200} = DM\ 40,50$$

Der Endbestand (200 kg) dieses Rohstoffs wird nach dem Lifo-Verfahren mit DM 40,50 pro kg bewertet = DM 8100,—. Der Wert des Verbrauchs (550 kg) während des Geschäftsjahres errechnet sich wie folgt:

Anfangsbestand + 3 Zukäufe	DM 30 550,—
./. Endbestandswert	DM 8 100,—
= Wert des Verbrauchs	DM 22 450,—

Fifo-Verfahren (fifo = first in, first out)

Das Fifo-Verfahren unterstellt, daß die zuerst beschafften Vermögensgegenstände des Vorratsvermögens buchungstechnisch stets zuerst verbraucht werden. Die Anschaffungskosten der zuletzt beschafften Gegenstände sind daher die Werte, mit denen am Bilanzstichtag der Endbestand bewertet wird. Die Fifo-Methode ist bei sinkenden Preisen zweckmäßig, da der Gewinn niedriger ausgewiesen wird, als wenn die hohen, zeitlich zurückliegenden Anschaffungspreise angesetzt worden wären.

Beispiel:

Unter Zugrundelegung der Zahlenwerte für das Lifo-Verfahren errechnet sich nach dem Fifo-Verfahren folgender Endbestandswert:

	kg	DM		DM
aus Zugang 11. 12.	150	43,—	=	6450,—
aus Zugang 6. 9.	50	38,—	=	1900,—
Endbestand 31. 12.	200			8350,—

$$\frac{\text{DM } 8350,-}{200} = \text{DM } 41,75$$

Der Endbestand (200 kg) dieses Rohstoffs wird nach dem Fifo-Verfahren mit
DM 41,75 pro kg bewertet = DM 8350,—. Der Wert des Verbrauchs (550 kg) während
des Geschäftsjahres errechnet sich wieder wie folgt:

Anfangsbestand + 3 Zukäufe	DM 30 550,—
./. Endbestandswert	DM 8 350,—
= Wert des Verbrauchs	DM 22 200,—

Hifo-Verfahren (hifo = highest in, first out)

Das Hifo-Verfahren unterstellt, daß die mit den höchsten Preisen beschafften Gegenstände des Vorratsvermögens buchungstechnisch zuerst verbraucht werden. Auf diese Weise werden bei der Bewertung des Endbestands die niedrigst möglichen Wertansätze gewählt. Diese Bewertungs-
methode empfiehlt sich dann, wenn die Anschaffungspreise während
einer Periode starken Schwankungen unterliegen, d. h., wenn auf dem
Beschaffungsmarkt sowohl Preissteigerungen als auch Preissenkungen
auftreten.

Beispiel:

Unter Zugrundelegung der Zahlenwerte für das Lifo-Verfahren errechnet sich nach
dem Hifo-Verfahren folgender Endbestandswert:

	kg	DM		DM
aus Zukauf 6. 9.	200	38,—	=	7600,—
Endbestand 31. 12.	200			7600,—

$$\frac{\text{DM } 7600,-}{200} = \text{DM } 38,-$$

Nach dieser Methode wird in dem vorgenannten Beispiel der Endbestand mit dem
Anschaffungspreis von DM 38,— bewertet, zu dem am 6. 9. insgesamt 200 kg angeschafft wurden, also die Menge, die genau dem Endbestand am 31. 12. entspricht.

Der Wert des Verbrauchs (550 kg) während des Geschäftsjahres errechnet sich wie
folgt:

Anfangsbestand + 3 Zukäufe	DM 30 550,—
./. Endbestandswert	DM 7 600,—
= Wert des Verbrauchs	DM 22 950,—

Die Geschäftsführung einer GmbH muß in bezug auf diese Verbrauchsfolgeverfahren zum Abschlußstichtag prüfen, ob sie nicht an Stelle der ermittelten Anschaffungs- oder Herstellungskosten je nach Preisniveau einen niedrigeren Bilanzansatz wählen muß. Das Niederstwertprinzip gilt selbstverständlich auch bei Anwendung eines der vorstehend dargestellten Verfahren. Angenommen, der Wiederbeschaffungspreis liegt in dem genannten Beispiel am Abschlußstichtag bei DM 40,—, so sind weder das Fifo-Verfahren noch das Lifo-Verfahren anwendbar, da in beiden Fällen die Wertansätze mit DM 41,75 bzw. DM 40,50 über dem Wiederbeschaffungspreis von DM 40,— je kg liegen. Lediglich das Hifo-Verfahren könnte in einem solchen Fall Anwendung finden.

Die Gruppenbewertung und die Durchschnittsbewertung stellen Bewertungsvereinfachungsverfahren dar, die sowohl in der Handelsbilanz als auch in der Steuerbilanz angewandt werden können. Beide Verfahren sind bislang in der Bilanzierungspraxis weit verbreitet, da sie im Gegensatz zu den Verbrauchsfolgeverfahren auch steuerrechtlich anerkannt sind. Verbrauchsfolgeverfahren werden hingegen steuerrechtlich nur dann anerkannt, wenn glaubhaft gemacht werden kann, daß in einem Unternehmen die tatsächliche Verbrauchsfolge mit der fiktiven Verbrauchsfolge übereinstimmt. Eine solche Glaubhaftmachung kann u. a. durch eine besondere Form der Lagerung (z. B. Hochregallager), bei der die zuerst angelieferten Roh-, Hilfs- oder Betriebsstoffe auch tatsächlich zuerst entnommen und verbraucht werden, geschehen.

Zu den Bewertungsvereinfachungsverfahren, die die Geschäftsführung einer GmbH in der Handelsbilanz anwenden kann, zählt auch die Festbewertung. Zweck des Festwertverfahrens ist die Vereinfachung der Bestandsaufnahme, der buchmäßigen Erfassung und der Bewertung bestimmter Vermögensgegenstände des Sachanlagevermögens und bestimmter Roh-, Hilfs- und Betriebsstoffe. In bezug auf die Bestandserfassung bedeutet das Festwertverfahren eine periodische Erleichterung der Verpflichtung zur jährlichen Bestandsaufnahme nach § 240 Abs. 2 HGB. In bezug auf die Bewertung stellt das Festwertverfahren eine Ausnahmeerleichterung zum allgemeinen Grundsatz der Einzelbewertung dar.

Bei dem Festwert wird für einen bestimmten Bestand an Vermögensgegenständen (Sachanlagevermögen, Roh-, Hilfs- und Betriebsstoffe) ein Festwert zu Festpreisen bewertet. Dieser Festwert wird in der Handelsbilanz unter gleichbleibenden Voraussetzungen für mehrere Geschäftsjahre unverändert fortgeführt. Das Verfahren unterstellt, daß sich bei den in einem Festwert zusammengefaßten Vermögensgegenständen im Zeitablauf Zugänge einerseits und Abgänge sowie planmäßige Abschreibungen oder Verbrauch andererseits in etwa ausgleichen.

Nach § 240 Abs. 3 HGB ist für die Festwertbildung künftig Voraussetzung, daß der jeweilige Gesamt eines Festwertes für die GmbH von nachrangiger Bedeutung ist. Diese Forderung nach einer nachrangigen Bedeutung ist Ausfluß des Bilanzierungsgrundsatzes der Wesentlichkeit (materiality principle). Dabei ist die nachrangige Bedeutung, wenn eine GmbH mehrere Festwerte bildet oder gebildet hat, für jeden Festwert für sich und jährlich neu zu prüfen und zu beurteilen. Die Voraussetzung nachrangige Bedeutung fordert demnach nicht die Zusammenrechnung aller im Einzelfall gebildeten Festwerte und ihrer gesamten Relation.

Maßstab für die Nachrangigkeit ist in erster Linie die Bilanzsumme. Mit Nachrangigkeit soll ausgedrückt werden, daß es sich nicht um den für die GmbH bedeutendsten Bilanzposten handeln darf. Eine nachrangige Bedeutung kann unterstellt werden, wenn der einzelne Festwert 5 % der Bilanzsumme nicht übersteigt.

Die nachrangige Bedeutung ergibt im Umkehrschluß, daß hochwertige, d. h. besonders wertvolle Vermögensgegenstände, von der Festwertbildung ausgeschlossen sind.

Wie bereits unter Punkt 4.1 ausgeführt, ist die Bewegung eines Festwertes im Sachanlagevermögen solange nicht im Anlagegitter zu zeigen, wie dieser Festwert unverändert fortgeführt werden kann.

Bei dem Festwert für Roh-, Hilfs- und Betriebsstoffe werden die laufenden Ersatzbeschaffungen in der GuV unter Aufwendungen für Roh-, Hilfs- und Betriebsstoffe ausgewiesen (§ 275 Abs. 2 Nr. 5 HGB). Dieser Aufwandsposition können auch laufende Ersatzbeschaffungen bei Festwerten des Sachanlagevermögens zugeordnet werden. Alternativ können diese laufenden Ersatzbeschaffungen jedoch auch unter der Position „sonstige betriebliche Aufwendungen'' ausgewiesen werden.

Erhöhungen des Festwertes bei dem Sachanlagevermögen resultieren in der Regel aus Mehrmengen bei der Bestandsaufnahme. Stammen die Mehrungen aus Zugängen der beiden Vorjahre, wäre an sich die mengenmäßige

Erhöhung des Festwertes in der Bilanz den Zuschreibungen zuzuordnen, sie kann aber vereinfachend als Zugang ausgewiesen werden.

Bei Minderung des Festwertes, bei Sachanlagen entsprechend dem Ergebnis der Bestandsaufnahme, kann der Unterschiedsbetrag im Anlagegitter in der Regel als Abgang des Geschäftsjahres und der GuV als „sonstige betriebliche Aufwendungen" behandelt werden.

Erhöhungen des Festwertes für Roh-, Hilfs- und Betriebsstoffe gehen zu Lasten des GuV-Postens „Aufwendungen für Roh-, Hilfs- und Betriebsstoffe". Minderungen eines solchen Festwertes mindern diesen Aufwandsposten. In Sonderfällen, z. B. bei Zugängen früherer Geschäftsjahre, kommt ein Ausweis unter „sonstige betriebliche Erträge" in Frage.

9.7 Gestaltungsmöglichkeiten bei der Bewertung von Forderungen

Nach § 241 BGB ist eine Forderung der auf einem Schuldverhältnis beruhende Anspruch des Gläubigers gegen den Schuldner eine Leistung zu fordern. In einem Unternehmen können verschiedenartige Forderungen entstehen. Der Grundsatz der Bilanzklarheit verlangt eine Aufgliederung der Forderungsarten. Nach § 266 Abs. 2 HGB sind die Forderungen im Umlaufvermögen wie folgt zu gliedern:

B. Umlaufvermögen

.

.

.

II. Forderungen und sonstige Vermögensgegenstände

1. Forderungen aus Lieferungen und Leistungen;

2. Forderungen gegen verbundene Unternehmen;

3. Forderungen gegen Unternehmen, mit denen ein Beteiligungsverhältnis besteht;

4. sonstige Vermögensgegenstände

Dieses Gliederungsschema wird ergänzt durch § 42 Abs. 3 GmbHG. Hiernach sind Forderungen (und Verbindlichkeiten sowie Ausleihungen) gegenüber Gesellschaftern in der Regel als solche jeweils gesondert auszuweisen oder im Anhang anzugeben. Werden sie unter anderen Posten ausgewiesen (z. B. unter Forderungen aus Lieferungen und Leistungen), ist die Mitzugehörigkeit zu vermerken.

Die Position Nr. 4 „sonstige Vermögensgegenstände" hat als Forderungsausweis die Funktion eines Restpostens. Hierunter werden diejenigen Vermögensgegenstände bzw. Forderungen ausgewiesen, die dem Umlaufvermögen zuzurechnen, aber nicht gesondert im Rahmen des Gliederungsschemas auszuweisen sind. Als sonstige Vermögensgegenstände kommen u. a. in Betracht:

- Personaldarlehen, soweit nicht langfristige Ausleihungen

- Gehaltsvorschüsse

- geleistete Kautionen

- Ansprüche auf Schadenersatzleistungen

- Rückkaufswerte von Rückdeckungsversicherungen im Rahmen von Pensionsverpflichtungen

- Steuererstattungsansprüche

- Ansprüche auf finanzielle Zuwendungen der öffentlichen Hand

Unter den sonstigen Vermögensgegenständen sind auch die antizipativen aktiven Rechnungsabgrenzungsposten auszuweisen. Es handelt sich hier um am Abschlußstichtag bereits entstandene, aber noch nicht fällige Forderungen. Hierunter fallen z. B.

- Ansprüche auf bis zum Bilanzstichtag entstandene Zinserträge

- Ansprüche auf anteilige Miet- oder Pachtzinsen

- anteilige Ansprüche aus Versorgungsverträgen (Strom, Gas, Wasser, Fernwärme)

Beträge unter den antizipativen Rechnungsabgrenzungsposten, die einen größeren Umfang aufweisen, sind im Anhang zu erläutern (§ 268 Abs. 4 Satz 2 HGB). Ob Beträge unter den antizipativen aktiven Rechnungsabgrenzungsposten einen größeren Umfang haben, ist nach dem Grundsatz der Wesentlichkeit im Einzelfall zu beurteilen. Hierbei wird man in der Bilanzierungspraxis sowohl auf den absoluten Betrag als auch auf das Verhältnis dieses Forderungspostens zu dem Gesamtbetrag der Forderungen abzustellen haben.

Bei allen gesondert ausgewiesenen Forderungsposten ist der jeweilige Betrag der Forderungen mit einer Restlaufzeit von mehr als einem Jahr zu vermerken (§ 268 Abs. 4 Satz 1 HGB).

Das folgende **Beispiel** soll die Darstellung der Forderungen in der Handelsbilanz veranschaulichen:

	Geschäfts-jahr	Vorjahr
	DM	DM

.
.
.

II. Forderungen und sonstige Vermögens-gegenstände		
1. Forderungen aus Lieferungen und Leistungen	250 000	230 000
— davon mit einer Restlaufzeit von mehr als einem Jahr (Vorjahr DM 75 000)	DM 80 000	
2. Forderungen gegen verbundene Unternehmen	1 200 000	900 000
● davon mit einer Restlaufzeit von mehr als einem Jahr (Vorjahr DM 50 000)	DM 255 000	
3. Forderungen gegen Unternehmen mit denen ein Beteiligungs-verhältnis besteht	380 000	380 000
● davon mit einer Restlaufzeit von mehr als einem Jahr (Vorjahr DM 220 000)	DM 220 000	
4. Sonstige Vermögensgegenstände	85 000	43 000
● davon mit einer Restlaufzeit von mehr als einem Jahr (Vorjahr DM —)	DM 20 000	

Unter der Position „Forderungen aus Lieferungen und Leistungen" sind entweder die Forderungen aus sämtlichen Lieferungen und Leistungen oder nur die Forderungen auszuweisen, die aus den Gegenwerten der Umsatzerlöse herrühren, also aus der Hauptumsatztätigkeit der GmbH (in der GuV sind dies insbesondere die Umsatzerlöse).

Unter den Forderungen aus Lieferungen und Leistungen können auch Forderungen aus Umsatzgeschäften ausgewiesen werden, die nicht die gewöhnliche Geschäftstätigkeit der GmbH betreffen, z. B. Miet- oder

Pachtforderungen. Auch gestundete Forderungen aus Lieferungen und Leistungen sind hier auszuweisen. Wird jedoch die Forderung in ein Darlehen mit Tilgung und Verzinsung umgewandelt, erfolgt ab diesem Umwandlungszeitpunkt ein Ausweis entweder unter den Finanzanlagen (sonstige Ausleihungen) oder unter den sonstigen Vermögensgegenständen. Unter den Forderungen aus Lieferungen und Leistungen sind demnach keine Darlehensforderungen oder Schadensersatzforderungen auszuweisen.

Unter den Forderungen gegen verbundene Unternehmen im Umlaufvermögen sind keine Ausleihungen auszuweisen, da diese unter den Finanzanlagen aufgeführt werden müssen. In dieser Position sind daher, abgesehen von den Ausleihungen, alle übrigen Forderungen zu erfassen, insbesondere aus Lieferungen und Leistungen, aus sonstigem laufenden Verrechnungs- und Finanzverkehr, sowie aus Beteiligungserträgen und Unternehmensverträgen.

Der Anspruch auf die Beteiligungserträge entsteht rechtlich mit dem Gewinnverwendungsbeschluß der Untergesellschaft. Die Geschäftsführung einer GmbH kann jedoch unter bestimmten Voraussetzungen den Beteiligungsertrag, bereits zeitlich vorgezogen, aktivieren. Es muß sich dabei um einen rechtlich zum Abschlußstichtag noch nicht entstandenen, aber mit Sicherheit entstehenden Anspruch handeln. Nach der Rechtsprechung des BGH (BGH vom 3. 11. 1975 BGH Z 65, 230) ist es zulässig, bei der Obergesellschaft einen Beteiligungsertrag zum Abschlußstichtag bereits zu bilanzieren, wenn eine Mehrheitsbeteiligung vorliegt, die Geschäftsjahre der beiden Gesellschaften sich decken, der Jahresabschluß der Untergesellschaft vor Abschluß der Abschlußprüfung der Obergesellschaft festgestellt wird und mindestens ein entsprechender Gewinnverwendungsvorschlag besteht. Über eine solche zeitlich vorgezogene Aktivierung einer Forderung aus einem Beteiligungsertrag ist im Anhang zu berichten.

Die Geschäftsführung einer GmbH hat die Möglichkeit, Forderungen an verbundene Unternehmen (nicht jedoch Ausleihungen im Finanzanlagevermögen) auch unter anderen Positionen auszuweisen und die Mitzugehörigkeit zu den Forderungen gegen verbundene Unternehmen zu vermerken. Werden Forderungen gegen verbundene Unternehmen aus sachlichen Gründen, z. B. unter Forderungen aus Lieferungen und Leistungen oder unter Guthaben bei Kreditinstituten ausgewiesen, ist auf ihre Mitzugehörigkeit zu dem Posten „Forderungen gegen verbundene Unternehmen" durch einen davon-Vermerk mit Angabe des entsprechenden Teilbetrags hinzuweisen.

In bezug auf die Forderungen gegen Unternehmen, mit denen ein Beteiligungsverhältnis besteht, ergeben sich gegenüber den vorstehend dargestellten Forderungen gegen verbundene Unternehmen keine Besonderheiten. Sowohl die Beteiligung selbst als auch Ausleihungen an Unternehmen, mit denen ein Beteiligungsverhältnis besteht, sind unter den Finanzanlagen auszuweisen. Auch bei den Forderungen gegen Unternehmen, mit denen ein Beteiligungsverhältnis besteht, hat die Geschäftsführung einer GmbH das Wahlrecht, bestimmte Forderungen aus sachlichen Gründen unter anderen Posten mit einem davon-Vermerk auszuweisen.

Der bisher übliche gesonderte Ausweis der Posten „Wechsel" entfällt in der neuen Handelsbilanz. Durch Wechsel unterlegte Forderungen brauchen künftig nicht mehr gesondert ausgewiesen oder kenntlich gemacht zu werden.

Der Grundsatz der Einzelbewertung gilt auch für Forderungen (§ 240 Abs. 1 HGB und § 252 Abs. 1 Nr. 3 HGB). Stellt daher die Geschäftsführung einer GmbH fest, daß der Wertansatz einer Forderung zu den Anschaffungskosten nicht mehr gerechtfertigt ist, muß eine Abschreibung erfolgen (strenges Niederstwertprinzip). Uneinbringliche Forderungen sind voll abzuschreiben, während zweifelhafte Forderungen mit dem mutmaßlich eingehenden Betrag in die Bilanz einzustellen sind (§ 253 Abs. 3 Satz 2 HGB).

Das strenge Niederstwertprinzip ist auf sämtliche Forderungen und sonstige Vermögensgegenstände des Umlaufvermögens anzuwenden, also auf Forderungen aus Lieferungen und Leistungen, Forderungen gegen verbundene Unternehmen, Forderungen gegen Unternehmen, mit denen ein Beteiligungsverhältnis besteht, und sonstige Vermögensgegenstände. **Abschreibungen** nach dem **Niederstwertprinzip** kommen auch für **geleistete Anzahlungen** in Frage. Die Notwendigkeit solcher Abschreibungen kann sich bei geleisteten Anzahlungen ergeben, wenn diese Forderungen zweifelhaft werden im Hinblick auf die Lieferfähigkeit des Empfängers der Anzahlung oder seine Fähigkeit, die Anzahlung zurückzuzahlen.

Die mit den Forderungen verbundenen Risiken können zu **Einzelwertberichtigungen** und/oder **Pauschalwertberichtigungen** führen.

Sind der Geschäftsführung einer GmbH Umstände bekannt geworden, die den Schluß zulassen, daß bestimmte einzelne Forderungen mit Risiken behaftet sind, die über das allgemeine Kreditrisiko hinausgehen, muß sie die Forderungen einzelwertberichtigen. Es ist nicht zulässig, solche Forderungen lediglich in eine Pauschalwertberichtigung einzubeziehen. Die Geschäftsführung einer GmbH muß daher stets als erstes prüfen, ob Einzelwertberichtigungen vorzunehmen sind.

Eine Einzelwertberichtigung muß auf jeden Fall erfolgen, wenn eine Forderung uneinbringlich geworden ist. Uneinbringlich ist eine Forderung nicht schon dann, wenn sie zweifelhaft ist, sondern dann, wenn sie aller Wahrscheinlichkeit nach nicht mehr eingetrieben werden kann. Als uneinbringlich sind z. B. Forderungen anzusehen, für die die Verjährungsfrist bereits abgelaufen ist, bei denen ein Konkurs des Schuldners vorliegt, bei denen erfolglos Zwangsvollstreckungsmaßnahmen unternommen worden sind u. dgl. Ist bei geringfügigen Forderungen eine Mahnung oder eine gerichtliche Erzwingung nicht lohnend, können diese Forderungen ebenfalls als uneinbringlich abgeschrieben werden. Daß später u. U. doch noch Zahlungen auf Forderungen eingehen, die als uneinbringlich abgeschrieben wurden, stellt in bezug auf die früher vorgenommene Einzelwertberichtigung keinen Verstoß gegen die GoB dar.

Einzelwertberichtigungen sind jedoch, wie oben dargestellt, auch bei zweifelhaften Forderungen notwendig, wenn die Risiken, die mit diesen Forderungen verbunden sind, über das allgemeine Kreditrisiko hinausgehen. Wenn ein teilweiser Ausfall einer Forderung mit hoher Wahrscheinlichkeit droht, oder Anhaltspunkte für die Zahlungsunfähigkeit des Schuldners bestehen u. dgl., muß einzelwertberichtigt werden. Auf eine Forderung gegen einen zahlungsfähigen Schuldner, die von diesem bestritten wird, oder die klageweise geltend gemacht wird, ist, wenn die Sachlage oder Rechtslage nicht völlig eindeutig ist, unter Berücksichtigung des Prozeßrisikos einzelwertzuberichtigen.

Stellt sich später heraus, daß die Einzelwertberichtigung zu hoch bemessen war, braucht eine Zuschreibung nicht vorgenommen zu werden (§ 253 Abs. 5 HGB und § 280 Abs. 2 HGB).

Neben der Einzelwertberichtigung ist eine Pauschalwertberichtigung ebenfalls zulässig. Neu ist, daß eine Pauschalwertberichtigung zu Forderungen wegen des allgemeinen Kreditrisikos nicht mehr auf der Passivseite ausgewiesen werden darf. Sie ist vielmehr bei den entsprechenden Posten der Bilanz, d. h. im Regelfall bei den Forderungen aus Lieferungen und Leistungen, nur noch aktivisch abzusetzen. Dabei braucht die Pauschalwertberichtigung weder in der Bilanz noch im Anhang gesondert vermerkt zu werden. Die aktivische Absetzung der Pauschalwertberichtigung erfolgt demnach wie die Einzelwertberichtigung ohne besonderen Vermerk in der Bilanz oder im Anhang von den entsprechenden Forderungsposten.

Das allgemeine Kreditrisiko, das eine Pauschalwertberichtigung bei Forderungen, insbesondere bei Forderungen aus Lieferungen und Leistungen, zuläßt, umfaßt:

- das allgemeine Ausfallrisiko
- die Skontoberichtigung
- den innerbetrieblichen Zinsverlust
- die Kosten der Eintreibung.

Zunächst ist festzustellen, daß die Forderungen nicht erst einzelwert- und dann noch pauschalwertberichtigt werden dürfen. Von dem Gesamtbetrag der Forderungen müssen daher vorweg die einzelwertberichtigten Forderungen abgesetzt werden. Nur für den dann noch verbleibenden Restbestand an Forderungen ist eine Pauschalwertberichtigung möglich. Bemessungsgrundlage für die Pauschalwertberichtigung ist der Nettobetrag des Forderungsbestandes, umsatzsteuerrechtlich gesehen, das Entgelt.

Die Umsatzsteuer darf bei der Pauschalwertberichtigung, genau wie bei der Einzelwertberichtigung, erst berichtigt werden, wenn die Forderung uneinbringlich geworden ist, d. h., wenn der Verlust genau feststeht. Soweit jedoch Zinsverluste bei dem Überziehen von Zahlungszielen sowie Mahn- und Beitreibungskosten abgedeckt werden sollen, ist der Bruttobetrag Bemessungsgrundlage. Nach dem Grundsatz der Darstellungsstetigkeit soll ein einmal gewählter Wertberichtigungssatz möglichst beibehalten werden, wenn sich die betrieblichen Verhältnisse nicht wesentlich ändern. Andererseits ist der Wertberichtigungssatz ein dynamischer Wert, der ständig daraufhin überprüft werden muß, inwieweit er noch den betrieblichen Verhältnissen entspricht.

In dem folgenden Beispiel soll dargestellt werden, wie eine solche Pauschalwertberichtigung sowohl für die Handelsbilanz als auch für die Steuerbilanz ermittelt werden kann.

Beispiel:

Angenommen, ein Forderungsbestand einer GmbH am Bilanzstichtag beträgt ohne USt DM 100 000,—, dann ist zunächst an Hand der Saldenlisten zu prüfen, bei welchen einzelnen Forderungsbeträgen mit Sicherheit bzw. hoher Wahrscheinlichkeit ein Ausfall eintreten wird. Hat eine GmbH z. B. eine Forderung in Höhe von DM 1000,— an einen Kunden, bei dem das Konkursverfahren mangels Masse eingestellt worden ist, so ist diese Forderung einzelwertzuberichtigen.

Das allgemeine Ausfallrisiko

Um das allgemeine Ausfallrisiko in Höhe der Pauschalwertberichtigung berücksichtigen zu können, muß die Geschäftsführung einer GmbH von den Erfahrungswerten in der Vergangenheit ausgehen. Betrug z. B. der durchschnittliche Ausfall in der Vergangenheit 2 % der Forderungen am Bilanzstichtag, so ergibt sich dadurch in dem gewählten Beispiel eine Wertberichtigung von 2 % aus DM 99 000,— = DM 1980,—. Dieser Betrag von DM 1980,— würde jedoch zur Abdeckung des zusätzlichen latenten Risikos nicht ausreichen. Deshalb ist auf den zu erwartenden Ausfall in Höhe von DM 1980,— ein Risikozuschlag von in der Regel 50 % zu bilden.

Somit ergibt sich ein geschätzter Forderungsausfall wegen des allgemeinen Kreditrisikos in Höhe von

2 % aus DM 99 000,—	DM 1980,—
+ 50 % Risikozuschlag von DM 1980,—	DM 990,—
= geschätzter Forderungsausfall wegen des allgemeinen Kreditrisikos	DM 2970,—

Natürlich stimmt der vorstehend errechnete Prozentsatz nur unter der Voraussetzung, daß sich die Verhältnisse des Betriebes der GmbH gegenüber dem letzten Geschäftsjahr nicht wesentlich verändert haben.

Die Skontoberichtigung

Die Geschäftsführung der GmbH weiß aus Erfahrung, daß ein Teil der Kunden unter Abzug von Skonto bezahlt. Wenn z. B. die Hälfte der Kunden mit Skonto bezahlt, kann u. U. davon ausgegangen werden, daß die Hälfte der Kunden ihre Außenstände unter Abzug von Skonto regulieren.

Forderungsbestand	DM 99 000,—
davon Regulierung mit Skonto 50 %	DM 49 500,—
davon z. B. 3 % Skonto	DM 1 485,—

Der geschätzte Forderungsausfall wegen der Skontoberichtigung beträgt daher in dem gewählten Beispiel DM 1485,— und kann in der Pauschalwertberichtigung berücksichtigt werden (vgl. BFH-Urteil vom 19. 1. 1967 BStBl. III 1967, S. 336).

Der innerbetriebliche Zinsverlust

Die Unverzinslichkeit einer Forderung senkt ihren Nennwert. Angenommen, der Forderungsendbestand entspricht dem durchschnittlichen Forderungsbestand in Höhe von DM 99 000,— und der erzielte Jahresumsatz betrug DM 1 Mio, so läßt sich die Umschlagsdauer der Debitoren wie folgt errechnen:

$$\frac{\text{durchschnittlicher Debitorenbestand: DM 99 000,—} \times 360}{\text{Debitorenumsatz: DM 1 000 000,—}}$$

= 35,6 Tage Umschlagsdauer der Debitoren

Ist nun ein Zahlungsziel von 10 Tagen vereinbart, so ist der Schuldnerverzug wie folgt zu ermitteln:

Umschlagsdauer der Debitoren	35,6 Tage
./. vereinbartes Zahlungsziel	10,0 Tage
= Schuldnerverzug	25,6 Tage

Das vereinbarte Zahlungsziel muß abgezogen werden, weil für diese Zeit bereits ein Zinsbetrag in den Rechnungspreis einkalkuliert wurde.

Der innerbetriebliche Zinsverlust ist von der Höhe des landesüblichen Zinssatzes abhängig, der in dem gewählten Beispiel mit 9 % angenommen werden soll. Dieser Zinssatz als Jahreszinssatz ist zur Laufzeit des Forderungsbestandes wie folgt in Beziehung zu setzen:

$$\frac{9 \times 25,6}{360} = 0,64 \%$$

Der Wertberichtigungssatz für den innerbetrieblichen Zinsverlust beträgt demnach 0,64 % des Forderungsbestandes in Höhe von DM 99 000,—, also ca. DM 634,— und kann ebenfalls in der Pauschalwertberichtigung berücksichtigt werden (vgl. BFH-Urteil vom 19. 1. 1967 BStBl. 1967 III, S. 336 und BFH-Urteil vom 1. 4. 1958 BStBl. III 1958, S. 291).

Die Kosten der Eintreibung

Auch alle mit dem Einzug der Forderungen zusammenhängenden Kosten können bei der Pauschalwertberichtigung berücksichtigt werden (vgl. BFH-Urteil vom

19. 1. 1967 BStBl. 1967 III, S. 336). Es handelt sich hier um die Kosten des Mahnverfahrens, der Zwangsmaßnahmen und der gerichtlichen Klagen. Als Kosten der Eintreibung werden bei Mittelbetrieben von der Betriebsprüfung häufig ca. 1,5 % des Forderungsbestandes (brutto incl. USt) anerkannt. In dem gewählten Beispiel sind daher 1,5 % von DM 112 860,— = DM 1693,— als Beitreibungskosten in der Pauschalwertberichtigung anzusetzen.

Errechnung der Pauschalwertberichtigung

Die Pauschalwertberichtigung beträgt demnach in dem gewählten Beispiel:

Das allgemeine Ausfallrisiko	DM 2970,—
Die Skontoberichtigung	DM 1485,—
Der innerbetriebliche Zinsverlust	DM 634,—
Die Kosten der Eintreibung	DM 1693,—
= Pauschalwertberichtigung	DM 6782,—

Bei einem Forderungsvolumen von DM 99 000,— entspricht das einer Pauschalwertberichtigung in Höhe von 6,8 %.

Diese Pauschalwertberichtigung in Höhe von DM 6782,— ist bei der Position B.II.1. „Forderungen aus Lieferungen und Leistungen" auf der Aktivseite der Bilanz wie eine Einzelwertberichtigung aktivisch abzusetzen.

Da sowohl für die Einzelwertberichtigung als auch für die Pauschalwertberichtigung eine direkte Abschreibung vorgenommen werden muß, kann die Bewertung des Forderungsbestandes wie folgt dargestellt werden:

	DM
Forderungsvolumen	....
./. Vollabschreibung der uneinbringlichen Forderung	....
./. Abschreibung auf zweifelhafte Forderungen	....
= Zwischensumme	....
./. Pauschalwertberichtigung	....
= Forderungsausweis	....

Unverzinsliche und unterverzinsliche Forderungen des Umlaufvermögens sind in der Handelsbilanz mit dem Barwert zu bewerten. Die Abzinsung erfolgt z. B. auf der Basis des landesüblichen Zinsfußes für festverzinsliche Wertpapiere mit entsprechender Restlaufzeit. Aus Vereinfachungsgründen kann bei Forderungen mit einer Restlaufzeit von 3 Monaten am Abschlußstichtag von einer Abzinsung abgesehen werden.

Währungsforderungen sind nach dem Niederstwertprinzip mit dem niedrigeren Stichtagskurs anzusetzen. Der Anschaffungswert ergibt sich aus dem maßgeblichen Wechselkurs der ausländischen Währung im Zeitpunkt der Erstverbuchung. Maßgebender Wechselkurs ist der Geldkurs. Kursgewinne können erst bei Forderungseingang realisiert werden.

10. KAPITEL
Berichtspflicht im Anhang

10. Gestaltungsmöglichkeiten bei Aufstellung und Veröffentlichung

10.1 Gestaltungsmöglichkeiten bei den allgemeinen Erläuterungen zum Jahresabschluß

Nach § 264 Abs. 2 Satz 2 HGB ergibt sich für die Geschäftsführung einer GmbH eine Berichtspflicht im Anhang, wenn besondere Umstände dazu führen, daß der Jahresabschluß ein den tatsächlichen Verhältnissen entsprechendes Bild (Grundsatz des true-and-fair-view) nicht vermittelt. Da in dieser Vorschrift vom Jahresabschluß die Rede ist, besteht diese Berichtspflicht sowohl für die Bilanz als auch für die Gewinn- und Verlustrechnung. Es fragt sich, wann und in welchem Umfang die Geschäftsführung einer GmbH dieser besonderen Berichtspflicht nachkommen muß. Grundsätzlich sind solche allgemeinen Abschlußerläuterungen dann erforderlich, wenn der Jahresabschluß als Momentaufnahme nicht die üblichen durchschnittlichen Verhältnisse während des Geschäftsjahres wiedergibt und wenn es sich dabei um bedeutsame Sachverhalte handelt. Das Bilanzrichtlinien-Gesetz bezeichnet keine derartigen bedeutsamen Sachverhalte. Eine Berichtspflicht im Anhang wird in der Fachliteratur z. B. in folgenden Fällen angenommen:

- Die Bilanz einer GmbH stellt die Vermögenslage bzw. die Kapitalstruktur zu günstig dar, weil mehrjährige Leasingverpflichtungen (z. B. Immobilien-Leasing), Verpflichtungen aus begonnenen Investitionsvorhaben, Verpflichtungen aus künftigen Großreparaturen, Verpflichtungen aus notwendig gewordenen Umweltschutzmaßnahmen u. dgl. nicht berücksichtigt wurden.

- Die Bilanz einer GmbH stellt die Finanzlage zu günstig dar, weil zu Beginn des folgenden Geschäftsjahres aus schwebenden Ein- und/oder Verkaufsgeschäften Einzahlungen erforderlich werden, die nicht berücksichtigt wurden.

- In der Bilanz und in der Gewinn- und Verlustrechnung wird die Ertragslage zu günstig dargestellt, weil das Ergebnis des laufenden

Geschäftsjahres z. B. nur durch Kürzung der Forschungs- und Ent-
wicklungsaufwendungen, durch Kürzung der Ausbildungsaufwendun-
gen, durch überhöhte Preise, durch Qualitätsminderungen, durch die
Auflösung stiller Reserven u. dgl. erreicht werden konnte.

Die Geschäftsführung einer GmbH hat darüber hinaus, zumindest theoretisch, auch dann eine Berichtspflicht im Anhang, wenn sie durch
bestimmte handelsbilanzpolitische Maßnahmen Sachverhalte gestaltet,
die einen wesentlichen Einfluß auf die Vermögenslage, Finanzlage oder
Ertragslage der GmbH haben.

An Hand der vorstehend angeführten Beispiele wird deutlich, daß der
Ermessensspielraum, innerhalb dessen die Geschäftsführung einer GmbH
eine Berichtspflicht für solche allgemeinen Jahresabschlußerläuterungen
bejaht, ziemlich groß ist. Es brauchen hier keine allzu strengen Maßstäbe
angelegt zu werden.

Im Anhang werden Erläuterungen erforderlich, die nur die Bilanz betreffen, sich aber nicht auf bestimmte Bilanzposten beziehen, sondern für alle
Bilanzpositionen gelten. Dazu zählt die Berichterstattungspflicht bei
Überschneidungen von Bilanzpositionen (§ 265 Abs. 3 HGB). Die Geschäftsführung einer GmbH muß in solchen Fällen die Mitzugehörigkeit
eines bestimmten Bilanzpostens zu anderen Posten im Anhang anführen.

Grundsätzlich sind alle Ausweismöglichkeiten von Posten in der Bilanz als
gleichwertig anzusehen. Die Geschäftsführung einer GmbH muß entsprechend dem Grundsatz des true-and-fair-view diejenige Auswahl treffen,
die einen bestmöglichen Einblick in die Vermögens- und Finanzlage der
Gesellschaft gewährt. Die Mitzugehörigkeit von Bilanzposten muß vor
allem bei

• Forderungen und Verbindlichkeiten gegenüber verbundenen
  Unternehmen

• Forderungen und Verbindlichkeiten gegenüber Unternehmen, mit
  denen ein Beteiligungsverhältnis besteht

• Forderungen und Verbindlichkeiten gegenüber Gesellschaftern beachtet werden. Werden solche Forderungen oder Verbindlichkeiten z. B.
  unter Forderungen und Verbindlichkeiten aus Lieferungen und Leistungen ausgewiesen, muß auf jeden Fall ein Mitzugehörigkeitsvermerk entweder in der Bilanz oder im Anhang erfolgen. Die Geschäfts-

führung einer GmbH hat demnach für diesen Mitzugehörigkeitsvermerk, je nach handelsbilanzpolitischer Zielsetzung, die Wahl, ob sie ihn in der Bilanz direkt oder im Anhang vornimmt.

§ 42 Abs. 3 GmbHG bestimmt: „Ausleihungen, Forderungen und Verbindlichkeiten gegenüber Gesellschaftern sind in der Regel als solche jeweils gesondert auszuweisen oder im Anhang anzugeben. Werden sie unter anderen Posten ausgewiesen, so muß diese Eigenschaft vermerkt werden." Für die Geschäftsführung einer GmbH resultiert aus der zitierten Vorschrift, daß diese Bilanzposition vorrangig als solche ausgewiesen oder im Anhang angegeben wird.

Beispiel:

B. Umlaufvermögen
.
.
.
II.
.
.
.
2. Forderungen gegen verbundene
   Unternehmen   DM 850 000,—
   — davon gegen Gesellschafter DM 200 000,—

Alternativ kann die Geschäftsführung einer GmbH die Mitzugehörigkeit dieser Forderung gegen Gesellschafter auch im Anhang vermerken.

§ 265 Abs. 1 HGB bestimmt: „Die Form der Darstellung, insbesondere die Gliederung der aufeinander folgenden Bilanzen und Gewinn- und Verlustrechnungen, ist beizubehalten, soweit nicht in Ausnahmefällen, wegen besonderer Umstände, Abweichungen erforderlich sind. Die Abweichungen sind im Anhang anzugeben und zu begründen." Diese Vorschrift verlangt vor allem eine Beibehaltung der Gliederungsschemata aufeinander folgender Jahresabschlüsse. Die Geschäftsführung einer GmbH kann den kodifizierten Grundsatz der formellen Stetigkeit der Bilanz demnach in Ausnahmefällen durchbrechen, ist aber dann berichtspflichtig. Auf diese Art und Weise soll die Vergleichbarkeit von zwei aufeinander folgenden Jahresabschlüssen sichergestellt werden. Eine **Abweichung** vom Grundsatz der **formellen Darstellungsstetigkeit** ist der Geschäftsführung einer

GmbH immer dann möglich, wenn bestimmte berichtspflichtige Tatbestände wahlweise im Anhang, in der Bilanz oder in der Gewinn- und Verlustrechnung ausgewiesen werden dürfen (vgl. Punkt 3.3).

Eine Änderung der Bilanzgliederung ist vor allem dann erforderlich, wenn die GmbH in die nächst höhere Betriebsgröße überwechselt, da sie die aufgestellten Betriebsgrößenmerkmale überschritten hat. Wechselt z. B. eine kleine GmbH zu einer mittelgroßen GmbH, führt dies zu einer entsprechenden Ausweitung des bislang **verkürzten Gliederungsschemas** der Bilanz.

Eine zulässige Durchbrechung der formellen Darstellungsstetigkeit wäre es z. B., wenn das Anlagegitter statt in der Bilanz künftig im Anhang ausgewiesen wird, um den Umfang der Bilanz zu entlasten.

Ebenso könnte dieser Grundsatz der formellen Darstellungsstetigkeit durchbrochen werden, um den Unterschiedsbetrag zwischen planmäßigen handelsrechtlichen Abschreibungen und zulässigen steuerrechtlichen Abschreibungen in einen neuen Sonderposten mit Rücklagenanteil einzustellen. Dies kann dann zweckmäßig sein, wenn auf Grund von steuerrechtlichen Abschreibungserleichterungen in einer bestimmten Bilanzierungsperiode der Differenzbetrag erheblich zugenommen hat.

Der Grundsatz der Darstellungsstetigkeit bezieht sich auch auf die Beibehaltung der in den früheren Bilanzen verwendeten Bewertungsgrundsätze (§ 252 Abs. 1 Nr. 6 HGB). Die Geschäftsführung einer GmbH kann diesen materiellen Grundsatz der Darstellungsstetigkeit in bestimmten Ausnahmefällen durchbrechen, ist aber auch dann im Anhang berichtspflichtig (z. B. Übergang von der Fifo-Methode zur Lifo-Methode bei der Bewertung des Vorratsvermögens in einer Phase steigender Preise u. dgl.).

§ 265 Abs. 2 HGB bestimmt, daß in der Bilanz sowie in der Gewinn- und Verlustrechnung zu jedem Posten der entsprechende Betrag des vorhergehenden Geschäftsjahres anzugeben ist. „Sind die Beträge nicht vergleichbar, so ist dies im Anhang anzugeben und zu erläutern." Durch diese Vorschrift soll dem externen Bilanzleser der Vergleich mit den Vorjahreswerten erleichtert werden. Stellt beispielsweise die Geschäftsführung einer GmbH in der laufenden Bilanzierungsperiode zum ersten Mal den Unterschiedsbetrag zwischen den handelsrechtlichen Abschreibungen und den höheren steuerrechtlichen Abschreibungen in einen Sonderposten mit Rücklagenanteil ein, so sind die aufeinander folgenden Bilanzen nicht mehr vergleichbar. In einem solchen Falle wird daher eine Berichtspflicht im Anhang ausgelöst, die die Vergleichbarkeit in bezug auf diese Bilanzposition wieder herstellt.

10.2 Gestaltungsmöglichkeiten bei den Erläuterungen zur Aktivseite der Bilanz

Im HGB sind eine Reihe von Anhangvorschriften enthalten, die für die Geschäftsführung einer GmbH eine Berichtspflicht in bezug auf die Aktivseite der Bilanz begründen. Im folgenden sollen die wesentlichen Erläuterungpflichten zur Aktivseite der Bilanz mit den entsprechenden Gestaltungsmöglichkeiten dargestellt werden:

Berichterstattung über Aufwendungen für die Ingangsetzung und Erweiterung des Geschäftsbetriebs

Nach § 269 HGB dürfen Aufwendungen für die Ingangsetzung und Erweiterung des Geschäftsbetriebs als Bilanzierungshilfe aktiviert werden, wobei diese Aufwendungen im Anhang entsprechend zu erläutern sind. Es handelt sich bei diesen Aufwendungen um eine Bilanzierungshilfe. Eine solche Bilanzierungshilfe stellt ein Überschuldungsverhinderungsinstrument dar, das für die Handelsbilanz eine zu starke Gewinnminderung bzw. eine Verlustentstehung bei der Gründung oder Erweiterung eines Unternehmens vermeiden helfen soll. Für die Steuerbilanz gibt es keine solche Bilanzierungshilfe, so daß die anfallenden Aufwendungen im steuerrechtlichen Jahresabschluß stets als Betriebsausgaben behandelt werden müssen. Bei den Ingangsetzungsaufwendungen handelt es sich um die Ausgaben zum Aufbau der Innen- und Außenorganisation einer GmbH. Die Erweiterungsaufwendungen beinhalten entsprechend die Ausgaben zum Ausbau der Innen- und Außenorganisation, wenn Betriebserweiterungen und/oder Betriebsumstellungen durchgeführt werden, z. B. bei der Aufnahme neuer Betriebszweige.

Die Inanspruchnahme der Bilanzierungshilfe für die Ingangsetzung bzw. Erweiterung des Geschäftsbetriebs durch eine GmbH ist mit einer Ausschüttungssperre gekoppelt.

Bei der Ermittlung der Ingangsetzungs- und Erweiterungsaufwendungen ist es der Geschäftsführung einer GmbH möglich, einen Ansatz zwischen Null und dem aktivierungsfähigen Höchstbetrag zu wählen.

Werden Aufwendungen für die Ingangsetzung und Erweiterung des Geschäftsbetriebs aktiviert, sind sie auf der Aktivseite der Bilanz als Hauptposten vor dem Anlagevermögen auszuweisen:

Aktiva

Aufwendungen für die Ingangsetzung
und Erweiterung des Geschäftsbetriebs

A. Anlagevermögen

   I.

     .

     .

     .

Die Ingangsetzungs- und Erweiterungsaufwendungen sind in jedem folgenden Geschäftsjahr zu mindestens einem Viertel durch Abschreibungen zu tilgen (§ 282 HGB).

Die Erläuterungen im Anhang erstrecken sich auf die Zusammensetzung dieses Bilanzpostens, der zwei Positionen umfaßt. Da auch ein Ansatz von Zwischenwerten möglich ist, muß die Geschäftsführung einer GmbH im Rahmen ihrer Berichterstattung im Anhang über diesen Bilanzposten auch Angaben über die Ermittlung der Kosten machen. Zu den im Rahmen dieser Bilanzierungshilfe aktivierungsfähigen Kosten zählen u. a.:

● Gehälter, Löhne

● Allgemeine Betriebs- und Verwaltungskosten

● Kosten für den Aufbau der Vertriebsorganisation

● Allgemeine Planungskosten für die technische Einrichtung

● Forschungs- und Entwicklungskosten für Produkte

● Versuchskosten

Nicht aktivierungsfähig sind dagegen Aufwendungen, die für Fehlinvestitionen angefallen sind.

**Berichterstattung über die Darstellung der Entwicklung
des Anlagevermögens**

Nach § 268 Abs. 2 HGB kann das Anlagegitter, aus dem die Entwicklung
des Anlagevermögens hervorgehen muß, entweder in der Bilanz oder im
Anhang erscheinen. Es ist anzunehmen, daß viele GmbHs, schon allein
aus Platzgründen, das Anlagegitter im Anhang darstellen werden. Wie das
Anlagegitter aufzustellen ist, wurde in Punkt 4.1 ausführlich besprochen.

Aus dem Anlagegitter gehen zwingend lediglich die kumulierten Abschreibungen hervor. Die Abschreibungen des laufenden Geschäftsjahres können entweder in der Bilanz in einer Vorspalte zu den kumulierten
Abschreibungen oder im Anhang angegeben werden.

Macht die Geschäftsführung einer GmbH von der Wahlmöglichkeit (§ 281
Abs. 1 HGB), die steuerrechtlichen Sonderabschreibungen in einen Sonderposten mit Rücklagenanteil einzustellen, Gebrauch, dürfen unter den
handelsrechtlichen Abschreibungen des laufenden Geschäftsjahres in der
Vorspalte oder im Anhang nur die handelsrechtlichen Jahresgeschäftsab-
schreibungen erscheinen. Übt die Geschäftsführung einer GmbH hingegen ihr Wahlrecht in dem Sinne aus, daß sie die steuerrechtlichen Sonderabschreibungen aktivisch bei den betreffenden Vermögensgegenständen absetzt, sind in dem Betrag der Jahresabschreibungen des laufenden
Geschäftsjahres sowohl die handelsrechtlichen als auch die steuerrechtlichen Abschreibungen enthalten. Der Bilanzklarheit würde es eher dienen, wenn zwischen den handelsrechtlichen und den darüber hinaus
gehenden steuerrechtlichen Abschreibungen eindeutig getrennt werden
würde.

**Berichterstattung über die Vornahme einer planmäßigen Abschreibung
auf den Geschäfts- oder Firmenwert**

Für den entgeltlich erworbenen Geschäfts- oder Firmenwert hat die
Geschäftsführung einer GmbH wie nach bisherigem Recht die Wahl, ob
sie diese Aufwendungen sofort als Betriebsaufwand geltend macht, oder
ob sie sie aktiviert. Wenn sie die Aufwendungen auf den entgeltlich erworbenen Firmenwert in der Handelsbilanz aktiviert, hat sie für diese Aufwendungen das Wahlrecht, ob sie an Stelle der gesetzlich vorgeschriebenen
Abschreibung von mindestens 25 % jährlich eine planmäßige Abschreibung vornimmt, die von der voraussichtlichen Nutzungsdauer des Fir-

menwerts abhängt (§ 255 Abs. 4 HGB). Für die Steuerbilanz ist der entgeltlich erworbene Firmenwert im Gegensatz zum bisherigen Recht künftig als ein abnutzbares Wirtschaftsgut des Anlagevermögens zu
betrachten, das planmäßig abgschrieben werden kann. Nach § 7 Abs. 1
Satz 3 EStG wird die betriebsgewöhnliche Nutzungsdauer für die AfA des
entgeltlich erworbenen Firmenwerts mit 15 Jahren angenommen. Dies
bedeutet, daß ein solcher Firmenwert ab 1987 mit 6,66 % jährlich abgeschrieben werden kann. Durch § 255 Abs. 4 Satz 3 HGB soll nun erreicht
werden, daß sowohl in der Handelsbilanz als auch in der Steuerbilanz eine
planmäßige Abschreibung möglich wird, die Abweichungen zwischen diesen beiden Bilanzen in bezug auf den entgeltlich erworbenen Firmenwert
unterbinden.

Für die Geschäftsführung einer GmbH können sich in bezug auf den entgeltlich erworbenen Firmenwert dann Probleme ergeben, wenn der
Abschlußprüfer der Auffassung ist, daß der aktivierte Firmenwert spätestens nach 5 Jahren abzuschreiben ist, während sie eine Gleichstellung zwischen Handels- und Steuerbilanz herbeiführen möchte und deshalb eine
15jährige Abschreibungsdauer unterstellt. In der Fachliteratur wird in
einem solchen Falle u. a. die Ansicht vertreten, daß die „Muß"vorschrift
des § 255 Abs. 4 Satz 2 HGB vorgeht, wonach die Abschreibungsdauer
auf den entgeltlich erworbenen Firmenwert in der Handelsbilanz 5 Jahre
nicht überschreiten darf (Heuser, P. J., a. a. O., Tz 578 und Glade, A.,
a. a. O., Tz 118).

Es wird aber auch die Auffassung vertreten, daß die GmbH den Firmenwert in der Handelsbilanz im Gleichklang mit der Steuerbilanz, ebenfalls
über 15 Jahre verteilt, linear abschreiben darf (Beck'scher Bilanz-Kommentar, Anm. 947 zu § 255 Abs. 4 HGB).

Berichterstattung über den Posten „sonstige Vermögensgegenstände"

Nach § 268 Abs. 4 HGB sind auf der Aktivseite der Handelsbilanz unter
dem Umlaufvermögen auszuweisen:

B. Umlaufvermögen

.
.
.

   4. Sonstige Vermögensgegenstände

Bei den hier zu aktivierenden sonstigen Vermögensgegenständen handelt es sich um sogenannte antizipative Rechnungsabgrenzungsposten, die als sonstige Forderungen aufzufassen sind. Es sind Erträge vor dem Bilanzstichtag, die erst in der folgenden Bilanzierungsperiode zu Einnahmen führen. Dabei kann es sich z. B. um folgende Geschäftsvorfälle handeln:

- Es fallen Mieterträge im laufenden Geschäftsjahr an, die erst in dem folgenden Geschäftsjahr vereinnahmt werden

- Dem laufenden Geschäftsjahr sind Schadenersatzleistungen wirtschaftlich zuzurechnen, die erst in dem folgenden Geschäftsjahr vereinnahmt werden

- Dem laufenden Geschäftsjahr sind Versicherungsleistungen wirtschaftlich zuzurechnen, die erst in dem folgenden Geschäftsjahr vereinnahmt werden.

Nach dem **Grundsatz der Wesentlichkeit** braucht die Geschäftsführung einer GmbH nur solche antizipative Rechnungsabgrenzungsposten auf der Aktivseite im Anhang zu erläutern, die einen größeren Umfang haben. Zur Feststellung, ob ein größerer Umfang vorliegt, der eine Erläuterung des Postens sonstige Vermögensgegenstände erforderlich macht, kann auf das Verhältnis

$$\frac{\text{sonstige Vermögensgegenstände}}{\text{gesamte Forderungen}} \times 100$$

abgestellt werden. Dies bedeutet, daß die Geschäftsführung einer GmbH zunächst prüfen wird, ob überhaupt ein berichtsfähiger Tatbestand vorliegt, indem sie nach dem Grundsatz der Wesentlichkeit auf das vorgenannte Verhältnis abstellt. Erst wenn eine Berichtspflicht bejaht wird, muß im Anhang begründet werden, warum die Position sonstige Vermögensgegenstände einen beträchtlichen Umfang angenommen hat (§ 268 Abs. 4 Satz 2 HGB).

Berichterstattung über stille Reserven auf Grund der Anwendung von Bewertungsvereinfachungsverfahren

Die Geschäftsführung einer GmbH hat für die Bewertung von bestimmten Vermögensgegenständen des Umlaufvermögens die Möglichkeit, in der Handelsbilanz Bewertungsvereinfachungsverfahren anzuwenden. So kann für die Bewertung von gleichartigen Vermögensgegenständen des

Vorratsvermögens die gewogene Durchschnittsmethode (§ 240 Abs. 4 HGB) oder ein Bewertungsvereinfachungsverfahren nach § 256 Abs. 1 HGB wie die Lifo-Methode, Fifo-Methode, Hifo-Methode u. dgl. eingesetzt werden. Ergeben sich auf Grund der Anwendung eines dieser Bewertungsvereinfachungsverfahren erhebliche Bewertungsdifferenzen zum Börsen- oder Marktpreis, so setzt eine Berichtspflicht im Anhang ein (§ 284 Abs. 2 Nr. 4 HGB).

Beispiel:

Angenommen, der Durchschnittspreis für ein kg eines bestimmten Rohstoffes, von dem am Abschlußstichtag noch 100 kg auf Lager sind, beträgt DM 20,—, während der Beschaffungsmarktpreis am Abschlußstichtag (Wiederbeschaffungspreis) DM 70,— beträgt. Hieraus errechnet sich folgender Differenzbetrag:

100 kg à DM 20,— (Durchschnittspreis)	DM 2000,—
100 kg à DM 70,— (Marktpreis)	DM 7000,—
Differenzbetrag	DM 5000,—

Das Gesetz enthält keine exakte Angabe, was unter einem ,,erheblichen Unterschied'' verstanden wird. In der Fachliteratur wird jedoch angenommen, daß bei einer Wertabweichung von 10 % im Verhältnis zum Jahresergebnis auf jeden Fall eine Berichtspflicht im Anhang bejaht werden muß (Glade, A., a. a. O., Tz 46, und Russ, W., a. a. O., S. 125). Ob in dem vorliegenden Beispiel eine Berichtspflicht im Anhang ausgelöst wird, kann nur dann abschließend beurteilt werden, wenn dieser Differenzbetrag von DM 5000,— als erheblich angesehen wird.

Für die Geschäftsführung einer GmbH ist festzuhalten, daß eine Berichtpflicht zur **Erläuterung stiller Reserven** auf Grund der Anwendung von Verbrauchsfolgeverfahren nur dann gegeben ist, wenn überhaupt ein Markt- oder Börsenpreis feststellbar und der Differenzbetrag erheblich ist. Beide Voraussetzungen müssen bejaht werden.

Berichterstattung über unterlassene Zuschreibungen

§ 280 Abs. 3 HGB bestimmt: ,,Im Anhang ist der Betrag der im Geschäftsjahr aus steuerrechtlichen Gründen unterlassenen Zuschreibungen anzugeben und hinreichend zu begründen.'' Diese Vorschrift ist im unmittelbaren Zusammenhang mit dem Wertaufholungsgebot des § 280 Abs. 1 HGB zu sehen. Das Wertaufholungsgebot, das für Gegenstände des Anlage- und des Umlaufvermögens gleichermaßen gilt, besagt, daß außerplanmäßige Abschreibungen wieder rückgängig zu machen sind, wenn die dafür maßgebenden Gründe weggefallen sind. Die Wertaufholung muß durch eine Zuschreibung realisiert werden.

Durch § 280 Abs. 2 HGB wird das Wertaufholungsgebot des § 280 Abs. 1 HGB relativiert bzw. außer Kraft gesetzt. Danach kann nämlich eine Zuschreibung unterbleiben, wenn der niedrigere Wertansatz auf Grund der außerplanmäßigen Abschreibung bei der steuerlichen Gewinnermittlung beibehalten werden kann und Voraussetzung für die Beibehaltung ist, daß der niedrigere Wertansatz auch in der Handelsbilanz beibehalten wird. Dies trifft für die Gegenstände des nicht abnutzbaren Anlagevermögens (Grund und Boden, Wertpapiere, Beteiligungen u. dgl.) sowie für die Gegenstände des Umlaufvermögens uneingeschränkt zu. Die Geschäftsführung einer GmbH hat demnach bei diesen Vermögensgegenständen auch in Zukunft in der Handelsbilanz immer ein Wahlrecht, ob sie eine Zuschreibung vornimmt oder nicht.

Eine Zuschreibung muß in der Handelsbilanz immer dann vorgenommen werden, wenn nach Handelsrecht ein striktes Gebot und nach Steuerrecht ein zwingendes Verbot für eine Zuschreibung besteht. In diesem Fall widersprechen sich beide Vorschriften, was zur Folge hat, daß eine Zuschreibung vorgenommen werden muß. Dies trifft künftig nur auf abnutzbare Wirtschaftsgüter des Anlagevermögens zu, für die das Prinzip des uneingeschränkten Wertzusammenhangs gilt. Nach dem neu in das Einkommensteuergesetz eingefügten § 6 Abs. 3 Satz 3 EStG gilt das Prinzip des uneingeschränkten Wertzusammenhangs auch bei solchen abnutzbaren Wirtschaftsgütern nicht mehr, wenn die außerordentliche Wertberichtigung auf steuerliche Sonderabschreibungen und Bewertungsfreiheiten zurückzuführen ist. Das Gebot des uneingeschränkten Wertzusammenhangs besteht demnach künftig nur noch für abnutzbare Wirtschaftsgüter des Anlagevermögens, deren Wertminderung durch eine handelsrechtlich außerplanmäßige Abschreibung erfaßt wurde. Damit wird die Bedeutung des Wertaufholungsgebots in der Bilanzierungspraxis erheblich eingeschränkt.

Zusammenfassend ist festzuhalten, daß die Geschäftsführung einer GmbH ein Beibehaltungswahlrecht hat, bzw. das Wertaufholungsgebot nicht zu erfüllen braucht,

- wenn es sich um nicht abnutzbare Wirtschaftsgüter des Anlagevermögens und um Umlaufgüter handelt,

• wenn es sich um Wirtschaftsgüter handelt, bei denen steuerliche Sonderabschreibungen und Bewertungsfreiheiten (einschließlich gering-
wertiger Wirtschaftsgüter) in Anspruch genommen werden.

Die Geschäftsführung einer GmbH muß nun im Rahmen ihrer Berichterstattung im Anhang die aus steuerlichen Gründen unterlassenen Zuschreibungen angeben und hinreichend begründen (§ 280 Abs. 3 HGB). Dabei
ist der unterlassene Zuschreibungsbetrag angabepflichtig. Der unterlassene Zuschreibungsbetrag wird jedoch nicht immer leicht festzustellen
sein, es sei denn, es liegen durch Marktpreise oder Teilveräußerungspreise
klare Werte vor. Bei der Bemessung des Zuschreibungsbetrags kann man,
insbesondere bei Vermögensgegenständen des Umlaufvermögens, nicht
immer auf frühere außerplanmäßige Abschreibungen Bezug nehmen, die
rückgängig zu machen sind, da diese Umlaufgegenstände häufig nur noch
mit geringen Anteilen vorhanden sind. Die unterlassene Zuschreibung
hinreichend begründen heißt, daß offengelegt wird, welche Überlegungen
und Argumente dazu geführt haben, die Zuschreibung zu unterlassen.

Beispiel:

Im Umlaufvermögen wurde bei den Vorräten von Kupfer auf eine Zuschreibung in
Höhe von DM . . . wegen zeitlich eingetretener Preissteigerungen auf dem Weltmarkt
wegen der sich daraus ergebenden steuerlichen Belastung verzichtet.

**Berichterstattung über die nach steuerlichen Vorschriften
vorgenommenen Abschreibungen**

§ 281 Abs. 2 HGB bestimmt: „Im Anhang ist der Betrag der im Geschäftsjahr allein nach steuerrechtlichen Vorschriften vorgenommenen Abschreibungen, getrennt nach Anlage- und Umlaufvermögen, anzugeben, soweit
er sich nicht aus der Bilanz oder aus der Gewinn- und Verlustrechnung
ergibt, und hinreichend zu begründen." Die Geschäftsführung einer
GmbH ist nach dieser Vorschrift immer dann im Anhang berichtspflichtig, wenn in der Bilanz kein Sonderposten mit Rücklagenanteil gebildet
wurde, aus dem die Inanspruchnahme derartiger Steuererleichterungen
hervorgeht, und wenn die steuerlichen Sonderabschreibungen nicht in der
Gewinn- und Verlustrechnung ausgewiesen wurden.

Wird bei der Vornahme von steuerlichen Sonderabschreibungen kein Sonderposten mit Rücklagenanteil gebildet und erfolgt auch kein gesonderter
Ausweis dieser Sonderabschreibungen in der Gewinn- und Verlustrech-

nung, greift die Berichtspflicht im Anhang ein. Der externe Bilanzleser kann dadurch vergleichen, welche Abweichungen sich im Anlage- bzw. Umlaufvermögen durch die steuerlichen Sonderabschreibungen im Gegensatz zu den handelsrechtlichen Normalabschreibungen ergeben.

Die Geschäftsführung einer GmbH braucht diese Angaben im Anhang grundsätzlich nur im laufenden Geschäftsjahr zu machen. In den Folgejahren entfällt eine solche Berichterstattung. Es ist in diesem Zusammenhang allerdings auf § 285 Nr. 5 HGB hinzuweisen, wonach im Anhang über das Ausmaß berichtet werden muß, in dem das Jahresergebnis durch steuerliche Sonderabschreibungen auch in früheren Geschäftsjahren beeinflußt wurde. Durch diese Vorschrift wird der externe Bilanzleser über die Wirkungen der steuerlichen Sonderabschreibungen auf die Vermögens- und Ertragslage doch in einem größeren Umfang informiert.

Eine Berichterstattung über die Vornahme von steuerlichen Sonderabschreibungen könnte z. B. wie folgt vorgenommen werden:

„Beim abnutzbaren Anlagevermögen wurden die steuerlich zulässigen Sonderabschreibungen nach § 7d EStG in Höhe von DM 250 000,— vorgenommen. Das Jahresergebnis wurde um DM 250 000,— durch diese steuerlichen Sonderabschreibungen gemindert. Diese Sonderabschreibungen wirken sich in den künftigen Geschäftsjahren ergebnisverbessernd aus."

„Für Grundstücke wurde eine außerplanmäßige Wertberichtigung auf Grund steuerlicher Sondervorschriften nach § 14 BerlinFG in Höhe von DM 800 000,— geltend gemacht."

Berichterstattung über ein Disagio

Der Unterschiedsbetrag zwischen dem Rückzahlungsbetrag einer Verbindlichkeit und dem Ausgabebetrag, das sogenannte Disagio (Damnum) kann entweder als Rechnungsabgrenzungsposten aktiviert oder als Betriebsaufwand geltend gemacht werden. Die Geschäftsführung einer GmbH hat demnach, wie nach bisherigem Recht, in bezug auf das Disagio ein Wahlrecht, ob sie das Disagio aktiviert und verteilt auf die Laufzeit der Verbindlichkeit abschreibt, oder ob sie diesen Betrag im Jahr der Entstehung in voller Höhe als Aufwand verrechnet. Wird das Disagio aktiviert, muß es unter den Rechnungsabgrenzungsposten gesondert ausgewiesen werden.

Die Geschäftsführung einer GmbH kann jedoch das Disagio anstatt in der
Bilanz auch im Anhang angeben. Die Angabepflicht bedeutet, daß im
Anhang der Betrag des Disagios angeführt werden muß. Die Angabe im
Anhang könnte z. B. lauten:

*„Im Rechnungsabgrenzungsposten auf der Aktivseite der Bilanz ist ein
Disagio in Höhe von DM . . . enthalten."*

Berichterstattung über latente Steuern

Latente Steuern sind die Differenz zwischen effektiver Steuerschuld und
der Steuerbelastung, die sich bei Zugrundelegung der handelsrechtlichen
Ergebnisgröße ergeben würde. Latente Steuern auf der Aktivseite der
Bilanz fallen dann an, wenn der Steuerbilanzgewinn einer GmbH zunächst
größer ist als der Handelsbilanzgewinn. Dies bedeutet, daß der Gewinn in
der Steuerbilanz dem Gewinn in der Handelsbilanz zeitlich vorgelagert ist.
Die Gründe hierfür können sein:

• Aufwand in der Handelsbilanz ist dem Aufwand in der Steuerbilanz
  zeitlich vorgelagert

• Ertrag in der Steuerbilanz ist dem Ertrag in der Handelsbilanz zeitlich
  vorgelagert

Beispiele:

• Das Disagio (Damnum) ist nach der Steuerrechtsprechung (Abschn. 37 Abs. 3
  EStR) stets als Rechnungsabgrenzungsposten zu aktivieren und verteilt auf die
  Laufzeit des aufgenommenen Kredites abzuschreiben. In der Handelsbilanz kann
  jedoch das Disagio (Damnum) sofort als Betriebsaufwand verrechnet werden. Der
  Steuerbilanzgewinn wird in dem betreffenden Geschäftsjahr höher ausgewiesen
  als der Handelsbilanzgewinn. Der Aufwand in der Handelsbilanz ist dem Aufwand
  in der Steuerbilanz zeitlich vorgelagert.

• Die Herstellungskosten sind in der Steuerbilanz stets auf Vollkostenbasis zu aktivieren (Abschn. 33 EStR), während sie in der Handelsbilanz auch auf Teilkostenbasis ermittelt werden können. Dadurch ergibt sich in der Handelsbilanz ein höherer Aufwand als in der Steuerbilanz.

• Der Abschreibungsplan einer GmbH führt in der Handelsbilanz zu höheren
  Abschreibungssätzen als in der Steuerbilanz. Der Aufwand in der Handelsbilanz
  ist dem Aufwand in der Steuerbilanz zeitlich vorgelagert.

• Der Zinssatz für die Abzinsung von Pensionsrückstellungen ist für die Steuerbilanz mit 6 v. H. gesetzlich festgelegt (§ 6 a Abs. 3 EStG). In der Handelsbilanz
  kann die Geschäftsführung einer GmbH einen niedrigeren Zinssatz wählen, was zu
  einem höheren Rückstellungsaufwand führt. Der Aufwand in der Handelsbilanz
  ist dem Aufwand in der Steuerbilanz zeitlich vorgelagert.

§ 274 Abs. 2 HGB räumt für latente Steuern auf der Aktivseite der Bilanz die Bildung eines Abgrenzungspostens als Bilanzierungshilfe in Höhe der voraussichtlichen Steuerentlastung künftiger Jahre ein.

Beispiel:

Die Geschäftsführung einer GmbH aktiviert in der Steuerbilanz eine selbsterstellte Anlage mit den Vollkosten in Höhe von DM 20 000,—. In der Handelsbilanz werden für dieselbe Anlage auf Teilkostenbasis DM 15 000,— aktiviert. Der Jahresüberschuß vor Steuern soll ohne Berücksichtigung der aktivierten Kosten für die selbsterstellte Anlage DM 100 000,— betragen. AfA-Satz 20 %. Bei einem vereinfacht angenommenen Steuersatz von 50 % ergibt sich folgende Differenz zwischen Handels- und Steuerbilanz:

Steuerbilanz

	Jahresüberschuß vor Aktivierung der selbsterstellten Anlage auf Vollkostenbasis	DM 100 000,—
+	Aktivierung (Vollkosten)	DM 20 000,—
./.	AfA (20 % von DM 20 000,—)	DM 4 000,—
=	Jahresüberschuß vor Steuern	DM 116 000,—
./.	Steueraufwand (50 %)	DM 58 000,—
=	Jahresüberschuß nach Steuern	DM 58 000,—

Handelsbilanz

	Jahresüberschuß vor Aktivierung der selbsterstellten Anlage auf Teilkostenbasis	DM 100 000,—
+	Aktivierung (Teilkosten)	DM 15 000,—
./.	AfA (20 % von DM 15 000,—)	DM 3 000,—
=	Jahresüberschuß vor Steuern	DM 112 000,—
./.	Steueraufwand effektiv	DM 58 000,—
+	Steuerertrag latent	DM 2 000,—
=	Jahresüberschuß nach Steuern	DM 56 000,—

Der latente Steuerertrag errechnet sich auf Grund des vorgenannten Beispiels wie folgt:

	Jahresüberschuß vor Steuern in der Steuerbilanz	DM 116 000,—
./.	Jahresüberschuß vor Steuern in der Handelsbilanz	DM 112 000,—
=	Jahresüberschußdifferenz	DM 4 000,—

50 % Steueraufwand von DM 4000,— führen zu aktiven latenten Steuern in Höhe von DM 2000,—. Dieser latente Steuerertrag von DM 2000,— kann als aktiver Rechnungsabgrenzungsposten (Bilanzierungshilfe) unter der Bezeichnung „aktive latente Steuern" ausgewiesen werden.

Der Posten aktive latente Steuern ist im Anhang zu erläutern. Eine solche Erläuterung erfordert Hinweise darauf,

• auf welche Gewinndifferenz sich dieser Aktivposten bezieht,

• mit welchem Steuersatz und nach welcher Methode der Posten gebildet worden ist,

• inwieweit eine Verrechnung mit latenten Ertragsteuererstattungen erfolgt ist.

Wird der Posten aktive latente Steuern zum ersten Mal gebildet, ist anzugeben, ob darin ein Wechsel in den Bewertungsmethoden liegt, wenn bislang auf eine Aktivierung verzichtet wurde.

10.3 Gestaltungsmöglichkeiten bei den Erläuterungen zur Passivseite der Bilanz

Im folgenden werden die Anhangvorschriften zur Passivseite der Bilanz, die eine Erläuterungspflicht der Geschäftsführung einer GmbH beinhalten, dargestellt:

Berichterstattung über die Ergebnisverwendungsrechnung (Überleitung zum Bilanzgewinn/-verlust)

Die Darstellung der Ergebnisverwendung, d. h. die Entwicklung vom Jahresüberschuß-/fehlbetrag zum Bilanzgewinn/-verlust, kann nach § 325 Abs. 1 Satz 1 HGB alternativ entweder in der Bilanz, in der GuV oder im Anhang erfolgen. Das Gesetz sieht für die GmbH keine besondere Form der Ergebnisverwendungsrechnung vor. Für die Geschäftsführung einer GmbH stellt sich daher die Frage, wie sie die Überleitung vom Jahresüberschuß-/fehlbetrag zum Bilanzgewinn/-verlust durchführen soll.

Es bietet sich z. B. an, die **Ergebnisverwendungsrechnung** in derselben Form vorzunehmen, wie sie in § 158 Abs. 1 AktG für die Aktiengesellschaften verbindlich vorgeschrieben ist. Danach muß die Gewinn- und Verlustrechnung nach dem Posten „Jahresüberschuß/Jahresfehlbetrag" in Fortführung der Numerierung um die folgenden Posten ergänzt werden:

1. Gewinnvortrag/Verlustvortrag aus dem Vorjahr

2. Entnahmen aus der Kapitalrücklage

3. Entnahmen aus Gewinnrücklagen
   a) aus der gesetzlichen Rücklage
   b) aus der Rücklage für eigene Aktien
   c) aus satzungsmäßigen Rücklagen
   d) aus anderen Gewinnrücklagen

4. Einstellungen in Gewinnrücklagen
   a) in die gesetzliche Rücklage
   b) in die Rücklage für eigene Aktien
   c) in satzungsmäßige Rücklagen
   d) in andere Gewinnrücklagen

5. Bilanzgewinn/Bilanzverlust

Die Geschäftsführung einer GmbH kann diese Angaben, genau wie die Aktiengesellschaft, auch im Anhang machen. In der Fachliteratur wird darauf hingewiesen, daß es durchaus vorstellbar ist, daß diese im Aktienrecht vorgeschriebene Form der Ergebnisverwendungsrechnung im Laufe der Zeit als allgemein gültige Darstellungsform auch für die GmbH gelten wird.

Als Alternative kann die Geschäftsführung einer GmbH auch die Form der Ergebnisverwendungsrechnung anwenden, wie sie im ursprünglichen Regierungsentwurf des Bilanzrichtlinien-Gesetzes (§ 258 Abs. 1 EHGB) vorgesehen war:

1. Jahresüberschuß/-fehlbetrag

2. Gewinnvortrag/Verlustvortrag aus dem Vorjahr

3. Entnahmen aus der Kapitalrücklage

4. Entnahmen aus den Gewinnrücklagen

5. Einstellungen in Gewinnrücklagen

6. auszuschüttender Betrag

7. Gewinnvortrag/Verlustvortrag

8. zusätzlicher Aufwand oder Ertrag auf Grund des Beschlusses über die Verwendung des Ergebnisses, wenn die Bilanz vor oder nach teilweiser Berücksichtigung der Verwendung des Jahresergebnisses aufgestellt wird.

Zur Position Nr. 8 bei dieser Form der Ergebnisdarstellung ist zu bemerken, daß ein zusätzlicher Aufwand oder Ertrag dann entstehen kann, wenn der Jahresabschluß einer GmbH nach teilweiser Ergebnisverwendung aufgestellt wird. Beschließt die Gesellschafterversammlung über eine Gewinnverwendung, die von dem bisherigen Gewinnverwendungsbeschluß abweicht, muß der mit der teilweisen Gewinnverwendung verbundene Aufwand/Ertrag (z. B. Änderung der Höhe der Körperschaftsteuerrückstellung) bereits im Jahresabschluß berücksichtigt werden. Dies kann durch eine Berichterstattung im Anhang geschehen.

Berichterstattung zum Sonderposten mit Rücklagenanteil (SOPO)

Die Sonderposten mit Rücklagenanteil können entweder in der Bilanz oder im Anhang dargestellt werden (§ 273 HGB). Wird der SOPO in der Bilanz aufgeführt, ist er vor den Rückstellungen auf der Passivseite der Bilanz auszuweisen. Er hat Fremd- und Eigenkapitalcharakter zugleich und wird je zur Hälfte zum Eigenkapital bzw. Fremdkapital gerechnet.

Im Anhang ist die Vorschrift anzugeben, nach der der Sonderposten mit Rücklagenanteil gebildet wurde, es sei denn, daß dies bereits aus der Bilanz hervorgeht (§ 281 Abs. 1 HGB).

Die Berichterstattung zum SOPO, die dieser Vorschrift entspricht, kann in der Bilanz oder im Anhang gleichermaßen wie folgt aussehen:

Sonderposten mit Rücklagenanteil

§ 7 d EStG	DM . . . .
§ 3 Zonenrandförderungsgesetz	DM . . . .
§ 14 BerlinFG	DM . . . .
§ 6 b EStG	DM . . . .
Abschn. 35 EStR	DM . . . .
u. dgl.	

Im Anhang könnte zusätzlich vermerkt werden: „Die Ertragsteuerbelastung bei Auflösung des Sonderpostens mit Rücklagenanteil beträgt ca. 50 %."

Eine Berichterstattung im Anhang über einen SOPO kann sich u. U. dann empfehlen, wenn die Geschäftsführung einer GmbH vermeiden möchte (z. B. um nicht das Betriebsgrößenmerkmal Bilanzsumme zu überschreiten), daß die Bilanzsumme verlängert wird.

Beispiel:

Eine GmbH kauft zu Beginn eines Geschäftsjahres Anlagen im Werte von 200, die nach § 7 d EStG abgeschrieben werden können. Nutzungsdauer = 10 Jahre, es erfolgt eine lineare Abschreibung. Ergebnis vor Abschreibung 120. Ertragsteuersatz 50 %.

Ausgangsbilanz

Anlagevermögen	200	200	Eigenkapital
Umlaufvermögen	200	200	Fremdkapital
Bilanzsumme	400	400	Bilanzsumme

Erfolgt die Sonderabschreibung nach § 7 d EStG indirekt, muß ein SOPO gebildet werden. 120 (Sonderabschreibung) ./. 20 (Normalabschreibung) = 100 (SOPO)

Bilanz mit SOPO

Anlagevermögen	380	200	Eigenkapital
Umlaufvermögen	320	100	SOPO
		400	Fremdkapital
Bilanzsumme	700	700	Bilanzsumme

Erfolgt die Sonderabschreibung nach § 7 d EStG hingegen direkt, beträgt das Anlagevermögen nur 280. Auf der Passivseite wird kein SOPO ausgewiesen, so daß die Bilanzsumme nur 600 statt 700 bei einer indirekten Sonderabschreibung beträgt.

Berichterstattung über die Rückstellungen für latente Steuern

Latente Steuern führen auf der Passivseite der Bilanz einer GmbH dann zu einer Rückstellung, wenn der Handelsbilanzgewinn zunächst größer ist als der Steuerbilanzgewinn. Dies bedeutet, daß der Handelsbilanzgewinn dem Steuerbilanzgewinn zeitlich vorgelagert ist. Gründe hierfür können sein:

● Aufwand in der Steuerbilanz ist dem Aufwand in der Handelsbilanz zeitlich vorgelagert

● Ertrag in der Handelsbilanz ist dem Ertrag in der Steuerbilanz zeitlich vorgelagert

Beispiele:

Eine GmbH aktiviert Aufwendungen für die Ingangsetzung und Erweiterung des Geschäftsbetriebs. Dadurch wird in der Handelsbilanz ein höherer Gewinn ausgewiesen als in der Steuerbilanz, da die aktivierten Aufwendungen in der Steuerbilanz als Betriebsausgaben abgesetzt werden müssen.

In der Handelsbilanz erfolgt auf bestimmte abnutzbare Anlagegegenstände eine Zuschreibung, die wegen des Prinzips des uneingeschränkten Wertzusammenhangs in der Steuerbilanz nicht möglich ist (§ 6 Abs. 1 Nr. 1 EStG). In der Handelsbilanz werden bestimmte Teile des Vorratsvermögens nach einem Bewertungsvereinfachungsverfahren, z. B. nach Fifo, bewertet, was gegenüber der Steuerbilanz, in der nur die Durchschnittsmethode als Bewertungsvereinfachungsverfahren zulässig ist, zu einem höheren Handelsbilanzgewinn führt.

Liegen, wie in den genannten Beispielen, die 3 Voraussetzungen vor, die § 274 Abs. 1 HGB bestimmt:

- es besteht ein dem Geschäftsjahr und früheren Geschäftsjahren zuzu-rechnender Steueraufwand

- der Steueraufwand ist zu niedrig, weil der nach den steuerrechtlichen Vorschriften zu versteuernde Gewinn niedriger ist als das handelsrecht-liche Ergebnis

- der zu niedrige Steueraufwand gleicht sich in späteren Geschäftsjahren wieder aus

dann muß eine „Rückstellung für latente Steuern" gebildet werden. Als Steuersatz für die Rückstellungsbildung ist der Thesaurierungssteuersatz von 56 % KSt zuzüglich Gewerbeertragsteuer heranzuziehen (Bremer, J. G., a. a. O., S. 2417 ff.).

Nach § 274 Abs. 1 HGB kann die Rückstellung für latente Steuern alternativ in der Bilanz oder im Anhang gesondert angegeben werden.

Berichterstattung über die sonstigen Rückstellungen

§ 285 Nr. 12 HGB bestimmt: „Rückstellungen, die in der Bilanz unter dem Posten „sonstige Rückstellungen" nicht gesondert ausgewiesen werden, sind zu erläutern, wenn sie einen nicht unerheblichen Umfang haben." Zunächst ist festzustellen, daß diese Vorschrift nur von den mittelgroßen und großen GmbHs anzuwenden ist, während von den kleinen GmbHs eine solche Berichterstattung nicht gefordert werden kann (§ 288 HGB). Mittelgroße GmbHs müssen die Erläuterung zwar vornehmen, brauchen sie jedoch nicht im Handelsregister zu veröffentlichen (§ 327 Nr. 2 HGB).

Als sonstige Rückstellungen, für die eventuell eine solche Berichterstattungspflicht in Frage kommt, gelten:

- Rückstellungen für drohende Verluste aus schwebenden Geschäften

- Rückstellungen für ungewisse Verbindlichkeiten (z. B. Rückstellungen für Provisionen, Gratifikationen, Tantiemen, Gewinnbeteiligungen, für Prozeßrisiken, für Patent- und Markenzeichenverletzungen, für Garantieverpflichtungen, für Berufsgenossenschaftsbeiträge, für ungewisse Risiken, für Sozialplanverpflichtungen u. dgl.)

- Kulanzrückstellungen

- Rückstellungen für unterlassene Aufwendungen für Instandhaltung, die innerhalb von 3 Monaten nachgeholt werden.

Aus dieser Aufstellung wird erkennbar, daß die Position „sonstige Rückstellungen" einen erheblichen Umfang annehmen kann. Dadurch kann in bezug auf den externen Bilanzleser ein hoher Informationsverlust eintreten, der nach den Intentionen des Gesetzgebers durch eine Berichterstattung im Anhang ausgeglichen werden soll. Die Berichterstattungspflicht im Anhang hängt von der relativen Bedeutung jeder einzelnen Rückstellungsart ab. Jede dieser Rückstellungsarten ist in das Verhältnis zur Bilanzsumme zu setzen, wobei u. U. bereits wenige Prozentpunkte genügen können, um eine Berichterstattung im Anhang auszulösen.

Berichterstattung über die Verbindlichkeiten

Nach § 268 Abs. 5 Satz 3 HGB ist auf der Passivseite der Bilanz unter den Verbindlichkeiten die Position „sonstige Verbindlichkeiten" auszuweisen:

C. Verbindlichkeiten

·

·

8. sonstige Verbindlichkeiten

·

·

Bei diesen sonstigen Verbindlichkeiten handelt es sich um sogenannte **antizipative Rechnungsabgrenzungsposten**, die einer periodengerechten Gewinnermittlung dienen. Es sind Aufwendungen vor dem Bilanzstichtag, die erst in der folgenden Bilanzierungsperiode zu Ausgaben führen. Dabei kann es sich z. B. um folgende Geschäftsvorfälle handeln:

- Löhne, Gehälter, Tantiemen, Gratifikationen sind als Aufwendungen dem laufenden Geschäftsjahr zuzurechnen, obwohl sie erst im folgenden Geschäftsjahr verausgabt werden

- Miet- und Pachtzinsen sind dem laufenden Geschäftsjahr als Aufwendungen zuzurechnen, obwohl sie erst im folgenden Geschäftsjahr überwiesen werden.

Nach dem Grundsatz der Wesentlichkeit braucht die Geschäftsführung einer GmbH auch bei den passiven antizipativen Rechnungsabgrenzungsposten eine Erläuterung im Anhang nur dann vorzunehmen, wenn diese einen größeren Umfang haben. Zur Feststellung, ob ein größerer Umfang vorliegt, der eine Erläuterung des Postens „sonstige Verbindlichkeiten" erforderlich macht, kann auf das Verhältnis

$$\frac{\text{sonstige Verbindlichkeiten}}{\text{gesamte Verbindlichkeiten}} \times 100$$

abgestellt werden. Dies bedeutet, daß die Geschäftsführung einer GmbH zunächst prüfen muß, ob überhaupt ein berichtspflichtiger Tatbestand vorliegt, indem sie nach dem Grundsatz der Wesentlichkeit auf das vorgenannte Verhältnis abhebt. Erst wenn eine Berichtspflicht bejaht wird, muß im Anhang begründet werden, warum die Position „sonstige Verbindlichkeiten" einen größeren Umfang angenommen hat (§ 268 Abs. 5 Satz 3 HGB).

Berichterstattung über den Gesamtbetrag der Verbindlichkeiten mit einer Laufzeit von mehr als 5 Jahren und über die Absicherung dieser Verbindlichkeiten

§ 285 Nr. 1 a und b HGB beinhalten diese Berichterstattungspflicht über die Verbindlichkeiten mit einer Restlaufzeit von mehr als 5 Jahren.

Die mittelgroßen und die großen GmbHs müssen den Gesamtbetrag der Verbindlichkeiten mit einer Restlaufzeit von mehr als 5 Jahren zusätzlich für jeden Posten der Verbindlichkeiten im Anhang aufgliedern und die Absicherung angeben, wenn dies nicht bereits aus der Bilanz zu ersehen ist. Dabei ist noch darauf hinzuweisen, daß die mittelgroßen GmbHs diese Angaben im Anhang zwar angeben müssen, aber nicht zu veröffentlichen brauchen.

Für die Berechnung der Restlaufzeiten gilt die Zeitspanne zwischen Bilanzstichtag und Tilgungstermin. Nach Feststellung der Restlaufzeiten für die einzelnen Verbindlichkeitenkategorien ist der Gesamtbetrag der Verbindlichkeiten mit mehr als 5jähriger Restlaufzeit rechnerisch zu ermitteln und im Anhang auszuweisen.

Danach ist der Gesamtbetrag der Verbindlichkeiten anzugeben, der durch Pfandrechte oder ähnliche Rechte gesichert ist, wobei Art und Form der Sicherheiten genannt werden müssen. Der externe Bilanzleser, insbesondere die Gläubiger, sollen auf Grund dieser Angabepflicht im Anhang abschätzen können, wie hoch das Risiko der Kreditgewährung eingeschätzt werden muß. Als Art der Sicherheiten, für die eine Berichtspflicht im Anhang besteht, sind zu nennen:

- Pfandrechte (gesetzliche und vertragliche Pfandrechte)
- Sicherungsübereignungen
- Eigentumsvorbehalte (einfacher und erweiterter Eigentumsvorbehalt)

Der Geschäftsführung einer GmbH wird es kaum möglich sein, diese Sicherheiten nach Art und Form in bezug auf den Gesamtbetrag der Verbindlichkeiten mit einer Restlaufzeit von mehr als 5 Jahren im Anhang anzugeben. Sie wird daher nicht darum herum kommen, den Gesamtbetrag mit den in Anspruch genommenen Sicherungsmitteln aufzuteilen.

Berichterstattung über Haftungsverhältnisse unter der Bilanz

Nach § 268 Abs. 7 HGB in Verbindung mit § 251 HGB sind jeweils gesondert unter der Bilanz oder im Anhang folgende Haftungsverhältnisse zu vermerken:

- Verbindlichkeiten aus der Begebung und Übertragung von Wechseln
- Verbindlichkeiten aus Bürgschaften, Scheck- und Wechselbürgschaften
- Verbindlichkeiten aus Gewährleistungsverträgen
- Haftungsverhältnisse aus der Bestellung von Sicherheiten für fremde Verbindlichkeiten

Dabei müssen bei den einzelnen Posten die gewährten Pfandrechte und sonstigen Sicherheiten angegeben werden. Bestehen solche Haftungsverhältnisse gegenüber verbundenen Unternehmen, müssen sie wieder unter

Angabe der gewährten Pfandrechte und sonstigen Sicherheiten, gesondert unter der Bilanz ausgewiesen bzw. im Anhang angegeben werden.

Die Geschäftsführung einer GmbH muß zunächst prüfen, ob das jeweilige Haftungsverhältnis eine Passivierung als Verbindlichkeit oder als Rückstellung in der Bilanz erforderlich macht. Nur solche Haftungsverhältnisse, die nicht bereits passiviert werden müssen, sind in die Berichterstattung einzubeziehen.

Nicht berichterstattungspflichtig sind darüber hinaus z. B.:

• Verbindlichkeiten aus schwebenden Geschäften

• Haftungen, die sich aus Gesetzen ergeben (z. B. Haftung aus Kraftfahrzeughaltung, Haftung für unerlaubte Handlungen eines Vertreters, Haftung für Betriebsunfälle)

• Haftungen und Bestellungen von Sicherheiten für eigene Verbindlichkeiten, denen allgemein übliche Geschäfts- oder Lieferbedingungen einer GmbH zugrunde liegen (z. B. branchenübliche Garantiezusagen, Verpflichtungen zur Leistung von Vertragsstrafen)

• Haftungen aus treuhänderischen Überlegungen

In bezug auf die berichtspflichtigen Haftungsverhältnisse ist jedes einzelne Haftungsverhältnis rechnerisch zu ermitteln. Angabepflichtig ist jeweils die Summe der einzelnen Haftungsverhältnisse.

Verbindlichkeiten aus der Begebung und Übertragung von Wechseln

Der Wechsel stellt für viele GmbHs ein häufig eingesetztes kurzfristiges Finanzierungsinstrument dar. Wenn die GmbH einen Wechsel „begibt" bedeutet dies, daß sie einen Wechsel über die Verbindlichkeit eines Dritten ausstellt. Eine Übertragung eines Wechsels liegt demgegenüber vor, wenn die GmbH einen Besitzwechsel zur Begleichung ihrer Schuld weitergibt, d. h. indossiert. Die GmbH als Ausstellerin und/oder Indossantin garantiert mit ihrer Unterschrift jedem späteren Wechselinhaber dessen Befriedigung. Das Haftungsverhältnis wird solange aufrecht erhalten, bis der Wechsel von einem Bezogenen oder Vorgiranten am Bilanzstichtag eingelöst wird.

Im Rahmen einer Berichterstattung im Anhang ist stets das Wechselobligo aufzuführen, d. h. die Wechselsumme, mit der die GmbH als Ausstellerin oder Indossantin haftet. Nicht in das Wechselobligo einzubeziehen sind Kautionswechsel für eigene Verbindlichkeiten oder Depotwechsel. Auch die Nebenkosten einer Wechselfinanzierung bleiben außer Ansatz. Die Berichterstattung im Anhang könnte z. B. lauten:

„Das Wechselobligo aus der Begebung oder Übertragung von Wechseln beträgt DM . . .‟

Verbindlichkeiten aus Gewährleistungsverträgen

Im Hinblick auf die Berichterstattungspflicht im Anhang lassen sich folgende Arten von Gewährleistungen unterscheiden:

- Gewährleistungen für fremde Leistungen
- Gewährleistungen für eigene Leistungen
- sonstige Gewährleistungen

Unter die Gewährleistungen für fremde Leistungen fallen alle jene Verbindlichkeiten, die eine GmbH zu Gunsten des Gläubigers eines Dritten eingeht. Dabei ist es gleichgültig, ob diese Gewährleistung für fremde Leistungen schriftlich oder mündlich vereinbart und in welche Rechtsform sie gekleidet wurde. Aus diesem Grunde bezeichnet man diese Gewährleistungen als bürgschaftsähnliche Rechtsverhältnisse. Dazu zählen z. B. kumulative Schuldübernahmen, Freistellungsverpflichtungen jeder Art, Haftungsübernahmen, sowie Verpflichtungen, den Schuldner in die Lage zu versetzen, jederzeit seinen Verpflichtungen nachkommen zu können.

Um Gewährleistungen für eigene Leistungen handelt es sich immer dann, wenn eine GmbH als Verkäuferin bestimmte Zusicherungen in bezug auf die von ihr zu erbringenden Leistungen macht und dadurch die gesetzliche Gewährleistungspflicht vertraglich erweitert. Solche Garantiezusagen stellen generell „branchenübliche‟ Zusagen dar. Hierfür besteht keine Berichtspflicht im Anhang. Erst wenn die Garantiezusage über gesetzliche und zu erwartende branchenübliche Gewährleistungsverbindlichkeiten hinausgeht, ist eine GmbH berichtspflichtig. Dies wird im allgemeinen nur bei einem Abschluß von außergewöhnlichen Geschäften der Fall sein.

Sonstige Gewährleistungsverpflichtungen können z. B. Ausbietungsgarantien und Rentabilitätsgarantien sein.

Jede Verbindlichkeit aus Gewährleistungsverträgen ist betragsmäßig zum

Bilanzstichtag festzustellen und im Anhang zu erläutern. Ist der Schulden-
bestand aus solchen Gewährleistungsverträgen am Bilanzstichtag zahlen-
mäßig nicht zu erfassen, muß eine verbale Erläuterung im Anhang vorgenommen werden.

Haftung aus der Bestellung von Sicherheiten für fremde Verbindlichkeiten

Als Arten der Sicherheiten für fremde Verbindlichkeiten kommen genau
dieselben Sicherheiten wie bei den eigenen Verbindlichkeiten in Betracht
wie Pfandrechte, Sicherungsübereignungen und Eigentumsvorbehalte.
Der Betrag der Sicherheiten, für die die GmbH im Anhang berichtspflichtig ist, richtet sich stets nach dem Schuldenstand am Bilanzstichtag. Die
Geschäftsführung einer GmbH muß sich dabei mit dem Begünstigten
abstimmen, weil der GmbH als Sicherungsgeberin die Höhe der Schuld
zum Bilanzstichtag in der Regel nicht bekannt sein dürfte.

10.4 Gestaltungsmöglichkeiten bei den Erläuterungen zur Gewinn- und Verlustrechnung

Neben den Erläuterungspflichten in bezug auf die Bilanz muß die
Geschäftsführung einer GmbH eine ganze Reihe von Erläuterungspflichten in bezug auf die Gewinn- und Verlustrechnung beachten. Dabei ist zwischen Erläuterungen mit genereller Bedeutung und mit spezieller Bedeutung für die Gewinn- und Verlustrechnung zu unterscheiden.

**Berichterstattung bei Durchbrechung des Grundsatzes
der Darstellungsstetigkeit**

Was in bezug auf die Bilanz einer GmbH bei der Durchbrechung des
Grundsatzes der Darstellungsstetigkeit gilt, ist auch für die GuV verbindlich. Eine Berichtspflicht wegen der Durchbrechung dieses Bilanzierungsgrundsatzes wird z. B. dann ausgelöst, wenn eine bestimmte GuV-Position
mit der Vorjahresposition nicht mehr vergleichbar ist, wenn an Stelle des
Gesamtkostenverfahrens das Umsatzkostenverfahren der GuV-Gliederung
zugrunde gelegt wird u. dgl. Für kleine GmbHs entfällt in diesem Zusammenhang eine Berichterstattungspflicht, da sie die GuV-Rechnung überhaupt nicht zu veröffentlichen brauchen (§ 326 HGB).

Berichterstattung über den Material- und Personalaufwand
(Umsatzkostenverfahren)

Wird von einer GmbH das Umsatzkostenverfahren praktiziert, so führt dies zu einer Berichtspflicht im Anhang über den Material- und Personalaufwand (§ 285 Nr. 8 HGB). Der Grund für diese Berichtspflicht im Anhang ist darin zu suchen, daß bei dem Umsatzkostenverfahren im Gegensatz zum Gesamtkostenverfahren keine Aufgliederung der Aufwendungen nach Kostenarten erfolgt. Bei dem Umsatzkostenverfahren gehen die Materialaufwendungen in die Herstellungskosten der umgesetzten Produkte ein. Die Personalaufwendungen erscheinen unter den Herstellungskosten, Verwaltungsgemeinkosten und Vertriebsgemeinkosten. Um dem externen Bilanzleser in bezug auf das Umsatzkostenverfahren in demselben Umfang Informationen über die Material- und Personalaufwendungen zukommen zu lassen, wie bei dem Gesamtkostenverfahren, wird diese Berichtspflicht im Anhang erforderlich.

Die Geschäftsführung einer GmbH, die das Umsatzkostenverfahren praktiziert, muß den

• Materialaufwand, gegliedert nach

    a) Aufwendungen für Roh-, Hilfs- und Betriebsstoffe

    b) Aufwendungen für bezogene Leistungen

und den

• Personalaufwand, gegliedert nach

    a) Löhne und Gehälter

    b) soziale Abgaben und Aufwendungen für Altersversorgung und Unterstützung — davon für Altersversorgung

im Anhang angeben.

Obwohl die Angabe des Materialaufwands (Umsatzkostenverfahren) der Gliederung des Materialaufwands nach dem Gesamtkostenverfahren entspricht, sind die Angaben im Anhang nicht identisch mit dem Ausweis in der Gewinn- und Verlustrechnung nach dem Gesamtkostenverfahren, weil sich der Materialaufwand nach dem Umsatzkostenverfahren nur auf die Umsatzerlöse bezieht, während der Materialaufwand nach dem Gesamtkostenverfahren auch den die Bestandsveränderungen betreffenden Materialaufwand einschließt.

Nach § 327 Nr. 2 HGB brauchen die mittelgroßen GmbHs den Materialaufwand im Anhang nicht zu veröffentlichen. Da die mittelgroßen
GmbHs darüber hinaus die GuV-Positionen 1, 3 und 6 zu dem Rohergebnis
zusammenfassen dürfen, hat der externe Bilanzleser erhebliche Probleme,
um bei Anwendung des Umsatzkostenverfahrens etwas über den Materialaufwand und damit über die Umsatzgröße dieser mittelgroßen GmbHs
zu erfahren.

Berichterstattung über die Aufgliederung der Umsatzerlöse

Die großen GmbHs müssen nach § 285 Nr. 4 HGB die Umsatzerlöse nach
Tätigkeitsbereichen sowie nach geographisch bestimmten Märkten auf-
gliedern. Eine solche Umsatzaufgliederung durch die große GmbH im
Anhang ist nur unter folgenden Voraussetzungen notwendig:

● Die Tätigkeitsbereiche und geographisch bestimmten Märkte müssen
  sich untereinander erheblich unterscheiden

● Unter Berücksichtigung der Verkaufsorganisation muß eine entsprechende Aufgliederung möglich sein

● Die Aufgliederung muß sich auf die für die gewöhnliche Geschäftstätigkeit typischen Erzeugnisse bzw. Dienstleistungen beziehen

● Eine Aufgliederung nach Tätigkeitsbereichen und geographischen
  Märkten muß möglich sein

Nach dem Wortlaut des Gesetzes müssen sich die Tätigkeitsbereiche und
geographisch bestimmten Märkte erheblich unterscheiden, wenn eine solche Aufgliederung im Anhang erforderlich sein soll. Fehlt es an solchen
erheblichen Unterschieden, ist eine Umsatzsegmentierung im Anhang
nicht notwendig. Eine Verpflichtung zur Umsatzaufgliederung im
Anhang trifft die Geschäftsführung einer großen GmbH nur dann, wenn
den Umsatzsegmenten nach Tätigkeitsbereichen oder geographischen
Märkten spezifische Risiken innewohnen. Ist die Risikoerwartung demgegenüber für alle Umsatzsegmente weitgehend gleich, braucht keine
Umsatzaufgliederung im Anhang vorgenommen zu werden.

Erhebliche Unterschiede zwischen den Tätigkeitsbereichen und den geographischen Märkten können auch in der Organisation des Verkaufs einer
GmbH begründet sein. Durch die Organisation des Verkaufs geschaffene

Einheiten, die besondere Risiken beinhalten, müssen bei der Umsatzsegmentierung beachtet werden.

Die Umsatzaufgliederung im Anhang braucht nicht für Randprodukte oder ergänzende Dienstleistungen vorgenommen zu werden, die für die Gesamttätigkeit der GmbH nicht charakteristisch sind.

Geographisch bestimmte Märkte können Länder, Ländergruppen u. dgl. sein. Wie differenziert hier untergliedert werden muß, bleibt im Gesetz ungeklärt. Man kann die Auffassung vertreten, daß eine Umsatzsegmentierung um so differenzierter ausfallen muß, je höher der Anteil der Auslandsumsätze ist. Als Kriterien für die Abgrenzung geographischer Märkte können z. B. die Bedeutung der Aktivitäten einer GmbH in den einzelnen Ländern, wirtschaftliche Zusammenhänge, die Vergleichbarkeit der wirtschaftlichen Rahmenbedingungen, Art, Umfang und Intensität der Beziehungen zwischen den Aktivitäten in den verschiedenen Ländern sein.

Unter Tätigkeitsbereichen können unterscheidbare Organisationseinheiten verstanden werden, die auf den Absatz eines bestimmten Produktes oder einer Produktgruppe, oder einer Gruppe von Dienstleistungen ausgerichtet sind. Unterscheidbare Tätigkeitsbereiche können z. B. sein:

- Nicht geographisch bestimmte Märkte, sondern nach Abnehmern (Kundengruppen) unterschiedene Märkte
- Differenzierte Produkt- oder Leistungsarten
- Profit-Centers im Bereich der Absatztätigkeiten, eigener Vertrieb durch eine GmbH oder gesellschaftsfremder Vertrieb

Das Gesetz läßt der Geschäftsführung einer großen GmbH in bezug auf die Umsatzaufgliederung im Anhang einen großen Ermessensspielraum.

Die Schering AG, die ihren Jahresabschluß 1985 auf freiwilliger Basis nach den Vorschriften des Bilanzrichtlinien-Gesetzes veröffentlichte, hat die erforderliche Umsatzaufgliederung im Anhang wie folgt durchgeführt:

Umsatzerlöse

Aufgliederung nach Sparten

Pharma
Pflanzenschutz
Galvanotechnik

Industrie-Chemikalien

Feinchemikalien

Sonstige Umsätze

Aufgliederung nach Regionen

Bundesrepublik Deutschland

EG (ohne Bundesrepublik)

Übriges Europa

Nordamerika

Lateinamerika

Asien

Afrika/übrige Übersee

**Berichterstattung über außerordentliche und periodenfremde
Aufwendungen und Erträge**

Außerordentliche Erträge und außerordentliche Aufwendungen sind
Erträge und Aufwendungen, die außerhalb der gewöhnlichen Geschäftstätigkeit einer GmbH anfallen (§ 277 Abs. 4 HGB). Diese beiden Posten
sind von allen GmbHs, unabhängig von ihrer Betriebsgröße, im Anhang
zu erläutern, soweit sie für die Beurteilung der Ertragslage nicht von untergeordneter Bedeutung sind (§ 277 Abs. 4 Satz 2 HGB). Es greift hier wieder der Grundsatz der Wesentlichkeit ein, der besagt, daß eine Berichtspflicht im Anhang nur notwendig ist, wenn die außerordentlichen Aufwendungen und Erträge das Jahresergebnis wesentlich beeinflussen. Was
als wesentlich anzusehen ist, wird im Gesetz nicht definiert. Nach angloamerikanischer Bilanzierungspraxis wird z. B. eine Erläuterungspflicht in
bezug auf diese beiden Posten immer dann ausgelöst, wenn das Jahresergebnis vor Steuern um mindestens 5 % beeinflußt wird. Die Geschäftsführung einer GmbH kann jedoch bis auf weiteres durchaus die Auffassung
vertreten, daß erst ab einer 10 %-Grenze eine Berichterstattungspflicht
ausgelöst wird. Die Bilanzierungspraxis wird zeigen, wo letzten Endes die
Grenze gezogen wird, ab der auf jeden Fall über die außerordentlichen
Aufwendungen und Erträge berichtet werden muß.

Nach § 277 Abs. 4 Satz 2 HGB muß für den Fall, daß eine Berichtspflicht
im Anhang nach dem Grundsatz der Wesentlichkeit besteht, die Art und
die Höhe der außerordentlichen Aufwendungen und Erträge angegeben

werden. Um diese Forderung erfüllen zu können, kommt die Geschäftsführung einer GmbH im Normalfall nicht darum herum, auf die Geschäftsvorfälle, die zu diesen Posten geführt haben, zurückzugehen.

Berichterstattung über die handelsrechtlichen außerplanmäßigen Abschreibungen

§ 277 Abs. 3 HGB fordert eine Berichtspflicht im Anhang für außerplanmäßige Abschreibungen, die eine GmbH auf Gegenstände des Anlagevermögens oder Umlaufvermögens vornimmt. Diese Berichtspflicht trifft wiederum alle GmbHs, unabhängig davon, welche Betriebsgröße sie aufweisen.

Im GuV-Gliederungsschema nach dem Gesamtkostenverfahren sind Abschreibungen in Position 7 wie folgt unterteilt:

7. Abschreibungen

  a) auf immaterielle Vermögensgegenstände und Sachanlagen sowie aktivierte Aufwendungen für die Ingangsetzung und Erweiterung des Geschäftsbetriebs

  b) auf Vermögensgegenstände des Umlaufvermögens, soweit diese die in dem Unternehmen üblichen Abschreibungen überschreiten

Aus Position 7 a der GuV nach dem Gesamtkostenverfahren ist demnach nicht zu erkennen, in welchem Umfang sie außerplanmäßige Abschreibungen umfaßt. Die Position 7 a enthält sowohl planmäßige als auch außerplanmäßige Abschreibungen. Werden daher diese außerplanmäßigen Abschreibungen in der GuV nicht gesondert ausgewiesen, wird eine Berichterstattungspflicht im Anhang zwingend ausgelöst.

In Position 7 b hingegen sind nur die außerplanmäßigen Abschreibungen aufgeführt, so daß nach dem Gesamtkostenverfahren für die außerplanmäßigen Abschreibungen auf Vermögensgegenstände keine Berichtspflicht im Anhang besteht.

Im GuV-Gliederungsschema nach dem Umsatzkostenverfahren gehen sowohl die Abschreibungen auf Gegenstände des Anlagevermögens als auch des Umlaufvermögens in die Herstellungskosten der umgesetzten Erzeugnisse ein (Position 2). Die außerplanmäßigen Abschreibungen können auf Grund der Abrechnungstechnik des Umsatzkostenverfahrens im Gliederungsschema praktisch nicht gesondert ausgewiesen werden. Dies bedeutet, daß die GmbHs, die das GuV-Gliederungsschema nach dem Umsatzkostenverfahren anwenden, stets im Anhang über die außerplanmäßigen Abschreibungen auf Gegenstände des Anlage- und Umlaufvermögens berichten müssen. Im Anhang könnte z. B. wie folgt formuliert werden:

„Im laufenden Geschäftsjahr wurden eine außerplanmäßige Abschreibung nach § 253 Abs. 2 Satz 2 HGB in Höhe von DM ... und nach § 253 Abs. 3 Satz 3 HGB in Höhe von DM ... vorgenommen."

Berichterstattung über die Ertragsteuerspaltung

§ 285 Nr. 6 HGB enthält eine Berichtspflicht im Anhang „in welchem Umfang die Steuern vom Einkommen und vom Ertrag das Ergebnis der gewöhnlichen Geschäftstätigkeit und das außerordentliche Ergebnis belasten". Diese Berichtspflicht erfaßt sämtliche GmbHs unabhängig von ihrer Betriebsgröße. Die kleinen GmbHs sind jedoch nach § 326 HGB von der Veröffentlichung dieser Ertragsteuerspaltung befreit.

In den beiden Gliederungsschemata der GuV wird in bezug auf die Steuern getrennt ausgewiesen nach:

• Steuern vom Einkommen und vom Ertrag

• sonstige Steuern

Die Körperschaftsteuer ist eine Steuer vom Einkommen. Die Gewerbeertragsteuer und die Kapitalertragsteuer sind Steuern vom Ertrag.

Die Substanzsteuern (Gewerbekapitalsteuer, Vermögensteuer) sind unter der Position „sonstige Steuern" auszuweisen.

Für die Geschäftsführung einer GmbH ergibt sich künftig die Aufgabe, im Anhang die Einkommen- und Ertragsteuern auf das Ergebnis der gewöhnlichen Geschäftstätigkeit (Position 14 oder 13) und auf das außerordentliche Ergebnis (Position 17 oder 16) aufzuteilen.

Diese Aufteilungspflicht im Anhang soll an Hand eines Beispiels verdeutlicht werden.

Beispiel:

Eine GmbH erzielt in einem bestimmten Geschäftsjahr als Ergebnis der gewöhnlichen Geschäftstätigkeit DM 90 000,— und als außerordentliches Ergebnis DM 20 000,—. Die Vermögensteuer beträgt DM 10 000,—. Die Geschäftsführung entscheidet sich entweder für eine Thesaurierung (Fall 1) des Jahresüberschusses oder für eine Vollausschüttung (Fall 2). Im Falle der Thesaurierung beträgt der Körperschaftsteuersatz 56 % und im Falle der Vollausschüttung 36 %. Die Gewerbeetragsteuer bleibt in dem Beispiel unberücksichtigt.

Die nachstehende ausschnittartige GuV (Gesamtkostenverfahren) gibt die Thesaurierungsbelastung wieder:

Positionen		DM
14. Ergebnis der gewöhnlichen Geschäftstätigkeit		DM 90 000,—
15. außerordentliche Erträge	30 000,—	
16. außerordentliche Aufwendungen	10 000,—	
17. außerordentliches Ergebnis		20 000,—
18. Steuern vom Einkommen und vom Ertrag (56 %)		61 600,—
19. sonstige Steuern (Vermögensteuer)		10 000,—
20. Jahresüberschuß		38 400,—
Rücklagendotierung = DM 38 400,—		

Entscheidet sich die Geschäftsführung einer GmbH für eine Vollausschüttung, mindert sich die Körperschaftsteuerbelastung von 56 % auf 36 % (§ 27 Abs. 1 KStG). Für eine Barausschüttung stehen demnach 64 % zur Verfügung. Die Körperschaftsteuerminderung errechnet sich nach Abschnitt 77 Abs. 1 KStR mit 5/11 bezogen auf das als verwendet geltende mit 56 % belastete Eigenkapital.

5/11 aus DM 38 400, = DM 17 455,—

Die nachstehende ausschnittartige GuV (Gesamtkostenverfahren) gibt die Vollausschüttungsbelastung wieder:

Positionen		DM
14. Ergebnis der gewöhnlichen Geschäftstätigkeit		90 000,—
15. außerordentliche Erträge	30 000,—	
16. außerordentliche Aufwendungen	10 000,—	
17. außerordentliches Ergebnis		20 000,—
18. Steuern vom Einkommen und vom Ertrag (DM 61 600,— ./. DM 17 455,— KSt-Minderung)		44 145,—
19. sonstige Steuern		10 000,—
20. Jahresüberschuß		55 855,—
Bilanzgewinn (= Ausschüttung) = DM 55 855,—		

Die Ertragsteuerspaltung läßt sich bei Thesaurierung (Fall 1) bzw. bei Vollausschüttung (Fall 2) wie folgt darstellen:

Positionen	Ergebnis der gewöhnlichen Geschäftstätigkeit	a. o. Ergebnis	Ergebnis insgesamt	KSt-Aufwand
Jahresüberschuß vor KSt	80 000,—	20 000,—	100 000,—	
Zurechnung VSt	10 000,—	—	10 000,—	
Steuerliches Einkommen	90 000,—	20 000,—	110 000,—	
				61 600,—
KSt-Tarifbelastung 56 v. H.	./. 50 400,—	./. 11 200,—	./. 61 600,—	
Abzug der VSt	./. 10 000,—	—	./. 10 000,—	
Zugang EK $_{56}$	29 600,—	8 800,—	38 400,—	
KSt-Minderung bei Ausschüttung	13 455,—	4 000,—	17 455,—	./. 17 455,—
Bilanzgewinn/ KSt-Aufwand	43 055,—	12 800,—	55 855,—	44 145,—

Ebenso ist die Gewerbeertragsteuer auf das Ergebnis der gewöhnlichen Geschäftstätigkeit und auf das außerordentliche Ergebnis im Anhang aufzuteilen.

Als eine weitere Möglichkeit, zur Erfüllung der Berichtspflicht im Anhang in bezug auf dieses Aufteilungsproblem, wird in der Fachliteratur vorgeschlagen (Glade, a. a. O., S. 1653), die Steuern vom Einkommen und vom Ertrag nach der durchschnittlichen Steuerbelastung aufzuteilen.

Beispiel:

Eine GmbH weist folgende Zahlenwerte auf:

Steuern vom Einkommen und vom Ertrag	DM 700 000,—
Jahresüberschuß	DM 300 000,—
Außerordentliches Ergebnis	DM 150 000,—

Der durchschnittliche Steuersatz errechnet sich aus

$$\frac{DM\ 700\ 000,— \times 100}{DM\ 300\ 000,— + DM\ 700\ 000,—} = 70\ \%$$

Die Aufteilung der Ertragsteuern kann dann folgendermaßen vorgenommen werden:
Auf das Ergebnis der gewöhnlichen Geschäftstätigkeit entfallen:

70 % aus DM 850 000,— = DM 595 000,—

Auf das außerordentliche Ergebnis entfallen:

70 % aus DM 150 000,— = DM 105 000,—

DM 700 000,—

Im Anhang könnte verbal erläutert werden:

„Von den Ertragsteuern entfallen 85 % auf das Ergebnis der gewöhnlichen Geschäftstätigkeit und 15 % auf das außerordentliche Ergebnis."

Berichterstattung über das Ausmaß der Ergebnisbeeinflussung durch steuerrechtliche Vorschriften

Nach § 285 Nr. 5 HGB müssen die mittelgroßen und die großen GmbHs im Anhang angeben, in welchem Ausmaß das Jahresergebnis durch die im Geschäftsjahr oder einem früheren Geschäftsjahr vorgenommenen oder beibehaltenen steuerrechtlichen Abschreibungen (§254 HGB), durch die unterlassenen Zuschreibungen und durch die im Geschäftsjahr oder einem früheren Geschäftsjahr gebildeten Sonderposten mit Rücklagenanteil (§ 273 HGB) beeinflußt worden ist.

Die mittelgroßen GmbHs brauchen diese Angaben im Anhang nicht zu veröffentlichen.

Mit dieser Berichtpflicht sollen die Auswirkungen des umgekehrten Maßgeblichkeitsprinzips gemildert werden. Um bestimmte steuerliche Vergünstigungen, z. B. Sonderabschreibungen oder erhöhte Absetzungen in der Steuerbilanz in Anspruch nehmen zu können, muß die GmbH in der Handelsbilanz dieselbe Bewertung vornehmen, da nur so das Maßgeblichkeitsprinzip der Handelsbilanz für die Steuerbilanz gewahrt werden kann. Das Maßgeblichkeitsprinzip kehrt sich faktisch um, da die GmbH den handelsrechtlichen Wertansatz nur wählt, um ihn auch in der Steuerbilanz vornehmen zu können. Die steuerliche Einflußnahme auf die Handelsbilanz führt deshalb zu einer Minderung des handelsrechtlich ausgewiesenen Vermögens und des handelsrechtlichen Jahresergebnisses. Die Handelsbilanz wird deformiert und kann ihre zentrale Aufgabe, ein den tatsächlichen Verhältnissen entsprechendes Bild der Vermögens-, Finanz- und Ertragslage zu vermitteln, nicht mehr erfüllen.

Nach § 280 Nr. 5 HGB muß im Anhang sowohl über das Ausmaß der

Beeinflussung des Jahresergebnisses als auch über das Ausmaß erheblicher künftiger Belastungen durch das Steuerrecht berichtet werden.

Macht die Geschäftsführung einer GmbH von dem Ausweiswahlrecht des § 281 Abs. 1 HGB Gebrauch und stellt die steuerrechtlichen Abschreibungen in einen Sonderposten mit Rücklagenanteil ein, ist die Feststellung des Einflusses auf das Jahresergebnis unproblematisch. Der Unterschiedsbetrag zwischen dem Wertansatz in der Eröffnungsbilanz und dem Wertansatz in der Schlußbilanz stellt die Summe der Beeinflussung des Jahresergebnisses vor Steuern dar.

Wird jedoch für diese steuerlichen Sonderabschreibungen kein Sonderposten mit Rücklagenanteil gebildet, muß die Geschäftsführung einer GmbH eigenständige Berechnungen zur Ermittlung des Einflusses auf das Jahresergebnis anstellen.

Sonderberechnungen sind auch in bezug auf die Berichterstattung über unterlassene Zuschreibungen erforderlich.

Im Anhang könnte die Berichterstattung wie folgt lauten: *„Das Jahresergebnis würde um DM . . . höher ausfallen, wenn auf steuerliche Sonderabschreibungen verzichtet und Zuschreibungen vorgenommen worden wären. Bei der Ermittlung dieses Erhöhungsbetrages sind der ungemilderte KSt-Satz von 56 % und ein durchschnittlicher Hebesatz für die Gewerbeertragsteuer von . . . % berücksichtigt worden.“*

§ 285 Nr. 5 HGB verlangt darüber hinaus eine Berichterstattung über erhebliche künftige steuerliche Belastungen. Diese Forderung resultiert aus der Überlegung, daß sich der Steueraufwand des Geschäftsjahres zu Lasten der Folgejahre reduziert, wenn Steuererhöhungen in der laufenden Bilanzierungsperiode in Anspruch genommen wurden.

Was die Berichterstattung über das Ausmaß der künftigen steuerlichen Belastungen anlangt, muß zunächst geklärt werden, ob sich die erforderlichen Angaben im Anhang nur auf die im laufenden Geschäftsjahr vorgenommenen Steuervergünstigungen beziehen, oder auch auf jene Steuervergünstigungen, die aus den Vorperioden nachwirken. Eine sinnvolle Berichterstattung im Anhang dürfte der Geschäftsführung einer GmbH nur möglich sein, wenn über die Gesamtbelastung berichtet wird. Dabei kann das Ausmaß der steuerlichen Belastung nur durch die Ermittlung des Barwertes festgestellt werden.

Bei den Sonderposten mit Rücklagenanteil ergibt sich die künftige steuerliche Belastung aus dem sogenannten Fremdkapitalanteil, d. h. die latente Steuerlast, die dann fällig wird, wenn der SOPO aufgelöst wird.

Bei den steuerlichen Sonderabschreibungen auf abnutzbare Gegenstände des Anlagevermögens wird sich die Geschäftsführung einer GmbH in bezug auf künftige steuerliche Belastungen an dem jeweiligen Saldo der Wertberichtigung nach Steuerrecht orientieren. Diese Wertberichtigung nach Steuerrecht ist genau wie bei dem SOPO in einen Eigenkapitalanteil und in einen Fremdkapitalanteil unter Zugrundelegung des zutreffenden Ertragsteuersatzes für die Berichterstattung im Anhang aufzuteilen. Das gilt auch für die Sonderabschreibungen auf Gegenstände des Umlaufvermögens.

Die Angabe künftiger steuerlicher Belastungen im Anhang kann nur in Form eines DM-Betrages erfolgen. Dabei könnte die Berichterstattung z. B. wie folgt lauten:

„Die künftige steuerliche Belastung mit Ertragsteuern auf Grund von bisher in Anspruch genommenen steuerlichen Sonderabschreibungen, Bewertungsfreiheiten und Sonderposten mit Rücklagenanteil beläuft sich auf DM . . . Dieser Betrag wird mit einem Zinssatz von . . . % als Barwert ermittelt."

10.5 Gestaltungsmöglichkeiten bei den ergänzenden Angaben und Erläuterungen zum Jahresabschluß

Die Geschäftsführung einer GmbH muß eine weitere Reihe von Anhangvorschriften beachten, die eine Berichtspflicht über Tatbestände auslösen, die über die Bilanz und die GuV hinausgehen. Im folgenden sollen die wesentlichen Pflichten zu ergänzenden Angaben und Erläuterungen dargestellt werden.

Berichtspflicht über nicht aus der Bilanz ersichtliche Haftungsverhältnisse

Nach § 285 Nr. 3 HGB muß eine GmbH den Gesamtbetrag der sonstigen finanziellen Verpflichtungen, die nicht in der Bilanz und auch nicht unter der Bilanz erscheinen, im Anhang angeben, sofern diese Angaben für die

Beurteilung der Finanzlage der GmbH von Bedeutung sind. Für verbundene Unternehmen ist ein Sonderausweis dieser Verpflichtungen erforderlich. Die Berichtspflicht trifft nur die mittelgroßen und die großen GmbHs während die kleinen GmbHs hiervon ausgenommen sind.

Berichtspflichtige finanzielle Verpflichtungen nach dieser Vorschrift müssen folgende Merkmale erfüllen:

- Es muß sich um Zahlungsansprüche handeln, denen sich die Gesellschaft nicht entziehen kann

- Sie dürfen in keiner Bilanzposition ihren Niederschlag gefunden haben, d. h. sie dürfen weder als Verbindlichkeit noch als Rückzahlung auf der Passivseite der Bilanz ausgewiesen werden

Als Beispiele, welche finanziellen Verpflichtungen berichtspflichtig sind, gelten:

- Mehrjährige Verpflichtungen aus Miet- oder Leasingverträgen

- Verpflichtungen aus begonnenen Investitionsvorhaben oder langfristigen Einkaufskontrakten

- Verpflichtungen aus notwendig werdenden Umweltschutzmaßnahmen (soweit hierfür keine Rückstellung gebildet wird)

- Nicht gebildete Aufwandsrückstellungen

- Sonstige finanzielle Verpflichtungen

Voraussetzung für die Berichterstattung nach § 285 Nr. 3 HGB ist, daß die Angabe der „sonstigen finanziellen Verpflichtungen" im Anhang für die Beurteilung der Finanzlage von Bedeutung ist. Ob eine solche Angabe bedeutsam ist, richtet sich nach dem Grundsatz der Wesentlichkeit.

In bezug auf die Berichterstattung ist auch noch festzuhalten, daß nur die Angabe des Gesamtbetrags der sonstigen finanziellen Verpflichtungen erforderlich ist. Die einzelnen finanziellen Verpflichtungen und die darauf entfallenden Teilbeträge brauchen nicht aufgeführt zu werden. Soweit derartige Verpflichtungen jedoch gegenüber verbundenen Unternehmen bestehen, ist ein davon-Vermerk notwendig.

Im Rahmen einer freiwilligen Berichterstattung wird in der Fachliteratur vorgeschlagen, den Gesamtbetrag der sonstigen finanziellen Verpflichtungen wie folgt aufzugliedern (Abb. 34):

Art der finanziellen Verpflichtung	Fälligkeit			Summe	davon gegenüber verbundenen Unternehmen
	bis 1 Jahr	1—5 Jahre	über 5 Jahre		
Verpflichtungen aus Leasing- und ähnlichen Verträgen					
Verpflichtungen aus begonnenen Investitionen					
Nicht gebildete Aufwandsrückstellungen					
Sonstige finanzielle Verpflichtungen					
Gesamt					

Abb. 34: Mögliche Aufgliederung „Sonstige finanzielle Verpflichtungen"
(§ 285 Nr. 3 HGB)

Berichterstattung über Unternehmensverbindungen und Beteiligungsunternehmen

§ 285 Nr. 14 HGB begründet für alle GmbHs, unabhängig von ihrer Betriebsgröße, eine Pflicht zur Berichterstattung über verbundene Unternehmen.

Was unter einem verbundenen Unternehmen zu verstehen ist, definiert § 271 Abs. 2 HGB. Dabei stellt der Begriff verbundene Unternehmen auf die Eigenschaft als Mutterunternehmen und als Tochterunternehmen im Konzern ab. Abb. 35 bringt die Beziehungen zwischen Mutter- und Tochterunternehmen im Konzern zum Ausdruck (Gross, G., Schruff, L., a. a. O., S. 161).

Die verschiedenen Mutter-Tochter-Beziehungen, die in dieser Abbildung aufgezeigt sind, stehen unabhängig voneinander.

Der kleinste Kreis von Unternehmen im Sinne des § 285 Nr. 14 HGB kann sich allein aus der bilanzierenden GmbH und dem Mutterunternehmen zusammensetzen. Die Gesellschaft an der Konzernspitze erstellt den Konzernabschluß für den größten Kreis von Unternehmen.

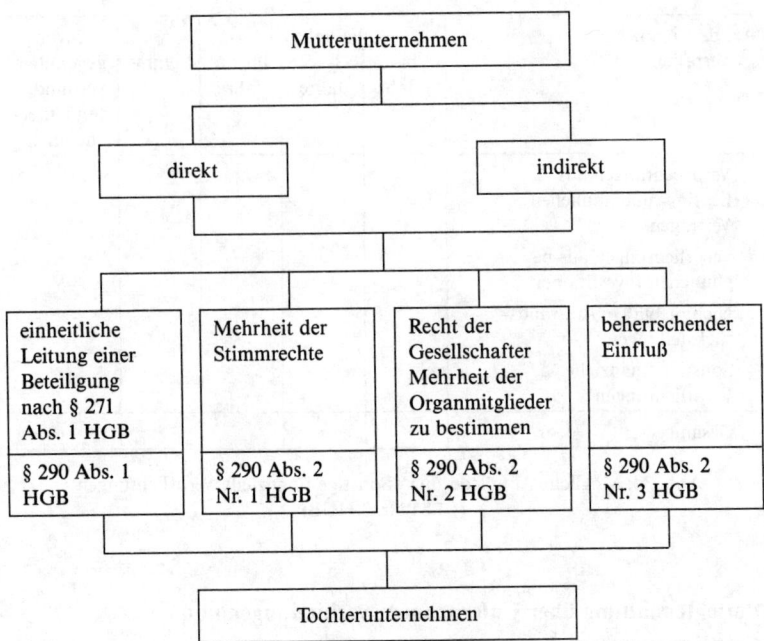

Abb. 35: Beziehungen zwischen Mutter- und Tochterunternehmen nach § 290 HGB

Die Angabepflicht im Anhang, die von allen GmbHs, unabhängig von ihrer Betriebsgröße, erfüllt werden muß, beinhaltet:

● Name und Sitz des Mutterunternehmens der GmbH, das den Konzernabschluß für den größten Kreis von Unternehmen aufstellt, und

● Name und Sitz des Mutterunternehmens der GmbH, das den Konzernabschluß für den kleinsten Kreis von Unternehmen aufstellt sowie

● im Falle der Offenlegung der von diesem Mutterunternehmen aufgestellten Konzernabschlüsse den Ort, wo diese erhältlich sind.

Die Angabe des Orts, an dem der Konzernabschluß erhältlich ist, bezieht sich auf den Sitz des Amtsgerichts (Handelsregister), das für das jeweilige Mutterunternehmen zuständig ist, sowie auf die Nummer, unter der der Konzernabschluß im Handelsregister hinterlegt ist.

Nach § 285 Nr. 11 HGB besteht für alle GmbHs, unabhängig von ihrer

Betriebsgröße, eine Pflicht zur Berichterstattung über Beteiligungsunternehmen.

§ 271 Abs. 1 HGB definiert den Begriff der Beteiligungen. Danach sind Beteiligungen Anteile an anderen Unternehmen (auch Personengesellschaften), die bestimmt sind, dem Geschäftsbetrieb der GmbH durch Herstellung einer dauernden Verbindung zu jenem Unternehmen zu dienen. Wie hoch der Anteil der GmbH an einem anderen Unternehmen ist, ist unerheblich, wenn dieser Beteiligungsbegriff erfüllt ist.

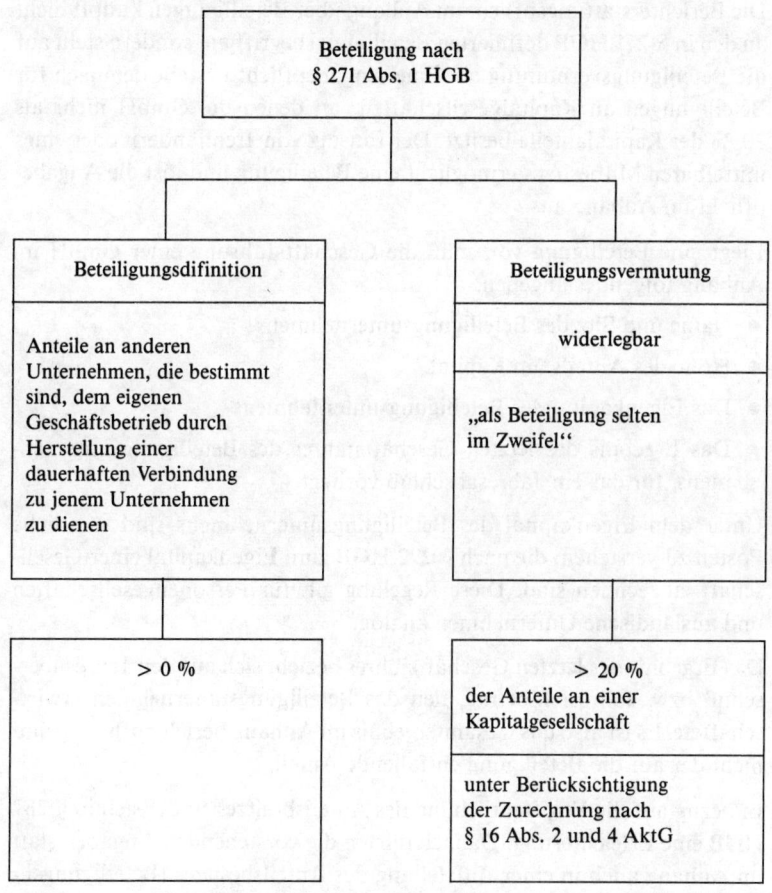

Abb. 36: Beteiligungen

Darüber hinaus gibt es eine Beteiligungsvermutung, die eine Beteiligung unterstellt, wenn eine GmbH Anteile von mehr als 20 % an einer Kapitalgesellschaft hält. Bei der Berechnung der Beteiligungsquote ist § 16 Abs. 2 und 4 AktG entsprechend anzuwenden (§ 271 Abs. 1 Satz 4 HGB). Es geht hierbei vor allem um die Behandlung der eigenen Anteile und um die Frage der Zurechnung von Anteilen, die der Gesellschaft zwar nicht rechtlich, aber wirtschaftlich gehören. Die Zusammenhänge sind in Abb. 36 verdeutlicht.

Die Berichterstattungspflicht im Anhang über Beteiligungen knüpft nicht an den in § 271 HGB definierten Beteiligungsbegriff an, sondern stellt auf die Beteiligungsvermutung ab. Eine Angabepflicht besteht demnach für Beteiligungen an Kapitalgesellschaften, an denen die GmbH mehr als 20 % der Kapitalanteile besitzt. Der Einsatz von Treuhändern oder eines mittelbaren Mitbesitzes ermöglicht eine Beteiligung und löst die Angabepflicht im Anhang aus.

Liegt eine Beteiligung vor, muß die Geschäftsführung einer GmbH im Anhang folgendes angeben:

• Name und Sitz des Beteiligungsunternehmens

• Höhe des Anteils am Kapital

• Das Eigenkapital des Beteiligungsunternehmens

• Das Ergebnis des letzten Geschäftsjahres des Beteiligungsunternehmens, für das ein Jahresabschluß vorliegt

Unter dem Eigenkapital des Beteiligungsunternehmens sind sämtliche Posten zu verstehen, die nach § 272 HGB zum Eigenkapital einer Gesellschaft zu rechnen sind. Diese Regelung gilt für Personengesellschaften und ausländische Unternehmen analog.

Das Ergebnis des letzten Geschäftsjahres bezieht sich auf den Jahresüberschuß bzw. Jahresfehlbetrag, den das Beteiligungsunternehmen erwirtschaftete. Es ist also das Gesamtergebnis im Anhang berichtspflichtig und nicht der auf die Beteiligung entfallende Anteil.

In bezug auf die Veröffentlichung des Anteilsbesitzes findet sich in § 287 HGB eine Erleichterung. Danach dürfen die vorstehenden Angaben statt im Anhang auch in einer Aufstellung des Anteilsbesitzes (Beteiligungsliste) gesondert gemacht werden. Diese Aufstellung ist dann Bestandteil des

Anhangs. Auf die gesonderte Aufstellung (Beteiligungsliste) und den Ort der Hinterlegung ist im Anhang hinzuweisen.

Die Angabe des Eigenkapitals und des Jahresergebnisses kann unterbleiben, d. h. die GmbH braucht im Anhang nur Name und Sitz sowie Höhe des Anteils am Beteiligungsunternehmen anzugeben, wenn das Beteiligungsunternehmen, über das zu berichten ist, seinen Jahresabschluß nicht offen zu legen hat und die berichtende GmbH weniger als die Hälfte der Anteile besitzt (§ 286 Abs. 3 Satz 2 HGB). Damit wird eine mittelbare Offenlegungspflicht insoweit über die Muttergesellschaft bei den Unternehmen vermieden, die selbst nicht zur Offenlegung verpflichtet sind.

Berichterstattung über die Organschaft

Angaben über die Zusammensetzung der Organschaft

§ 285 Nr. 10 HGB begründet für alle GmbHs, unabhängig von ihrer Betriebsgröße, im Anhang eine Berichtspflicht über die Zusammensetzung der Organschaft. Im Anhang müssen alle Mitglieder des Geschäftsführungsorgans und eines Aufsichtsrats, auch wenn sie im Geschäftsjahr oder später ausgeschieden sind, mit dem Familiennamen und mindestens einem ausgeschriebenen Vornamen angegeben werden. Der Vorsitzende eines Aufsichtsrats, seine Stellvertreter und ein etwaiger Vorsitzender des Geschäftsführungsorgans sind als solche zu bezeichnen.

Bei dem Wechsel im Personenstand dieser Gremien ist es üblich, durch Einfügen der entsprechenden Daten die Zeiträume, in denen die Personen diese Funktionen in einer GmbH ausübten, zu kennzeichnen.

> **Beispiel:**
> Herr X bis zum 30. 6. 1987
> Herr Y seit dem 1. 7. 1987
> Angegeben müssen alle Personen werden, die im Zeitpunkt der Erstellung des Anhangs den beiden Gremien angehört haben.

Mitglieder eines Beirats, eines Verwaltungsrats oder eines Gesellschafterausschusses sind dann im Anhang anzugeben, wenn ein solches Gremium die Funktion eines Aufsichtsrats übernommen hat. Entscheidend ist die Kompetenz zur Überwachung der Geschäftsführung einer GmbH. Der Name des Gremiums ist bedeutungslos. Im Falle eines fakultativen Aufsichtsrats ist daher im Einzelfall zu untersuchen, ob ein Aufsichtsrat im Sinne der gesetzlichen Vorschriften vorliegt.

Angaben über die Gesamtbezüge der aktiven Organmitglieder

§ 285 Nr. 9 a HGB verpflichtet die mittelgroßen und die großen GmbHs im Anhang die Gesamtbezüge der aktiven Mitglieder des Geschäftsführungsorgans, eines Beirats oder einer ähnlichen Einrichtung jeweils für jede Personengruppe anzugeben. Die Angabe der von verbundenen Unternehmen erhaltenen Bezüge ist nicht erforderlich. Ist das Mutterunternehmen zur Aufstellung eines Konzernabschlusses gesetzlich verpflichtet, ergeben sich diese Angaben aus dem Konzernabschluß.

Zu den angabepflichtigen Gesamtbezügen zählen:

• Gehälter, einschließlich Weihnachtsgratifikationen, Urlaubsgeld usw.

• Tantiemen oder Gewinnbeteiligungen für das Geschäftsjahr, aber auch für einzelne Geschäfte während des Geschäftsjahres

• Aufwandsentschädigungen (z. B. Reise- und Pauschalvergütungen, die über die steuerlichen Sätze nach den lohn- und einkommensteuerrechtlichen Bestimmungen hinausgehen)

• Versicherungsprämien, soweit einem Organmitglied daraus ein Anspruch erwächst (z. B. wenn die GmbH für eine auf den Namen eines Organmitglieds lautende Lebensversicherung Beiträge bezahlt)

• Provisionen, die für einmalige Geschäfte oder eine bestimmte Gruppe von Geschäften bezahlt werden

• Nebenleistungen jeder Art, z. B. Sondervergütungen, Ersparnisse aufgrund zinsloser oder besonders zinsgünstig gewährter Kredite oder Vorteile aus Anlaß von Rechtsgeschäften

• Naturalbezüge durch die Zurverfügungstellung von Wohnungen, Personal, PKW, Strom, Heizung und durch ähnliche Leistungen (diese Naturalbezüge sind in der Regel mit dem lohnsteuerpflichtigen Sachbezugswert angabepflichtig)

Nicht zu den im Anhang angabepflichtigen Gesamtbezügen zählen hingegen:

• Prämien, die eine GmbH zur Deckung ihrer Pensionsverpflichtungen für auf ihren Namen lautende Versicherungsverträge zahlt

- Zuweisungen an Pensionsrückstellungen für noch im Amt befindliche Geschäftsführer

- Entrichtung der gesetzlichen Arbeitgeberanteile zur Sozialversicherung

- Prämien für Unfallversicherungen, soweit der Begünstigte die GmbH selbst ist und nicht der Geschäftsführer einer GmbH

§ 285 Nr. 9 a HGB verlangt auch die Angabe der weiteren Bezüge, die im Geschäftsjahr gewährt wurden, bisher aber in keinem Jahresabschluß angegeben worden sind. Dies kann eintreten, wenn die Gesellschafterversammlung einer GmbH im neuen Jahr nach Feststellung des Jahresabschlusses z. B. beschließt, DM 100 000,— Tantiemen auszuschütten, während der Gewinnverwendungsvorschlag der Geschäftsführung hierfür nur DM 80 000,— vorsah. Der Differenzbetrag, der im neuen Geschäftsjahr nachgezahlt wird, muß im Anhang entsprechend vermerkt werden.

Der Berichtspflicht im Anhang könnte in bezug auf die Gesamtbezüge der aktiven Organmitglieder wie folgt nachgekommen werden:

„Für das Geschäftsjahr betrugen die Gesamtbezüge der Geschäftsführung DM 500 000,—. Die im Geschäftsjahr gewährten, in einem früheren Anhang nicht angegebenen Nachzahlungen betragen DM 80 000,—."

„Die Mitglieder des Aufsichtsrats erhalten außer dem Ersatz der Auslagen eine feste, nach Ablauf des Geschäftsjahres zahlbare Vergütung von DM 12 000,— p.a. Der Vorsitzende erhält DM 20 000,—. Daneben erhält jedes Mitglied für jede Sitzung eine Vergütung von DM 2000,—. Unterliegen die Vergütungen und der Auslagenersatz der Umsatzsteuer, so wird diese von der GmbH erstattet. Für das Geschäftsjahr . . . beliefen sich die Bezüge des Aufsichtsrats auf insgesamt DM 58 000,—."

Berichterstattung über die Gesamtbezüge der passiven Organmitglieder

§ 289 Nr. 9 b HGB verpflichtet die mittelgroßen und die großen GmbHs im Anhang auch die Gesamtbezüge der nicht mehr aktiven Organmitglieder und ihrer Hinterbliebenen anzugeben. Die Berichtspflicht umfaßt die gleichen Bezugsarten, wie sie für die aktiven Organmitglieder dargestellt wurden. Die geforderte Angabe von Ruhegehältern und Hinterbliebenenbezügen wirft keine Verständnisprobleme auf, während die Begriffe Abfindungen und Leistungen verwandter Art erklärungsbedürftig sind.

Abfindungen gliedern sich in echte Abfindungen, die zur Begleichung von Ansprüchen anfallen, und in solche, die einer einmaligen oder in Raten erfolgenden Auszahlung einer kapitalisierten Rente gleichzusetzen sind.

Leistungen verwandter Art sind solche, die den Begriffen Abfindungen, Ruhegehältern und Hinterbliebenenbezügen ähnlich sind. Werden z. B. Ausbildungsbeihilfen für Kinder von Organmitgliedern mit oder ohne rechtliche Verpflichtung von der GmbH bezahlt, oder werden Leistungen an dritte Personen bezahlt, die nicht als Hinterbliebene zu betrachten sind, handelt es sich um Leistungen verwandter Art.

§ 285 Nr. 9 b Satz 3 HGB verlangt außerdem die Angabe des Betrages, „der für diese Personengruppe gebildeten Rückstellungen für laufende Pensionen und Anwartschaften auf Pensionen und des Betrags, der für diese Verpflichtungen nicht gebildeten Rückstellungen". Hier muß der Barwert künftiger Gesamtbezüge im Anhang angegeben werden. Dabei muß auch der Abzinsungsfaktor im Anhang angegeben werden.

Der Berichtspflicht im Anhang könnte in bezug auf die Gesamtbezüge der nicht mehr aktiven Organmitglieder wie folgt nachgekommen werden:

„Für das Geschäftsjahr betragen die Gesamtbezüge der früheren Geschäftsführung DM 200 000,—. Der Barwert der Rückstellungen für Pensionszusagen an die frühere Geschäftsführung und deren Hinterbliebene beträgt bei einem Zinssatz von 5 % DM . . ."

Berichterstattung über die gewährten Vorschüsse und Kredite

§ 285 Nr. 9 c HGB verpflichtet alle GmbHs in bezug auf die Organmitglieder, unabhängig von ihrer Betriebsgröße, die gewährten Vorschüsse und Kredite einschließlich der Zinssätze und wesentlichen Kreditbedingungen, der im Geschäftsjahr zurückgezahlten Beträge sowie der zu Gunsten dieser Personengruppen eingegangenen Haftungsverhältnisse im Anhang anzugeben.

Im Anhang ist demnach über die Kreditbeziehungen für die folgenden Organe zu berichten:

- Geschäftsführer

- Aufsichtsrat, falls vorhanden

- Beirat, falls vorhanden

- ähnliche Einrichtungen

Der Begriff ähnliche Einrichtungen umfaßt Verwaltungs- und Aufsichtsorgane, die durch den Gesellschaftervertrag geregelt sind.

Die Berichtspflicht im Anhang bezieht sich auf folgende Informationen:

- gewährte Vorschüsse und Kredite

- Zinssätze und wesentliche Kreditbedingungen

- im Geschäftsjahr zurückgezahlte Beträge

- eingegangene Haftungsverhältnisse

Unter Vorschüssen sind Vorauszahlungen jeder Art auf Vergütungen zu verstehen, die den vorgenannten Personengruppen zustehen, z. B. Vorauszahlungen auf Gehälter, Tantiemen, Aufsichtsratsvergütungen, Reisekosten und sonstige Auslagen.

Kredite umfassen jede Art von Zuwendungen, die nicht innerhalb von kurzer Zeit zurückzuzahlen sind. Darunter fallen z. B. Darlehen, Wechselkredite, Kontokorrentkredite, Abzahlungskredite u. dgl. Bei jedem Betrag sind von der Geschäftsführung einer GmbH die Verhältnisse am Bilanzstichtag heranzuziehen. Dies gilt für die Abgrenzung der betroffenen Personengruppen genauso, wie für die gewährten Kredite. Die Kreditbeträge sind stets mit ihren Nennwerten (= Barwerte) anzugeben.

Als Zinssätze gelten die vereinbarten Bedingungen. Dadurch erhält der externe Bilanzleser einen Hinweis darauf, mit welcher Effektivverzinsung der Kreditnehmer von der GmbH belastet wurde.

Wesentliche Kreditbedingungen sind z. B. Angaben zur Besicherung, Verzinsung und Rückzahlung des Kredites.

Zurückgezahlte Beträge, über die im Anhang berichtet werden muß, sind nur die Tilgungsbeträge.

Die GmbH muß auch die Haftungsverhältnisse, die sie zu Gunsten von Organmitgliedern eingegangen ist, im Anhang aufführen. Dabei dürften verbale Erläuterungen ausreichen. Die Geschäftsführung einer GmbH braucht demnach in bezug auf diese Haftungsverhältnisse keinen Betrag im Anhang anzugeben.

Im Anhang könnte in bezug auf gewährte Kredite an Organmitglieder z. B. wie folgt formuliert werden:

„Unter den sonstigen Ausleihungen (Aktivposten A. Anlagevermögen III. Nr. 6) ist ein im Geschäftsjahr gewährtes Darlehen an einen Geschäftsführer in Höhe von DM 200 000,— ausgewiesen. Das Darlehen ist durch eine nachrangige Grundschuld zu Gunsten der GmbH gesichert und in acht gleichen Jahresraten, beginnend am . . ., zurückzuzahlen. Der Zinssatz ist fest und beträgt 5 % p. a."

Da die Erläuterungen im Anhang für jede Personengruppe getrennt erfolgen müssen, bietet sich zur Erfüllung dieser Berichtspflicht eine tabellarische Darstellung (Abb. 37) an (Glade, a. a. O., S. 1666):

Organ der GmbH	Vor-schuß	Kredit-art	Zins-satz	Kredit-bedin-gungen	Tilgungs-betrag	Haftungsver-hältnisse, die zugunsten der Organmitglie-der einge-gangen sind
1. Geschäfts-führer						
2. Aufsichts-rat						
3. Beirat						
4. ähnliche Einrichtung						

Abb. 37: Übersicht über die gewährten Vorschüsse und Kredite

Berichterstattung über die Arbeitnehmerschaft

Nach § 285 Nr. 7 HGB sind die mittelgroßen und die großen GmbHs verpflichtet, „die durchschnittliche Zahl der während des Geschäftsjahres beschäftigten Arbeitnehmer, getrennt nach Gruppen, im Anhang anzugeben". Diese Berichterstattungspflicht ist insbesondere auch im Zusammenhang mit der Bestimmung der Betriebsgröße einer GmbH von erheblicher Bedeutung (vgl. Punkte 2.3.2 und 2.3.3).

Die Ermittlung der durchschnittlichen Beschäftigtenzahl ist in § 267 Abs. 5 HGB geregelt. Danach sind die Endbestände der Arbeitnehmerschaft an den Quartalsenden (31. 1., 30. 6., 30. 9. und 31. 12.) durch 4 zu teilen. Ob ein Mitarbeiter als Arbeitnehmer nach § 285 Nr. 7 HGB gilt, richtet sich nach Arbeitsrecht. Die steuer- und sozialversicherungsrechtliche Behandlung ist nicht allein entscheidend. Aus diesem Grund sind die Geschäftsführer einer GmbH nicht mit einzurechnen.

Auszubildende sind ebenfalls nicht in die Berechnung einzubeziehen.

In bezug auf die Teilzeitkräfte enthält das Gesetz keine ausdrückliche Regelung. Es wird sowohl die Meinung vertreten, daß Teilzeitkräfte voll zu rechnen sind (Biener), als auch die Auffassung, daß Teilzeitkräfte mit einem ihrer Arbeitszeit entsprechenden Bruchteil angerechnet werden können (DIHT).

Im Ausland beschäftigte Arbeitnehmer sind in die Berechnung einzubeziehen, da es sich insoweit auch um Arbeitnehmer der GmbH handelt.

Der Personalbestand ist von den mittelgroßen und großen GmbHs im Anhang in Gruppen anzugeben. Als Gruppenmerkmale kommen in Betracht:

- gewerbliche Arbeitnehmer
- Angestellte
- leitende Angestellte

In bezug auf diese Gruppeneinteilung wird in der Fachliteratur überwiegend eine Berichterstattungspflicht voll bejaht.

Es sind jedoch weitere Gruppenaufteilungen denkbar, z. B.:

- Aufteilung nach Geschlecht der Arbeitnehmer
- Aufteilung in ungelernte Arbeiter, gelernte Arbeiter, Vorarbeiter, Meister und sonstige technische Angestellte
- Aufteilung nach Tarifgruppen, Altersgruppen, Dienstjahren
- Aufteilung nach Tätigkeitsbereichen

Die Schering AG hat in ihrem freiwilligen Geschäftsbericht nach dem Bilanzrichtlinien-Gesetz für das Geschäftsjahr 1985 die Arbeitnehmerschaft in folgende Gruppen eingeteilt:

Mitarbeiter (Jahresdurchschnitt)

Produktion	9 711
Vertrieb	6 487
Forschung und Entwicklung	3 453
Technik und Verwaltung	3 811
	23 462

Freiwillige Berichterstattung im Anhang

Die Geschäftsführung einer GmbH kann im Anhang freiwillige Angaben machen, die über den vom Gesetz geforderten Mindestinhalt hinausgehen. Zu diesen freiwilligen Angaben zählen z. B. die Kapitalflußrechnung oder der Sozialbericht. GmbHs, die z. B. bereits heute einen Sozialbericht erstellten und veröffentlichten, können einen solchen auch in Zukunft im Anhang veröffentlichen.

Ebenso kann die Geschäftsführung einer GmbH eine Kapitalflußrechnung im Anhang darstellen. Eine solche Kapitalflußrechnung kann in Form einer Bewegungsbilanz, einer Fondsrechnung, einer Cash-flow-Rechnung durchgeführt werden.

11. KAPITEL
Übergangs-Regelung

11. Übergang zur neuen Handelsbilanz

11.1 Übergangsvorschriften in bezug auf die Bewertung im ersten Jahresabschluß nach neuem Recht

Das Bilanzrichtlinien-Gesetz enthält eine Reihe von Übergangsvorschriften, um die Umstellung auf das neue Handelsrecht zu erleichtern. Diese Übergangsvorschriften konzentrieren sich vor allem auf die Anpassung an die neuen Bewertungsnormen für die Handelsbilanz. Sie sind insbesondere in Artikel 24 EGHGB enthalten und sehen folgende Wahlrechte bzw. Bilanzierungspflichten vor:

Beibehaltungswahlrechte

- für Sachanlagen, Finanzanlagen und immaterielle Vermögensgegenstände des Anlagevermögens
- für das Umlaufvermögen (bei Vorliegen bestimmter Voraussetzungen)

Wertaufholungen beim Anlage- und Umlaufvermögen

- erfolgsneutral durch Sondereinstellungen in die Gewinnrücklagen
- erfolgswirksam

Anpassungspflicht für weggefallene Rückstellungen und Sonderposten mit Rücklagenanteil

- erfolgsneutral mit Ausgleich in den Gewinnrücklagen
- erfolgswirksam

Anpassung von Rückstellungen und Verbindlichkeiten an höhere Wertansätze nach HGB

- erfolgsneutral mit Ausgleich aus allen Rücklagen
- erfolgswirksam

Die Entscheidung der Geschäftsführung, ob und gegebenenfalls wie sie
von den Übergangsvorschriften des Artikel 24 EGHGB Gebrauch macht,
hängt von den noch verfügbaren Unterlagen innerhalb des Rechnungswesens, von den handelsbilanzpolitischen, insbesondere aber auch von den
steuerbilanzpolitischen Zielsetzungen ab. Im folgenden wird auf Detail-
fragen im Zusammenhang mit diesen Übergangsvorschriften eingegangen.

Zu den Beibehaltungswahlrechten

Die Geschäftsführung einer GmbH hat ein Beibehaltungswahlrecht für
niedrigere Wertansätze im Anlagevermögen. Sie darf für jeden Einzelposten des Anlagevermögens, d. h. für immaterielle Vermögensgegenstände
(einschließlich Firmenwert), Sachanlagen und Finanzanlagen, der am
ersten Bilanzstichtag nach neuem Recht noch vorhanden ist, den niedrigeren Wertansatz beibehalten. In bezug auf abnutzbare Anlagegegenstände
ist nur gefordert, daß der niedrigere Wertansatz im letzten Jahresabschluß
nach bisherigem Recht um planmäßige Abschreibungen entsprechend der
voraussichtlichen Restnutzungsdauer zu mindern ist (Artikel 24 Abs. 1
EGHGB). Dies bedeutet ganz konkret, daß bei dem Übergang auf das
neue Bilanzrecht keine Neubewertung des Anlagevermögens erforderlich
wird, bei der die stillen Reserven aufgelöst werden.

Die Geschäftsführung einer GmbH hat ein Beibehaltungswahlrecht, d. h.
sie kann auch Zuschreibungen vornehmen, wenn sie diese aus handelsbilanzpolitischen Zielsetzungen heraus für zweckmäßig hält.

In bezug auf das nicht abnutzbare Anlagevermögen (z. B. Grundstücke,
Beteiligungen, Wertpapiere des Anlagevermögens) haben die Übergangs-
vorschriften des Artikels 24 Abs. 1 EGHGB eine erhebliche praktische
Bedeutung, da bei diesen Vermögensgegenständen bislang gelegte stille
Reserven erst dann aufgelöst werden, wenn die betreffenden Gegenstände
veräußert werden.

Für die Geschäftsführung einer GmbH kann es daher unter handelsbilanzpolitischen Zielsetzungen zweckmäßig sein, zum Bilanzstichtag
(31. 12. 1986) vor Übergang auf das neue Recht noch außerplanmäßige
Abschreibungen auf bestimmte nicht abnutzbare Anlagegüter vorzunehmen, die dann auf Grund dieser Übergangsvorschriften in späteren Jahren
nicht wieder rückgängig gemacht werden müssen. Auf diese Art und Weise

lassen sich bei diesen Vermögensgegenständen in der Handelsbilanz noch stille Reserven legen, die später nicht mehr gelegt werden könnten.

Das Beibehaltungswahlrecht für niedrigere Wertansätze nach dem bisher geltenden Recht gilt auch für das Umlaufvermögen. Hier hat es jedoch eine relativ geringere praktische Bedeutung, da sich die Gegenstände des Umlaufvermögens verhältnismäßig schnell umschlagen. Praxisrelevant kann das Beibehaltungswahlrecht in bezug auf das Umlaufvermögen bei älteren Beständen innerhalb der Vorräte, bei Krediten an verbundene Unternehmen (wenn sie nicht zum Anlagevermögen zählen) und bei Wertpapieren werden.

Die Geschäftsführung einer GmbH muß sowohl in bezug auf das Anlagevermögen als auch in bezug auf das Umlaufvermögen im Anhang angeben, für welche Altbestände sie von diesem in Artikel 24 Abs. 1 EGHGB eingeräumten Beibehaltungswahlrecht Gebrauch gemacht hat.

Zu den Wertaufholungen bei dem Anlage- und Umlaufvermögen

Im Jahr des Übergangs auf das neue Bilanzrecht muß die Geschäftsführung einer GmbH Wertaufholungen bzw. Wertnachholungen vornehmen, wenn die Vorjahreswerte nicht fortgeführt werden dürfen. Dies ist z. B. der Fall,

- wenn die Voraussetzungen für die Inanspruchnahme des Beibehaltungswahlrechts nicht vorliegen, weil es sich um Anschaffungen im ersten Jahr der Anwendung des neuen Rechts handelt
- wenn die im letzten Jahresabschluß nach altem Recht inventarisierten Einzelposten zum folgenden Bilanzstichtag nach neuem Recht nicht mehr vorhanden sind, da für Ersatzbeschaffungen ein Beibehaltungswahlrecht nicht in Frage kommt.

Abgesehen von dieser Wertaufholungspflicht gibt es für die Geschäftsführung einer GmbH im Hinblick auf die Altbestände ein relativ weitgehendes Wertaufholungswahlrecht bis zu den Anschaffungs- oder Herstellungskosten (Obergrenze). Solche Wertaufholungen sind jedoch in der Regel ertragsteuerpflichtig, es sei denn, die Steuerbilanz würde bislang höhere Wertansätze ausweisen.

Die Geschäftsführung einer GmbH kann jedoch bei der Aufstellung des ersten Jahresabschlusses nach neuem Recht bei einer Wertaufholung den

Zuschreibungsbetrag erfolgsneutral in Gewinnrücklagen einstellen. Der Zuschreibungsbetrag, d. h. der Differenzbetrag zwischen dem im letzten Jahresabschluß nach bisherigem Recht angesetzten und dem nach den neuen Vorschriften anzusetzenden Wert, wird damit bereits im Rahmen der Aufstellung des Jahresabschlusses den Gewinnrücklagen zugeführt. Den GmbHs wird es damit ermöglicht, die Gewinne aus der Auflösung stiller Reserven sofort den Gewinnrücklagen zuzuführen, ohne daß diese Erträge den Jahresüberschuß erhöhen. Dieses Wahlrecht kann für viele Geschäftsführer von GmbHs bedeutsam sein, die aufgedeckte stille Reserven nicht an die Gesellschafter ausschütten wollen. Der Zuschreibungsbetrag (Differenzbetrag) kann jedoch im Übergangsjahr auf das neue Recht auch erfolgswirksam vereinnahmt werden. Die Übergangsvorschrift des Artikel 24 Abs. 3 Satz 1 EGHGB erweitert damit in erheblichem Umfang den bilanzpolitischen Aktionsraum der Geschäftsführung einer GmbH.

Zur Anpassungspflicht für wegfallende Rückstellungen und wegfallende Sonderposten mit Rücklagenanteil

Im Übergangsjahr auf das neue Recht müssen

* Sonderposten mit Rücklagenanteil, die § 247 Abs. 3 HGB widersprechen und

* Rückstellungen, die den §§ 249 oder 253 Abs. 1 Satz 2 HGB widersprechen

aufgelöst werden.

Zu den unzulässigen Sonderposten mit Rücklagenanteil, für die eine Anpassungspflicht besteht, zählt insbesondere die Preissteigerungsrücklage nach § 74 EStDV.

Unzulässige Rückstellungen, die aufgelöst werden müssen, sind z. B. Rückstellungen für Pensionsanwartschaften zu vollen Leistungsbarwerten, Rückstellungen, die gegen Bilanzierungsgrundsätze verstoßen, wie Rückstellungen für eigene Versicherungen u. dgl ·

Diese Auflösungspflicht kann die Geschäftsführung einer GmbH wiederum entweder erfolgsneutral durch unmittelbare Einstellung in die Gewinnrücklagen bei Aufstellung der Bilanz oder erfolgswirksam, d. h. ergebniserhöhend, vornehmen.

Zur Anpassung von Rückstellungen und Verbindlichkeiten an höhere Wertansätze nach HGB

Waren im letzten Abschlußjahr vor Übergang auf das neue Recht Schulden mit einem niedrigeren Wertansatz angesetzt, als er nach den neuen Vorschriften des HGB bestimmt oder zulässig ist, so kann im Übergangsjahr auf das neue Recht der für die Nachholung erforderliche Betrag den freien Rücklagen entnommen werden (Artikel 24 Abs. 4 EGHGB). Als Rücklagen sind hier sowohl die Gewinnrücklagen als auch die Kapitalrücklage gemeint.

Die Geschäftsführung einer GmbH muß künftig im Gegensatz zum bisherigen Recht die folgenden Rückstellungen als Pflichtrückstellungen passivieren:

- Rückstellungen für im Geschäftsjahr unterlassene Instandhaltungen, die im folgenden Geschäftsjahr innerhalb von 3 Monaten nachgeholt werden (§ 249 Abs. 1 HGB)

- Rückstellungen für Abraumbeseitigung, die im folgenden Geschäftsjahr nachgeholt werden (§ 249 Abs. 1 HGB)

- Kulanzrückstellungen (§ 249 Abs. 1 HGB)

- Rückstellungen für unmittelbare Pensionszusagen, die ab 1. 1. 1987 neu erteilt werden (§ 249 Abs. 1 HGB in Verbindung mit Artikel 28 Abs. 1 EGHGB)

Jede GmbH ist verpflichtet, diese Rückstellungen im ersten Jahresabschluß nach neuem Recht zu bilanzieren. Diese Passivierung kann im Übergangsjahr auf das neue Recht wahlweise erfolgsneutral oder erfolgswirksam vorgenommen werden.

Eine erfolgsneutrale Passivierung im Übergangsjahr ist auch für diejenigen Rückstellungen möglich, die zwar in der Handelsbilanz, nicht aber in der Steuerbilanz zulässig sind. Dazu zählen:

- Rückstellung für unterlassene Instandhaltungen, die nach Ablauf von 3 Monaten des folgenden Geschäftsjahres nachgeholt werden (§ 249 Abs. 1 HGB)

- Rückstellungen für die Erhaltung der Betriebsfähigkeit von Vermögensgegenständen (§ 249 Abs. 2 HGB)

Für die Geschäftsführung einer GmbH ist unter handelsbilanzpolitischen Aspekten vor allem noch die Möglichkeit von Bedeutung, gemäß Artikel 24 Abs. 4 EGHGB etwaige Fehlbeträge bei den Pensionsrückstellungen aufzuholen. Diese Wertaufholung kann in der Handelsbilanz im Übergangsjahr auf das neue Recht ebenfalls erfolgsneutral durchgeführt werden.

Zusammenfassend ist zu den Übergangsvorschriften in bezug auf die Bewertung noch folgendes festzustellen:

• Erfolgswirksame Auflösungen von stillen Reserven im Anlage- oder Umlaufvermögen gehören in den Posten „sonstige betriebliche Erträge".

• Die erfolgsneutralen Wertaufholungen durch Einstellung in die Gewinnrücklagen müssen entweder in der Bilanz oder im Anhang offengelegt werden.

• Entnahmefähige Rücklagen sind nur solche Rücklagen, die nicht durch das Gesetz, Gesellschaftsvertrag oder Satzung für andere Zwecke gebunden sind. Dies bedeutet, daß eine GmbH die nach dem Gesellschaftsvertrag oder durch Gesellschafterbeschluß gebildeten zweckgebundenen Rücklagen im Übergangsjahr zum neuen Bilanzrecht nicht für Wertaufholungen heranziehen darf.

• Für Sonderposten mit Rücklagenanteil, für Rückstellungen und für Verbindlichkeiten sind die Anpassungen an das neue Bilanzrecht bereits im ersten Jahresabschluß nach dem Bilanzrichtlinien-Gesetz zwingend. Es besteht nur die Wahl zwischen einer erfolgsneutralen oder erfolgswirksamen Behandlung der Unterschiedsbeträge.

• Alle Umwertungen auf Grund des Artikel 24 Abs. 3 EGHGB sind steuerlich erfolgswirksam, soweit im EStG keine Sondervorschriften bestehen oder die Wertunterschiede der Handelsbilanz wegen entsprechend abweichender Steuerbilanz den steuerlichen Gewinn nicht berühren.

• Werden infolge von Wertaufholungen nach Artikel 24 EGHGB Gewinnrücklagen erhöht oder verfügbare Gewinn- oder Kapitalrücklagen vermindert, sind diese einmaligen Vorgänge bei dem Übergang auf das neue Recht nicht Bestandteil des Ergebnisses und bei Aufstockung von Schulden auch nicht Bestandteil des Bilanzgewinns in der Handelsbilanz. Für diese einmaligen Wertänderungen gelten, soweit sie erfolgsneutral behandelt werden, § 29 GmbHG, die Vorschriften der Satzung oder des Gesellschaftsvertrags über die Gewinnverteilung nicht.

11.2 Ansatz der historischen Anschaffungs- bzw. Herstellungskosten oder der Buchwerte in der Eröffnungsbilanz

Die Geschäftsführung einer GmbH muß sich darüber im klaren sein, welche Eröffnungswerte als historische Anschaffungs- oder Herstellungskosten in das erste Anlagegitter nach dem neuen Recht übernommen werden. Nach Artikel 24 Abs. 6 EGHGB dürfen bei den Vermögensgegenständen des Anlagevermögens für die die Feststellung der historischen Anschaffungs- oder Herstellungskosten nicht ohne unverhältnismäßige Kosten oder Verzögerungen möglich ist, im neuen Anlagegitter die Buchwerte aus dem Jahresabschluß des vorhergehenden Geschäftsjahres als historische Anschaffungs- oder Herstellungskosten angesetzt werden. Diese Übergangsvorschrift bezieht sich auf das gesamte Anlagevermögen, d. h. auf immaterielle Vermögensgegenstände, Sachanlagen und Finanzanlagen einschließlich der Aufwendungen für die Ingangsetzung des Geschäftsbetriebs. Artikel 24 Abs. 6 EGHGB will es der Geschäftsführung einer GmbH nicht ermöglichen, stille Reserven im Anlagevermögen fortzuführen, sondern stellt lediglich eine Vereinfachungsvorschrift dar, die sich nur auf einzelne Vermögensgegenstände bezieht. Dies bedeutet, daß die historischen Anschaffungs- oder Herstellungskosten im ersten Anlagegitter nach der Umstellung häufig Mischposten darstellen werden, die für eine Vielzahl von Anlagegegenständen die historischen Werte und für einzelne Anlagegegenstände Buchwerte umfassen. Für den Gesetzgeber bildet diejenige GmbH den Normalfall, die für die meisten ihrer immateriellen Vermögensgegenstände, Sachanlagen und Finanzanlagen die ursprünglichen Anschaffungs- oder Herstellungskosten ohne Schwierigkeiten feststellen kann. Wenn es jedoch vorkommt, daß für ältere Bestände die entsprechenden Werte nicht mehr rekonstruiert werden können, sollen mindestens die Buchwerte zum letzten Bilanzstichtag nach altem Recht in das Anlagegitter übernommen werden. Zu diesen Vermögensgegenständen, für die die ursprünglichen Anschaffungs- oder Herstellungskosten nicht ohne unverhältnismäßige Kosten oder Verzögerungen festgestellt werden können, zählen z. B. Grundstücke oder Maschinen, die in Zeiträumen angeschafft wurden, für die die Aufbewahrungsfristen nach HGB oder AO bereits abgelaufen sind.

Die Übergangsvorschrift des Artikel 24 Abs. 6 EGHGB gilt auch für die immateriellen Vermögensgegenstände (z. B. entgeltlich erworbene Patente, Lizenzen, Know-How u. dgl.), die nach bisherigem Recht in der Handelsbilanz sofort als Betriebsaufwand verrechnet werden konnten. Als Buchwerte kämen bei diesen immateriellen Vermögensgegenständen häufig nur noch eine Erinnerungsmark in Frage. Da jedoch im Regelfall die Anschaffungskosten dieser immateriellen Vermögensgegenstände in der Steuerbilanz erfaßt wurden, wird sich die Geschäftsführung einer GmbH kaum auf den Standpunkt stellen können, die ursprünglichen Anschaffungskosten wären nur unter Inkaufnahme von unverhältnismäßigen Kosten bzw. Verzögerungen feststellbar. Nach dem Grundsatz der Vollständigkeit (§ 246 Abs. 1 HGB) in Verbindung mit der neuen direkten Bruttomethode, die im Anlagegitter angewandt werden muß, sind daher die immateriellen Vermögensgegenstände im Regelfall mit ihren ursprünglichen Anschaffungskosten anzusetzen.

Vorstellbar ist auch, daß die Geschäftsführung einer GmbH für eine Vielzahl von Anlagegegenständen Zwischenwerte ansetzt, die zwischen den Buchwerten und den ursprünglichen Anschaffungs- oder Herstellungskosten liegen. Solche Zwischenwerte können z. B. die steuerlichen Teilwerte aus der Vermögensaufstellung für die Ermittlung des Einheitswertes des Betriebsvermögens sein. Allerdings muß bei solchen Zwischenwerten sichergestellt sein, daß sie nicht die Anschaffungs- oder Herstellungskosten überschreiten.

Wenn die Geschäftsführung zulässigerweise von der Vereinfachungsregelung des Artikel 24 Abs. 6 EGHGB Gebrauch macht, und die Buchwerte des vorhergehenden Geschäftsjahres als historische Anschaffungs- oder Herstellungskosten ansetzt, muß eine entsprechende Angabe im Anhang erfolgen (Artikel 24 Abs. 6 Satz 3 EGHGB). Diese Angabepflicht gilt auch für spätere Jahre, aber nur solange, wie sich diese Mischposten noch materiell auswirken. Nach dem Grundsatz der Wesentlichkeit kann eine materielle Auswirkung verneint werden, wenn die historischen Anschaffungs- oder Herstellungskosten solcher Mischposten kleiner sind als 5 % der Bruttowerte in der jeweiligen Zeile im Anlagegitter. In einem solchen

Falle kann ab diesem Zeitpunkt eine Berichterstattung im Anhang über diese Mischposten unterbleiben.

Die Entscheidung der Geschäftsführung einer GmbH, ob sie von der Vereinfachungsregelung des Artikel 24 Abs. 6 EGHGB so extensiv wie möglich Gebrauch macht oder nicht, hängt von den handelsbilanzpolitischen Zielsetzungen ab. Soll die Vermögenslage tendenziell positiv dargestellt werden, wird man soweit wie möglich die historischen Anschaffungs- oder Herstellungskosten als Eröffnungswerte ansetzen. Soll umgekehrt die Vermögenslage tendenziell eher negativ dargestellt werden, wird man soweit wie möglich auf die Buchwerte zurückgreifen. Diese Entscheidung muß bei Aufstellung der Eröffnungsbilanz getroffen werden.

Es wird noch darauf hingewiesen, daß sich bei Aufstellung des Anlagegitters die kumulierten Abschreibungen der Vermögensgegenstände des Anlagevermögens wie folgt ermitteln lassen:

Historische Anschaffungs-Herstellungskosten
oder
Zwischenwerte (z. B. aus Vermögensübersicht)
minus
Buchwerte des vorhergehenden Geschäftsjahres

= Kumulierte Abschreibungen als Ausgangswerte
im Anlagegitter

11.3 Änderung des Gesellschaftsvertrages in bezug auf die Gewinnverwendung

Nach bisherigem Recht gelten für die GmbHs in bezug auf die Bewertung der Aktivposten Höchstwertvorschriften und in bezug auf die Bewertung der Passivposten Mindestwertvorschriften.

Die Bewertungskonzeption des neuen Handelsrechts geht von einer gemeinsamen Wertobergrenze für alle bilanzierenden Kaufleute (Einzelkaufleute, Personenhandelsgesellschaften und Kapitalgesellschaften) aus und legt für alle Kapitalgesellschaften, d. h. auch für die GmbHs, einschränkende Wertuntergrenzen fest. § 253 Abs. 1 HGB (Kaufmannsteil) bestimmt „Vermögensgegenstände sind höchstens mit den Anschaffungs- oder Herstellungskosten, vermindert um Abschreibungen anzusetzen".

Durch § 279 Abs. 1 Satz 1 HGB wird für die GmbHs ergänzt „Vermögensgegenstände sind mit den Anschaffungs- oder Herstellungskosten,
vermindert um die Abschreibungen anzusetzen". Durch diesen Zwang, die
fortgeführten Anschaffungskosten anzusetzen, gilt für die GmbHs § 253
Abs. 4 HGB nicht mehr, der eine nach vernünftiger kaufmännischer Beurteilung notwendige Bildung von stillen Reserven ermöglicht. Von dieser
Bildung solcher Ermessensreserven können nur noch die Einzelunterneh-
mer und die Personenhandelsgesellschaften Gebrauch machen.

Dies bedeutet in der Praxis, daß die GmbHs künftig wegen des Fehlens von
Mindestwertvorschriften

● bei der Schätzung der Nutzungsdauer des der Abnutzung unterliegen-
  den Anlagevermögens,

● bei der Bemessung der Abschreibungen auf Vorräte und

● bei der Bemessung des Rückstellungsbedarfs

keine Ermessensreserven mehr bilden dürfen.

Dadurch wird in einem gewissen Umfang die Selbstfinanzierungskraft der
GmbHs eingeschränkt. Nach dem bisher geltenden § 29 Abs. 1 GmbHG
haben die Gesellschafter einer GmbH Anspruch auf den nach der Bilanz
des Geschäftsjahres sich ergebenden Bilanzgewinn, soweit nicht im Gesellschaftsvertrag etwas anderes bestimmt ist. Man bezeichnet dies als Vollausschüttungsgebot. Dieses Vollausschüttungsgebot verhindert nun nach
herrschender Auffassung in der Fachliteratur die Bildung von offenen
Rücklagen, solange nur ein einziger Gesellschafter widerspricht.

Das Vollausschüttungsgebot, im Zusammenwirken mit der Verhinderung
der Bildung von Ermessensreserven, hat den Gesetzgeber daher veranlaßt,
§ 29 GmbHG neu zu fassen.

Nach § 29 Abs. 1 GmbHG haben „die Gesellschafter Anspruch auf den
Jahresüberschuß zuzüglich eines Gewinnvortrags und abzüglich eines Ver-
lustvortrags, soweit der sich ergebende Betrag nicht nach Gesetz oder
Gesellschaftsvertrag, durch Gesellschafterbeschluß oder als zusätzlicher
Aufwand auf Grund des Beschlusses über die Verwendung des Ergebnisses
von der Verteilung unter die Gesellschafter ausgeschlossen ist". Auf
Grund dieser Vorschrift können künftig die Gesellschafter durch Mehr-

heitsbeschluß im Rahmen der Ergebnisverwendung Beträge in Gewinn-rücklagen einstellen oder als Gewinn vortragen (§ 29 Abs. 2 GmbHG).

Artikel 11 Abs. 2 BiRiLiG enthält hierzu eine Übergangsregelung, die folgendes beinhaltet:

Für Altgesellschaften, d. h. GmbHs, die bei Inkrafttreten des BiRiLiG am 1. 1. 1986 bereits in das Handelsregister eingetragen waren, gilt die bisherige gesetzliche Regelung weiter. Dies bedeutet, daß für solche Altgesellschaften nach wie vor das Vollausschüttungsgebot gilt und für die Bildung von offenen Rücklagen Einstimmigkeit sämtlicher Gesellschafter erforderlich ist.

Um jedoch die Gesellschafter einer GmbH zu zwingen, sich nach Inkrafttreten der neuen Vorschriften mit der Frage der Gewinnverwendung und der Bildung offener Rücklagen auseinanderzusetzen, sieht die Übergangsvorschrift vor, daß irgendwelche Änderungen des Gesellschaftsvertrags nur noch dann im Handelsregister eingetragen werden dürfen, wenn im Gesellschaftsvertrag in bezug auf die Gewinnverwendung und die Bildung von offenen Rücklagen eine Klarstellung erfolgt. Der Gesellschaftsvertrag muß dann entweder bestimmen,

- daß die Gesellschafter im Beschluß über die Verwendung des Jahresergebnisses Beträge in Gewinnrücklagen einstellen oder als Gewinn vortragen können (§ 29 Abs. 2 GmbHG) oder
- daß die Vorschrift des § 29 Abs. 2 GmbHG in der neuen Fassung für die betreffende GmbH nicht gelten soll.

Die Gesellschafter einer GmbH können somit wählen, ob sie das bisher gesetzlich geltende Vollausschüttungsgebot beibehalten wollen, ob sie eine Ergebnisverwendung im Sinne des § 29 Abs. 2 GmbHG mit einfacher Mehrheit ermöglichen wollen, oder ob sie im Gesellschaftsvertrag von beiden Alternativen abweichende Regelung treffen wollen.

Fest steht, daß § 29 Abs. 1 und 2 GmbHG in der neuen Fassung nur dann gilt, wenn die Gesellschafter eine Klarstellung des Gesellschaftsvertrags in dem vorstehenden Sinn herbeigeführt haben und diese Änderung in das Handelsregister eingetragen worden ist.

Der Geschäftsführung einer GmbH ist zu empfehlen, eine Änderung des Gesellschaftsvertrags herbeizuführen, die die vorgesehene Neuregelung des § 29 GmbHG übernimmt. Für diese Änderung des Gesellschaftsvertrags genügt die einfache Mehrheit (Artikel 11 Abs. 2 BiRiLiG).

11.4 Übergangsvorschriften für Pensionen und ähnliche Verpflichtungen

Artikel 28 EGHGB enthält die Übergangsvorschriften für unmittelbare Pensionen und ähnliche Verpflichtungen.

Unmittelbare Pensionen sind solche, die ohne Zwischenschaltung eines Rechtsträgers (z. B. Pensionskasse) zwischen der verpflichteten GmbH und dem anspruchsberechtigten Arbeitnehmer bestehen.

Mittelbare Pensionsverpflichtungen sind solche, die zwar unmittelbar von einem anderen Rechtsträger (z. B. Pensionskasse) erfüllt werden, für die die GmbH aber einzustehen hat.

Für unmittelbare Pensionsverpflichtungen, die als Altzusagen gelten, d. h., für die der Berechtigte einen Rechtsanspruch vor dem 1. 1. 1987 erworben hat, besteht ein Passivierungswahlrecht. Nur für Neuzusagen nach dem 1. 1. 1987 müssen Pensionsrückstellungen gebildet werden.

Für mittelbare Pensionsverpflichtungen sowie ähnliche Pensionsverpflichtungen (mittelbarer und unmittelbarer Art) brauchen keine Pensionsrückstellungen gebildet zu werden. Es besteht demnach ein Passivierungswahlrecht in bezug auf solche Verpflichtungen.

Wird von dem Passivierungswahlrecht des Artikel 28 Abs. 1 EGHGB Gebrauch gemacht, muß die GmbH die nicht gebildeten Rückstellungen im Anhang in einem Betrag angeben (Artikel 28 Abs. 2 EGHGB).

11.5 Übergangsvorschriften in bezug auf die formale Bilanzkontinuität und die Darstellungsstetigkeit

Das neue Handelsrecht bringt für die GmbHs neue Gliederungsschemata sowohl für die Bilanz als auch für die GuV, die je nach Betriebsgröße zusätzlich differenziert sind. Artikel 24 Abs. 5 EGHGB bestimmt, daß der Bilanzierungsgrundsatz der formalen Bilanzkontinuität, der die Beibehaltung eines einmal gewählten Gliederungsschemas verlangt, für den ersten

Jahresabschluß nach neuem Recht nicht gilt. Die GmbH kann daher bei dem Übergang auf das neue Recht völlig neu gliedern.

Die Vorjahreszahlen brauchen im ersten Jahresabschluß nach dem neuen Recht weder in der Bilanz noch in der GuV gegenübergestellt zu werden. Es steht jedoch der Geschäftsführung einer GmbH frei, bereits im ersten Jahresabschluß die Vorjahreszahlen mit aufzuführen.

Das Gebot der Darstellungsstetigkeit (materielle Bilanzkontinuität), das in § 252 Abs. 1 Nr. 6 HGB verankert ist, „die auf den vorhergehenden Jahresabschluß anzuwendenden Bewertungsmethoden sollen beibehalten werden", gilt nicht für den ersten Jahresabschluß nach dem neuen Recht. Erst im zweiten Jahresabschluß muß der Grundsatz der Darstellungsstetigkeit beachtet werden. Die Geschäftsführung einer GmbH kann und sollte daher im ersten Jahresabschluß entsprechend ihren handelsbilanzpolitischen Zielsetzungen im Rahmen des ab dem 1. 1. 1986 geltenden Handelsrechts ihre Bewertungsmethoden neu wählen.

11.6 Umstellung der Buchführung

Auf Grund der neuen Rechnungslegungsvorschriften ergeben sich für alle GmbHs Änderungen in bezug auf die von ihr zu verwendenden Gliederungsschemata für die Bilanz und für die GuV. Dies bedingt, daß GmbHs, die den Inhalt möglichst vieler Abschlußpositionen direkt aus der Buchhaltung übernehmen wollen, ihren Kontenplan entsprechend einrichten müssen.

Dabei sind folgende rechnungstechnische Umstellungen erforderlich:

- Es sind die betriebsindividuellen Gliederungsschemata für die Bilanz und für die GuV festzulegen
- Es sind diejenigen Positionen festzulegen, die direkt aus der Buchhaltung übernommen werden sollen
- Es ist der betriebsindividuelle Kontenplan auf diese Erfordernisse auszurichten
- Es sind bestimmte Konteninhalte neu zu bestimmen

Für die Umstellung der Buchführung auf Grund des neuen Handelsrechts muß sich die Geschäftsführung einer GmbH darüber im klaren sein, welchen Umstellungsgrundsätzen sie folgen möchte:

- Die Buchführung kann so organisiert werden, daß sämtliche erforderlichen Angaben direkt aus ihr gewonnen werden

- Man kann die Buchführungsorganisation weitgehend unverändert lassen und die zusätzlich erforderlichen Angaben auf statistischem Wege außerhalb der Buchführung ermitteln

- Die Buchführung kann so organisiert werden, daß sie nur diejenigen Werte für den Abschluß liefert, die durch entsprechendes Buchen ohne Probleme gewonnen werden können, während die übrigen Angaben wiederum auf statistischem Wege ermittelt werden

Ein Großteil der Geschäftsführer von GmbHs wird sich bei der Umstellung der Buchführung auf den vorstehend aufgezeigten dritten Weg konzentrieren. Die Gliederungsschemata der Bilanz und der GuV und die Kontenpläne werden so konzipiert und aufeinander abgestimmt, daß die Buchführung ohne größere Änderungen so viele Abschlußangaben wie möglich liefert.

Die mittelgroßen und die großen GmbHs werden im Regelfall das gesetzlich vorgeschriebene Gliederungsschema für die Bilanz verwenden. In der Buchführung müssen dann sämtliche Konten geführt werden, die in der Bilanz als Gliederungsposition aufgeführt sind. Dabei brauchen allerdings solche Bilanzposten nicht ausgewiesen zu werden, die an zwei aufeinander folgenden Geschäftsjahren nicht besetzt sind (Leerpositionen). Hat z. B. eine GmbH keine „Anteile an verbundenen Unternehmen", erscheint im Kontenplan kein solches Konto, da in der Bilanz diese Position nicht ausgewiesen zu werden braucht.

Kleine GmbHs brauchen in ihrer Bilanz nur die mit Großbuchstaben und römischen Ziffern versehenen Positionen auszuweisen. Dadurch kann im Kontenplan auf eine ganze Reihe von Bestandskonten verzichtet werden. Die Geschäftsführung einer solchen kleinen GmbH kann jedoch, vor allem zur Selbstinformation, den Kontenplan freiwillig tiefer gliedern.

Der Kontenrahmen soll u. a. die organisatorischen Voraussetzungen schaffen, den Jahresabschluß nach handelsrechtlichen Vorschriften verfahrenstechnisch schnell und sicher zu entwickeln. Diese Aufgabe erfüllt der Kontenrahmen in unterschiedlicher Weise, je nachdem, wie der Kontierungsraum der 10 Kontenklassen für die Geschäftsbuchführung einer GmbH genutzt wird. Der Kontenplan ist die Adaption des Kontenrahmens auf die betriebsindividuellen Bedürfnisse des Unternehmens einer GmbH. Die Geschäftsführung einer GmbH sollte im Kontenplan über die erforderlichen Konten hinaus alle diejenigen Unterkonten einrichten, die für sie von Bedeutung sind bzw. eine besondere Aussagekraft haben.

Eine Änderung des Kontenplans wird im Zusammenhang mit dem neuen Anlagegitter erforderlich. Auf diese Problematik soll sowohl für den Gemeinschaftskontenrahmen als auch für den Industriekontenrahmen näher eingegangen werden.

Der Gemeinschaftskontenrahmen (GKR) ist nach dem Prozeßgliederungsprinzip aufgebaut und ermöglicht die Vielfalt des Ausweises von Werten verschiedener Zweige des Rechnungswesens.

Der Industriekontenrahmen (IKR) ist darauf angelegt, durch zwei Rechnungskreise Buchführung und Kosten- und Leistungsrechnung getrennt darzustellen. Dabei wird der größte Teil des Kontierungsraumes für die Geschäftsbuchhaltung bereitgestellt (Kontenklassen 1—8). Dies erleichtert den Aufbau des Rechnungskreises I (Buchführung) nach dem Abschlußgliederungsprinzip. Der reibungslosen Aufstellung von Bilanz sowie Gewinn- und Verlustrechnung wird alles untergeordnet.

Ausweis der Konten des Anlagebereichs im GKR

Der GKR hält für den Ausweis des Sachanlagevermögens folgende Kontengruppen bereit:

00 Grundstücke und Gebäude
01 Maschinen und maschinelle Anlagen der Hauptbetriebe
02 Maschinen und maschinelle Anlagen der Nebenbetriebe
03 Fahrzeuge, Werkzeuge, Betriebs- und Geschäftsausstattung

Die im Laufe eines Geschäftsjahres auftretenden Änderungen in den Anlagebeständen durch Zu- und Abgänge sowie Umbuchungen werden in den o. a. Kontengruppen nicht ausgewiesen. Vielmehr ist für sie eine besondere Kontengruppe vorgesehen, unterteilt in:

04 Sachanlagen — Sammelkonten
    041 Sammelkonten für Anlagenzugänge, fremd
    045 Sammelkonten für Anlagenzugänge, eigen
    049 Sammelkonten für Anlagenabgänge

Diese Konzeption der Gliederung des Anlagebereichs ist möglich, weil der GKR keine Rücksicht auf die Bilanzgliederung in den Rechnungslegungsvorschriften nimmt. Der GKR enthält demnach im Ansatz Vorkehrungen, um die für den buchhalterischen Ausweis eines Anlagegitters benötigten Konten, wenn auch in einer getrennten Kontengruppe, bereitzustellen.

Ausweis der Konten des Anlagebereichs im IKR

Durch die Aufteilung des Kontierungsraums des Rechnungskreises I des IKR nach den bisher geltenden Gliederungsvorschriften für Bilanzen sowie Gewinn- und Verlustrechnungen nach Aktienrecht sind für den Anlagebereich Kontengruppen für

- ausstehende Einlagen (Kontengruppe 00)

- Sachanlagen (Kontengruppen 01—08)

- immaterielle Anlagewerte (Kontengruppe 09)

- langfristige Finanzanlagen (Kontengruppen 10—12)

vorgesehen.

Die in Übereinstimmung mit dem bisher geltenden Aktienrecht festgeschriebene Einteilung gibt dem IKR zwar keinen Raum mehr für die Bildung eigenständiger Kontengruppen, sofern aber eine GmbH das Anlagegitter buchhalterisch darstellen will, erscheint es günstig, für jede einzelne der 13 Kontengruppen des Anlagebereichs eine gleichartige Unterteilung der auszuweisenden Bestandsveränderungen einschließlich der Abschreibungen vorzusehen.

Für die Kontengruppe 012 „Geschäftsgebäude" könnte eine Unterteilung in Konten bzw. Kontenarten z. B. wie folgt aussehen:

012 Geschäftsgebäude (zu historischen Herstellungskosten)
    0121 Sammelkonto für Zugänge (gegebenenfalls getrennt nach fremd und eigen)
    0123 Sammelkonto für Abgänge
    0125 Sammelkonto für Umbuchungen
    0126 Sammelkonto für Zuschreibungen
    0127 Sammelkonto für Abschreibungen (kumuliert)
    0128 Sammelkonto für Abschreibungen (des Abschlußjahres)

Es ist besonders darauf hinzuweisen, daß es sich bei den Unterkonten der jeweiligen Kontengruppe um Sammelkonten handelt. Sammeln heißt, die Endwerte der Anlagenbuchführung für die jeweilige Kontengruppe zu übernehmen, ohne sie im einzelnen in der Geschäftsbuchführung nachzuweisen.

Ob und gegebenenfalls welche Änderungen des Kontenplans in bezug auf die Gewinn- und Verlustrechnung erforderlich werden, hängt von den Rechnungszielen ab, die die Geschäftsführung einer GmbH verfolgt.

Da die Geschäftsführung einer GmbH entweder das Gesamtkostenverfahren oder das Umsatzkostenverfahren praktizieren kann, wird der Kontenplan durch diese Grundsatzentscheidung stark beeinflußt.

Charakteristisch für beide Gliederungsschemata der GuV ist, daß sie sich auf wenige große Posten beschränken. Dies hängt vor allem damit zusammen, daß beträchtliche Gemeinkostenanteile in die „sonstigen betrieblichen Aufwendungen" eingehen. Darüber hinaus kann die mittelgroße und die kleine GmbH bei Anwendung des Gesamtkostenverfahrens die Positionen 1 bis einschließlich 5 und bei Anwendung des Umsatzkostenverfahrens die Positionen 1 bis einschließlich 3 und 6 zu einer Position „Rohergebnis" zusammenfassen. Die Geschäftsführung einer GmbH wird sich aus Gründen einer umfassenden Selbstinformation sicher dafür entscheiden, die Buchhaltung über diese Mindesterfordernisse hinaus weiter zu untergliedern.

In dem Gliederungsschema der Gewinn- und Verlustrechnung sind unter der Position 5 b) die Aufwendungen für bezogene Leistungen gesondert auszuweisen. Unter diesen Aufwendungen sind sämtliche Aufwendungen für Leistungen Dritter zu verstehen, die eine GmbH, insbesondere für den Fertigungsbereich oder Leistungsbereich, in Anspruch nimmt. Dazu zählen z. B. Fremdleistungen wie:

- Reparaturen

- Fertigungslizenzen

- Lohnbe- und -verarbeitung (z. B. Umschmelzen von Metallen, Stanzarbeiten u. dgl.)

- Strom- und Energieaufwendungen

Bei diesen Aufwendungen für Fremdleistungen handelt es sich um Aufwendungen, die dem Materialaufwand gleichzusetzen sind. Die Fremdleistungen müssen dabei vor allem von den sonstigen betrieblichen Aufwendungen in Position Nr. 8 abgegrenzt werden.

In der Fachliteratur ist umstritten, ob die Aufwendungen für Fremdleistungen, die nicht den Fertigungsbereich, sondern den Vertriebs- oder Verwaltungsbereich betreffen, ebenfalls unter dieser Position Nr. 5 b) „Aufwendungen für bezogene Leistungen" erfaßt werden müssen. Eine Reihe von Autoren (Heuser, P. J., a. a. O., S. 465), vertritt allerdings die Meinung, daß unter diesem Posten grundsätzlich alle Aufwendungen erfaßt werden müßten, die für Leistungen Dritter getätigt wurden, unabhängig davon, ob sie im Fertigungs- (oder Leistungs-)Bereich, im Vertriebsbereich oder im Verwaltungsbereich angefallen sind. Gleichgültig, welcher Auffassung der Fachliteratur die Geschäftsführung einer GmbH folgt, sollte sie für die Aufwendungen für bezogene Leistungen im Kontenplan entsprechende Konten vorsehen, sofern dies bislang nicht geschehen ist. Es müßte dann mindestens ein getrenntes Konto für solche Aufwendungen vorgesehen werden, das nach dem Gemeinschaftskontenrahmen in Kontenklasse 3 und nach dem Industriekontenrahmen in Kontenklasse 6 zu finden wäre.

Zahlreiche Angaben zum Jahresabschluß können alternativ in der Bilanz und/oder in der GuV oder im Anhang gemacht werden. Entscheidet sich die Geschäftsführung einer GmbH für einen Ausweis in der Bilanz oder in der GuV, müssen entsprechende Konten im Kontenplan eingerichtet werden.

So kann für die Position „sonstige Rückstellungen" in weitere Unterkonten innerhalb des Kontenplans aufgegliedert werden, oder es erfolgt eine Darstellung im Anhang.

Der Gesamtbetrag der Verbindlichkeiten mit einer Restlaufzeit von mehr als 5 Jahren muß im Anhang angegeben werden. Die Geschäftsführung einer GmbH kann innerhalb des Kontenplans Unterkonten einrichten, auf denen die kurz-, mittel- und langfristigen Verbindlichkeiten erfaßt werden. Dies ermöglicht dann auch eine alljährliche Überprüfung der Restlaufzeiten, die ebenfalls gesetzlich vorgeschrieben ist.

Die von den großen GmbHs vorzunehmende Aufgliederung der Umsatzerlöse nach Tätigkeitsbereichen sowie nach geographisch bestimmten Märkten kann ebenfalls auf Unterkonten im Kontenplan erfolgen.

Die Geschäftsführung einer GmbH muß umgehend ihre Vorbereitungen treffen, um die notwendige Umstellung der Buchführung entsprechend ihren Grundsatzentscheidungen reibungslos bewältigen zu können.

11.7 Umstellung der EDV-Buchführungssysteme

Die neuen handelsrechtlichen Rechnungslegungsvorschriften bedingen für viele GmbHs, die für ihre Buchführung Computerprogramme einsetzen, eine Änderung, eine Anpassung oder u. U. sogar eine Neuentwicklung entsprechender Software. Nimmt man den Jahresabschluß einer mittelgroßen oder großen GmbH, sind vor allem folgende Softwareänderungen bzw. -ergänzungen erforderlich:

• Sowohl für die Bilanz als auch für die GuV muß in dem benutzten Computerprogramm sichergestellt sein, daß die Vorjahreszahlen mit erfaßt und ausgedruckt werden können.

• Auf der Aktivseite der Bilanz muß der als Bilanzierungshilfe aktivierbare Posten „Aufwendungen für die Ingangsetzung und Erweiterung des Geschäftsbetriebs" ausgewiesen werden können.

• Das völlig neu gestaltete Anlagegitter ist zu berücksichtigen. Dabei sind einschließlich der Spalte für die Abschreibungen des laufenden Geschäftsjahres insgesamt 9 Spalten vorgesehen.

• Im Anlagevermögen ist eine Dreiteilung in immaterielle Vermögensgegenstände, in Sachanlagen und in Finanzanlagen sicherzustellen. Außerdem ist für die geringwertigen Wirtschaftsgüter im Anlagegitter eine der vorgeschlagenen Alternativen (vgl. Punkt 4.2) anwendbar zu machen, wenn keine Einzelinventarisierung in der Anlagenkartei erfolgt.

• Innerhalb der immateriellen Vermögensgegenstände ist eine weitere Unterteilung vorzusehen, wobei der entgeltlich erworbene Firmenwert gesondert erfaßt werden muß, wenn bei diesem Posten von der angebotenen Bilanzierungshilfe Gebrauch gemacht wird.

• Die bisher im aktienrechtlichen Gliederungsschema möglichen 4 Immobilienposten sind zu einer Sammelposition zusammenzufassen.

- Für die Finanzanlagen sind maximal 6 Unterposten vorzusehen.

- Für die Anzahlungen auf immaterielle Vermögensgegenstände ist ein gesonderter Posten vorzusehen.

- In bezug auf das Umlaufvermögen ist eine Unterteilung in 4 Hauptpositionen vorzunehmen:

  — **Vorräte**
  Bei den Vorräten sind die geleisteten Anzahlungen gesondert auszuweisen.

  — **Forderungen und sonstige Vermögensgegenstände**
  In bezug auf diese zweite Hauptposition muß zwischen Forderungen aus Lieferungen und Leistungen, Forderungen gegen verbundene Unternehmen, Forderungen gegen Unternehmen, mit denen ein Beteiligungsverhältnis besteht, unterschieden werden. Außerdem sind die Forderungen mit einer Restlaufzeit von mehr als einem Jahr bei jeder dieser Forderungskategorien gesondert auszuweisen. Die Abschreibungen auf Forderungen sind aktivisch vorzunehmen. Wechsel müssen künftig unter der entsprechenden Forderungsart mit erfaßt werden.

  — **Wertpapiere**

  — **Schecks, Kassenbestände, Bundesbank- und Postgiroguthaben bei Kreditinstituten**

- Für latente Steuern, die als Bilanzierungshilfe aktiviert werden, ist ein gesonderter Rechnungsabgrenzungsposten zu bilden.

- Der Bilanzverlust, der bislang auf der Aktivseite ausgewiesen werden mußte, fällt künftig als Position weg.

- Das Eigenkapital ist neu zu gliedern in:
  — Gezeichnetes Kapital
  — Kapitalrücklage
  — Gewinnrücklagen
  — Gewinnvortrag/Verlustvortrag
  — Jahresüberschuß/Jahresfehlbetrag

- Die Position „Pauschalwertberichtigung zu Forderungen" auf der Passivseite der Bilanz fällt künftig weg, da dieser Posten aktivisch abgesetzt werden muß.

- Steuerrückstellungen sind gesondert auszuweisen. Ebenso ist eine Rückstellung für latente Steuern vorzusehen, die, falls erforderlich, gesondert ausgewiesen werden muß.

- Die Verbindlichkeiten sind ebenfalls neu zu gliedern, wobei bei jeder Verbindlichkeitenkategorie der Betrag der Verbindlichkeiten mit einer Restlaufzeit von weniger als einem Jahr angegeben werden muß.

- Der Bilanzgewinn, der bislang als letzte Position auf der Passivseite ausgewiesen wurde, ist künftig unter dem Eigenkapital zu erfassen.

- In bezug auf die Gewinn- und Verlustrechnung ist nach Treffen der Basisentscheidung für das Umsatzkostenverfahren eine grundlegende Änderung des jeweiligen Computerprogramms erforderlich.

- Die bisher im aktienrechtlichen Gliederungsschema vorgesehenen Zwischensummen „Gesamtleistung" und „Rohertrag" fallen künftig weg.

- Die Trennung zwischen dem Ergebnis der gewöhnlichen Geschäftstätigkeit und dem außerordentlichen Ergebnis erfordert eine grundlegende Umstellung. Dabei sollten für das Betriebsergebnis und für das Finanzergebnis möglichst Zwischenergebnisse vorgesehen werden.

- Die Position „sonstige betriebliche Erträge" und „sonstige betriebliche Aufwendungen", die ziemlich umfangreich sein können, müssen interpretiert und entsprechend von den außerordentlichen Erträgen bzw. außerordentlichen Aufwendungen abgegrenzt werden.

In bezug auf den dritten integralen Bestandteil des Jahresabschlusses, den Anhang, müssen die Computerprogramme für die Finanzbuchhaltung die Zahlenwerte bereithalten, die zur Erfüllung der Anhangvorschriften gebraucht werden.

In diesem Zusammenhang sind z. B. die Angabe des Gesamtbetrags der Verbindlichkeiten mit einer Restlaufzeit von mehr als 5 Jahren für jede Verbindlichkeitenkategorie, die Aufgliederung der Umsatzerlöse nach Tätigkeitsbereichen sowie nach geographischen Märkten u. dgl. zu erwähnen.

Die Geschäftsführung einer GmbH muß ihr bisher eingesetzes Computerprogramm für ihre Finanzbuchhaltung unter diesen Aspekten überprüfen. Dabei kann es u. U. notwendig werden, ein völlig neues Softwarepaket einzusetzen, da eine Änderung des bisherigen Programms zu aufwendig wäre oder zu einer Unübersichtlichkeit führen könnte.

11.8 Ausgleichsposten in der Steuerbilanz

Nahezu sämtliche GmbHs haben bislang nur eine einzige Bilanz aufgestellt, die Handels- und Steuerbilanz zugleich war. Für die große Mehrheit der GmbHs wird es künftig, insbesondere wegen der Veröffentlichungspflicht, notwendig, zwei Bilanzen, eine eigenständige Handelsbilanz und eine Steuerbilanz aufzustellen. Dies führt zwangsläufig zu gewissen Anpassungsproblemen, da nach dem Grundsatz der Maßgeblichkeit die Steuerbilanz von der Handelsbilanz abgeleitet wird.

Die Steuerbilanz ist als abgeleitete Bilanz eine nach steuerlichen Grundsätzen korrigierte Handelsbilanz, die der Ermittlung der steuerlichen Bemessungsgrundlage dient. Die Korrekturen können nach § 60 Abs. 3 EStDV als Zusätze oder Anmerkungen zur Handelsbilanz vorgenommen werden. Die Steuerbilanz könnte aber auch auf buchhalterischem Wege, d. h. durch eine eigene Steuerbuchführung, direkt erstellt werden. In diesem Falle wären keine steuerlichen Korrekturen notwendig, sondern die Steuerbilanz würde sich unmittelbar aus der besonderen Steuerbuchführung ergeben.

Für die Ableitung der Steuerbilanz aus der Handelsbilanz sind folgende Grundsätze von Bedeutung:

* Handelsrechtliche Bilanzierungsgebote und Bilanzierungsverbote bedingen steuerrechtlich Bilanzierungsgebote und Bilanzierungsverbote.
* Handelsrechtliche Aktivierungswahlrechte führen steuerrechtlich zu einer Aktivierungspflicht.
* Handelsrechtliche Passivierungswahlrechte führen steuerrechtlich zu Passivierungsverboten.

Handelsrechtliche Bilanzierungshilfen, wie die Aktivierung von Ingangsetzungs- und Erweiterungsaufwendungen, die Aktivierung eines entgeltlich erworbenen Geschäfts- oder Firmenwerts, die Aktivierung eines Disagios oder Damnums haben keine Auswirkungen auf die steuerrechtliche Bilanzierung.

Die Geschäftsführung einer GmbH muß in bezug auf handelsrechtliche Bilanzierungswahlrechte folgende Anpassungen an die Steuerbilanz vornehmen:

- Macht die Geschäftsführung einer GmbH von einem Aktivierungs-wahlrecht in der Handelsbilanz in der Weise Gebrauch, daß sie keine Aktivierung vornimmt, muß in der Steuerbilanz korrigiert werden. Wird hingegen auch in der Handelsbilanz aktiviert, braucht in der Steuerbilanz nichts angepaßt zu werden.

- Übt die Geschäftsführung einer GmbH ihr Passivierungswahlrecht in dem Sinne aus, daß sie eine Passivierung vornimmt (z. B. Rückstellung für Großreparaturen), muß in der Steuerbilanz korrigiert werden, da hier ein Passivierungsverbot besteht.

Die Anpassung an die steuerlichen Vorschriften kann entweder durch Zusätze oder Anmerkungen erfolgen, oder es wird eine, steuerlichen Bestimmungen entsprechende, Steuerbilanz vorgelegt.

Wird eine Steuerbilanz vorgelegt, müssen die Abweichungen von der Handelsbilanz durch Ausgleichsposten in der Steuerbilanz erfaßt werden.

Beispiel:

Die X-GmbH hat im Geschäftsjahr 01 die Y-GmbH erworben und DM 500 000,— für einen Firmenwert bezahlt. Sie macht von dem Wahlrecht, den Firmenwert nicht zu aktivieren (Bilanzierungshilfe), Gebrauch. Die X-GmbH hat im Geschäftsjahr 01 neue Produkte im Markt eingeführt und hierfür DM 200 000,— aufgewendet, die sie in der Handelsbilanz als Erweiterungsaufwendungen aktiviert. In der Steuerbilanz setzt die X-GmbH eine Rücklage für Preissteigerungen nach § 74 EStDV in Höhe von DM 80 000,— an. In der Handelsbilanz wird eine Rückstellung für unterlassene Instandhaltungsaufwendungen in Höhe von DM 20 000,— gebildet, die erst nach dem Ablauf von 3 Monaten nach dem Bilanzstichtag nachgeholt werden. Es wird ein Kredit aufgenommen, für den ein Damnum in Höhe von DM 5000,— nicht aktiviert wird.

Diese Tatbestände führen zu folgenden Anpassungen der Steuerbilanz an die Handelsbilanz (Abb. 38):

Handelsbilanz X GmbH

Aufwendungen für die Ingangsetzung und Erweiterung des Geschäftsbetriebs	DM 200 000,—	Rückstellung für unterlassene Instandhaltungsaufwendungen	DM 20 000,—
		Rückstellung für latente Steuern (60 %)	DM 168 000,—
		(Erweiterungsaufwendungen und Preissteigerungsrücklage)	
		Saldo	DM 12 000,—
	DM 200 000,—		DM 200 000,—

Steuerbilanz X GmbH			
Firmenwert	DM 500 000,—	Rücklage für Preis-	
Damnum	DM 5 000,—	steigerungen	DM 80 000,—
		Saldo	DM 425 000,—
	DM 505 000,—		DM 505 000,—
Steuerbilanz	DM 425 000,—		
Handelsbilanz	DM 12 000,—		
Mehrgewinn	DM 413 000,—		

Abb. 38: Anpassungen der Steuerbilanz an die Handelsbilanz

In dem Beispiel ergibt sich auf Grund der Abweichungen der Steuerbilanz gegenüber der Handelsbilanz im Geschäftsjahr 01 ein steuerlicher Mehrgewinn in Höhe von DM 413 000,—. Dabei wird davon ausgegangen, daß die Geschäftsführung der GmbH von ihrem Wahlrecht (Bilanzierungshilfe) für den entgeltlich erworbenen Firmenwert und für das Damnum, die sie in 01 sofort abgeschrieben hat, einen Steuerabgrenzungsposten auf der Aktivseite der Bilanz zu bilden, keinen Gebrauch gemacht hat.

In den folgenden Geschäftsjahren werden die saldierten Unterschiedsbeträge in der Steuerbilanz als Ausgleichsposten fortgeführt. Die Abweichungen der Bilanzposten der Handelsbilanz gegenüber der Steuerbilanz werden in einer Plus-Minus-Rechnung dargestellt. Der Ausgleichsposten wird solange geführt, bis die unterschiedlichen Bilanzposten aufgelöst sind.

11.9 Thesen des GEFIU-Arbeitskreises zu ausgewählten Problemen bei der Anwendung des Bilanzrichtlinien-Gesetzes

Der Arbeitskreis „Rechnungslegungsvorschriften der EG-Kommission" der Gesellschaft für Finanzwirtschaft in der Unternehmensführung e. V.: (GEFIU) hat in Form von Thesen zu ausgewählten Themen in bezug auf den Einzelabschluß und den Konzernabschluß der Kapitalgesellschaften Stellung genommen. Die Thesen, die eine Art check list für die Geschäftsführung einer GmbH darstellen, sind wie folgt gegliedert:

I. Maßnahmen im letzten Jahresabschluß vor erstmaliger Anwendung des Bilanzrichtlinien-Gesetzes

II. Übergangsvorschriften für den Einzel- und Konzernabschluß

III. Veröffentlichung von Eigenkapital und Ergebnis einzelner Beteiligungsgesellschaften

IV. Sonstige finanzielle Verpflichtungen

V. Latente Steuern

VI. Anwendung der Equity-Methode

I. Maßnahmen im letzten Jahresabschluß vor erstmaliger Anwendung des Bilanzrichtlinien-Gesetzes

These 1:

Für den letzten Jahresabschluß nach altem Recht sollte geprüft werden, ob bei den nach dem Bilanzrichtlinien-Gesetz entfallenden Bilanzierungswahlrechten noch bisher ungenutzte Ansatz- oder Bewertungswahlrechte ausgeschöpft werden sollen.

These 2:

Rückstellungen und Sonderposten mit Rücklagenanteil sollten daraufhin überprüft werden, ob ihre vorgesehene bzw. vorzusehende Auflösung im Hinblick auf die Übergangsvorschriften des Bilanzrichtlinien-Gesetzes bis zur erstmaligen Anwendung der neuen Vorschriften aufgeschoben werden soll.

These 3:

Hinsichtlich der Anteile am Kapital von Beteiligungsgesellschaften sollte beachtet werden, ob die zukünftigen Offenlegungspflichten im Anhang Änderungen der gesellschaftsrechtlichen Organisation erforderlich machen.

These 4:

Im Hinblick auf den zukünftigen Ausweis des Anlagevermögens nach der Bruttomethode sind Anweisungen für die Erfassung des Sachanlagevermögens zu erstellen und ggf. eine Inventur durchzuführen.

These 5:

Für die von dem neuen Konzernbilanzrecht betroffenen Gesellschaften ist vor erstmaliger Anwendung des neuen Rechts zu prüfen, ob die vorzeitige

Einbeziehung insbesondere ausländischer Konzernunternehmen in den Konzernabschluß auf Grund der langfristig wirksamen Bilanzierungserleichterungen der Übergangsregelungen (Art. 27 Abs. 1 EGHGB) für sie vorteilhaft ist.

These 6:

Die Umrechnungsgrundsätze für den zukünftigen Konzernabschluß sollten rechtzeitig festgelegt und ggf. bereits vorzeitig angewendet werden.

These 7:

Miet- und Leasingverträge sowie sonstige Verträge sind im Zusammenhang mit den zukünftigen Erläuterungspflichten zu den finanziellen Verpflichtungen zu überprüfen und ggf. umzustellen.

II. Übergangsvorschriften für den Einzel- und Konzernabschluß

These 1:

Die neuen Rechnungslegungsvorschriften über den Einzelabschluß können auf freiwilliger Basis früher als vom Gesetz gefordert angewandt werden.

These 2:

Für Vermögensgegenstände des Anlagevermögens besteht bei erstmaliger Anwendung des neuen Rechts ein Beibehaltungswahlrecht niedrigerer Wertansätze.

These 3:

Für Vermögensgegenstände des Umlaufvermögens besteht bei erstmaliger Anwendung des neuen Rechts nur in Ausnahmefällen eine Aufwertungspflicht; für das Beibehaltungswahlrecht niedrigerer Wertsätze ist somit ein weiter Rahmen gegeben.

These 4:

Zuschreibungen können bei erstmaliger Anwendung des neuen Rechts — ohne über die GuV geführt zu werden — ergebnisneutral in Gewinnrücklagen eingestellt oder für die Nachholung von Rückstellungen verwendet werden.

These 5:

Beträge aus der Auflösung von Rückstellungen können bei erstmaliger Anwendung des neuen Rechts — ohne über die GuV geführt zu werden — ergebnisneutral in Gewinnrücklagen eingestellt oder für die Nachholung von Rückstellungen verwendet werden.

These 6:

Beträge aus der Auflösung von Sonderposten mit Rücklagenanteil können bei erstmaliger Anwendung des neuen Rechts — ohne über die GuV geführt zu werden — ergebnisneutral den Gewinnrücklagen zugeführt oder für die Nachholung von Rückstellungen verwendet werden.

These 7:

Beträge aus der Erhöhung/Nachholung von Schulden bzw. Rückstellungen können bei erstmaliger Anwendung des neuen Rechts — ohne über die GuV geführt zu werden — ergebnisneutral an den Rücklagen gekürzt werden, soweit diese nicht durch Gesetz, Gesellschaftsvertrag oder Satzung anderweitig gebunden sind. Die Beträge aus der Nachholung von Rückstellungen können auch ergebnisneutral mit Zuschreibungen verrechnet werden.

These 8:

Der Grundsatz der Stetigkeit ist im Jahr der erstmaligen Anwendung der neuen Vorschriften nicht anzuwenden.

These 9:

Die Angabe von Vorjahreszahlen kann bei erstmaliger Anwendung des neuen Rechts unterbleiben.

These 10:

Sind bei erstmaliger Erstellung des Anlagespiegels nach neuem Recht die von Kapitalgesellschaften anzusetzenden historischen Anschaffungs- bzw. Herstellungskosten nicht ohne unverhältnismäßige Kosten oder Verzögerungen zu ermitteln, so dürfen die Buchwerte des vorhergehenden Geschäftsjahres übernommen und fortgeführt werden.

These 11:

Das bislang bestehende Passivierungswahlrecht für Pensionsverpflichtungen wird beibehalten für vor dem 1. 1. 1987 erteilte unmittelbare Zusagen und für Erhöhungen dieser Alt-Zusagen, auch wenn die Erhöhungen erst nach dem 31. 12. 1986 vereinbart werden. Für mittelbare Pensionszusagen und für ähnliche Verpflichtungen unmittelbar oder mittelbarer Art braucht eine Rückstellung in keinem Fall gebildet zu werden.

These 12:

Die Aufgabe des bisher gültigen (vertragsdispositiven) Vollausschüttungsgebots durch die Neuregelung des § 29 GmbHG gilt nicht für GmbHs, die am 1. 1. 1986 im Handelsregister eingetragen waren und deren Gesellschafter keine gesellschaftsvertraglichen Ausschüttungsbeschränkungen vereinbart haben.

These 13:

Die neuen Rechnungslegungsvorschriften über den Konzernabschluß können auf freiwilliger Basis früher als vom Gesetzgeber gefordert angewandt werden.

These 14:

Mutterunternehmen, die bereits nach altem Recht zur Konzernrechnungslegung verpflichtet waren, brauchen bei freiwilliger früherer Anwendung der neuen Vorschriften keine Auslandsgesellschaften und keine assoziierten Unternehmen at equity in den Konzernabschluß einzubeziehen; auch ist der Grundsatz der Einheitlichkeit der Bewertung nicht obligatorisch.

These 15:

Die nach neuem Recht vorgeschriebene reine angelsächsische Methode der Kapitalkonsolidierung (erfolgswirksame Erstkonsolidierung) braucht nicht auf Tochterunternehmen angewendet zu werden, die bereits vor der erstmaligen Anwendung des neuen Rechts in den Konzernabschluß einbezogen werden mußten oder freiwillig einbezogen worden sind. Tochterunternehmen, die bei erstmaliger Anwendung des neuen Rechts auch erstmals in den Konzernabschluß einbezogen werden, können als Erstkonsolidierungsstichtag auch den Zeitpunkt der erstmaligen Anwendung des neuen Rechts wählen.

These 16:

Die nach neuem Recht vorgeschriebene Konsolidierung der assoziierten Unternehmen nach der reinen Equity-Methode braucht nicht auf Tochterunternehmen angewendet zu werden, die bereits vor der erstmaligen Anwendung des neuen Rechts in den Konzernabschluß einbezogen worden sind. Assoziierte Unternehmen, die bei erstmaliger Anwendung des neuen Rechts auch erstmals in den Konzernabschluß at equity einbezogen werden, können als Erstkonsolidierungsstichtag auch den Zeitpunkt der erstmaligen Anwendung des neuen Rechts wählen.

These 17:

Führt die erstmalige Anwendung der neuen Konsolidierungsmethoden zu Ergebnisveränderungen, so kann der Unterschiedsbetrag ergebnisneutral in die Gewinnrücklagen eingestellt oder mit diesen offen verrechnet werden.

III. Veröffentlichung von Eigenkapital und Ergebnis einzelner Beteiligungsgesellschaften gemäß §§ 285 Nr. 11, 313 Abs. 2 HGB

These 1:

Die Angabepflicht für Eigenkapital und Ergebnis im Anhang einer Kapitalgesellschaft gilt für alle Unternehmen, von denen diese oder eine für Rechnung der Kapitalgesellschaft handelnde Person direkt und/oder indirekt mindestens 20 % der Anteile (am Kapital) besitzt. Der Anteilsprozentsatz bei sowohl direkter als auch indirekter Beteiligung wird durch Addition der jeweiligen Anteile ermittelt.

These 2:

Die Angaben über Eigenkapital und Ergebnis sind unverändert aus „vorliegenden" Jahresabschlüssen der Beteiligungsunternehmen zu entnehmen. Dies sind grundsätzlich die von der Gesellschaft aufgestellten offiziellen landesrechtlichen Abschlüsse, d. h. die sog. Handelsbilanzen I oder auch Teilkonzernabschlüsse, wenn — wie z. B. in den USA — nur solche aufgestellt und veröffentlicht werden. Insoweit gelten für die Begriffsdefinition des angabepflichtigen Eigenkapitals und Ergebnisse ebenfalls die jeweiligen landes- und gesellschaftsrechtlichen Regelungen und Besonderheiten.

These 3:

Eigenkapital und Ergebnis sind im Anhang der Kapitalgesellschaft in D-Mark und/oder in Landeswährung unter Mitangabe eines sachgerechten Umrechnungskurses aufzuführen.

These 4:

Die Angaben nach § 285 Nr. 11 HGB können unterbleiben, soweit sie für die Sicherheit des Einblickes von untergeordneter Bedeutung oder nach vernünftiger kaufmännischer Beurteilung geeignet sind, dem berichtenden oder dem anderen Unternehmen einen erheblichen Nachteil zuzufügen. Die Angabe des Eigenkapitals und des Ergebnisses kann auch dann unterbleiben, wenn ein Beteiligungsunternehmen, an dessen Kapital ein Anteil von weniger als 50 % besteht, seinen Jahresabschluß nicht offenzulegen hat.

Der Begriff des „erheblichen Nachteils" ist weit auszulegen; er muß nicht nur die unmittelbaren, sondern auch die mittelbaren materiellen und immateriellen Konsequenzen abwägen. Dabei reicht zur Inanspruchnahme der Schutzklausel bereits eine gewisse Wahrscheinlichkeit für das Eintreten negativer Folgen aus.

These 5:

Die Thesen 1 bis 4 mit Ausnahme der Unterlassung von Angaben wegen untergeordneter Bedeutung nach § 286 Abs. 3 Nr. 1 HGB gelten für die Konzernanhang analog mit der Besonderheit, daß für konsolidierte und nicht konsolidierte Tochterunternehmen sowie assoziierte und Gemeinschaftsunternehmen auf die Angabe von Eigenkapital und Ergebnis gemäß § 313 Abs. 2 HGB verzichtet werden kann. Die gesonderten Angaben sind für diese Gesellschaften wegen der unmittelbaren Einbeziehung des Zahlenwerks in Konzernbilanz und -GuV nicht systemkonform.

These 6:

Die Angaben zum Eigenkapital und Ergebnis dürfen statt im Anhang auch in einer gesonderten Aufstellung des Anteilsbesitzes gemacht werden, die beim Handelsregister zu hinterlegen ist. Ebenso wie Anhang und Konzernanhang zusammengefaßt werden können, ist dies auch für die Aufstellung des Anteilsbesitzes möglich. Die Übernahme einzelner Angaben in den Anhang ist im Falle der Hinterlegung als freiwillig einzustufen.

IV. Sonstige finanzielle Verpflichtungen

These 1:

Gesetzestext und Gesetzesmaterialien lassen keine eindeutige Auslegung des Begriffs „Sonstige finanzielle Verpflichtungen" zu. Grundsätze ordnungsmäßiger Buchführung haben sich in dieser Frage noch nicht entwickelt.

These 2:

Für die Auslegung des Begriffs „Sonstige finanzielle Verpflichtungen" können die Erläuterungen zur 4. EG-Richtlinie sowie die Transformationsvorschriften anderer EG-Länder herangezogen werden. Schwebende Geschäfte des laufenden Geschäftsbetriebs sowie betriebs- und branchenübliche Verpflichtungen fallen nicht hierunter.

These 3:

Unter Bezug auf die Erläuterungen des Richtliniengebers und unter Berücksichtigung internationaler Vorbilder kommen für die Angabe in der Regel nur Verpflichtungen aus mehrjährigen Miet- und Leasingverträgen, aus Bestellungen im Zusammenhang mit Investitionen in Sachanlagen und aus langfristigen Abnahmeverträgen in Frage. Dabei ist gegebenenfalls das branchenübliche Ausmaß derartiger Verpflichtungen als Kriterium heranzuziehen.

These 4:

Die Verpflichtungsarten sind nicht einzeln und für jedes künftige Geschäftsjahr, sondern in einem Gesamtbetrag anzugeben. Der Gesamtbetrag kann sich aus Nominal- und Barwerten zusammensetzen.

These 5:

Die Angabe sonstiger finanzieller Verpflichtungen ist nur erforderlich, sofern diese Angabe für die Beurteilung der Finanzlage von Bedeutung ist.

V. Latente Steuern

These 1:

Im ursprünglichen Entwurf des Bilanzrichtlinien-Gesetzes war nur die Bildung passivischer latenter Steuern vorgesehen. Dies wurde nun mit dem endgültigen Gesetzentwurf um die Möglichkeit zur Bildung aktivischer latenter Steuern erweitert. Damit wird der eigentliche Sinn des Ausweises latenter Steuern erreicht, nämlich eine möglichst korrekte Periodenabgrenzung des Steueraufwandes im Sinne des Art. 43 Abs. 1 Nr. 11 der EG-Richtlinie.

These 2:

Bei den nach These 1 notwendigen Abweichungen zwischen Handelsbilanz- und Steuerbilanzergebnis muß es sich um zeitlich begrenzte Abweichungen (timing differences) handeln. Für die bei erstmaliger Anwendung des Gesetzes aufgelaufenen Zeitdifferenzen zwischen Handels- und Steuerbilanz ist die Bildung latenter Steuern nachzuholen. Die zeitlich unbegrenzten Abweichungen (permanent differences) führen nicht zu einer Steuerabgrenzung.

These 3:

Für den Ansatz aktivischer latenter Steuern besteht ein Bilanzierungswahlrecht.

These 4:

Latente Steuern von Organgesellschaften sind bei dem Organträger zu erfassen.

These 5:

Die Bildung und Auflösung der latenten Steuern hat über die GuV-Position „Steuern vom Einkommen und vom Ertrag" zu erfolgen.

These 6:

Die Gesetzesvorschrift stellt auf eine Gesamtbetrachtung der Steuerabgrenzung ab, dennoch ist eine Einzelbewertung und Fortschreibung jeder einzelnen Differenz erforderlich.

These 7:

Der für die Berechnung der latenten Steuern anzuwendende Steuersatz ist unter Berücksichtigung des künftigen Ausschüttungsverhaltens und der Eigenkapitalzusammensetzung des Unternehmens festzulegen und im Hinblick auf eine anzustrebende praktikable Handhabung nur bei wesentlichen Änderungen anzupassen.

These 8:

Latente Steuern, die auf Grund von Bewertungsänderungen gem. § 308 HGB entstehen, sind nicht im Rahmen der Konsolidierung, sondern bereits bei der Erstellung der Handelsbilanz II zu berücksichtigen und von dort in den Konzernabschluß zu übernehmen.

These 9:

Die Vorschrift des § 306 HGB behandelt ausschließlich die latenten Steuern aus der Konsolidierung, so daß sich die Pflicht zur Steuerabgrenzung nur auf Maßnahmen erstreckt, die sich aus der Konsolidierung ergeben.

These 10:

Nur ergebniswirksame Konsolidierungsmaßnahmen, die sich zeitlich ausgleichen, führen zu latenten Steuern.

These 11:

Es erscheint unter dem Gesichtspunkt der Praktikabilität, insbesondere bei internationalen Konzernen sinnvoll, den Steuersatz anzuwenden, der der gegenwärtigen Steuerbelastung der Muttergesellschaft entspricht.

These 12:

Die aktivischen oder passivischen latenten Steuern aus der Konsolidierung dürfen mit den latenten Abgrenzungsposten aus den Einzelabschlüssen zusammengefaßt werden.

These 13:

Die Bildung und Auflösung latenter Steuern aus der Konsolidierung in der Konzern-Gewinn- und Verlustrechnung hat über die Position „Steuern vom Einkommen und vom Ertrag" zu erfolgen.

VI. Anwendung der Equity-Methode

These 1:

Auf Tochterunternehmen, für die nach § 296 HGB der Verzicht auf die Einbeziehung in den Konzernabschluß möglich ist, kann die Equity-Methode angewendet werden.

These 2:

Es steht in Einklang mit den Vorschriften des § 312 Abs. 6 HGB, den letzten verfügbaren Jahresabschluß des assoziierten Unternehmens für die Anwendung der Equity-Methode zugrunde zu legen, im Falle der Aufstellung eines Konzernabschlusses durch das assoziierte Unternehmen den letzten verfügbaren Konzernabschluß.

These 3:

Der letzte (verfügbare) Jahresabschluß des assoziierten Unternehmens ist auch dann zugrunde zu legen, wenn das Geschäftsjahr des assoziierten Unternehmens vom Konzerngeschäftsjahr abweicht. Der Aufstellung eines Zwischenabschlusses bedarf es nicht.

These 4:

Der letzte (verfügbare) Jahresabschluß des assoziierten Unternehmens ist auch dann zugrunde zu legen, wenn dieser Jahresabschluß noch nicht geprüft worden ist.

These 5:

Bei Anwendung der Equity-Methode auf Beteiligungen mit Sitz im Ausland sollten deren Jahresabschlüsse nach der Methode in die Konzernwährung umgerechnet werden, die für die Vollkonsolidierung von Tochterunternehmen angewandt wird. Erfolgt im Rahmen der Vollkonsolidierung die Währungsumrechnung nach der Zeitbezugsmethode und stehen die hierfür erforderlichen Angaben für assoziierte Unternehmen nicht zur Verfügung, so ist es als zulässig zu erachten, die Abschlüsse der assoziierten Unternehmen nach einer anderen Methode in die Konzernwährung umzurechnen. Die Erläuterung der Währungsumrechnung im Konzernanhang wäre insoweit zu ergänzen.

These 6:

Zur Ermittlung der zuzuordnenden Beträge (Buchwertmethode) oder der beizulegenden Werte (Kapitalanteilsmethode) bedarf es keiner sog. Handelsbilanz II, wenn die Sachverhalte bekannt sind, um den den gesetzlichen Vorschriften entsprechenden Wertansatz festlegen zu können.

These 7:

Die Entscheidung über die Bewertung des für das einzelne Unternehmen ermittelten goodwill bzw. badwill ist zum Zeitpunkt der erstmaligen Anwendung der Equity-Methode auf das betreffende Unternehmen und in den Folgejahren zum jeweiligen Bilanzstichtag für jeden goodwill oder badwill einzeln zu treffen.

These 8:

Die im Anlagespiegel des Konzerns zu erfassenden Erhöhungen und Verminderungen des Eigenkapitalanteils sowie der Wertansatzverminderungen aufgrund von Gewinnausschüttungen bei den nach der Equity-Methode einbezogenen Beteiligungen können im Anlagespiegel des Konzerns als Zuschreibungen und Abschreibungen oder als Zugänge und Abgänge, aber auch in einer gesonderten Spalte des Anlagespiegels („Veränderungen aus der Anwendung der Equity-Methode" oder „Sonstige Veränderungen") ausgewiesen werden.

These 9:

Die bezüglich eines Unterschiedsbetrages bestehende Pflicht zum Vermerk in der Konzernbilanz oder die Pflicht zur Angabe im Konzernanhang besteht auf Grund gesetzlicher Vorschrift nur im Jahr der erstmaligen Einbeziehung des betreffenden Unternehmens nach der Equity-Methode in den Konzernabschluß.

These 10:

Das bei der Anwendung der Equity-Methode bestehende Wahlrecht, Zwischenergebnisse zu eliminieren, bezieht sich nur auf Lieferungen und Leistungen des Unternehmens, das nach der Equity-Methode in den Konzernabschluß einbezogen worden ist, an vollkonsolidierte Unternehmen, soweit die betreffenden Vermögensgegenstände im Konzernabschluß ausgewiesen werden.

These 11:

Das Wahlrecht nach Art. 27 Abs. 1 EGHGB, die Vorschrift § 301 HGB über die Kapitalkonsolidierung auf ein Tochterunternehmen nicht anzuwenden, gilt auch dann, wenn das Tochterunternehmen vor der erstmaligen Anwendung des § 301 HGB in einen freiwillig aufgestellten und vom Abschlußprüfer testierten, aber nicht veröffentlichten Konzernabschluß nach einer den Grundsätzen ordnungsmäßiger Buchführung entsprechenden Methode einbezogen worden ist. Gleichermaßen besteht dann nach Art. 27 Abs. 2 EGHGB das Wahlrecht bezüglich § 309 HGB über die Behandlung eines noch vorhandenen Unterschiedsbetrags aus der Kapital-

konsolidierung (Abschreibung oder offene Verrechnung mit den Rücklagen). Auf Grund der Verweise in Art. 27 Abs. 3 EGHGB gilt dies auch
für assoziierte Unternehmen nach §§ 311, 312 HGB, d.h. für Unternehmen, die nach der Equity-Methode einbezogen worden sind.

Anhang

Verzeichnis der Abbildungen

Literaturverzeichnis

Bücher und Gesamtdarstellungen

Baetge, J., Hrsg., Das neue Bilanzrecht — Ein Kompromiß divergierender Interessen, Düsseldorf 1985

Beck'scher Bilanz-Kommentar, Der Jahresabschluß nach Handels- und Steuerrecht, München 1986

Blumers, W., Bilanzierungstatbestände und Bilanzierungsfristen im Handelsrecht und Strafrecht, Köln 1983

Glade, A., Rechnungslegung und Prüfung nach dem Bilanzrichtlinien-Gesetz, Herne/Berlin 1986

Göllert, K., Ringling, W., Bilanzrichtlinien-Gesetz, Heidelberg 1986

Gräfer, H., Der Jahresabschluß der GmbH, Herne/Berlin 1986

Gross, G., Schruff, L., Der Jahresabschluß nach neuem Recht, 2. Auflage, Düsseldorf 1986

Hahn, J., Bilanz-Wegweiser für die Praxis, Bonn 1986

Harms, J. E., 40 Fragen und Fälle mit Lösungen zum Bilanzrecht, 3. Auflage, Herne/Berlin 1986

Hartmann, N., Das neue Bilanzrecht und den Gesellschaftsvertrag der GmbH, Köln 1986

Heuser, P. J., Die neue Bilanz der GmbH, ihre Prüfung und Publizität, 3. Auflage, Köln 1986

Kerth, A., Wolf, J., Bilanzanalyse und Bilanzpolitik, München/Wien 1986

Kotsch-Faßhauer, Lenz, N., Praxis der Umstellung von Buchführung und Abschluß auf das neue Bilanzrecht, Stuttgart 1987

Kresse, W., Kotsch-Faßhauer, Lenz, N., Neues Bilanzieren, Prüfen und Buchen nach dem Bilanzrichtlinien-Gesetz, Stuttgart 1986

Küting, K. H., Weber, C. P., Der Übergang auf die neue Rechnungslegung, 3. Auflage, Stuttgart 1986

Küting, K. H., Weber, C. P., Handbuch der Rechnungslegung (Kommentar), Stuttgart 1986

Peat, Marwick, Hrsg., Bilanzrichtlinien-Gesetz, Frankfurt a. Main 1986

Popp, M., Hantke, H., Der Einzelabschluß nach dem neuen Bilanzrichtlinien-Gesetz, Berlin/Herne 1986

Roebruck, Ch., Die Bilanzierung und Erläuterung steuerlicher Sachverhalte im handelsrechtlichen Jahresabschluß der Kapitalgesellschaften, Frankfurt a. Main 1984

Schmidt, H., Bilanztraining nach dem neuen Bilanzrichtlinien-Gesetz, 3. Auflage, Freiburg i. Br. 1986

Zeitschriften

Ahrend, B., Die Auswirkungen des Bilanzrichtlinien-Gesetzes auf die betriebliche Altersversorgung, Beilage 10/1986, in: DB 1986

Barth, K., Die Publizitäts- und Prüfungspflicht der GmbH & Co. KG, in: BB 1986, S. 2235—2239

Bohl, W., Der Jahresabschluß nach neuem Recht, in: Wpg 1986, S. 29—36

Bremer, J. G., Zur Diskussion über latente Steuern bei gespaltenem Steuersatz, in: DB 1984, S. 2417 ff.

Coenenberg, A. G., Gliederungs-, Bilanzierungs- und Bewertungsentscheidungen bei der Anpassung des Einzelabschlusses nach dem Bilanzrichtlinien-Gesetz, in: DB 1986, S. 1581—1589

Döllerer, G., Einlagen bei Kapitalgesellschaften nach Handelsrecht und Steuerrecht, in: BB 1986, S. 1857—1863

Emmerich, G., Künnemann, M., Zum Lagebericht der Kapitalgesellschaft, in: Wpg 1986, S. 145—152

Gräfer, H., Die praktische Behandlung latenter Steuern: ihre Entstehung, Erfassung und Berechnung, in: BB 1986, S. 2092—2098

Groh, M., Zur Bilanzierung von Fremdwährungsgeschäften, in: DB 1986, S. 869—877

Harms, J. E., Küting, K., Die Wertaufholungskonzeption des neuen Bilanzrechts, in: DB 1986, S. 653—661

Harrmann, A., Gesamt- und Umsatzkostenverfahren nach neuem Recht, in: BB 1986, S. 1813—1817

Herzig, N., Körperschaftsteuerrückstellung bei negativem EK 56, in: BB 1986, S. 1540—1545

Heubek, K., Betriebliche Versorgungsverpflichtungen nach dem neuen Bilanzrecht, in: Wpg 1986, S. 317—328 (Teil I) und S. 356—364 (Teil II)

Heydkamp, W. F., Grundsätzliche Überlegungen zur Steuerabgrenzung im Einzelabschluß nach dem neuen Bilanzrecht, in: DB 1986, S. 1345—1347

Hoffmann, W. P., Einführung in die Brutto-Entwicklung des Anlagevermögens nach dem Bilanzrichtlinien-Gesetz, in: BB 1986, S. 1398—1404

Institut der Wirtschaftsprüfer, Gemeinsame Stellungnahme der Wirtschaftsprüferkammer und des Instituts der Wirtschaftsprüfer zum Entwurf eines Bilanzrichtlinien-Gesetzes, in: Wpg 1985, S. 537 ff.

Jonas, H., Die in der aktienrechtlichen Handelsbilanz zulässige Rückstellung für drohende Verluste aus schwebenden Geschäften, in: DB 1986, S. 1733—1737

Knop, W., Die Bilanzaufstellung nach teilweiser oder vollständiger Ergebnisverwendung, in: DB 1986, S. 549—556

Körner, W., Praktische Bedeutung der Grundsätze ordnungsmäßiger Buchführung, in: BB 1986, S. 1950—1958

Körner, W., Wesen und Funktion der Grundsätze ordnungsmäßiger Buchführung, in: BB 1986, S. 1742—1749

Kopp, M., Wechselwirkungen zwischen Handels- und Steuerbilanz beim Anlagevermögen nach dem Bilanzrichtlinien-Gesetz, in: Wpg 1986, S. 152—161

Küppers, Ch., Der Firmenwert in Handels- und Steuerbilanz nach Inkrafttreten des Bilanzrichtlinien-Gesetzes — Rechtsnatur und bilanzpolitische Spielräume, in: DB 1986, S. 1633—1639

Küting, K. H., Haeger, B., Zündorf, H., Die Erstellung des Anlagengitters nach künftigem Bilanzrecht, in: DB 1985, S. 1948—1957

Kugel, B., Müller, U., Die Bilanzierung latenter Steuern nach § 274 HGB, in: Wpg 1986, S. 210—217

Minz, R., Die Auswirkungen des Bilanzrichtlinien-Gesetzes auf computergestützte Buchführungssysteme und deren Prüfung, in: Wpg 1986, S. 380—385

Niehus, R. J., Aufwendungen und Erträge aus der nichtgewöhnlichen Geschäftstätigkeit der Kapitalgesellschaft: Abgrenzungsfragen zum Ausweis der außerordentlichen Posten nach neuem Recht, in: DB 1986, S. 1293—1297

Niehus, R. J., Entwicklungstendenzen in der Rechnungslegung, in: Wpg 1986, S. 117—123

Richter, G., Der Wertansatz von Pensionsverpflichtungen nach dem Bilanzrichtlinien-Gesetz, in: BB 1986, S. 2162—2166

Roggenkamp, G., Zehn Thesen zur Offenlegungspolitik einer Bau GmbH, in: BB 1987, S. 91—98

Runge, E. G., Erfassung und Berechnung der latenten Steuern, in: BB 1987, S. 27—28

Scheidle, H., Die GmbH & Co. KG als attraktive Unternehmensform nach dem Bilanzrichtlinien-Gesetz?, in: BB 1986, S. 2065—2073

Schulte, K. W., Inhalt und Gliederung des Anhangs, in: BB 1986, S. 1468—1480

Schulte, K. W., Zur Berichterstattung über Pensionsverpflichtungen im Anhang, in: BB 1986, S. 1881—1883

Schulte, K. W., Steuerliche Richttafeländerung und handelsrechtliche Bilanzierung von Pensionsrückstellungen, in: BB 1986, S. 2371—2376

Selchert, W., Probleme der Unter- und Obergrenze von Herstellungskosten, in: BB 1986, S. 2298—2306

Selchert, F. W., Der Bilanzansatz von Aufwendungen für die Erweiterung des Geschäftsbetriebs, in: DB 1986, S. 977—983

Selchert, F. W., Inhalt und Gliederung des Anhangs, in: DB 1985, S. 560—565

Stuhrmann, G., Steuerrechtliche Auswirkungen des Bilanzrichtlinien-Gesetzes auf die Bewertung von betrieblichen Versorgungsverpflichtungen, in: BB 1986, S. 2239—2247

Tietze, H., Bilanzierungsverbot für die unversteuerten Rücklagen der Kapitalgesellschaft, in: DB 1986, S. 1885—1889

Vögele, A., Körperschaftsteuerliche Folgen des Bilanzrichtlinien-Gesetzes bei verspäteten Gewinnausschüttungsbeschlüssen, in: BB 1986, S. 1960—1963

Weyand, St., Die Bilanzierung latenter Steuern nach § 274 HGB, in: DB 1986, S. 1185—1189

Stichwortverzeichnis

Die Zahlen verweisen auf die Seiten